Simon James

Das Zeitalter der
KELTEN

Simon James

Das Zeitalter der KELTEN

Mit über 300 Abbildungen, davon 59 in Farbe

Deutsch von Hermann Kusterer

ECON

Meinen Eltern

Danksagung

Besonderen Dank schulde ich Martin Millet und Ian Stead, die den Text im Konzept durchsahen (aber keinerlei Verantwortung für das tragen, was ich aus ihren Ratschlägen und Kommentaren gemacht habe). Dank auch Timothy Potter, Ralph Jackson, Catherine Johns, Valerie Rigby und vielen weiteren Kollegen im British Museum und anderswo für ihre Hinweise und Erläuterungen. Dankbar bin ich des weiteren Patricia James, Steve Trow, Simon Keay, Colin Haselgrove, Barry Cunliffe und Anthony Harding für ihre Hilfe in Sachfragen, desgleichen Pete Horne für Illustrationen und Kommentare. Mein ganz spezieller Dank gilt Peter Connolly, der mir die Wiedergabe einiger seiner hervorragenden Gemälde gestattet hat. Der Society of Antiquaries in London verdanke ich die Genehmigung zur Wiedergabe von Abbildungen aus dem Ramsauer-Protokoll; die Treuhänder des British Museum erlaubten mir freundlicherweise die Reproduktion von Zeichnungen und Skizzen, die Steve Crummy und ich selbst angefertigt haben.

Die Originalausgabe erschien 1993 bei Thames and Hudson Ltd., London, unter dem Titel »Exploring the World of the Celts«.

Schmutztitel: Gesicht eines eisenzeitlichen Kelten auf einer Goldmünze der gallischen Parisii.

Die Deutsche Bibliothek – CIP-Einheitsaufnahme

James, Simon:
Das Zeitalter der Kelten / Simon James. Dt. von Hermann Kusterer. – Düsseldorf: ECON, 1996
Einheitssacht.: Exploring the world of the Celts <dt.>
ISBN 3-430-15037-X

Titel der englischen Originalausgabe Exploring the World of the Celts
Originalverlag: Thames and Hudson Ltd, London
Übersetzt von: Hermann Kusterer
© 1993 by Thames and Hudson Ltd, London
© 1996 der deutschen Ausgabe by ECON Verlag GmbH, Düsseldorf
Lektorat: Peter Klumbach
Gesetzt aus der Goudy Old Style, Linotype
Satz: Formsatz GmbH, Diepholz
Papier:
Druck und Bindearbeiten:
Printed in Slowenien
ISBN 3-430-15037-X

INHALT

I
WER WAREN DIE KELTEN?

II
DIE FRÜHESTEN KELTEN

III
KELTISCHE LANDE

IV
DIE LEBENSGEWOHNHEITEN

WER WAREN DIE KELTEN?

*»So viel sag' ich von den Bewohnern der Statthalterschaft
Narbonitis [Südfrankreich], welche die Früheren Kelten nannten.
Und nach Diesen wurden, glaub' ich, alle Galaten von den
Hellenen Kelten genannt, wegen des Volkes Berühmtheit …«*
Strabon, »Erdbeschreibung«, 4,1,14

DIE KELTEN zählen zu den größten Völkern der europäischen
Geschichte und Vorgeschichte; längst ehe Rom die bekannte Welt eroberte, bewohnten keltisch sprechende Völkerschaften mit vielen Gemeinsamkeiten – Sprache, Sitten und
Gebräuche, Kunst und Kultur – ein riesiges Gebiet. Sie lebten nicht
bloß in Britannien und Irland, sondern erstreckten sich von Spanien und Frankreich bis nach Süddeutschland, ins Alpenland und nach
Böhmen hinein und drangen später nach Italien, auf den Balkan und
bis mitten in die Türkei vor.

Die von den Griechen und Römern als furchterregende und
gefährliche Barbaren dargestellten Kelten besaßen keine Schrift und
hinterließen darum keinerlei Texte, anhand deren sich das voreingenommene Bild der klassischen Autoren korrigieren ließe. Heute
aber bringt die Archäologie ihre Spuren zum Sprechen. Die moderne Archäologie gibt Aufschluß über viele Wesenszüge und wirtschaftliche und religiöse Praktiken der keltischen Gesellschaft, die
die überlieferten klassischen Texte unerwähnt lassen. Insbesondere
die Metallarbeiten der Kelten zeugen von einem technischen und
künstlerischen Können, das im vorgeschichtlichen Europa seinesgleichen sucht. Von Luftaufnahmen und Ausgrabungen wissen wir,
daß sie dichtbevölkerte und wohlbestellte Landstriche mit zahlreichen Siedlungen und Versammlungsorten bewohnten, in denen oft
Burgen und Tempel standen.

In Verbindung mit einer Neubewertung der faszinierenden Einzelheiten, die Cäsar, Polybius, Strabon und andere Autoren des
Altertums immerhin berichten, vermittelt uns dieses archäologische
Beweismaterial ein neuartiges Verständnis der alten Kelten. So
erscheinen sie jetzt als intelligente, vielgestaltige, wohlhabende und
ausgereifte Familie von Gesellschaften, die beim Werden Europas
eine ausschlaggebende Rolle gespielt haben.

*Nach der Plünderung eines Heiligtums in Italien fliehen die Gallier vor dem Zorn der
rächenden Götter. Ausschnitt aus einem Terrakottarelief in Civitalba, Italien,
2. Jahrhundert v. Chr.*

DIE KELTEN – MYTHOS UND WIRKLICHKEIT

KELTEN ALS IDEALBILD UND COMIC STRIP

Die keltische Vergangenheit wird in Frankreich, wo schon die Kinder in der Schule von »unseren Vorvätern, den Galliern« erfahren, regelrecht glorifiziert. Vercingetorix, Anführer des Aufstands gegen Cäsar, wird seit langem als einer der Helden der französischen Geschichte verehrt. An ihn erinnert eine große Bronzestatue in Alesia, dem Ort seiner letzten Schlacht (unten links). Sie veranschaulicht das romantische Bild des 19. Jahrhunderts von den Kelten als edlen Barbarenhelden.

Diese allgemeine Vertrautheit mit der gallischen Vergangenheit war einer der Hauptgründe für den Riesenerfolg, den die Comicgestalt des kleinen Galliers Asterix, der auch nach dem Fall Alesias den Kampf gegen die Römer unbeirrt fortsetzt, in Frankreich hatte. Inzwischen sind die Asterix-Bücher in viele Sprachen übersetzt. (Unten rechts) Asterix plaudert, passenderweise in keltischer Sprache, mit dem Druiden Getafix; aus einer walisischen Ausgabe.

DIE VÖLKER, die wir Kelten nennen, wurzeln tief in der europäischen Geschichte und lassen sich mindestens 25 Jahrhunderte bis über die Anfänge einer Schriftkultur nördlich der Alpen zurückverfolgen. Den meisten Menschen sagt zwar das Wort »keltisch« etwas, aber damit verbinden sich die unterschiedlichsten Vorstellungen. Für die einen ist es kaum mehr als der Name einer Fußball- oder Baseballmannschaft; anderen jedoch suggeriert es irische Mönche in eiskalten »scriptoria«, die hinreißend verzierte Manuskripte verfassen, oder buntberockte Schotten, ein walisisches »eisteddfod« – einen Wettstreit von Musikern und Barden – oder antike Krieger auf Kampfwagen. Einige Vorstellungen sind stärker zeitgenössisch geprägt und verbinden mit dem Begriff »keltisch« das Kulturerbe und Nationalbewußtsein der Iren von heute oder anderer westeuropäischer Völker einstmals keltischer Zunge. Insbesondere die Franzosen, die paradoxerweise gemeinhin nicht gerade als Kelten gelten (von den Bretonen einmal abgesehen), hegen romantische Gefühle für ihre keltischen oder gallischen Ahnväter.

Andere Vorstellungen wurzeln in fernerer Vergangenheit und ranken sich um prunkvoll »gestylte« Haarschöpfe, die abstrakten Zeichnungen der spätvorgeschichtlichen »keltischen Kunst« oder auch um die Druiden, die man hinter antiken Megalithenkreisen und -reihen vermutet.

So spiegelt denn »keltisch« oft eine Kontinuität mit einer fernen Vergangenheit wider. Wie aber sind unsere Vorstellungen über die alten Kelten entstanden, und inwieweit entsprechen sie der Wirklichkeit? Wer waren denn wirklich die Kelten, und wo und wann haben sie gelebt?

Die Kelten: Entdeckung oder Erfindung?

Woher der Begriff »keltisch« stammt, ist bis heute nicht eindeutig geklärt. Als erstes taucht er in den Schriften der antiken Autoren auf. Recht zusammenhanglos und wenig zutreffend schrieben und spekulierten sie über Völker, die die Griechen »Keltoi« oder »Galatae« und die Römer »Celtae« und »Galli« nannten. Überrascht stellen wir fest, daß im Gegensatz zur heutigen Praxis kein antiker Verfasser die alten Britannier oder Iren als Kelten bezeichnete. Denn vor 2000 Jahren war der Name »Kelten« ausschließlich den auf dem europäischen Festland Beheimateten vorbehalten. Erst im 17. und 18. Jahrhundert wurde es aufgrund früher Sprachforschungsarbeiten üblich, auch die eisenzeitlichen Bewohner Irlands oder Britanniens als Kelten zu bezeichnen.

In der Renaissance erwachte aufgrund der Hinwendung zu den Schriften der antiken Klassiker wieder das Interesse sowohl für die griechisch-römische Welt als auch für die angestammten Kulturen von Ländern wie England und Frankreich. Später führten eingehendere Untersuchungen dieser Texte durch Gelehrte wie den Schotten George Buchanan (1506–1582) und den Waliser Edward Lhwyd (1660–1709) zu dem Schluß, daß das von den alten Galliern in Frankreich gesprochene Gallische mit dem zeitgenössischen Irischen, Schottisch-Gälischen, dem Walisischen und anderen Sprachen verwandt war. Ausgehend von Cäsars unscharfer Benennung der Bevölkerung Mittelgalliens mit »Celtae«, wurde der Begriff »keltisch« gewählt, nunmehr jedoch bezogen auf diese *Gruppe verwandter Sprachen*.

Im 18. Jahrhundert wurde die ursprünglich linguistische Klassifizierung zur ethnischen Bezeichnung *aller* Völker Britanniens, Irlands und Festlandeuropas, von denen man annahm, daß sie in vorrömischer Zeit und danach eine keltische Sprache gesprochen haben. Diese sehr weit gespannte Definition der Kelten als ethnische Gruppierung herrscht bis heute vor. Es ist indes höchst unwahrscheinlich, daß sich alle heute unter dem Namen Kelten gefaßten antiken Völker selbst so nannten oder überhaupt einen »pankeltischen« Identitätsbegriff hatten. Jenseits der Sprachverwandtschaft waren die antiken Kelten im heutigen weitgespannten Sinne keine zusammenhängendere ethnische Einheit als beispielsweise die heutigen Argentinier, Franzosen und Rumänen, die zwar allesamt romanische Sprachen sprechen, sich aber dennoch nicht als mit-

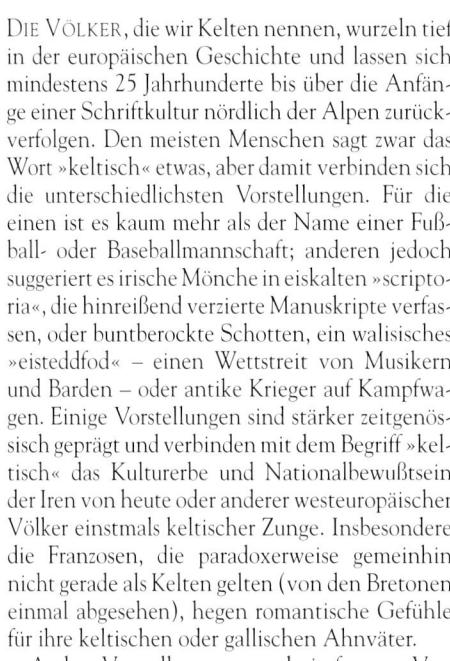

einander verwandte und klar von anderen abge-
grenzte Gruppe empfinden.

Die Kelten waren keineswegs eine homogene
Völkerfamilie, die sich einer einzigen ethnischen
Identität bewußt gewesen wäre. Ebensowenig
können wir von einem keltischen Reich oder auch
nur einer universellen und exklusiven keltischen
Kultur sprechen. Mögen die Kelten auch nach
Gesellschaftsstruktur, Religion und materieller
Kultur vieles gemeinsam gehabt haben, so gab es
doch auch gewaltige Unterschiede. So reichten
zum Beispiel die politischen Strukturen in den
letzten Jahrhunderten v. Chr. von kleinen Stam-
meshäuptlingsschaften bis zu hochzentralisierten
Staatsgebilden, ja, es gab sogar »regionale Super-
mächte« wie etwa die Arverner und Äduer in Gallien und die Katuvellauner in Britannien. Und das
Druidentum war im Gegensatz zur gängigen Vorstellung wahrscheinlich kein allgemeines Wesensmerkmal der gesamten Keltenwelt, sondern
auf den Nordwesten beschränkt. Gerade die Vielfalt des Beweismaterials macht das Studium dieser Völker so faszinierend. Kehren wir daher zur
zufriedenstellendsten Definition der Kelten zurück: Völker der keltischen Sprachfamilie.

Die ersten »echten« Kelten

Der Name »Keltoi« taucht etwa um 500 v. Chr.
erstmals in griechischen Texten auf und diente zur
Bezeichnung der Gesellschaften an den Nordrän-
dern der antiken Mittelmeerwelt. Sich als Kelten

*(Oben) Selbsternannte Druiden be-
gehen 1991 auf dem Primrose Hill
im Herzen Londons eine Zeremonie
zur Feier der herbstlichen Tagund-
nachtgleiche.*

»KELTISCHE« HIRNGESPINSTE: DER FALL DES ROMANTISCHEN HIGHLANDERS

*Der »Entdeckung« (genauer: Erfin-
dung) der Kelten als ethnische Einheit bemächtigte sich Ende des 18.,
Anfang des 19. Jahrhunderts die Romantik wegen ihrer Vorliebe für den
edlen Wilden, die Natur, das einfache Leben und alles Mystische.
Dabei wurden die sogenannten Kelten aus alter und neuerer Zeit bewußt zu den machtvollen romantischen Gestalten von heute
umfunktioniert, wie sie zum Beispiel
die modernen Druidenorden verkör-
pern.*

*Besonders ausgeprägt war die ro-
mantische Neuerfindung der keltischen Vergangenheit in Schottland.
Die Entstehung des Bildes vom gälisch sprechenden Highlander im
Schottenrock, der mit der Wirklichkeit früherer Zeiten kaum etwas ge-
mein hat, läßt sich genauestens
zurückverfolgen. Beispielsweise
wurde der Schottenrock erst um
1730 durch den Engländer Thomas
Rawlinson erfunden, der in Inver-*

*garry eine Schmelzhütte betrieb. Er
suchte für seine schottischen Arbei-
ter nach einem geeigneteren Arbeits-
anzug als die damals übliche High-
land-Tracht, die aus einem über die
Schulter geschlungenen und mit
Gürtel versehenen Faltenumhang
oder -Plaid bestand. Rawlinson beseitigte das Oberteil, ließ die Falten
vernähen – und so ward der Kilt geboren.*

*Verbreitung fand der Kilt erst, als
nach dem Schottenaufstand von
1745 das Verbot der Highland-
Tracht aufgehoben wurde. Doch es
waren nicht etwa die einfachen
Leute, die nun dankbar zur ›traditionellen‹ Tracht zurückkehrten,
sondern – Ironie des Schicksals – der
(zunehmend anglisierte) Adel
machte sich eifrig zu eigen, was bei
den Schotten der Lowlands bis vor
kurzem noch als Anzug erbärmlicher
Viehdiebe gegolten hatte (reiche
Highlander trugen enge, karierte
Hosen).*

*Zu den berühmtesten Episoden
der Neuerfindung der schottischen
Kelten gehört die sogenannte Entdeckung des »Ossian-Zyklus«. Dieses vorgebliche Werk eines High-
land-Barden aus dem 3. Jahrhundert
n. Chr. ist von A bis Z gefälscht; der
Schriftsteller James Macpherson hat
es, ausgehend von irischem Material, mit viel Phantasie um 1760
verfaßt. Er führte eine ganze Generation hinters Licht – sogar den
großen Historiker Edward Gibbon.*

*Das von der Romantik geschaf-
fene und dank der Romane von Sir
Walter Scott noch immer weitverbreitete Bild des Highlanders steht
dem wirklichen Verständnis der
schottischen Geschichte sehr im
Wege. Immerhin weckten »Ossian«
und die übrigen romantischen
Neuschöpfungen ein echtes Interesse
an der Vergangenheit.*

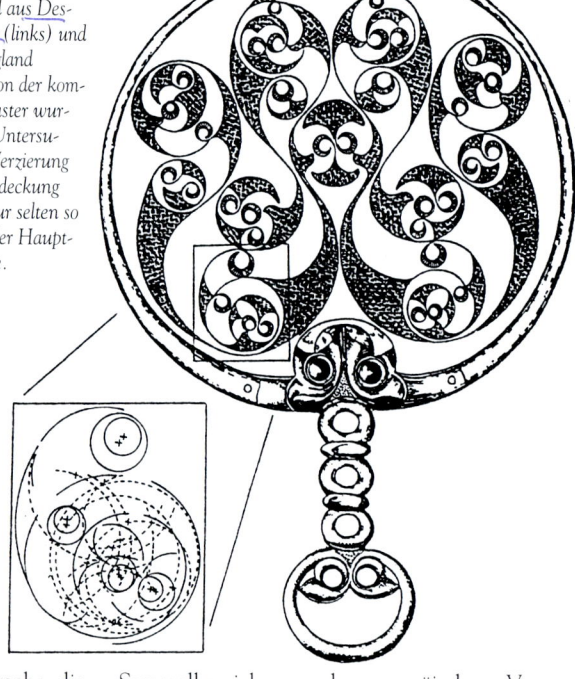

Zwei schöne Beispiele der berühmten kurvilinearen Kunst der Kelten: eisenzeitliche Bronzespiegel aus Desborough in den Midlands (links) und Holcombe in Südwestengland (rechts). Zur Konstruktion der komplexen geometrischen Muster wurden Zirkel benutzt. Die Untersuchung der Herstellung, Verzierung und des Umfelds der Entdeckung solcher Artefakte – die nur selten so großartig sind – ist eine der Hauptaufgaben der Archäologie.

bezeichnende – oder zumindest eine Sprache, die wir Keltisch nennen würden, sprechende – Menschen mag es schon früher gegeben haben, aber da damals nördlich der Alpen niemand die Schrift beherrschte, fehlen uns eindeutige Beweise (weshalb es unsinnig ist, den Begriff »keltisch« als

Sammelbezeichnung der europäischen Vorgeschichte vom Steinzeitalter bis zur Bronzezeit zu benutzen). Strenggenommen können wir daher den Begriff »keltisch« nur für die Zeit nach der ersten Nennung in erhalten gebliebenen Dokumenten verwenden. Allerdings gibt es immer

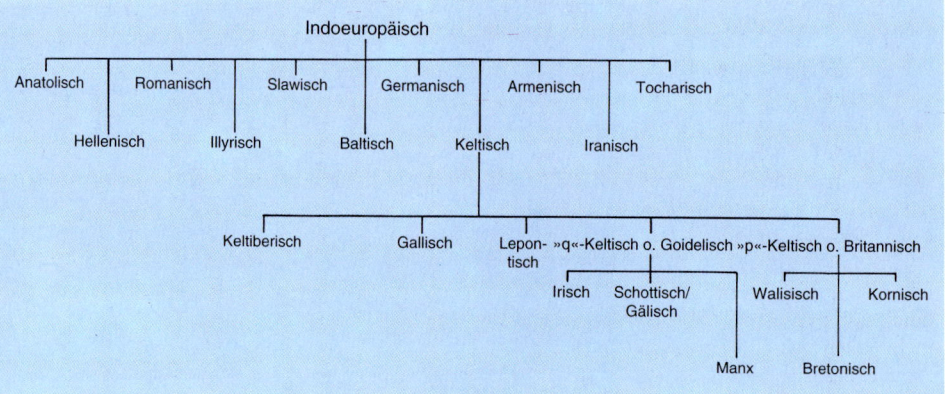

(Links) Breite Bronzetafel aus Botorritta, früher Contrebia Belaisca, bei Saragossa in Spanien. Sie ist in hispano-keltischer Sprache beschriftet; offenbar handelt es sich um einen Rechtstext von etwa 200 Wörtern. An gleicher Stelle wurde kürzlich ein weiterer langer Text entdeckt.

DIE KELTISCHEN SPRACHEN

Das nebenstehende Diagramm zeigt die keltischen Sprachen als Teil der indoeuropäischen Sprachfamilie. Das genaue Verhältnis der einzelnen Keltensprachen zueinander ist oft unsicher, da von erloschenen Gliedsprachen (zum Beispiel Hispano-Keltisch und Gallisch) nur winzige Fragmente bekannt sind.

Indoeuropäisch

Anatolisch — Romanisch — Slawisch — Germanisch — Armenisch — Tocharisch

Hellenisch — Illyrisch — Baltisch — Keltisch — Iranisch

Keltiberisch — Gallisch — Lepontisch — »q«-Keltisch o. Goidelisch — »p«-Keltisch o. Britannisch

Irisch — Schottisch/Gälisch — Walisisch — Kornisch

Manx — Bretonisch

mehr aufsehenerregende archäologische Funde aus den schweigenden Jahrhunderten vor der Einführung der Schrift im keltischen Norden.

Worauf beruht unser Wissen? Die Quellen

Über die Kelten in der Eisenzeit und während der römischen Epoche geben uns dreierlei Quellen Auskunft: dokumentarische, sprachwissenschaftliche und archäologische. Anhand des sich gegenseitig ergänzenden Materials können wir uns ein Bild von den frühen keltischen Gesellschaften machen.

Dokumentarische Quellen. Hierzu gehören alle schriftlichen Materialien, die sich mit den Kelten befassen: von Münzentexten bis zu Steininschriften und natürlich die Geschichts- und anderen Werke griechischer und römischer Autoren. Zur Sprache und zu Konzepten wie ethnische Identität und Glaubensvorstellungen finden wir nur über das Schriftmaterial Zugang, denn sie hinterlassen keine physischen Spuren.

Sprachwissenschaft. Da die Kelten nur wenig Schriftliches in ihren Sprachen hinterließen, müssen wir uns auf Ersatzquellen stützen, beispielsweise auf keltische Namen und Wörter in klassischen Texten oder auf überlieferte keltische Ortsnamen. Aufbauend auf der Arbeit der ersten Sprachforscher, fassen die Philologen heute die keltischen Sprachen als Zweig der erheblich größeren indoeuropäischen Sprachfamilie auf.

Einige altkeltische Sprachen sind erloschen (beispielsweise die in Spanien oder die Dialekte in Gallien), aber es gibt (oder gab bis vor kurzem) noch sechs unterschiedliche Keltensprachen. Man teilt sie in zwei Gruppen: das »q-Keltische« oder Goidelische und das »p-Keltische« oder Britannische. Der Grundunterschied liegt in der Ersetzung des offenbar früheren q-Lauts des q-Keltischen durch einen p-Laut (das altirische Wort für »Sohn« beispielsweise heißt *mac*, auf altwalisisch jedoch *map*). Es gibt drei q-keltische Sprachen (Neuirisch, Schottisch-Gälisch und Manx), die alle aus dem Altirischen abgeleitet sind, und drei p-keltische Sprachen (Walisisch, Bretonisch und Kornisch), von denen man annimmt, daß sie dem Altbritannischen entstammen. Die Zugehörigkeit der erloschenen Keltensprachen zu dieser modernen Einteilung ist unsicher, doch scheint das Gallische im wesentlichen eine p-keltische Sprache gewesen zu sein.

Ursprünglich schrieben die Gelehrten das q- und das p-Keltische zwei Wanderungswellen durch Europa zu. Diese Theorie gilt heute nicht mehr als sehr wahrscheinlich; vielmehr hat es den Anschein, als hätten sich die keltischen Sprachen

nicht von einem kleinen Zentrum aus ausgebreitet, sondern allmählich auf einem großen Gebiet herausgebildet.

Archäologisches Material. Zur Erforschung antiker Völker bedient sich die moderne Archäologie einer Vielzahl von Methoden, die von der Laboruntersuchung der Zusammensetzung von Metallen bis zu Luftaufnahmen der Landbesiedlung und -nutzung reichen. Dazwischen liegen die bekannteren Techniken der Ausgrabung einzelner Gehöfte, Burgen, Tempel und Grabanlagen und die Untersuchung von Töpfen, Werkzeugen, der Überreste der Menschen selbst, der Feldfrüchte, die sie anbauten, und der Tiere, die sie verzehrten.

Die Archäologie ist eine mächtige Wissenschaft. Zwar kann sie uns von sich aus nur ein Teilbild liefern (nicht alles Material bleibt erhalten), aber dieses Bild wird zumindest nicht durch die Voreingenommenheit der griechisch-römischen Autoren getrübt; freilich sind auch Archäologen nicht völlig vorurteilsfrei! Desgleichen leistet die Archäologie Hervorragendes in der Erkennung von Mustern wie etwa der geographischen Verbreitung von Münzen oder Keramiktypen, dank deren man auf Wirtschafts- und Handelskontakte schließen kann.

Fügen wir dieses gesamte Quellenmaterial zusammen, so gelangen wir zu einem plausiblen Bild vom Leben in der Welt der Kelten.

Der Moment der Entdeckung: Genauso wie hier zu sehen wurden diese goldenen Halsspangen in der Grube gefunden, in der man sie vor 2000 Jahren verborgen hatte. Dieser 1990 ausgegrabene Hort ist einer von mehreren, die im Verlauf der letzten vierzig Jahre bei Snettisham im englischen Norfolk freigelegt wurden. Solche Entdeckungen machen nicht nur Schlagzeilen, sondern vermitteln einen lebhaften Eindruck von Reichtum, technischem Können und künstlerischer Begabung der Kelten. Der weitaus größere Teil der archäologischen Funde ist allerdings erheblich bescheidener und besteht beispielsweise nur aus Gruben und Balkensockeln, Pollen, Tonscherben und Knochenfragmenten, die indes oft mehr über das Leben der Frühmenschen aussagen als solche seltene Goldfunde.

Kurzer Abriss der keltischen Geschichte

Polybius (etwa 200 bis nach 118 v. Chr.). Dieser griechische Politiker veröffentlichte gegen 150 v. Chr. ein Werk über den Aufstieg Roms zur Weltmacht von Hannibal bis zur Schlacht von Pydna im Jahre 168 v. Chr., die das Ende des griechischen Widerstandes und Polybius' Exil in Rom bedeutete. Darin behandelt er ausführlich die Gallier in Italien und ihren Kampf mit Rom.

Poseidonios (etwa 135–50 v. Chr.). Syrisch-griechischer Philosoph und Lehrer Ciceros, der einen Großteil des westlichen Mittelmeerraums bereiste, darunter mindestens auch Südgallien. Seine umfangreichen »Geschichten« sind mit Ausnahme weniger Fragmente verlorengegangen; letztere enthalten wertvolle Augenzeugenberichte über die Gallier kurz nach 100 v. Chr. Viele andere griechisch-römische Schriftsteller scheinen Poseidonios als (manchmal unerwähnte) Quelle benutzt zu haben; zitiert wird er beispielsweise von Strabon, dessen Werke erhalten geblieben sind.

Diodorus Siculus (gest. 21 v. Chr. oder später). Diodor von Sizilien schrieb ungefähr zwischen 60 und 30 v. Chr. eine Weltgeschichte in vierzig Büchern, die mit Cäsars Krieg in Gallien endet und großenteils erhalten blieb. Britannien und Gallien werden im 5. Buch behandelt.

Bei ihrem ersten Auftritt auf der Bühne des Weltgeschehens etwa um 500 v. Chr. scheinen die Kelten bereits einen Großteil der Alpenregion und der unmittelbar nördlich davon gelegenen Gebiete, Mittelfrankreich und Teile Spaniens zu bewohnen. Traditionell werden diese Frühkelten mehr oder weniger einem Teil der archäologisch belegten Hallstattkultur in der europäischen Eisenzeit zugewiesen. Bei Ausgrabungen wurden in Verbindung mit einer Reihe größerer befestigter Zentren reich ausgestattete Grabstätten gefunden, hinter denen man Häuptlings- oder Königsgräber vermutet. Es gibt Hinweise, daß diese »Fürstentümer« bereits mit dem antiken Mittelmeerraum Handel getrieben haben, insbesondere mit der Griechensiedlung Massalia (lat. Massilia, das heutige Marseille).

Beginnend mit dem 5. Jahrhundert v. Chr., entstand in einem Gebietsstreifen, der sich von Ostfrankreich bis nach Böhmen dehnt, eine neue keltische Kultur, die nach dem ersten schweizerischen Fundort, La Tène, benannt ist. Auch sie zeichnet sich durch großartig ausgestattete Gräber aus, die Hinweise auf Kontakte mit der klassischen Welt (über die Alpen mit Etruskerstädten) enthalten. Kurz nach 400 v. Chr. brachen die La-Tène-Kelten über die Alpen ein, eroberten und besiedelten die Po-Ebene und plünderten etwa 390 v. Chr. Rom. Die Römer nannten sie »Galli«, Gallier – ein Begriff, der später besonders für die Kelten in Frankreich benutzt wurde. Andere wanderten durch den Balkan, griffen Griechenland an und plünderten vielleicht 279 v. Chr. Delphi. Ein Teil dieser von den Griechen als »Keltoi« oder »Galatae« bezeichneten Kelten überquerte den Hellespont und schuf in der Zentraltürkei ein Königreich (Galatien).

Die dokumentarischen Quellen enthalten nichts über die Ereignisse im fernen Nordfrankreich oder auf den Britischen Inseln, aber archäologische Funde (insbesondere verzierte Metallarbeiten) offenbaren uns die Ausdehnung der La-Tène-Kultur auf diese Gebiete im 5. und 4. Jahrhundert v. Chr. Häufig wurde darin – parallel zur eindeutig bezeugten Süd- und Ostbewegung – eine Nordwanderung keltisch sprechender Gruppen von einem keltischen Kernland in den Alpen und deren Nordrand aus vermutet, wo die La-Tène-Kultur entstanden sei. Inzwischen scheint eher wahrscheinlich, daß keltisch Sprechende bereits einen Großteil Nordwesteuropas und die Britischen Inseln bevölkerten, mögli-

cherweise schon seit erheblich früherer Zeit. Die Ausbreitung der La-Tène-Kunst kann durchaus auch bloß eine neue Mode gewesen sein, die in einem bestimmten Teil des keltischsprachigen Raumes entstand.

Im 3. Jahrhundert v. Chr. bestand die keltische Welt aus einem sich immer wieder verschiebenden Mosaik autonomer Stämme und Staaten, das sich von Irland bis nach Ungarn erstreckte und von Portugal bis in die Türkei einige Enklaven und teilkeltische Bevölkerungen aufwies. Doch Ende des 3. und während des 2. Jahrhunderts v. Chr. gerieten die keltischen Gebiete allmählich unter den Druck der Germanen und zerbrachen unter dem Zugriff Roms, das zunächst Norditalien, sodann Teile Spaniens und im 2. Jahrhundert v. Chr. Südfrankreich eroberte. In der Türkei zerschlugen die Römer die Macht der Galater, die in den achtziger Jahren des 1. Jahrhunderts v. Chr. durch das Pontusreich fast vernichtet wurden. Den schwersten Schlag gegen die keltischsprachige Welt führte Rom mit der Eroberung Galliens in den fünfziger Jahren des 1. Jahrhunderts v. Chr. Spanien war noch vor der Zeitwende vollständig erobert, und die Donaukelten waren um diese Zeit fast völlig untergegangen. Übrig blieben somit nur die Britischen Inseln. Claudius fiel im Jahre 43 n. Chr. in Südostbritannien ein, und Anfang der achtziger Jahre des 1. Jahrhunderts n. Chr. waren die Römer bis ins schottische Hochland (Caledonia) vorgedrungen. Aber die Legionen konnten den Norden nicht halten, der weitgehend eine freie Zone zumindest teilkeltischer Gruppen blieb.

Von der keltischen Welt entging einzig Irland den kolonialen Ansprüchen Roms; es »saß« gewissermaßen die Jahrhunderte des Römischen Reiches fast ungestört »aus«, bis dann im späten 4. und im 5. Jahrhundert n. Chr. seine Stämme an der Zerstückelung der Provinzen teilnahmen.

Die Römerherrschaft scheint die Kultur und – sehr langsam – auch die Sprache der Festlandkelten ausgelöscht zu haben, obwohl sich die Gallier gut an die römische Lebensart anpaßten und Gallien zum Vorposten des römischen Nordwestens avancierte. Als Rom im 5. Jahrhundert n. Chr. zerbrach und die alten keltischen Landstriche unter Germanenherrschaft gerieten, ging sogar der Name Gallien unter und wurde nach dem Stamm der Franken durch Frank(en)reich ersetzt.

Die keltische Sprache und Gesellschaftsstruktur scheint sich im Westen und Norden Britanniens bis zum Zerfall der Römerherrschaft gut gehalten zu haben, vermutlich, weil Britannien nie so gründlich romanisiert wurde wie Gallien. Nach Auftauchen des protowalisischen und anderer britannischer Königreiche kam es zu einem Aufschwung der keltischen Kultur, möglicherweise als Reaktion auf die Errichtung der frühen angelsächsischen Reiche im Osten durch germanische Eindringlinge. Die La-Tène-Kunst erlebte, weitgehend aufgrund der Kraft und des Einflusses des eben erst christianisierten Irland, gewissermaßen ein Comeback. Die Westbriten überquerten den Kanal nach Armorica in Gallien und schufen damit die Bretagne im politisch-kulturellen Sinn.

Irland erlebte vom 6. bis 8. Jahrhundert n. Chr. kulturell ein goldenes Zeitalter. Viele Irengruppen überfielen und besiedelten die westliche Meeresküste des römischen Britannien (wo sich im 4. Jahrhundert n. Chr. das Christentum etabliert hatte); zum Teil kehrten sie wieder in ihr Geburtsland zurück und verursachten so die Christianisierung der irischen Reiche. Erstaunlich schnell wurde Irland zu einem der größten Kernpunkte der europäischen Christenheit, und irische Mönche und Priester evangelisierten die weitgehend heidnischen Britannier und Engländer, errichteten berühmte Klöster wie etwa auf Iona (einer kleinen Insel an der schottischen Westküste) und Lindisfarne in Northumbria. Ein Teil der irischen Seeräuber, »Scotti« genannt, gründete ein Königreich in Westkaledonien und legte damit den Grundstein für das mittelalterliche Königreich Schottland.

Dem keltischen Wiederaufschwung im frühen Mittelalter geboten Ende des 8. Jahrhunderts die Wikinger Einhalt. Die Nordmänner verheerten Europa und fielen in Irland ein – der Beginn der langen und düsteren Geschichte der dortigen Fremdinterventionen. Ab dem 11. Jahrhundert standen die keltischen Völker auf den Britischen Inseln unter dem ständigen Druck ihres großen Nachbarn England; gleichzeitig wurden die Bretonen vom aufstrebenden Königreich Frankreich bedroht. Im späteren Mittelalter besteht die Geschichte der Kelten aus allmählicher Absorption und Teilassimilierung. Wales verlor im 13. Jahrhundert seine Unabhängigkeit; zur gleichen Zeit zerbrach schnell auch die keltische Identität von Cornwall. 1532 ging die Bretagne in Frankreich auf. Während der Regierungszeit von Elisabeth I. geriet Irland vollständig unter englische Herrschaft. Als sie 1603 starb, begann auch die endgültige Vereinigung von England und Schottland; 1707 wurden die beiden Länder formal vereinigt. Die gälisch sprechende Clangesellschaft des schottischen Hochlands und der schottischen Inseln wurde nach dem Aufstand von

1745 zerschlagen. 1801 wurde auch Irland dem Vereinigten Königreich einverleibt.

Die keltischen Teile der Britischen Inseln gerieten im 18. und 19. Jahrhundert in ernste wirtschaftliche Schwierigkeiten. Besonders betroffen waren Schottland – durch die systematische Entvölkerung des Hochlands – und Irland, wo die Not auf dem Lande mit der Kartoffelhungersnot und den davon verursachten schrecklichen Menschenverlusten in den vierziger Jahren des 19. Jahrhunderts ihren Höhepunkt erreichte. Im Verein mit diesen Problemen auf dem Lande lösten die wachsende Nachfrage nach Industriearbeitskräften und die neuen Chancen in Übersee eine neue Wanderungswelle aus, bei der insbesondere Schotten und Iren in die expandierenden Industriestädte drängten oder nach Amerika auswanderten.

Die keltischen Sprachen erlebten im 19. und 20. Jahrhundert einen schweren Niedergang, wurden sogar aktiv unterdrückt. Gleichzeitig jedoch trug die Wiederentdeckung der Vergangenheit zum Entstehen eines nationalen Selbstbewußtseins im keltischen Europa der Neuzeit bei und hatte entscheidenden Anteil an der endgültigen Wiedergeburt eines irischen Staates im Jahre 1912. Auch in Schottland, Wales und der Bretagne gibt es nationalistische Strömungen.

Heute werden keltische Sprachen immer noch als Muttersprache gesprochen, wobei die Entwicklung des walisischen und gälischen Fernsehens und Rundfunks ihren Fortbestand beträchtlich gefördert hat. Sieht sie sich auch einer ungewissen Zukunft gegenüber, so wird die keltische Sprache doch noch Generationen überdauern.

KLASSISCHE GESCHICHTSSCHREIBER ÜBER DIE KELTEN

Strabon (etwa 64 v. Chr. bis 21 n. Chr. oder später). Der griechisch-asiatische Geograph und Geschichtsschreiber Strabon war noch persönlich mit Poseidonios bekannt. Buch 4 der (erhaltenen) siebzehnbändigen »Erdbeschreibung« befaßt sich mit Gallien und Britannien; er behandelt auch Spanien, Italien und Galatien.

Cäsar (100–44 v. Chr.). Der vielleicht berühmteste aller Römer, Gaius Julius Cäsar, war der kühnste Politiker der letzten Tage der römischen Republik. Er hat ihr letztlich den Garaus gemacht; auf sie folgte – nach den Kriegen im Anschluß an seine Ermordung – das Kaiserreich. Seiner Eroberung Galliens (58–51 v. Chr.) verdankte er den nötigen militärischen Ruf, die Soldaten und den Reichtum für die Machtergreifung in Rom. Seine »Commentarii« (besser bekannt als »Der Gallische Krieg«) waren Propagandaschriften, mit denen er sein eindeutig ungesetzliches Vorgehen zu rechtfertigen suchte. Sie sind daher politisch voreingenommen, aber ihre umfangreichen und detaillierten Schilderungen machen sie zu einer unersetzlichen – und faszinierenden – Lektüre.

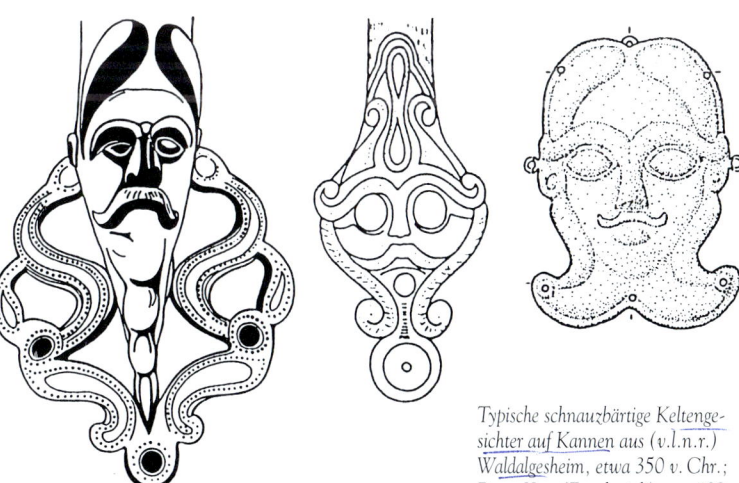

Typische schnauzbärtige Keltengesichter auf Kannen aus (v.l.n.r.) Waldalgesheim, etwa 350 v. Chr.; Basse-Yutz (Frankreich), um 400 v. Chr.; Dürrnberg (Österreich), 400–350 v. Chr.

DIE ENTDECKUNG DER KELTEN: HALLSTATT UND LA TÈNE

(Rechts) Wie diese lebhaften Aquarelle der Gräber und einiger Fundgegenstände bezeugen, wurden die Ausgrabungen von Johann Georg Ramsauer in Hallstatt (1846–1863) für die damaligen Verhältnisse äußerst genau dokumentiert.

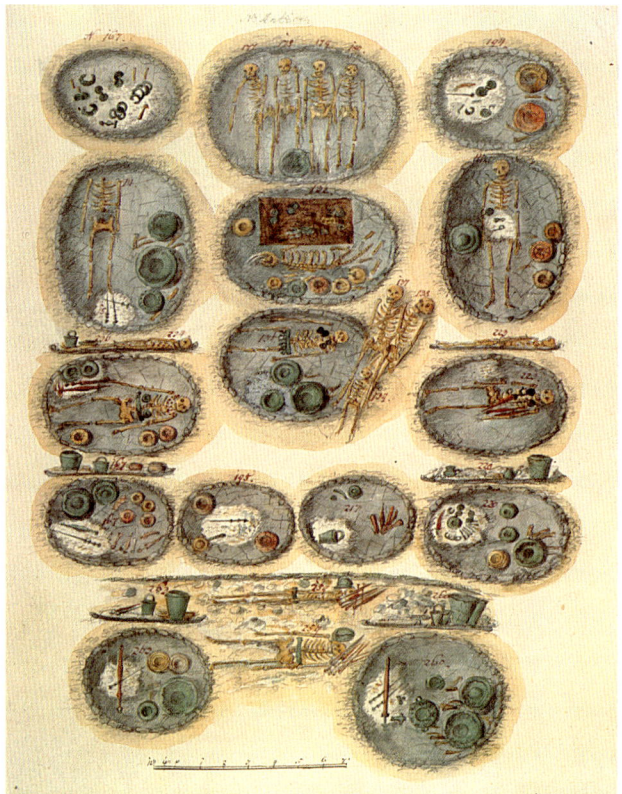

DAS INTERESSE an allem Keltischen erwachte so richtig erst in der Mitte des 19. Jahrhunderts, als in Hallstatt in Österreich und in La Tène in der Schweiz zwei aufsehenerregende Fundorte entdeckt wurden. Die als Überreste der Kelten identifizierten Funde fachten die generelle Neugier an der Vergangenheit Europas weiter an, die von den neuen wissenschaftlichen Ausgrabungs- und Dokumentierungsmethoden ausgelöst worden war. Das Studium der Kelten erfuhr einen deutlichen Wandel, als die Gelehrten ihre Definition der Kelten von dem im 18. Jahrhundert gängigen Schwerpunkt auf Dokumente und Sprachwissenschaft auszuweiten und nunmehr nach physischen Überresten zu suchen begannen. Damit setzte die archäologische Erforschung der Kelten ein.

Hallstatt

Die ersten Artefakte wurden zu Beginn des 19. Jahrhunderts im oberösterreichischen Hallstatt freigelegt, und die Ausgrabungen wurden von 1846 bis 1863 fortgesetzt. Sie förderten eine Grabanlage mit der erstaunlichen Zahl von eintausend Gräbern mit prunkvollen Grabbeigaben zutage. Die Beerdigten stammten aus einer Gemeinde der Früheisenzeit, die sich ihren Lebensunterhalt durch Abbau des nahe gelegenen Steinsalzlagers verschafft hatte. Die Untersuchung der Bergwerke förderte Kleiderfetzen, Ausrüstungsgegenstände und sogar die Leiche eines von der Sole vollkommen konservierten Bergmannes zutage.

Die Grabanlage datiert zum größten Teil aus dem 7. und 6. Jahrhundert v. Chr. und enthält einige großartige »Häuptlings«-Gräber. Sie gehört bis heute zu den fundreichsten Friedhöfen ihrer Art und enthält eine breite Skala von Waffen, Broschen, Fibeln und Tonwaren sowie importierte italienische Bronzegefäße, anhand deren der Friedhof datiert wurde. Aus dem 5. Jahrhundert stammen nur wenige Gräber, weil der Ort durch die leichter zugänglichen Salzvorkommen von Dürrnberg an Bedeutung verlor. Im 4. Jahrhundert v. Chr. wurde Hallstatt durch einen gewaltigen Erdrutsch verschüttet.

La Tène

Das am Nordende des Neuenburger Sees in der Schweiz gelegene La Tène wurde 1857 als Ausgrabungsort entdeckt, als ein Archäologiebegeisterter in den Seeuntergrund gerammte alte Holzpfähle entdeckte. Sie weckten sein Interesse, und so fand er im umgebenden Schlamm eiserne Waffen und Werkzeuge. Drainage- und Baggerarbeiten in den sechziger und achtziger Jahren des vorigen Jahrhunderts führten zu vielen weiteren Entdeckungen, darunter Skelettüberreste, und Anfang des 20. Jahrhunderts fand man gut erhaltene Holzgegenstände, darunter Schilde. Insgesamt 166 Schwerter, 269 Speerspitzen, 29 Schilde und 382 Fibeln wurden zutage gefördert, hinzu kamen Gürtelschnallen, Rasiermesser, Werkzeuge, Bronzekessel, hölzerne Joche, Eisenbarren und anderes. Die Ausgrabungen wurden 1917 beendet, aber noch immer hält die Diskussion um die Bedeutung des Fundortes an. Nachdem man ihn zunächst eher für einen Marktflecken oder eine Grenzstation hielt, deutet die neuere Forschung eher darauf hin, daß La Tène ein religiöses Heiligtum gewesen sein könnte. Wie dem auch sei – La Tène ist ein Schlüssel zum Verständnis der Chronologie, Kunst und Technik der Eisenzeit.

Die Hallstatt- und La-Tène-»Kulturen«

Eine neue Wendung nahm die Erforschung der Kelten im späten 19. Jahrhundert, als die Gelehrten quer durch Europa an vielen Stellen keltische Artefakte zu identifizieren begannen. 1872 schlug der Archäologe Hans Hildebrand vor, die in Hallstatt und La Tène gefundenen Gegenstände als Produkte zweier getrennter Perioden der vorrömischen Eisenzeit anzusehen. Unter Benutzung der Namen der beiden Fundstätten kam er zu dem Schluß, die »La-Tène-Kultur« sei auf die frühere »Hallstattkultur« gefolgt.

Heute ist man der Meinung, daß die Hallstattkultur von etwa 1200 bis 475 v. Chr. dauerte. Leider können wir die Urheber der früheren Hallstattmaterialien aus der Bronzezeit nicht genau bestimmen, da wir aus dieser Epoche über keine schriftlichen Quellen verfügen; sehr wahrscheinlich figurieren auch Überreste von nicht keltisch sprechenden Völkern unter dem Etikett »Hallstatt«. Ziemlich fest steht aber, daß einige Artefakte aus dem späteren Eisenzeitteil der Hallstattzeit Überreste frühester Kelten im Sinne ihrer ersten Erwähnung in antiken Texten darstellen. Tatsächlich sind viele – jedenfalls die größten – Entwicklungen der Hallstattzeit weitgehend den Kelten zuzuschreiben, beispielsweise die im

6. Jahrhundert v. Chr. erbauten schönen Hügelfestungen oder die reichgeschmückten Gräber der »Fürstentümer« der westlichen Hallstattgegenden.

Umfaßt nun die Hallstattkultur wahrscheinlich auch andere Sprachgruppen, so wird die La-Tène-Kultur sehr eng mit den Kelten verknüpft. Sie entwickelte sich im 5. Jahrhundert v. Chr. in Teilen des Hallstattgebiets, als die Republik Rom noch in den Kinderschuhen steckte und Athen die Perser in die Flucht schlug und sein eigenes Reich zu errichten begann. Die insbesondere durch das berühmte »kurvilineare Dekor« – eine weitgehend abstrakte Verzierungsform vor allem an Metallgegenständen – gekennzeichnete La-Tène-Kultur wird im weiteren durch eine Vielfalt von Ton- und Metallbearbeitungsstilen, Begräbnisriten und Siedlungstypen bestimmt. Das ursprüngliche Kernland von La Tène lag im 5. Jahrhundert v. Chr. in einem Gebiet, das Ostfrankreich, Süddeutschland, Österreich und die Schweiz umfaßte, und breitete sich von dort her aus. La Tène ist jene Kultur der Kelten, die in der Geschichte der Antike so kräftige Spuren hinterließ.

(Unten) Die Lage von La Tène. (Ganz unten) Teil der Ausgrabungen von Paul Vouga in La Tène Anfang dieses Jahrhunderts: Aufsicht und Querschnitt einer »Bohlenbrücke« über den Wasserlauf; verzeichnet ist auch die Position eines Teils der zahlreichen Funde im Umkreis, darunter Waffen und menschliche Überreste.

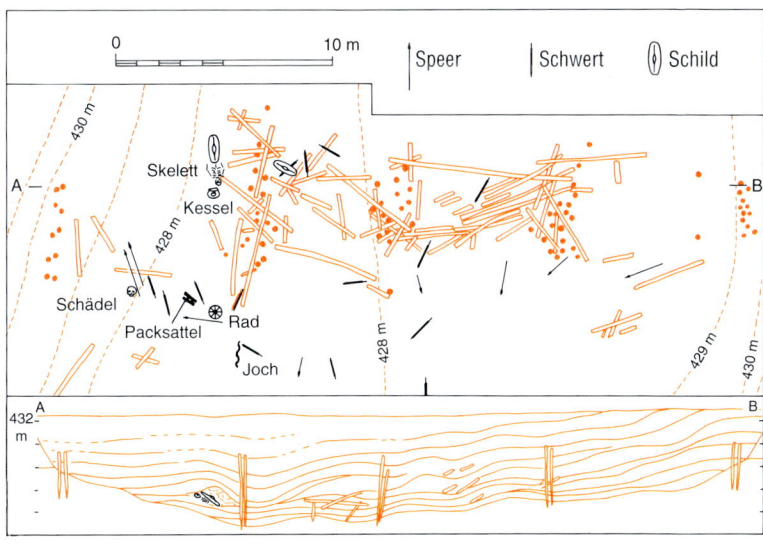

Bronzebrosche,
Hallstatt, Österreich
(6. Jh. v. Chr.)

Eisenhelm,
Ciumeşti, Rumänien
(3. Jh. v. Chr.)

Holzstatue,
Chamalières, Frankreich
(1. Jh. n. Chr.)

Balkan Klein-asien
• Keltengesandtschaft bei Alexander d. Gr. (335)
• Die Kelten plündern Delphi (279)
• Massaker der Kelten-häuptlinge (88 v. Chr.)

Zentral-/Norditalien
E T R U S K E R
• Die Etrusker in Rom
• Gründung von Spina (ca. 520)
• Die Gallier plündern Rom (390)
• Die Römer besiegen die Kelten bei Telamon (225)

Österreich/Süddeutschland
H A L L S T A T T   L A   T E N E
B   C   D
»Fürstentümer«

Frankreich
END-BRONZE-ZEIT   H A L L S T A T T   L A   T E N E
»Fürstentümer«
• Marseille gegr. (600)
• Cäsars Krieg in Gallien (58–50)
• Die Römer erobern Alesia (52)

Iberien
K E L T I B E R E R
• Die Römer erobern Numantia (133)

Groß-britannien/Irland
SPÄT-BRONZE-ZEIT   E I S E N Z E I T
• Cäsar fällt in Britannien ein (55/54 v. Chr.)
• Römer in Britannien (4

800 v. Chr.   700   600   500   400   300   200   100   0

(Oben) Die wichtigsten Kulturen, Völker und Ereignisse der keltischen Geschichte im (vereinfachten) zeitlichen Zusammenhang.

60°
IREN   BRITANNIER
Rhein
50°
ATLANTIK
Loire
GALLIER   Alesia   La Tène   GALLIE
Lyon   Po   ETRUSKE
Rhône
Marseille   Telamon
Numantia
KELTIBERER
10°
Karthago
40°
0°
NORDAFRIKA

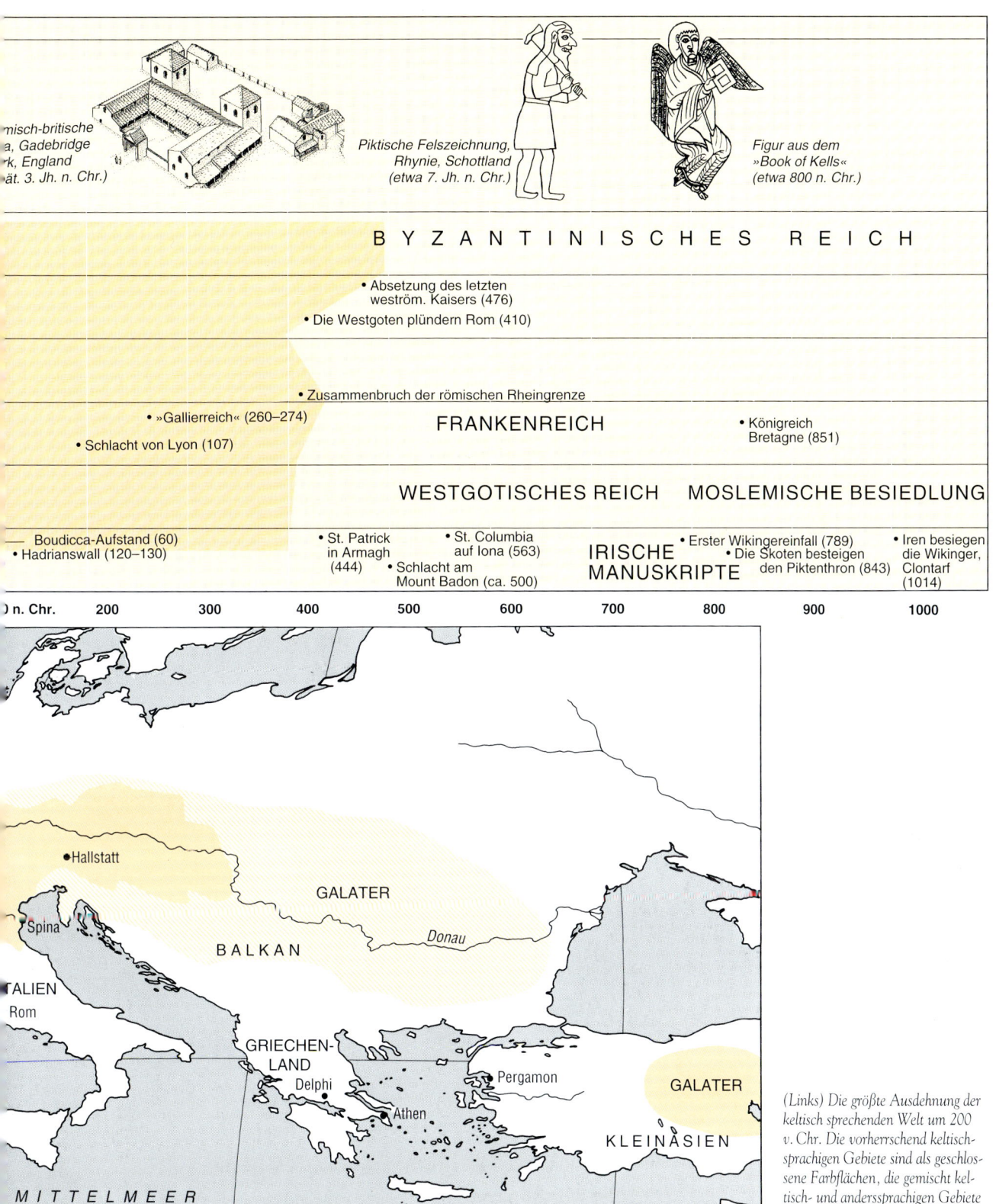

misch-britische
a, Gadebridge
k, England
ät. 3. Jh. n. Chr.)

*Piktische Felszeichnung,
Rhynie, Schottland
(etwa 7. Jh. n. Chr.)*

*Figur aus dem
»Book of Kells«
(etwa 800 n. Chr.)*

B Y Z A N T I N I S C H E S   R E I C H

• Absetzung des letzten
weström. Kaisers (476)

• Die Westgoten plündern Rom (410)

• Zusammenbruch der römischen Rheingrenze

• »Gallierreich« (260–274)

FRANKENREICH

• Königreich
Bretagne (851)

• Schlacht von Lyon (107)

WESTGOTISCHES REICH   MOSLEMISCHE BESIEDLUNG

— Boudicca-Aufstand (60)
• Hadrianswall (120–130)

• St. Patrick
in Armagh
(444)
• Schlacht am
Mount Badon (ca. 500)

• St. Columbia
auf Iona (563)

IRISCHE
MANUSKRIPTE

• Erster Wikingereinfall (789)
• Die Skoten besteigen
den Piktenthron (843)

• Iren besiegen
die Wikinger,
Clontarf
(1014)

| 0 n. Chr. | 200 | 300 | 400 | 500 | 600 | 700 | 800 | 900 | 1000 |

GALATER

Donau

BALKAN

• Hallstatt

• Spina

TALIEN
Rom

GRIECHEN-
LAND

Delphi

Athen

Pergamon

GALATER

KLEINASIEN

MITTELMEER

20°   30°

*(Links) Die größte Ausdehnung der
keltisch sprechenden Welt um 200
v. Chr. Die vorherrschend keltischsprachigen Gebiete sind als geschlos-
sene Farbflächen, die gemischt kel-
tisch- und anderssprachigen Gebiete
schraffiert dargestellt.*

17

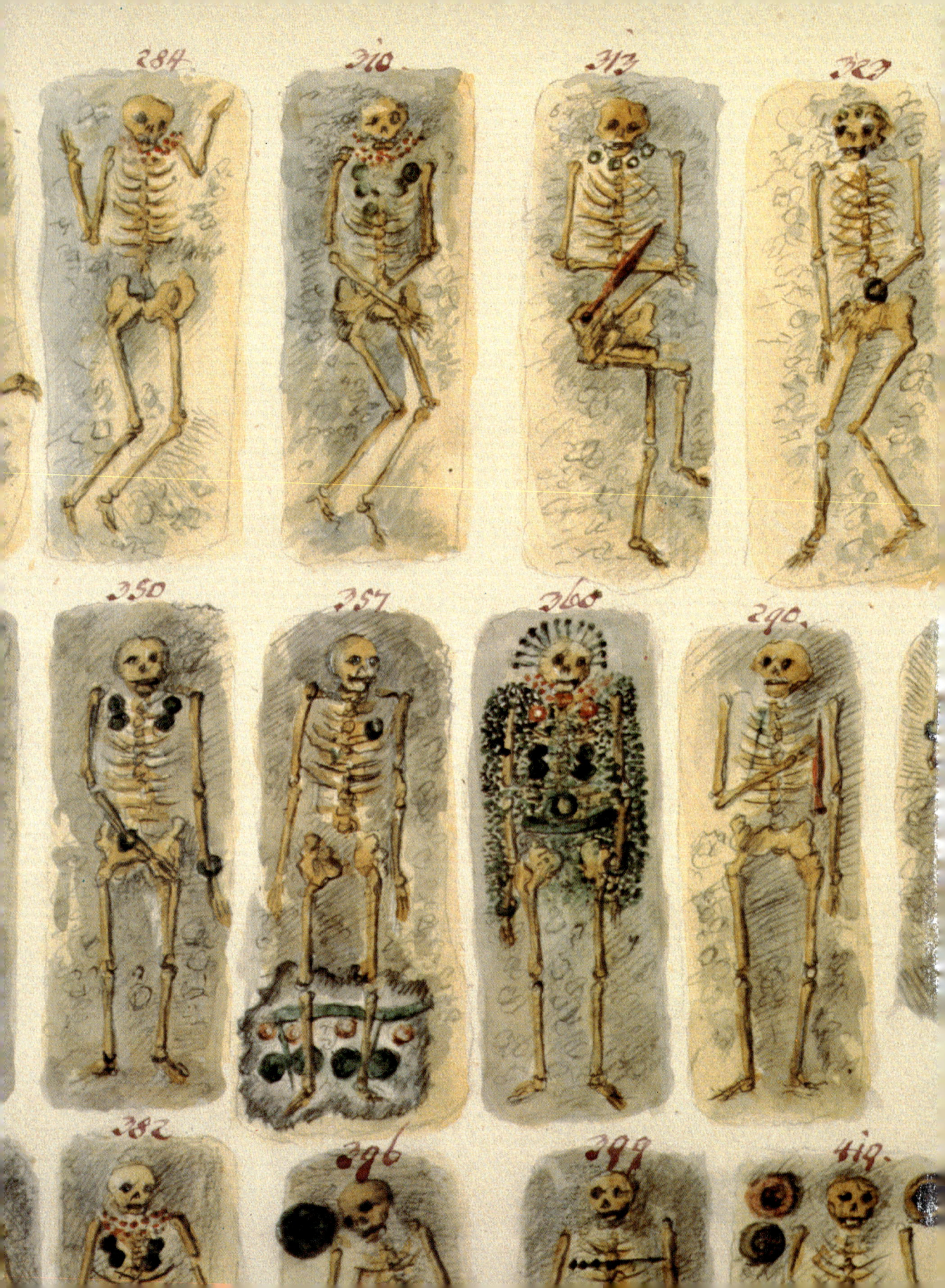

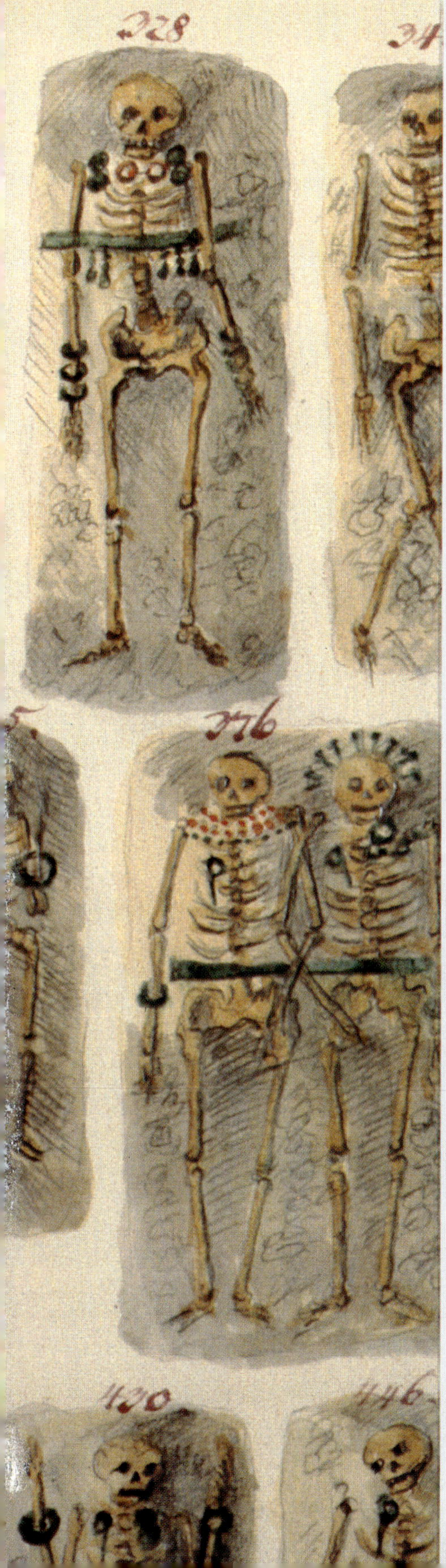

II
DIE FRÜHESTEN KELTEN

»Der Istros [die Donau], der bei den Kelten [...] entspringt, fließt so, daß er Europa in der Mitte teilt; die Kelten aber wohnen außerhalb der Säulen des Herakles, und sie grenzen an die Kynesier, die unter allen, die Europa bewohnen, als die letzten nach Westen hin wohnen.«
Herodot, »Historien«, 2,33

DIE DOKUMENTARISCHEN und archäologischen Quellen deuten darauf hin, daß die Kelten im 6. Jahrhundert v. Chr. einen gewaltigen Gebietsstreifen von der Iberischen Halbinsel bis zur oberen Donau bewohnten. Wissen wir über ihre sehr frühe Geschichte auch nur wenig, so steht doch fest, daß die Kelten damals befestigte Siedlungen errichteten, die Kunst der Eisenbearbeitung und des Bergbaus beherrschten und mit der klassischen Welt Handel zu treiben begannen.

Als eine der frühesten keltischen Errungenschaften können wir die Einrichtung der sogenannten Stammesfürstentümer der westlichen Hallstattkultur (wie sie recht nüchtern heißt) aufspüren. Hinter dieser trockenen archäologischen Bezeichnung würde kein Mensch den unglaublichen Reichtum ihrer Hügelfestungen und den Prunk ihrer Begräbnisriten vermuten. Ihre Siedlungen lagen verstreut an den Oberläufen der größten Ströme Europas von der Loire bis zur Donau, und es besteht kaum ein Zweifel, daß Herodot von deren Bewohnern spricht. Diese Hallstattfürstentümer leisteten kulturell Aufsehenerregendes und gelten als erstes deutliches und erkennbares Aufblühen der keltischen Kultur.

Aquarelle einiger Gräber, die Johann Georg Ramsauer zwischen 1846 und 1863 in der Grabanlage von Hallstatt in Österreich freilegte.

DIE HALLSTATTKULTUR: HÜGELFESTEN UND TUMULUSGRÄBER

(Gegenüber) Die Karte zeigt die Westverlagerung der Wagengräber zwischen Hallstatt C und D sowie die Lage einiger »fürstlicher« Zentralorte. Man beachte die Nähe dieser Siedlungen zu den Straßen entlang der wichtigsten Flußtäler sowie den Zugang zum griechischen Hafen Massalia.

DIE KELTEN WURZELN, wie wir sahen, in der Hallstattkultur, die sich quer durch Mitteleuropa erstreckte. Den Zeitraum von 1200 bis 475 v. Chr. unterteilen die Archäologen in die Phasen A, B, C und D. Hallstatt A und B entspricht grob der Spätbronzezeit: 1200–800 v. Chr.; C gehört in die sehr frühe Eisenzeit (800–600 v. Chr.); und Hallstatt D reicht von 600 bis 475 v. Chr.

Das Hallstatt-Europa

In der Spätbronzezeit bestanden in Nordeuropa offenbar keine größeren politischen Einheiten: Es gab keine großen Machtzentren. Aber der Handel über weite Entfernungen war bereits gut etabliert, vor allem mit Kupfer und Zinn zur Bronzeherstellung. Im österreichischen Hallstatt selbst wurde schon 1000 v. Chr. ein lebenswichtiges Gut für den Transport in entfernte Regionen abgebaut: das zur Nahrungsmittelkonservierung in einer Welt ohne Kühlvorrichtungen lebensnotwendige Salz. Im 8. Jahrhundert v. Chr. fand auch als revolutionäre Neuheit das Eisen in Mitteleuropa Eingang. Die Kontrolle über diese Güter und ihre Verteilung könnte den Anstoß für das Entstehen erster Machtzentren in der Eisenzeit gegeben haben.

Bis zum 8. Jahrhundert v. Chr. deuten die bekannten Ansiedlungen (Gehöfte, Weiler und einige wenige Hügelfestungen) auf keine Organisationsformen hin, die kleine Häuptlingschaften überstiegen. Etwa um diese Zeit aber tauchen unter der Masse der gewöhnlichen Gräber mit nur

(Rechts) Diese Steinstatue soll auf dem Tumulusgrab von Hirschlanden in Baden-Württemberg gestanden haben (unten: Rekonstruktionszeichnung). Die nackte Mannesgestalt trägt einen Dolch, einen Halsreif und einen konischen Hut, die den im Grab des »Fürsten« von Hochdorf gefundenen ähneln. Spätes 6. Jahrhundert v. Chr.

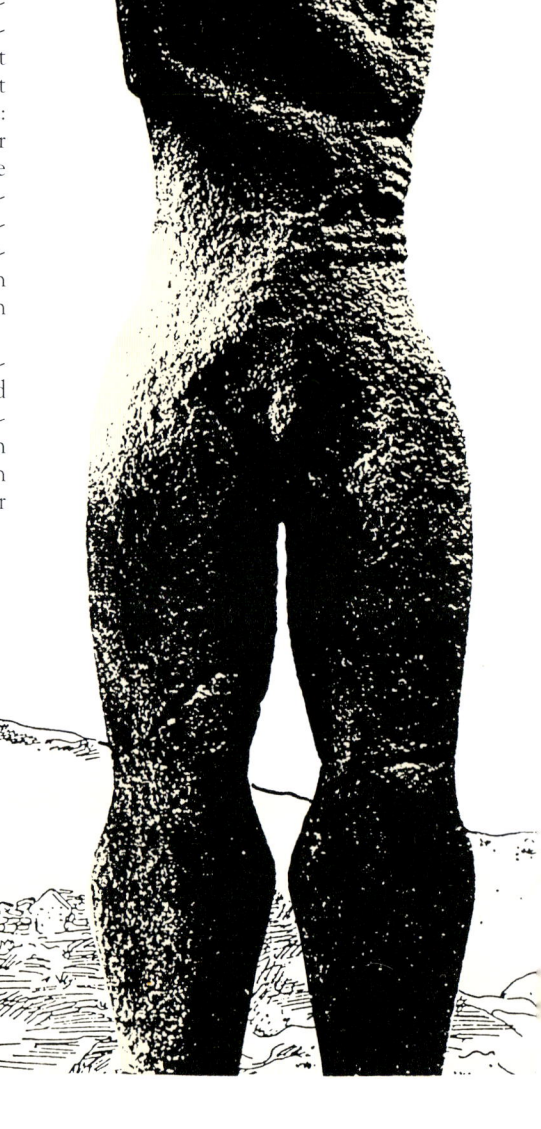

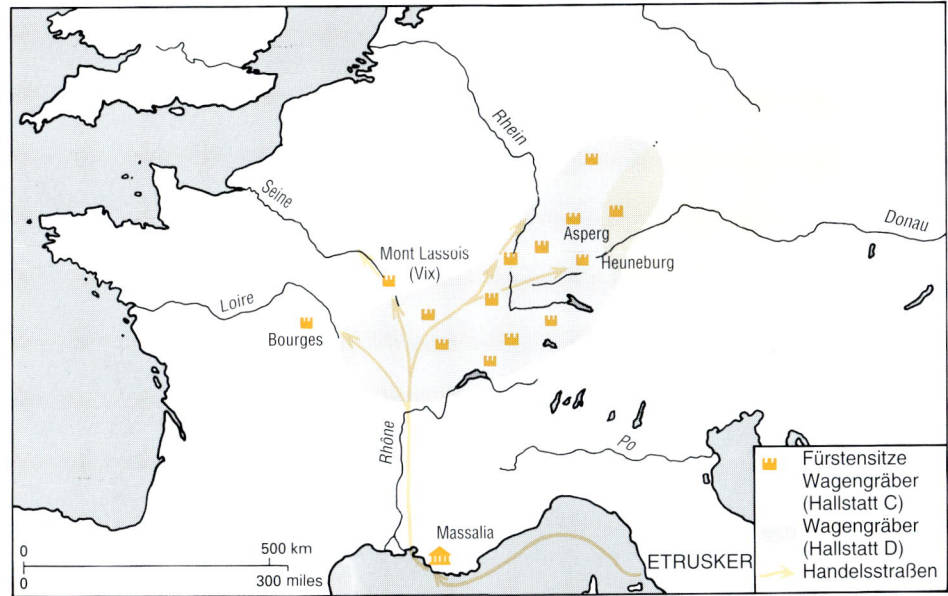

Traditionell setzten viele Forscher die keltischen Ursprünge mit dem Auftauchen der La-Tène-Kultur in Teilen Deutschlands, Ostfrankreichs und einigen angrenzenden Gebieten gleich; man ging davon aus, daß sich die keltischen Sprachen von diesen Regionen aus mit den um 400 v. Chr. einsetzenden Völkerwanderungen ausgebreitet hätten. Es ist aber fast sicher, daß es schon viel früher keltische Sprachen gab.

Zum einen weisen die archäologischen Funde etwa in Großbritannien und Irland auf eine ausgeprägte Kontinuität zu den einheimischen Traditionen der Bronzezeit hin; umfangreiche Keltenwanderungen sind hier nicht belegt. Zum anderen waren, wie wir gesehen haben, keltisch sprechende Menschen wohl schon im 6. Jahrhundert v. Chr. über weite Teile Europas verbreitet. So legen Steininschriften die Vermutung nahe, daß die (am Alpenrand in Italien zwischen dem 9. und 5. Jahrhundert v. Chr. herrschende) »Golasecca-Kultur« keltischsprachig war.

Haben sich die keltischen Dialekte also in einer noch früheren, prähistorischen Wanderungswelle ausgebreitet? Die keltischen Sprachen müssen nicht unbedingt in einem bestimmten kleinen Gebiet entstanden sein und sich von dort aus ausgebreitet haben; genausogut können sie sich allmählich und gleichzeitig – parallel zu gemeinsamen sozialen, politischen und religiösen Praktiken – in einem Großgebiet herausgebildet haben.

Dies könnte die Ausbreitung der La-Tène-Kultur etwa auf die Britischen Inseln erklären helfen: Bereits bestehende Ähnlichkeiten und eine gewisse Seelenverwandtschaft machten die Menschen geneigt, neue Kunststile zu adoptieren. Diese Vorstellung ist allerdings umstritten und erklärt auch nicht, warum gerade diese Völker Kelten wurden, andere dagegen nicht. Dennoch paßt sie weit besser als andere Theorien zu den archäologischen Befunden, die kaum Anzeichen für eine Westwanderung der Keltenvölker erkennen lassen, die sich mit den historisch bezeugten Ausdehnungsbestrebungen nach Süden und Osten vergleichen ließe.

---

wenigen Grabbeigaben einige reichere Begräbnisstätten auf. Zu diesen von Süddeutschland bis Böhmen und Westungarn aufgefundenen wohlhabenderen Grabstätten gehören auch Kriegergräber (manchmal mit großartigen Eisenschwertern) und eine kleine Zahl, die sogar vierrädrige Wagen birgt.

Zwischen 800 und 600 v. Chr. (Hallstatt C) begannen die Frühkelten – das waren mit Sicherheit viele von ihnen – nördlich der Alpen immer häufiger befestigte Siedlungen auf Hügeln zu erbauen. Die umliegenden Grabhügel kennzeichnen die Gräber der aufsteigenden adligen Klassen, die vermutlich die Hügelfesten hatten erbauen lassen und sicherlich mit immer reicheren Grabbeigaben ihren Abstand zur übrigen Gesellschaft betonen wollten. Die Tumulusgräber bergen aufsehenerregende Funde wie etwa kunstvolle Begräbniswagen. Wiederum scheint der zunehmende Handel für das Auftauchen dieses Adels den Ausschlag gegeben zu haben. Es ist leicht vorstellbar, daß die Verfügungsgewalt über eine so wertvolle Handelsware wie Salz oder Eisen den Status und Einfluß eines Herrn erhöhte.

Die Häuptlingsschaften der späteren westlichen Hallstattzeit

In der letzten Phase der Hallstattzeit (Hallstatt D, 600–475 v. Chr.) sind die reichsten – insbesondere die mit Wagen und kostspieligen Einfuhrgütern ausgestatteten – Grabstätten weiter westlich als früher konzentriert (in Ostfrankreich, Südwestdeutschland und Umgebung). Sie drängeln sich um eine Handvoll größerer Hügelfesten, die vermutlich Sitz von Fürsten oder Häuptlingen waren, deren Gräber sie darstellen. Woher kam diese Verlagerung nach Westen? Die Antwort dürfte mit der Errichtung der neuen griechischen Handelssiedlung in Massalia (Marseille) nahe der Rhônemündung um 600 v. Chr. zusammenhängen. Die neuen Häuptlingsschaften oder »Fürstentümer« liegen in der Nähe der großen Verbindungswege von Rhein, Seine, Loire und oberer Donau zum Rhônekorridor. Wie schon die kleineren Aristokratien der vorhergehenden Periode bezogen die Fürsten der Hallstatt-D-Phase einen Großteil ihres Reichtums aus dem Handel. Der Glücksfall des griechischen Brückenkopfes in Massalia eröffnete den westlichen Keltenherren nicht nur gewichtige neue Profitchancen, sondern bot ihnen auch Zugang zu neuartigen Luxusprodukten aus Griechenland und dem Mittelmeerraum, mit denen sie ihre Macht und ihren Reichtum zu Schau stellen konnten. Tatsächlich wurden in den westlichen Hallstatt-D-Gräbern auch griechische Importwaren gefunden.

Höchstwahrscheinlich waren die über Massalia in die Griechenwelt gelangten Geschichten über diese »barbarischen« Häuptlingsschaften die ersten Quellen der Erzählungen über »Keltoi« genannte Menschen.

Machtzentren und »fürstliche« Begräbnisse

Sitz dieser Häuptlingsschaften oder »Fürstentümer« waren wenige, sehr reiche, befestigte Hügelsiedlungen. Die bedeutendsten lagen auf dem Mont Lassois nahe der Seinequellen, auf dem Asperg bei Stuttgart, auf dem Britzgyberg in der

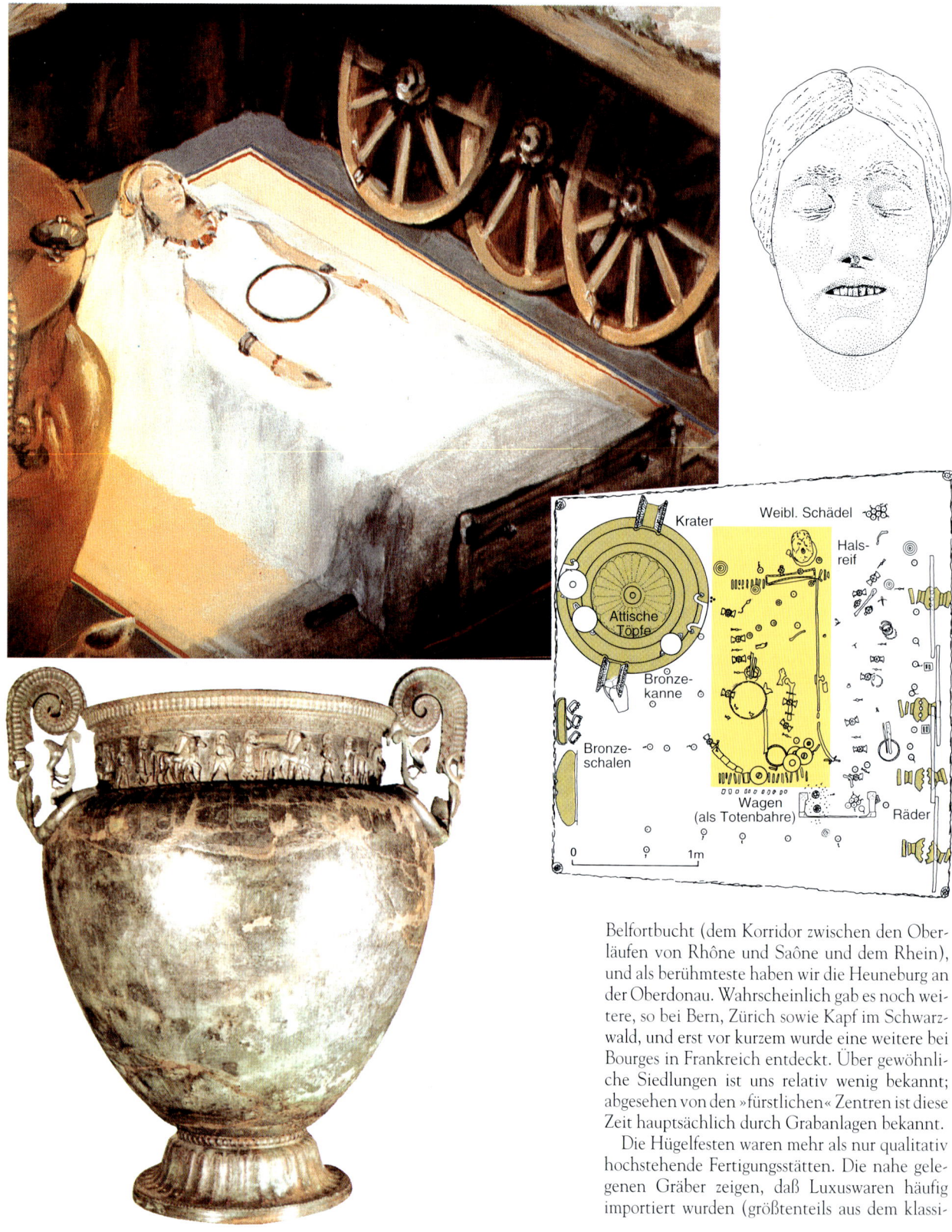

Krater

Weibl. Schädel

Hals-
reif

Attische
Töpfe

Bronze-
kanne

Bronze-
schalen

Wagen
(als Totenbahre)

Räder

0   1m

Belfortbucht (dem Korridor zwischen den Oberläufen von Rhône und Saône und dem Rhein),
und als berühmteste haben wir die Heuneburg an
der Oberdonau. Wahrscheinlich gab es noch weitere, so bei Bern, Zürich sowie Kapf im Schwarz-
wald, und erst vor kurzem wurde eine weitere bei
Bourges in Frankreich entdeckt. Über gewöhnli-
che Siedlungen ist uns relativ wenig bekannt;
abgesehen von den »fürstlichen« Zentren ist diese
Zeit hauptsächlich durch Grabanlagen bekannt.

Die Hügelfesten waren mehr als nur qualitativ
hochstehende Fertigungsstätten. Die nahe gelegenen Gräber zeigen, daß Luxuswaren häufig
importiert wurden (größtenteils aus dem klassi-

(Gegenüber) 1953 wurde in Vix beim Mont Lassois in Frankreich unter einem Steinhaufen das Grab einer Adligen entdeckt. Es datiert vom Ende des 6. Jahrhunderts v. Chr. und bestand aus einer quadratischen Grabkammer von 3 Metern Seitenlänge; vgl. Lageplan.

Bei der Leiche handelt es sich um eine etwa 35jährige Frau; der Schädel war immerhin so gut erhalten, daß das wahrscheinliche Aussehen rekonstruiert werden konnte (oben). Sie lag auf dem Fahrgestell eines Wagens, der als Totenbahre diente. Die Räder waren abmontiert und lehnten an einer Wand der hölzernen Grabkammer. Beim Schädel lag ein sehr schöner Halsreif aus Gold (rechts).

Die andere Hälfte der Grabkammer war mit Trinkgeschirr gefüllt, zu dem auch eine etruskische Kanne und attische Becher gehörten. Beherrscht wurde das Grab von einem riesigen Bronzekrater (links unten), dem größten, der je entdeckt wurde. Das mit Gorgonen, griechischen Kriegern und Streitwagen verzierte Gefäß besitzt einen Deckel, der eine kleine Frauenstatue trägt, und ist 1,64 Meter hoch. Das in Sparta oder im griechischen Süditalien hergestellte Gefäß ist anscheinend in Teilstücken nach Norden transportiert und dort – möglicherweise von griechischen Kunsthandwerkern – zusammengesetzt worden: ein Hinweis auf enge Verbindungen zwischen dem Mont Lassois und den Griechen.

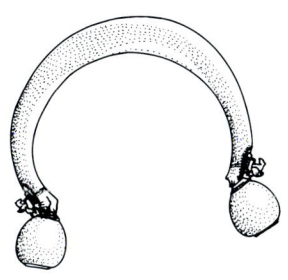

(Oben und links) Der Halsreif von Vix. Ursprünglich hielt man ihn für ein Diadem, doch viel wahrscheinlicher wurde er um den Hals getragen. Der aus 480 Gramm Gold gefertigte Reif ist ein exquisites Kunstwerk, dessen einfache, elegante Form mit feiner Filigranarbeit und winzigen griechischen Pegasusfigurinen verziert ist. Zwar stammt die Konzeption aus dem Norden, doch gemahnt das Prunkstück in Stil und Technik so sehr an Griechenland, daß die Gelehrten sich bis heute um seinen Fertigungsort streiten: Entstammt es einer mittelmeerischen Werkstatt, oder wurde es näher am Fundort hergestellt – etwa durch einen ortsansässigen Griechen oder einen einheimischen Goldschmied, der sein Handwerk bei einem Griechen erlernt hatte?

schen Süden, gelegentlich aber auch von weiter her, sogar Seide aus China). Bemerkenswerterweise drängeln sich im Umkreis weniger Kilometer um die größeren »fürstlichen« Zentren unter gewaltigen Hügeln die schönsten Grabstätten. Einige dieser ungewöhnlichen Grabstätten zeugen von ganz neuartigem Wohlstand, so in Vix und Hochdorf. Gemeinhin enthalten sie eine einzige zentrale Grabstelle mit holzgetäfelter Kammer sowie Grabbeigaben, zu denen auch Goldgegenstände, Importe aus dem klassischen Raum und vierrädrige Karren (Leichenwagen, Reisegefährte?) gehören; dies alles zeugt von einem hohen Rang des Verstorbenen.

Kontakte mit dem klassischen Raum

Die griechischen und etruskischen Einfuhren umfaßten nur wenige Dinge, die fast ausschließlich mit Wein, seinem Transport, seiner Zubereitung (er mußte vor dem Trinken durchgesiebt und verdünnt werden) und schließlich seinem Verzehr zu tun haben. In Mont Lassois wurden Weinkrüge oder -amphoren aus Massalia, schwarzverzierte Tongefäße und Bronzegeschirr aus Attika (Athen) gefunden. Das im nahe gelegenen Vix entdeckte berühmte Grab einer Adligen enthielt ein riesiges Weingefäß (einen »Krater«) aus Bronze. Da damals nördlich der Alpen noch keine Reben angebaut wurden, war Wein offenbar eine hochgeschätzte Neuheit, und die Kelten übernahmen das ganze Drum und Dran und Ritual, mit dem die Griechen und Etrusker den Weingenuß umgaben. Die Edlen von Hallstatt und ihre Handwerker schätzten auch gewisse Teile der antiken Kunst; auf der Heuneburg wurden die menschenähnlichen Köpfe auf den Henkeln etruskischer Weingefäße nachgeahmt.

Die Importe aus dem klassischen Raum blieben jedoch bemerkenswert lokalisiert und sind außerhalb der wenigen Hügelfesten und ihrer prunkvollsten Begräbnisstätten fast unbekannt. Das deutet darauf hin, daß diese Gegenstände nur einer kleinen Gesellschaftsschicht zugänglich waren; gestützt wird diese Idee auch durch die hohe Qualität der Funde (der Krater von Vix beispielsweise ist prächtiger als alles, was in Griechenland selbst entdeckt wurde). Handelte es sich dabei weniger um Handelswaren als um diplomatische Geschenke? Und gab es etwa einen umfangreicheren Handel mit Dingen, die spurlos verschwunden sind? Anhaltspunkte für eine Antwort liefert uns die Struktur der Hallstattgesellschaft.

Wie funktionierten die Hallstatt-Häuptlingsschaften?
Vielleicht sind die Häuptlingsschaften von Hallstatt D nichts anderes als der archäologisch sichtbare Kern eines viel umfangreicheren Austauschsystems, das Nordeuropa über die Rhône mit der

Welt der Antike unterhielt. Ihr Wohlstand leitete sich daraus ab, daß sie den über ihr Gebiet führenden Nord- und Südhandel kontrollierten.

Manche Gelehrte sind der Meinung, aus dem Norden – bis nach Britannien und dem Baltikum – seien Beutegut, Mineralien und Handelswaren gekommen. So dürfen wir uns vorstellen, daß Gold, Zinn, Bernstein, Pelze, Honig und Sklaven nach Süden strömten. Weniger klar ist, was den Weg nach Norden nahm; in diesem nördlichen Gebiet finden sich nur wenige Importe aus dem klassischen Raum. Die Hallstatthäuptlinge machten offenbar gewaltige Gewinne als Mittelsmänner und beschafften sich die feinsten Luxuswaren zur persönlichen Nutzung. Sie übernahmen fremde Gebräuche und schwelgten in ausladenden Festlichkeiten und Begräbnisriten (vgl. Kastentext rechts). Zu den Wagen, die bereits die Begräbnisrituale des Adels kennzeichneten, gesellten sich bei den herrschenden Klassen der Wein, die speziellen Gefäße und vielleicht auch das Mobiliar und Zeremoniell des griechischen Trinkgelages (»Symposion«).

Hinter dieser spektakulären Zurschaustellung materiellen Reichtums dürften sich heftige Rivalitäten unter dem Adel jedes Stammesfürstentums verbergen. Auf höherer Ebene wird es ähnliche Rivalitäten *zwischen* den Häuptlingsschaften gegeben haben, bei denen ein jeder seinem Nachbarn an Machtgepränge und prunkvoller Lebensführung den Rang abzulaufen versuchte. In der

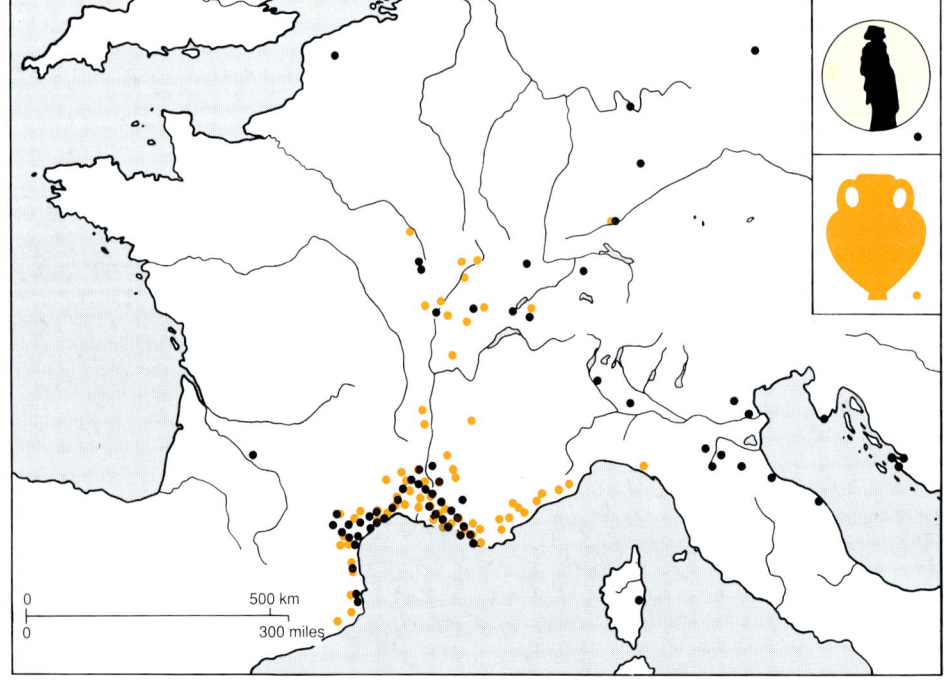

Die Karte zeigt die wichtigsten Fundorte von Weinamphoren aus Massalia und athenischen Keramikgefäßen im schwarzfigurigen Stil. 6. Jahrhundert v. Chr.

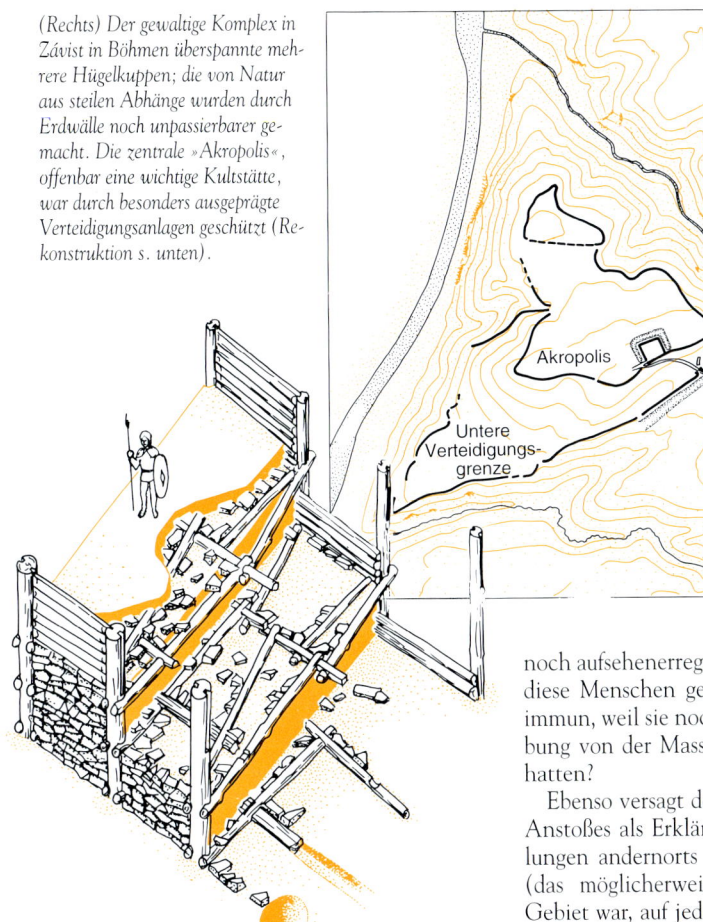

(Rechts) Der gewaltige Komplex in Závist in Böhmen überspannte mehrere Hügelkuppen; die von Natur aus steilen Abhänge wurden durch Erdwälle noch unpassierbarer gemacht. Die zentrale »Akropolis«, offenbar eine wichtige Kultstätte, war durch besonders ausgeprägte Verteidigungsanlagen geschützt (Rekonstruktion s. unten).

Akropolis

Untere Verteidigungsgrenze

Untere Verteidigungszone

0   500m

GEBEN UND NEHMEN – BINDEMITTEL DER GESELLSCHAFT

In »primitiven« Gesellschaften wird zwischen sozialen und wirtschaftlichen Angelegenheiten nicht unterschieden; so mag es überhaupt keinen Handel in unserem Sinne, nicht einmal Tauschgeschäfte geben. Dennoch werden häufig in großem Umfang Waren ausgetauscht und Dienste geleistet. In diesem Austausch äußerten sich die Beziehungen innerhalb der Gesellschaftspyramide, wobei die Familienoberhäupter und Adligen beispielsweise als Gegenleistung für gewährten Schutz in einer gewalttätigen Welt oder gelegentliche wertvolle Geschenke Agrarprodukte oder militärische und andere Dienste erhielten. So mochte eine Weise Frau für ihre Fürsprache bei den Göttern (ein hochwichtiger »Dienst«) etwa ein Schaf bekommen. Auf diese Weise wird Geben und Nehmen zum Bindemittel der Gesellschaft. Der wirtschaftliche Austausch ist in die Gesellschaftsorganisation integriert – die sogenannte »eingebettete Wirtschaft«.

Die meisten prähistorischen Agrargesellschaften müssen auf diese Weise funktioniert haben. Stärker hierarchisierte Gesellschaften wie etwa die Hallstatt-D-Fürstentümer hingegen können eine Abart dieser Wirtschaftsform praktiziert haben, bei der sich die Adligen die hochwertigsten Güter selbst vorbehielten. In einer solchen »Prestigegüterwirtschaft« mögen ausgewählte Günstlinge sparsam mit gewissen Dingen (zum Beispiel Wein) beschenkt worden sein, vielleicht auf zeremonielle Weise bei Festgelagen. Also kam es zum Wettstreit, wobei nicht nur der Adel um die Kontrolle solcher Güter wetteiferte, sondern auch die Abhängigen um die Auszeichnung buhlten. Aus diesem Wettbewerbsverhalten sind möglicherweise die westlichen Hallstatt-»Häuptlingsschaften« entstanden, denn sie zeichnen sich durch die Herstellung und die Einfuhr von Luxusgütern aus. Wie wir noch sehen werden, paßt das Modell der »Prestigegüter« noch mehr zur Beweislage der späteren Eisenzeit.

späteren Keltenwelt und anderen Gesellschaften wird erkennbar, wie schnell durch den internen Wettstreit die gesellschaftliche Komplexität zunahm.

Fremder oder eigener Antrieb?

Gemeinhin wird angenommen, der wirtschaftliche und vielleicht auch politische Kontakt mit der »überlegenen« Welt der klassischen Antike habe den Wandel bei den »barbarischen« Kelten beschleunigt. Als Hauptquelle dieser antikezentrischen Weltsicht gilt, daß zu den Grabbeigaben der keltischen Edlen griechische Tonkrüge, etruskische Fläschchen und – erheblich später – römische Amphoren gehörten. Aber wenn die klassische Kultur so offenkundig überlegen war, warum blieb ihr Einfluß dann auf einige wenige Häuptlingsschaften in erheblicher Entfernung von den Zentren der Klassik beschränkt? Und was geschah im Rhônetal selbst, *zwischen* Massalia und den Hallstattzentren, wo zwar in Fundstellen und Gräbern Importe aus der antiken Welt aufgefunden wurden, wo es aber weder große Ansiedlungen

noch aufsehenerregende Begräbnisse gab? Waren diese Menschen gegen den Einfluß der Klassik immun, weil sie noch keinen eigenen, auf Abhebung von der Masse erpichten Adel entwickelt hatten?

Ebenso versagt der Gedanke eines klassischen Anstoßes als Erklärung für zeitgleiche Entwicklungen andernorts – beispielsweise in Böhmen (das möglicherweise schon keltischsprachiges Gebiet war, auf jeden Fall aber zur Hallstattwelt gehörte) –, wo etruskische und griechische Importwaren unbekannt sind. Im 6. Jahrhundert v. Chr. entstand bei Závist nahe Prag eine große Siedlung mit starken Wehranlagen und einem akropolisähnlichen Zentrum mit Altar. War dies der Schwerpunkt eines auf dem landwirtschaftlichen Reichtum Böhmens erbauten Fürstentums oder Staatsgebildes? Wenn ja, dann verdankte es seine Entstehung wohl ausschließlich lokalen Faktoren, denn es gibt keinerlei Hinweis auf irgendwelche Kontakte zur antiken Welt. Závist deutet also eher darauf hin, daß einige der »Barbaren« im Norden komplexe Gesellschaften aufgrund *innerer* Zwänge entwickelt hatten.

Folglich sollten wir uns die Häuptlingsschaften von Hallstatt D eher als Krönung langwieriger innerer Veränderungen und nicht als Produkt klassischer Einflüsse vorstellen. Damit wäre die Einfuhr klassischer Güter weniger die »Ankunft des Lichtes der Kultur«, sondern deutete vielmehr darauf hin, daß einige der nördlichen Gesellschaften immerhin so weit gediehen waren, daß sie mit derartigen Luxusgegenständen etwas anfangen konnten.

DER STAMMESFÜRST VON HOCHDORF ~Eberdingen~
~NW v. Stuttgart~

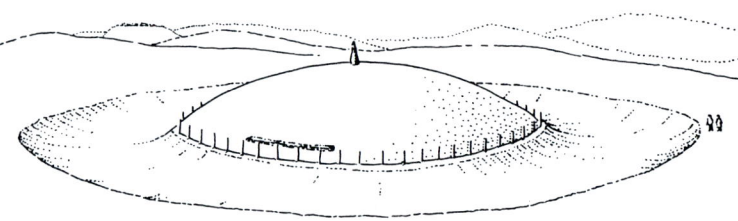

(Ganz oben) So sah nach den Ausgrabungserkenntnissen der Tumulus im Endstadium wahrscheinlich aus.

(Oben) Eine der Frauenfiguren, die die Bronzeliege trugen.

IM JAHRE 1977 bemerkte eine Amateurarchäologin auf einigen Feldern östlich des baden-württembergischen Hochdorf einen ungewöhnlich flachen Hügel oder Tumulus. Daraufhin alarmierte sie sofort die Archäologen des Landesamts für Denkmalspflege in Stuttgart. Diese fanden die Überreste eines großen, fast schon weggepflügten Steinkreises um den Tumulus. Unverzüglich begannen zwischen 1978 und 1979 die Ausgrabungen unter Jörg Biel. Ans Licht kam eine hölzerne Grabkammer, von Findlingen und Balken eingedrückt. Zu Biels großer Freude zeigte sich, daß die Grabstätte (erstaunlicherweise) nicht geplündert worden war, sondern ein großartiges Arsenal von Grabbeigaben enthielt. Die auf das Zusammenfügen der Überreste verwendete mühselige Detektivarbeit hat sich gelohnt, denn nunmehr besitzen wir ein ungewöhnlich vollständiges Bild des Toten und der Gesellschaft, aus der er stammte.

Der Tumulus

Die Erbauer hatten die Grabstätte geschützt, indem sie die Holzkammer fast zweieinhalb Meter tief unter einen riesigen Hügel von 60 Metern Durchmesser und ursprünglich 6 Metern Höhe einließen. Sodann hatten sie die Grabkammer von innen mit rund 50 Tonnen Holz- und Steinblöcken abgestützt und das Dach zudem mit vier Lagen Holzstämmen gesichert. Biel und seine Kollegen gruben noch die Überreste einiger weiterer, kleinerer Grabstätten aus, desgleichen Bauabfall, der darauf hinwies, daß viele Gegenstände des Hauptgrabes vor Ort hergestellt worden waren.

Der »Fürst« von Hochdorf

Der schiere Reichtum der Grabstätte veranlaßte Jörg Biel zu der Annahme, bei dem Toten handle es sich um ein bedeutendes Mitglied der Gemeinschaft. Dieser etwa vierzigjährige, 1,87 Meter große und kräftig gebaute Keltenfürst war auf einer bemerkenswerten Bronzeliege aufgebahrt worden, trug einen goldenen Plattengürtel und einen sorgfältig in Gold gehüllten Dolch. Um den rechten Arm hatten die Trauernden ein breites Armband und um seinen Hals eine große Halsspange gelegt – beide aus dünnem Goldblech. In Körpernähe gefundene Bernsteinperlen und Gold- und Bronzebroschen hatten vorher wahrscheinlich auf der Brust des Toten gelegen. Einst an dem (nicht erhaltenen) Schuhwerk befestigte dünne Goldplättchen ließen vermuten, daß er knöchelhohe Schnabelschuhe getragen hatte. Das könnte eine weitverbreitete, sogar langlebige Mode gewesen sein, denn auf etruskischen Wandmalereien und einer auf dem Hallstattfriedhof gefundenen Schwertscheide der frühen La-Tène-Zeit sind Gestalten mit ähnlichem Schuhwerk zu sehen.

Neben dem Kopf des Fürsten lagen ein großes eisernes Rasiermesser und ein Holzkamm sowie ein konischer Hut aus Birkenrinde von 30 Zentimetern Durchmesser. Offenbar hatte der Herrscher von Hochdorf auch dem Fischfang und der Jagd gefrönt. Ein Säckchen auf seiner Brust enthielt mehrere fein gearbeitete Angelhaken, und über der Lehne der Liege hatte offenbar ein Köcher mit eisenspitzenbewehrten Pfeilen gehangen.

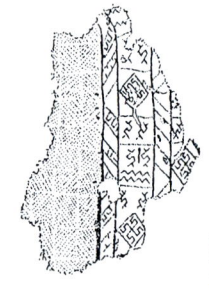

(Links) Fragment eines bestickten Tuches.

(Unten) Einer der Gußbronzelöwen auf dem Kessel.

Die Grabausstattung

Ein einmaliger Fund war die großartige, rund drei Meter lange Bronzeliege, auf der der Leichnam lag. Getragen wird die mit gepunzten Wagen und Streitern oder Tänzern verzierte Liege von acht bezaubernden weiblichen Figurinen auf Rädern, die das Auge von heute an Zirkusartisten erinnern. Die Gewebespuren stammen wahrscheinlich von Kleidungsstücken sowie von Drapierungen, Behängen und Kissen, mit denen die Liege gepolstert war.

Die Osthälfte der Grabkammer wurde beherrscht von einem vierrädrigen Gefährt, das inzwischen anhand seiner Eisen- und Kupferbeschläge rekonstruiert wurde. Ob es eine besondere Funktion als Streitwagen, Reisefahrzeug oder Totengefährt erfüllte, ist unklar. Auf dem Gefährt waren ein hölzernes Joch und bronzeverziertes, ledernes Pferdegeschirr sowie weitere Stücke aufgeschichtet, darunter eine Eisenaxt und ein Speer. Die Begräbnisteilnehmer hatten auf dem Gefährt ein schönes Service aus Bronzetellern aufgeschichtet, das für neun Personen ausreichte; desgleichen waren an der Südmauer der Kammer neun große Trinkhörner an Haken aufgehängt. Die Zahl Neun war die Idealzahl beim griechischen Trinkgelage; vielleicht haben wir es hier also mit einem Beweis für ein abschließendes Ritualfest zu tun. Der riesige italienische Bronzekessel zu Füßen des Toten beweist mit Sicherheit Einflüsse aus dem klassischen Raum. Vervollständigt wird das großartige Grabmal durch an der Wand hängende Stoffe und Blumen- und Zweigornamente. Bei dem Toten handelte es sich eindeutig um einen mächtigen, wenngleich nicht gerade unbedingt kriegerischen Herrn, denn von typischem Kriegsgerät findet sich nichts. Statt dessen atmet das Ganze eher eine friedliche Atmosphäre und zeugt von den Freuden des Adligenlebens – Feiern und Jagen.

Wie alt ist das Grab?

Über das genaue Alter der Grabstätte besteht noch Uneinigkeit, aber der Kessel läßt sich anhand des Stils der Metallarbeit auf etwa 530 v.Chr. datieren. Auch die übrigen Funde im Grab scheinen sich auf kein späteres Datum als 500 v.Chr. zu reimen. Der Keltenfürst hat also rund zweieinhalbtausend Jahre ungestört dort geruht.

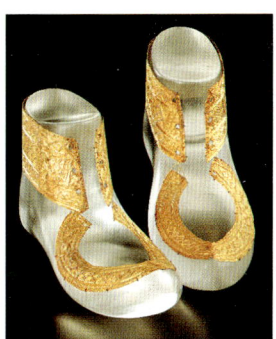

(Unten) Die gepunzte Blattgoldauflage läßt auf die Form der (nicht erhaltenen) Lederschuhe schließen. Man achte auf die Ösen für die Schnürsenkel.

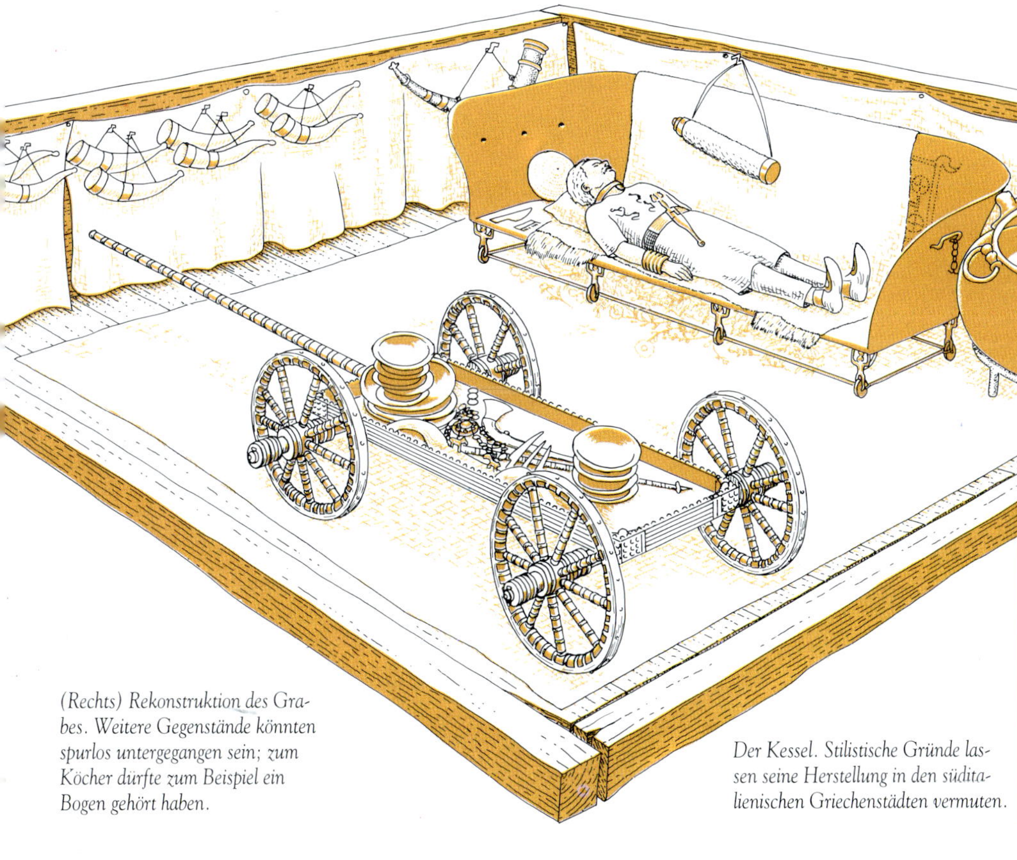

(Rechts) Rekonstruktion des Grabes. Weitere Gegenstände könnten spurlos untergegangen sein; zum Köcher dürfte zum Beispiel ein Bogen gehört haben.

Der Kessel. Stilistische Gründe lassen seine Herstellung in den süditalienischen Griechenstädten vermuten.

MACHTZENTREN: DIE HEUNEBURG

*So kann die Heuneburg im frühen
6. Jahrhundert v. Chr. von Norden
her ausgesehen haben. Die Form der
Turmaufbauten ist hypothetisch.*

DIE HEUNEBURG-FESTUNG im Kreis Sigmaringen in Baden-Württemberg lag über der Oberdonau und beherrschte diesen natürlichen West-Ost-Handels- und -Verkehrsweg sowie die Straßen zu den Alpenpässen. Hier haben vom 7. bis zur gewaltsamen Zerstörung im 5. Jahrhundert v. Chr. Menschen gelebt und die fast 3 oder 2 Hektar umfassende Anlage immer wieder umgebaut. Die letzten drei Umbauphasen wurden sämtlich vom Feuer zerstört, was auf unruhige Zeiten hindeutet, es sei denn, die Bewohner seien äußerst achtlos oder vom Pech verfolgt gewesen. In den Frühphasen siedelten Menschen auch außerhalb der Wehren. Die berühmteste der vielfältigen Phasen der Heuneburg ist der Bau eines Verteidigungswalles mit vorkragenden Türmen aus sonnengetrockneten Ziegeln auf Felsfundamenten im 6. Jahrhundert v. Chr. Diese Technik ist dem Gebiet selber vollkommen fremd, entspricht aber griechischen Befestigungsmethoden – eine weitere Bekundung des mächtigen Einflusses der antiken Welt, den auch vor Ort entdeckte griechische Importgüter wie attische Tongefäße im schwarzfigurigen Stil und Weinamphoren aus Massalia bezeugen. Tatsächlich waren die griechischen Lehmziegel für das mitteleuropäische Klima denkbar ungeeignet; binnen kurzem wurde erneut

umgebaut, diesmal unter Einsatz traditioneller keltischer Methoden.

Die Heuneburg war nicht nur ein Mittelpunkt von Reichtum und Macht, die zumindest teilweise von der Kontrolle über den Fernhandel mit Luxuswaren herrührten, sondern auch ein Fertigungszentrum. In der Nähe des Eingangs an der Südostecke gefundene Werkstätten weisen darauf hin, daß die örtlichen Handwerker Bronze, Gold und Korallen vom Mittelmeer bearbeiteten und schöne Scheibenkeramik herstellten. Zu den bedeutendsten Funden zählt eine Gußform für die Herstellung von Henkeln, wie sie an etruskischen Weinkannen (»stamnoi«) üblich waren. Gleich neben dem Fundort finden sich Ansammlungen von Tumuli oder Hügeln, die über den frühen Siedlungen außerhalb der Burgmauern liegen. Über zwei Kilometer weiter westlich liegt eine weitere Hügelansammlung, darunter das gewaltige »Hohmichele«. Die kurz vor dem Zweiten Weltkrieg entdeckte Hauptkammer dieser Grabstätte war aufs schlimmste von antiken Grabräubern geplündert worden; einer hatte jedoch beim Zerreißen eines Halsbandes ein paar Glasperlchen liegenlassen. Eine zweite Grabkammer war indes unangetastet geblieben und enthielt die Leichen eines Mannes und einer Frau sowie einen vierrädrigen Wagen. Im 6. Jahrhundert v. Chr. waren in den Hügel noch spätere Bestattungen hinzugefügt worden; in einer dieser Grabkammern hat sich der bislang älteste Nachweis von Seide in Europa erhalten – ein weiteres Indiz dafür, wie weitreichend die damaligen Handelsbeziehungen waren.

*(Unten links) Lageplan anhand der
Ausgrabungsergebnisse. Über das
Innere ist relativ wenig bekannt; allerdings sind die Fundamente einiger
Rechteckbauten innerhalb des Südosttores entdeckt worden. (Unten
rechts) Luftaufnahme der heutigen
Heuneburg mit der am Fuße vorbeifließenden Donau.*

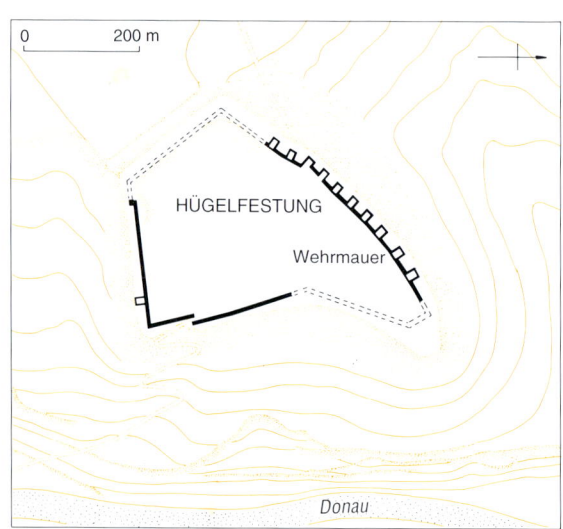

AUFRUHR UND WANDERUNG: 500 BIS 400 V. CHR.

»Die Vorherrschaft unter den Kelten, die ein Drittel von Gallien ausmachen, [lag] bei den Biturigen; diese pflegten dem keltischen Teil den König zu stellen. [...] Der wünschte das Land vom Druck der übergroßen Menschenzahl zu entlasten und [...] kündigte an, er werde seine Schwestersöhne Bellovesus und Segovesus, zwei energische junge Männer, in die Richtung entsenden, in der ihnen die Götter durch ihre Orakel Wohnsitze anweisen würden. [...] Darauf fielen dem Segovesus durchs Los die herkynischen Waldgebirge [Schwarzwald, Böhmen und Harz] zu; dem Bellovesus teilten die Götter den bei weitem erfreulicheren Marsch nach Italien zu. Er rief die Biturigen, Arverner, Senonen, Aduer, Ambarrer, Karnuten und Aulerker auf, weil jeder dieser Stämme Überfluß an Menschen hatte. Mit riesigem Aufgebot an Fußvolk und Reitern zog er zum Lande der Trikastiner.«
Livius 5,34

DAS 5. JAHRHUNDERT V. CHR. begann mit dem schlagartigen Erlöschen der reichen »Fürstentümer« von Hallstatt D. Hügelfestungen wie Mont Lassois oder die Heuneburg verwaisten, und mit den reichen Begräbnissen in ihrer Umgebung hatte es ein Ende. Etwa zur gleichen Zeit entstanden, meist nördlich der Fürstenzentren, wohlhabende Kriegergesellschaften; es handelte sich fast mit Sicherheit um keltisch sprechende Völker, denn sie entwickelten den materiellen und künstlerischen Stil, den wir »La-Tène-Kultur« nennen.

Verlagerung der Handelsströme

Grob parallel zu diesen Veränderungen verlagerten sich auch die bisherigen Handelswege beträchtlich. Bald nach 500 v. Chr. kam der Handel mit Massalia über das Rhônetal offenbar zum Erliegen. Die Verbindung zum Mittelmeer wurde nunmehr auf dem Weg über die Alpen mit den neuen teilgriechischen Städten in Spina und Adria nahe der italienischen Adriaküste und neuen Etruskersiedlungen in der Po-Ebene abgewickelt.

Auch die gehandelten Waren wandelten sich, zum Teil aufgrund veränderter griechischer Modetrends (rote Gestalten traten an die Stelle der bisherigen schwarzen auf den Tongefäßen), doch sie bestanden weiterhin vor allem aus Weintrinkgerätschaften, darunter etruskischen Bronzeflakons und -kannen. Die importierende Zone dehnte sich jetzt aber weiter nördlich aus, wie Fundstellen klassischer Gegenstände bezeugen.

Die Wiege von La Tène

Die nunmehr entstehenden La-Tène-Gesellschaften haben zahlreiche Friedhöfe hinterlassen. Die oft militärisch anmutenden Gräber enthalten zum Teil zweirädrige Karren, vermutlich Streitwagen (auch dies eine vielleicht von den Etruskern importierte Neuerung). Die reichsten Gräber finden sich im mittelrheinischen Gebiet von Hunsrück und Eifel und am Zusammenfluß von Mosel und Rhein. Parallele Entwicklungen treffen wir in der ostfranzösischen Champagne (die sogenannte »Marnekultur«), wo die zahlreichen Grabanlagen zwar nicht ganz so reichhaltig ausgestattet sind, aber doch Wagengräber und viele Waffen enthalten. Ähnliche Gräber aus dieser Zeit sind in Gebieten bis hin nach Österreich und Böhmen anzutreffen, die mittlerweile ebenfalls Einfuhren aus Italien erhielten. Einige Friedhöfe weisen auf eine ungebrochene Begräbnistradition der Hallstattzeit hin: Die La-Tène-Kultur hat sich in diesen Regionen selbst entwickelt und kam nicht von anderswo her.

Die La-Tène-Kunst wird geboren

Neben griechischen und etruskischen Gefäßen enthielten die reicher ausgestatteten Gräber auch Metallarbeiten in einem neuen Kunststil. Dieser sogenannte La-Tène-Stil nahm im 5. und 4. Jahrhundert v. Chr. einen rasanten Aufschwung. Die frühesten Beispiele sind eindeutig Nachahmungen und Weiterentwicklungen der klassischen Motive, die auf importierten Gefäßen zu sehen sind. Lokale Versionen bronzener Weinflakons

DER LOCKRUF DER FEIGEN UND TRAUBEN
»Man erzählt, daß Gallien, durch den damals als unüberwindlich geltenden Schutzwall der Alpen zurückgehalten, zuerst zum Anlaß genommen habe, Italien zu überfluten, daß Helico, einer der Landsleute aus Helvetien, der sich in Rom [zur Ausübung] der Bildhauerei aufgehalten habe, bei seiner Heimkehr eine trockene Feige und eine Traube sowie Proben von Öl und Wein mitbrachte. Deswegen mag man entschuldigen, daß man diese Erzeugnisse sogar durch Krieg sich zu verschaffen suchte.«
Plinius, »Naturkunde«, 12,2,5

Die Entwicklungszone der La-Tène-Kultur lag weitgehend nördlich der alten Hallstattfürstentümer und erstreckte sich von Paris bis über Prag hinaus nach Osten.

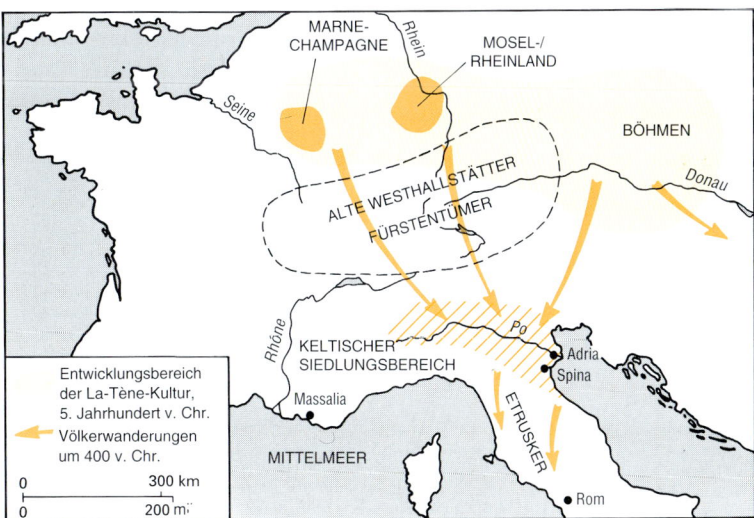

29

(Oben) Detail eines Kannenhenkels vom Kleinaspergle (450–400 v. Chr.)

(Unten) Rekonstruktion eines Wagengrabes in Somme-Bionne, Frankreich, anhand der Fundlage. Der Krieger wurde mit seinen Waffen, einem Wagen, einer etruskischen Bronzekanne und einer griechischen Schale im rotfigurigen Stil aus dem 5. Jahrhundert v. Chr. beigesetzt.

beispielsweise (wie sie in Basse-Yutz in Ostfrankreich oder Dürrnberg in Österreich anzutreffen sind) kopierten Funktion, allgemeine Gestaltung und dekorative Elemente der klassischen Prototypen, verschmolzen sie jedoch zu einer völlig neuen Synthese.

Der Niedergang der Hallstatt-Stammesfürstentümer

Was verursachte den Niedergang der Hallstatt-D-Stammesfürstentümer und die Geburt von La Tène? Beide Ereignisse hängen bestimmt zusammen, aber wie? Ein mutmaßlicher Grund lautet, die Stammesfürstentümer seien zu sehr von der Kontrolle der Handelsrouten und dem Nachschub importierter Luxusgegenstände abhängig gewesen; dadurch seien sie für Unterbrechungen des Handels mit Massalia oder Aufstände im »kriegerischen Rand« im Norden anfällig geworden. Letzterer bestand weitgehend aus ebenen Gebieten, die bald als die La-Tène-Kulturen an Marne und Mosel aufblühen sollten. Die Hallstattfürstentümer könnten also der wachsenden Macht ihrer Proto-La-Tène-Nachbarn im Norden zum Opfer gefallen sein. Die Heuneburg wurde ein Raub der Flammen, aber das braucht nicht notwendigerweise eine Folge äußerer Feindseligkeiten gewesen zu sein, sondern konnte auch von innerem Zwist herrühren. Eine zweite Erklärung könnte lauten, daß die Fürstentümer zu sehr auf »Prestigegütern« gegründet waren und mithin die Nachschubunterbrechung die bestehende Herrschaftsordnung untergrub. Oder aber der Zusammenbruch der Hallstattkultur verlief weniger dramatisch, als allgemein angenommen wird: Im glanzvollen Kleinaspergle-Grab in Asperg gibt es Zeichen für eine Kontinuität in die La-Tène-Zeit hinein. Unbestritten aber ist, daß ein tiefgehender Wandel geschah.

Völker auf Wanderschaft

Wie immer das wahre Schicksal der Hallstattfürstentümer ausgesehen haben mag: der Prozeß von Wandel und Aufruhr ging weiter. Mehrere Generationen später, um 400 v. Chr., setzten nördlich der Alpen Massenwanderungen ein. Riesige Scharen ergossen sich über die Alpenpässe, eroberten und plünderten Italien und ließen sich in der Po-Ebene und ihrer Umgebung nieder. Die »Keltoi« waren nicht länger ferne Handelspartner oder eine ethnographische Kuriosität, sondern wurden zu gefährlichen Feinden. Daß der Handel mit dem Norden zum Stillstand kam, überrascht wenig. Der Einfall in Italien kennzeichnet den eigentlichen Anfang der detaillierteren keltischen Geschichte. Gleichzeitig überschwemmten andere Keltengruppen das Donaubecken im Osten und begannen mit dem Einfall auf dem Balkan, der ein Jahrhundert später mit Angriffen auf Griechenland und Kleinasien auf den Höhepunkt gelangte.

Woher die Wanderscharen kamen, ist nicht völlig klar. Stammten sie aus dem Marne-Mosel-Gebiet, in dem sich die La-Tène-Kultur weitgehend entwickelt hatte? Jedenfalls sind später die Stammesnamen Senonen und Lingonen sowohl in Ostfrankreich als auch in Italien bekannt. Aber viele Wanderer konnten auch aus benachbarten Ländereien stammen, in denen uns keine Fried-

(Unten) Etruskische Kannen wie dieses Beispiel aus Gorge Meillet beflügelten die Kunst der entstehenden La-Tène-Welt. Bald entwickelten die keltischen Kunsthandwerker ihre eigenen Versionen, etwa die herrlichen Bronzeschnabelkannen des 5. Jahrhunderts aus Basse-Yutz an der Mosel (links). Die keltischen Metallschmiede ergänzten die etruskische Grundform mit Einlagen aus importierten Korallen und roten Glasscherben. Bei den stilisierten Tieren an Henkel und Deckel handelt es sich offenbar um Hunde, die eine Ente jagen, die auf dem ausgeschenkten Wein »schwimmt« – muntere Anspielung auf die beim Adel sehr beliebte Jagd.

hofsfunde von ihrer materiellen Kultur berichten. Die Wanderungsbewegung mag den größten Teil der frühen La-Tène-Welt erfaßt haben: Um 400 v. Chr. gibt es Anzeichen für einen Bevölkerungsrückgang in Böhmen, die auf Abwanderungen auch von dort hindeuten könnten. Es kann sich aber genausogut um eine bloße Veränderung der Begräbnisriten handeln. Zu den Invasoren Italiens gehörten auch die Bojer, denen Böhmen den Namen verdankt; aber wohnten sie schon so früh in Böhmen? Viele Fragen sind bis heute unbeantwortet.

Was war das auslösende Moment?

Die klassischen Berichte über die Völkerwanderungen enthalten zwar weitgehend rein anekdotische Erklärungen, aber diese fügen sich häufig nahtlos ins archäologische Bild. Die etwas weit hergeholten Interpretationen konzentrieren sich auf keltische Luxus- und Beutegier, aber Livius' im Detail vielleicht allegorische Erzählung von Bellovesus und Segovesus deutet auf Übervölkerung als Hauptgrund hin (Pompeius Trogus und Plutarch sprechen konkret davon). Offenkundig waren die Kriegerfürstentümer des 5. Jahrhunderts v. Chr. nicht in der Lage, mit den wirtschaftlichen und sozialen Spannungen fertig zu werden, und vermieden inneren Zwist, indem sie ihre Energie – und ihre überschüssigen Menschen – nach außen lenkten. Eine interessante Parallele dazu finden wir in den Geschehnissen in Griechenland einige Jahrhunderte zuvor, als die Städte aus ähnlichen Gründen Siedlerwellen nach Italien und in andere Gegenden entsandten.

III

KELTISCHE LANDE

»Aus ihrer Sinnesart erfolgen ihre Wanderungen so leicht, daß sie in Haufen und Heerscharen ziehen, oder vielmehr mit ganzem Hause aufbrechen, sobald sie von Stärkeren vertrieben werden.«
Strabon, »Erdbeschreibung«, 4,4,2

IM 3. JAHRHUNDERT V. CHR. erreichte die keltische Welt ihre größte räumliche Ausdehnung und stand auf der Spitze ihrer Macht. Sie erstreckte sich von Spanien und Irland im Westen bis ins Donaubecken und sogar nach Mittelanatolien im Osten. Dieses Kapitel befaßt sich sowohl mit den nördlichen und westlichen Ländern, in denen keltisch sprechende Völker bereits im Morgengrauen der dokumentierten Geschichte wohnten, als auch mit den Neueroberungen in Italien und im Osten. In der großen Zeit der Expansion nach Süden und Osten gelangten die Kelten an die Tore zur antiken Welt, und diese entdeckte allmählich die keltischen Lande nördlich der Alpen und in Iberien. Unsere Darstellung folgt grob der Chronologie dieser Begegnungen: als erstes in Italien und den Donaulanden, dann in Spanien, im Inneren Galliens und schließlich auf den Britischen Inseln.

Die Welt der Kelten war kein Reich, sondern ein Mosaik von Volksstämmen, ein reiches und buntes Gesprenkel von Stammesfürstenschaften und Königreichen. An ihrer Spitze standen teils Räuberbarone mit ihrem Gefolge, die unterjochte Völker anderer Abstammung beherrschten, und teils handelte es sich wie in Spanien und Italien um Mischgesellschaften. Die meisten jedoch verbanden gemeinsame Traditionen der materiellen La-Tène-Kultur mit ihren vielfältigen Stilformen und örtlichen Varianten. Alle aber gehörten zur Gemeinschaftsfamilie der keltischen Sprachen und Dialekte.

Ein etruskischer Streiter zu Pferd greift einen nackten Kelten an. Ausschnitt aus dem Steinrelief eines Grabmals, Bologna, um 400 v. Chr.

DIE GALLIER IN ITALIEN

»Gerade zu der Zeit, als Dionysius Rhegium belagerte, zogen die jenseits der Alpen wohnenden Celten mit großer Heeresmacht durch die Engpässe und besetzten das Land zwischen den Apenninen und den Alpen, indem sie die Tyrrhener, die daselbst wohnten, vertrieben.«

Diodorus Siculus 14,113

BALD NACH 400 V. CHR. überquerten keltisch sprechende Menschen, von Norden kommend, in mehreren Wellen die Alpenpässe und fielen in Norditalien ein. Sie bemächtigten sich der riesigen Po-Ebene und drangen plündernd bis tief in die Halbinsel vor. Von nun an nannte man die Po-Ebene und die umgebenden Gebiete »Gallia cisalpina«, Gallien diesseits der Alpen.

Bronzefigur eines nackten gallischen Kriegers mit Gürtel, Halsreif und Helm mit ausgeprägten Hörnern. Schild und Speer oder Schwert sind nicht erhalten. Diese in Italien gefundene Gestalt könnte einen »Gäsaten« (keltischen Söldner) darstellen.

Die Plünderung Roms

Gegen die vordringenden Kelten riefen die schwergeprüften etruskischen Stadtstaaten ihre Nachbarn zu Hilfe. Die junge, allzu selbstbewußte Republik Rom intervenierte 390 oder 387 v. Chr. (das genaue Datum ist ungewiß), als die keltisch sprechenden Senonen zu Tausenden die Etruskerstadt Clusium angriffen. Indem seine Abgesandten gegen die Neuankömmlinge zu den Waffen griffen, brach Rom die internationale Konvention und beschleunigte damit den Marsch der Kelten auf Rom. In der Schlacht am Allia wurde das römische Heer aufgerieben; dem folgte eines der schmachvollsten Ereignisse der römischen Geschichte: die Plünderung Roms durch die Gallier. Nach der Legende soll der Kapitolinische Hügel ausgehalten haben, aber das dürfte eher patriotische Fiktion sein: Die Gallier mußten zum Abzug bestochen werden, verwüsteten jedoch vorher die gesamte Stadt. Als sich die Römer über die Art der Abwiegung des Lösegeldes beschwerten, soll der Gallierführer Brennus sein Schwert in die Waagschale geworfen und ausgerufen haben: »Vae victis!« (Wehe den Besiegten!) Rom erholte sich zwar schnell von der Demütigung, aber die Folgen des Ereignisses hielten jahrhundertelang an. Von nun an begegnete man den Galliern mit Furcht und Mißtrauen als einer gefährlichen barbarischen Supermacht im Norden, die für die Sicherheit Roms eine ständige Bedrohung darstellte. Dieser »terror Gallicus« beeinflußte die Haltung der Römer gegenüber den Galliern sogar noch, als schon fast die gesamte keltische Welt erobert war.

In Wirklichkeit waren diese Eindringlinge keineswegs die ersten keltisch Sprechenden südlich der Alpen. Einige frühe Inschriften am Fuße der

Alpen aus dem 6. Jahrhundert v. Chr. sind in keltischer Sprache abgefaßt. Sie scheinen zur »Golaseccakultur« (wie sie die Archäologen nennen) gehört zu haben, die gemeinhin mit den historisch belegten Insubrern – einem der bedeutendsten Keltenstämme der Gallia cisalpina – in Verbindung gebracht wird.

Aufteilung der Beute

Mit den Einfällen des frühen 4. Jahrhunderts v. Chr. wurde der Nordteil Italiens weitgehend keltischsprachig – und Teil der La-Tène-Welt. Die neue Landkarte der Stammesverteilung kennen wir umrißartig aus römischen Quellen. Mediolanum (heute Mailand) war Hauptstadt der Insubrer; allerdings ist aus dieser Zeit fast nichts von ihr bekannt. Die Cenomanen, denen man die Gründung von Brixia (Brescia) zuschreibt, pflegten eine ausgeprägte La-Tène-Kultur. Bei der Ausgrabung der Friedhofsanlage von Carzaghetto bei Mantua wurden 56 Gräber aus den Jahren 320 bis 250 v. Chr. entdeckt; sie enthielten männliche Leichen mit Schwertern und Gürteln und weibliche mit Halsspangen. Dennoch scheinen sie sich eng mit den nichtkeltischen Venetern vermischt zu haben, vor allem um Padua. Zu den Schwerpunkten der Bojer, die nach Cato in 112 Unterstämme zerfielen, gehörte die alte Etruskerstadt Felsina (Bologna). Einige Gräber bei Bologna folgen den etruskischen Begräbnisriten und lassen damit auf ein fortdauerndes, kräftiges Einheimischenelement schließen; andere entsprechen der Begräbnisart von La Tène mit Waffen, Trinkgeschirr und Tierresten. Die Frauengrabstätten deuten auf eine gewisse Rangreihenfolge hin, einige sind mit La-Tène-Broschen und böhmischen Armreifen bestückt. Die archäologischen Überreste aus dem Bojergebiet passen in die Darstellung des Livius, der von Dörfern, einsam gelegenen Gehöften und Hügelfestungen spricht. Die erst kürzlich am Monte Bibele ausgegrabene Landsiedlung der Bojer spiegelt das Völkergemisch wider. Die dortigen Grabstätten lassen auf engen Kontakt sowohl mit Etrurien als auch mit der weitergespannten La-Tène-Welt zwischen 350 und 250 v. Chr. schließen. Über die weiter südlich gelegenen Senonensiedlungen wissen wir bislang wenig, aber einige Friedhöfe sind gefunden worden; am berühmtesten ist der in Montefortino d'Arcevia, bei dem die Hälfte der männlichen Grabstätten La-Tène-Rüstungen enthält. (Interessanterweise gibt es sowohl Gräber im La-Tène-Stil mit vor Ort erworbenen Waren als Grabbeigaben als auch andere, die nach einheimischem Ritus gestaltet sind, aber ebenfalls La-Tène-Gegenstände enthalten; dies dürfte auf eine gewisse »Keltifizierung« der lokalen Bevölkerung hindeuten.)

Gelegentlich erwähnen die Quellen die Lingonen. Gallier sind auch in Süditalien mit dem Schwerpunkt Apulien bezeugt – aber man hält sie eher für Söldner als für Siedler. Nach der Plünderung Roms wurden die Gallier schnell in die italienische Politik verwickelt: Dionysios von Syrakus (Sizilien) verbündete sich mit ihnen, und sie wurden in großem Umfang für Kriege in Italien rekrutiert.

Der wachsende Schatten Roms

Nach mehreren Jahrzehnten der Unruhen schloß Rom 332 v. Chr. einen Vertrag mit den Senonen, aber die wachsende Macht Roms veranlaßte die Senonen, sich mit den Etruskern und anderen italischen Völkerschaften zusammenzuschließen. Sie wurden jedoch 295 v. Chr. bei Sentinum besiegt. Im Jahre 284 vernichteten die Senonen zwei Legionen und töteten einen Konsul, aber ein Jahr später rächten sich die Römer und besiegten auch die Bojer und ihre etruskischen Verbündeten. Danach begann Rom mit der Errichtung von Militärsiedlungen, um die Gallier in Schach zu halten. Da Rom durch den Krieg mit Karthago abgelenkt wurde, schloß sich eine unruhige Friedenszeit an; sie dauerte eine Generation lang, bis dann 232 v. Chr. Rom das Land der Senonen beschlagnahmte und in Parzellen seinen Siedlern übereignete. Das schrecklichste Debakel ereignete sich 225 in der Schlacht von Telamon in der Toskana, in der ein riesiges Keltenheer zwischen zwei römische Streitkräfte geriet und vollkommen aufgerieben wurde. Von nun an wußten die keltischen Völker in Norditalien, daß ihre völlige Unterwerfung nur noch eine Frage der Zeit war.

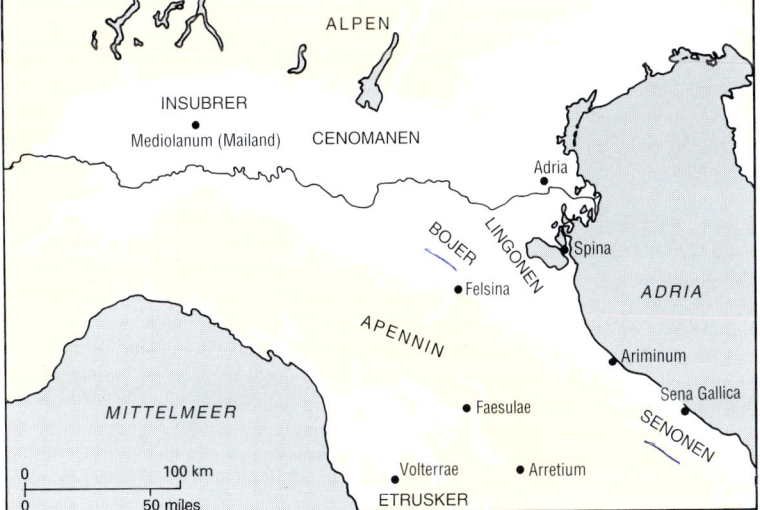

Grobskizze der Keltensiedlungen in der Po-Ebene und den angrenzenden Gebieten, ab dem 4. Jahrhundert v. Chr. von den Römern »Gallia cisalpina« (Gallien diesseits der Alpen) genannt.

Die Alpen, Süddeutschland und Böhmen

(Rechts) Detail eines goldenen Hals-reifs aus Erstfeld, Schweiz, spätes 5. oder frühes 4. Jahrhundert v. Chr. (Unten) Bronze-Armreife der spä-ten La-Tène-Zeit aus Valais, Schweiz.

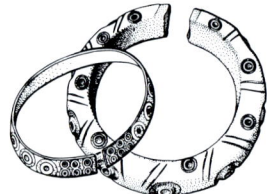

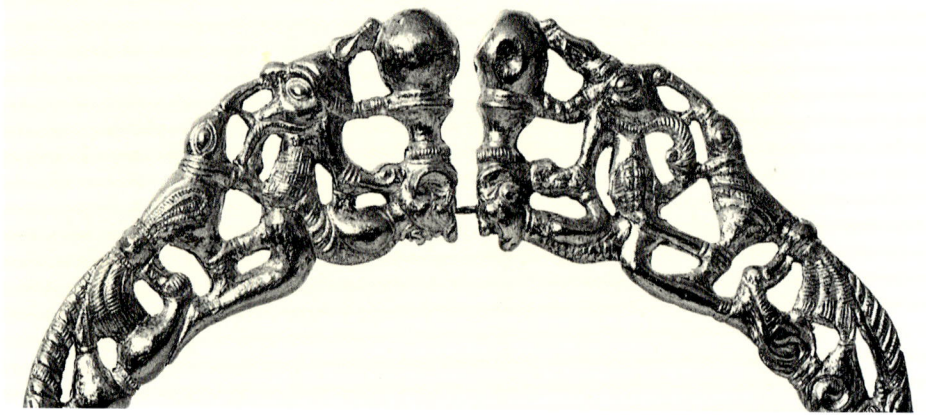

WIR SAHEN BEREITS, daß die La-Tène-Kultur nicht nur in Frankreich und im Rheinland, son-dern in einem breiten europäischen Gebietsstrei-fen entstand, der quer durch Deutschland bis nach Österreich und Böhmen reichte; vermutlich hat-ten alle diese Landstriche beim Einfall in Italien mitgewirkt. Desgleichen gibt es Hinweise für Bewegungen innerhalb des »Heimatgebiets«. Die archäologischen Funde bezeugen die Ausbreitung gewisser Gegenstände im La-Tène-Stil Anfang des 4. Jahrhunderts v. Chr., woraus einige Gelehr-te auf latènezeitliche Wanderungen aus der Schweiz und Süddeutschland nach Böhmen schließen. Zugleich gibt es aber auch Anzeichen für die Kontinuität der dortigen Hallstattvölker; vermutlich sprachen beide Gruppen schon kelti-sche Dialekte. Im späten 4. Jahrhundert v. Chr. erzeugte Böhmen seine eigenen Spielarten der La-Tène-Kunst und -Metallarbeit. Und spätestens Ende des 2. Jahrhunderts v. Chr., vielleicht aber auch schon viel früher, nannte sich die Bevölke-rung dieses Raums »Bojer« – daher der Name Böh-men (»Boihaemum«: Heimat der Bojer). Wie

immer die Ereignisse in Böhmen abgelaufen sein mögen, sie bedeuteten einen großen Wandel und waren vermutlich recht gewalttätig: das frühe Zentrum von Závist bei Prag wurde zerstört. Nun-mehr herrschten verstreute Kleingehöfte als Sied-lungsform vor.

Verbindungen über die Alpen

Einige archäologische Funde sowie die Gleichheit von Namen deuten auf Verbindungen zwischen den Bojern in Italien und denen in Böhmen hin. So gibt es zum Beispiel sehr große Ähnlichkeiten gewisser Formen von Metallarbeiten wie etwa Armreiftypen. Die beiden Stämme könnten durchaus Zweige eines gemeinsamen Elternstam-mes darstellen und enge Verbindung gehalten haben. Woher die Gallier Norditaliens auch ge-kommen sein mögen: ihre Ankunft war Teil einer viel umfangreicheren Reihe von Völkerwande-rungen, zu denen, wie die Geschichte von Sego-vesus und Bellovesus impliziert, auch ein Vorstoß nach Osten gehörte. Damit gelangten keltische Siedler im 4. Jahrhundert v. Chr. ins Donau-becken und keltische Heere an die Tore Grie-chenlands.

Die wachsende germanische Bedrohung

Im 2. Jahrhundert v. Chr. gerieten die keltischen Territorien in Mittel- und Süddeutschland mehr und mehr unter den Druck einer neuen Macht im Norden: der Germanen. Die Neulinge erweiter-ten ihre Macht nach und nach in Richtung Süden und überrannten die keltischen Lande Süd-deutschlands, aber die Bojer blieben eine expan-sionistische Macht; die Stärke der Kelten im Osten war noch nicht erschöpft.

(Rechts) Karte des östlichen Teils der frühen La-Tène-Welt. Dichtbe-siedelte Keltengebiete sind farbig her-vorgehoben; der übrige Bereich kennzeichnet die Ostausdehnung der Kelten mit unterschiedlichen Besied-lungsdichten.

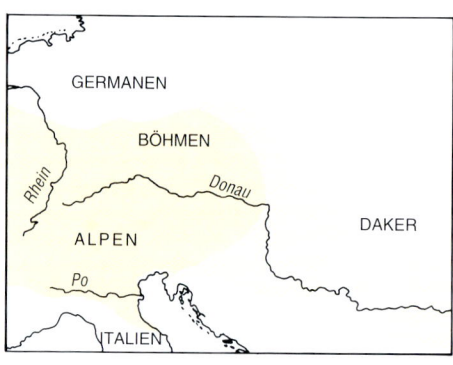

DIE DONAULANDE UND DER ANGRIFF AUF GRIECHENLAND

»Auf diesem Feldzuge kamen Kelten vom Adrias zu Alexander, um Freundschaft und Gastverbindung zu stiften. Der König nahm sie freundlich auf, und fragte sie beim Trinkgelage, was das sei, welches sie am meisten fürchteten, erwartend, sie würden sagen, ihn; sie aber erwiderten, Nichts, es sei denn, daß der Himmel auf sie falle; jedoch die Freundschaft eines solchen Mannes würden sie über Alles schätzen.«
Strabon, »Erdbeschreibung«, 7,3,8

OB DIE »ADRIATISCHEN« KELTEN, auf die Alexander der Große 335 v. Chr. im Balkan stieß, aus der Po-Ebene oder aus dem Norden stammten, ist unklar. Doch wie auch immer, das Donaubecken wurde zu einer Verlängerung der La-Tène-Welt, auch wenn es dort in der Hallstattzeit schon keltisch Sprechende gegeben haben mag. Zur Zeit Alexanders stellten sie für die griechisch sprechende Welt noch keine Bedrohung dar, aber das sollte sich bald ändern.

Die Eroberung der Donaulande
Wenngleich im Karpatenbecken La-Tène-Gegenstände aus dem frühen 4. Jahrhundert aufgefunden wurden, deuten Dokumente und archäologische Entdeckungen doch darauf hin, daß die tatsächlichen Wanderungen keltisch sprechender Völker entlang des Donautals erst einige Jahrzehnte später einsetzten. Binnen hundert Jahren hatten sich erhebliche Bevölkerungsteile, die sich der materiellen La-Tène-Kultur bedienten – später vielleicht ergänzt durch Flüchtlinge aus dem römisch eroberten Gallien diesseits der Alpen –, in der Slowakei, in Südpolen in der Krakauer Gegend und in vielen Teilen des Karpatenbeckens niedergelassen. Der mittlere Donaubereich war nunmehr vermutlich zwar von keltisch Sprechenden beherrscht, aber doch sehr gemischt bevölkert.

Die Bedrohung Griechenlands
Was genau die massive Südwanderung in Richtung auf Makedonien und Griechenland Anfang des 3. Jahrhunderts v. Chr. auslöste, wissen wir nicht; vielleicht war es die Faszination der fabelhaften Reichtümer der klassischen Welt ebenso wie die Suche nach Siedlungsland. Nach dem griechischen Geschichtsschreiber Arrian schickten die Kelten 323 v. Chr. zu Alexander nach seinem Sieg über die Perser eine zweite Delegation nach Babylon. Es ist durchaus denkbar, daß ihre Erzählungen von den großartigen Städten Griechenlands und des Ostens die Wanderlust ihrer Nachfahren beflügelten, als sie sich den Zusammenbruch des Alexanderreiches – das einst von der Adria bis Afghanistan reichte – nach seinem Tod im Jahre 323 v. Chr. zunutze machten. Die Griechen und Makedonier waren sich der gefährlichen Bedrohung durch diese »Galatae« (Galater), wie sie sie nannten, jedenfalls deutlich bewußt.

Die Keltenangriffe auf Makedonien konnten in Schach gehalten werden, bis dann die Galater 281 v. Chr. unter ihrem Anführer Bolgios König Ptolemäus Ceraunus besiegten und enthaupteten. Damit stand ihnen der Weg nach Süden offen. 279 v. Chr. fielen keltische Heere in Makedonien ein. Im weiteren Verlauf führte innerer Zwist zu einer Spaltung des Invasionsheeres, wobei 20 000 Mann unter Führung von Leotarios und Leonnorios auf eigene Faust den Weg fortsetzten, sich schließlich in der Türkei niederließen und einen Galaterstaat gründeten. Ein anderer Teil des Galaterheeres – unter den Anführern Acichorios und Brennus (dieser Name oder Königstitel ist auch bei den Keltenwanderungen nach Italien ein Jahrhundert früher belegt) – zog südwärts nach Griechenland in der Absicht, das große Heiligtum von Delphi zu plündern.

ANGREIFER UND VERTEIDIGER

»Da trieb sie Brennos in allgemeinen Volksversammlungen und einzeln, wenn einer bei den Galatern Einfluß hatte, hartnäckig an, gegen Griechenland zu ziehen, indem er die augenblickliche Schwäche der Griechen, die Größe der Schätze der Gemeinden und vor allem die Weihgeschenke und das geprägte Silber und Gold in den Heiligtümern beschrieb. Dadurch überredete er die Galater, gegen Griechenland zu ziehen. [...] Als Fußvolk wurden hundertzweiundfünfzigtausend Mann zusammengezogen, und hinzu kamen zwanzigtausendundvierhundert Reiter.«
Pausanias, »Reisen in Griechenland«, 10,19,8–9

Darstellung Alexanders des Großen auf einer Münze; bevor er zur Eroberung des Perserreiches ansetzte, traf er sich auf dem Balkan mit einer keltischen Abordnung.

Der große Apollotempel in Delphi bildete den Kern eines großartigen Komplexes religiöser Gebäude und Nebenbauten. Als eine der berühmtesten heiligen Stätten der Antike besaß Delphi viele Tresorbauten, die einen gewaltigen Reichtum an Opfergaben aus allen griechischen Stadtstaaten bargen.

Der Marsch auf Delphi

In Griechenland kursierten Greuelgeschichten über die Grausamkeit der Kelten; die Galater hielten offenbar nicht einmal an, um ihre Toten zu begraben – in griechischen Augen ein unmenschliches Verhalten, denn die Seele wurde damit verdammt, ruhelos auf Erden zu wandern. Würden diese schreckenerregenden Barbaren Delphi plündern und entweihen, den heiligsten Ort Griechenlands (Sitz des Apollo-Orakels) und das

Hauptlager der wertvollsten Schätze? Die Geschichte vom Einfall der »Galatae« und ihrem schließlichen Untergang war in der ganzen antiken Welt berühmt. Die Quellen sind jedoch etwas widersprüchlich, denn in ihnen schlagen sich auch bewußt die Ereignisse der berüchtigten Perserinvasion im 5. Jahrhundert v. Chr. nieder, wodurch der gallische Angriff verzerrt dargestellt wird. Es gab ja auch tatsächlich einige Parallelen zwischen den beiden Angriffen: Beide Male bei-

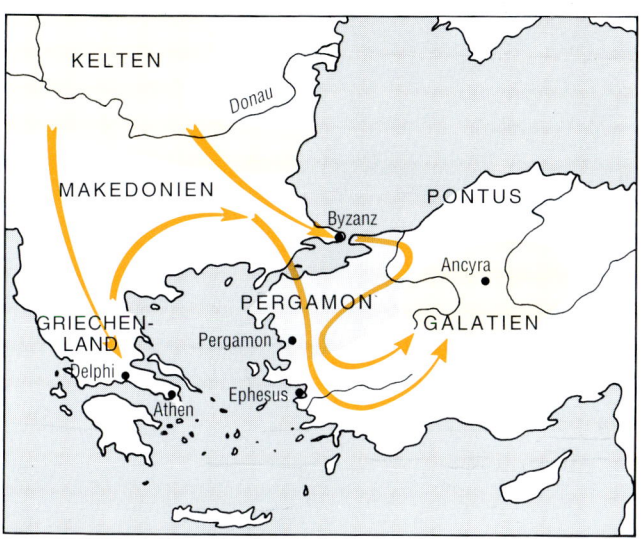

Die Karte zeigt die Einfälle der Kelten in Griechenland im Jahre 279 v. Chr. und ihr anschließendes friedliches Vordringen nach Kleinasien, dem am weitesten östlich gelegenen Gebiet, das sie je besiedelten.

spielsweise hielten sich die Griechen im Schlagabtausch bei den Thermopylen und schlugen die Eindringlinge zurück, wurden aber 279 v. Chr. genauso wie schon vor zweihundert Jahren durch die Perser umgangen. Danach rückten die Kelten schnell auf Delphi und seine heiligen Schätze vor.

Die Galater erreichten Delphi mitten im Winter und formierten sich in der Nähe des Heiligtums. Es kam zur – zunächst unentschiedenen – Schlacht mit einem griechischen Heer, das angeblich göttliche Hilfe erfleht hatte. Die Götter entsprachen der Bitte und sandten Erdbeben und Gewitter, die das keltische Lager erschütterten, und nachts darauf folgten Felsstürze vom Parnaß. Die unter dem eisigen Wetter schwer leidenden Kelten sahen sich bei Tagesanbruch einem Frontalangriff der Griechen ausgesetzt. Hinzu kam ein Überraschungsangriff durch ein Kontingent, das sich um ihre Flanken geschlichen hatte und nunmehr einen Hagel von Pfeilen und Speeren auf die ungeschützte Rückseite niedergehen ließ. Die Kelten erlitten schwere Verluste, wehrten sich aber tapfer, vor allem die aus besonders hochgewachsenen Streitern bestehende Leibgarde des Brennus. Als jedoch der Anführer der Galater verwundet wurde, zogen sich die Eindringlinge bis Einbruch der Dämmerung kämpfend zurück, wobei sie unterwegs ihre Verwundeten töteten.

Nach den Berichten der Griechen griffen die Götter in den Nachtstunden erneut an und lösten unter den demoralisierten Eindringlingen »Panik« aus (»denn Schrecken ohne erkennbare Ursache kommen vom Gotte Pan«, schreibt Pausanias). Es heißt sogar, die Kelten hätten sich gegenseitig umgebracht, »so daß unter den Galatern aufgrund des vom Gotte gesandten Wahnsinns ein großes, gegenseitiges Hinschlachten

anhob« – ganz offenbar ein passendes Schicksal für die gottlosen Barbaren. Hungrig und unablässig von den siegreichen Griechen bedrängt, flohen sie in wilder Hast. Nach Pausanias ließen 26 000 Kelten ihr Leben.

Danach

Brennus starb oder nahm sich das Leben (angeblich, indem er unverdünnten Wein trank!); spätere griechische Schriftsteller schrieben die Rettung des Heiligtums dem Mut ihrer Vorfahren und dem Eingreifen der Götter zu. Nach einigen antiken Quellen soll Delphi jedoch von den Kelten geplündert worden sein, ehe sie in die Flucht geschlagen wurden; beispielsweise ist eine Beschreibung erhalten geblieben, der zufolge Brennus beim Anblick der griechischen Götter in Menschengestalt im Heiligtum in Gelächter ausgebrochen sei. Es hieß sogar (sicherlich fälschlicherweise), ein Teil der später von den Römern aus dem tolosanischen Heiligtum in Toulouse geraubten Schätze sei Beutegut aus Delphi gewesen. Wie auch immer: Die Delphi-Expedition war für die Galater wohl kaum ein Erfolg.

Der Angriff auf Delphi und die Zerstreuung vieler Galater nach Asien stellten den Höhepunkt der keltischen Expansion in Europa dar. 278/277 v. Chr. besiegte König Antigonos Gonatas von Makedonien erneut ein Keltenheer bei Lysimachia und beendete damit die Bedrohung Griechenlands. Danach ging es mit der keltischen Präsenz in den Donaulanden allmählich abwärts, da Enklaven politischer Macht wie etwa das kleine Königreich Tylis in Thrakien ausgelöscht wurden, während sich andere Teile mit der einheimischen Bevölkerung vermischten und damit ihre Identität verloren.

DIE GALATER AN DEN THERMOPYLEN

»Die Galater aber waren weniger gut gerüstet; sie trugen nämlich nur die landesüblichen Langschilde und keine weiteren Waffen zum Schutz des Körpers […]. Sie griffen ihre Gegner […] voller Ungestüm mit sinnloser Wut wie Tiere an; und selbst von Beilen oder Schwertern durchbohrt, verließ sie ihre sinnlose Raserei nicht, solange sie noch atmeten, und selbst von Speeren durchbohrt, behielten sie ihren Mut, bis sie ihre Seele aushauchten; manche zogen sogar die Speere, von denen sie getroffen worden waren, aus den Wunden und schleuderten sie gegen die Griechen.«
Pausanias, »Reisen in Griechenland«, 10,21,2–3

WAHRHEIT ODER PROPAGANDA?

»Die Frevel [der Galater] gegen die Kallier [waren] die schändlichsten, von denen wir Kunde haben, und keiner anderen menschlichen Greueltat zu vergleichen. Sie erschlugen nämlich alle männlichen Einwohner, sogar die Greise und die Kinder, selbst am Busen ihrer Mütter; und von jenen, die durch die Milch gut genährt waren, tranken die Galater das Blut und aßen ihr Fleisch.«
Pausanias, »Reisen …«, 10,22,3

DER ZORN DER GÖTTER

»Brennos und seinem Heer stellten sich die in Delphoi zusammengekommenen Griechen entgegen, und die Barbaren warnte der Gott durch schlechte Vorzeichen schneller und deutlicher, als es sonst bekannt ist. Denn die ganze Erde bebte, soweit das Heer der Barbaren sie innehatte, […] und fortwährend gab es Donner und Blitze; und diese verwirrten die Kelten und hinderten sie, die Befehle zu verstehen, und das, was vom Himmel herunterfuhr, entflammte nicht nur denjenigen, den es traf, sondern auch die zunächst Stehenden und die Waffen.«
Pausanias, »Reisen …«, 10,23,1–2

DIE GALATER IN ASIEN

»Den Trokmern wurde [als tributpflichtiges Land] die
Küste des Hellespont zugewiesen; die Tolostobogier
erhielten durch das Los die Aiolis und Jonien, die
Tektosagen das Binnenland Kleinasiens. Und sie
forderten Tribut in ganz Asien bis zum Tauros; als
Wohnsitz aber nahmen sie für sich selbst das Gebiet
um den Halys herum. Und so groß war der Schrecken,
der von ihrem Namen ausging, zumal sich ihre
Anzahl auch noch durch starke Nachkommenschaft
vergrößert hatte, daß zuletzt selbst die Könige von
Syrien sich nicht weigerten, Tribut zu zahlen.«

Livius 38,16,12–13

DIE GRIECHEN bezeichneten mit »Galatae« die
Kelten überhaupt, aber die Galater im eigentlichen Sinne waren das Volk, das die Zentraltürkei
im 3. Jahrhundert v. Chr. besiedelte und in Nordphrygien einen Staat bildete. Das asiatische
Abenteuer dieser Wanderstämme von der Donau
gehört zu den faszinierendsten, aber relativ unerforschten Kapiteln der Geschichte der Kelten.
Archäologisch bleiben die Galater noch zu entdecken; bislang sind als La-Tène-Metallarbeiten
in der Türkei lediglich drei Broschen bekannt!
Die literarischen Quellen sprechen indes von
Hügelfestungen und Burgen, die man eigentlich
auffinden müßte (Ancyra, das heutige Ankara,

Die berühmte Statue des Sterbenden Galliers (eigentlich ein Galater). Marmorkopie einer Bronzestatue, die Attalus von Pergamon im 2. Jahrhundert v. Chr. der Athene weihte. Man beachte die auch für die Gallier in Frankreich belegte Igelfrisur. Wie andere Kelten zogen auch die Galater nackt in die Schlacht.

gehörte dazu), und es mag sehr wohl auch Friedhöfe mit erkennbaren La-Tène-Begräbnisriten
und -Artefakten geben. Bis dahin jedoch müssen
wir uns von den Galatern ausschließlich anhand
griechischer und römischer Schriften und einiger
weniger Skulpturen ein Bild machen.

Die Ankunft der Galater

278 v. Chr. forderte Nikomedes von Bithynien
drei Keltenstämme (Tektosagen, Trokmer und
Tolistobogier) auf, über den Hellespont zu kommen und ihm in einem Krieg beizustehen. Unter
Führung von Leonnorios und Lutarios überquerten sie mitsamt ihren Familien den Hellespont.
Obwohl Antiochos I. von Seleukeia 275 die keltischen Streitkräfte besiegte, brachten sie es fertig, sich als bedeutende Kraft in Kleinasien zu etablieren. Offenbar hatten sie mit Mithridates von
Pontus (302–266 v. Chr.) ein Bündnis geschlossen, der sie in seleukidischen Gebieten ansiedelte. König Antiochos II. vermochte sie nicht zu
vertreiben und wurde 261 selbst von einem Kelten getötet. Ihren Raubzügen geboten nach und
nach ihre Nachbarn Einhalt, insbesondere Attalos von Pergamon, der sie um 240 v. Chr. besiegte.

Die Galater waren zwar auch selber zahlreich,
herrschten aber über eine beträchtliche, schon
vor ihnen ansässige Bevölkerung, von der sie sich
indes abgesondert und generationenlang ihre
eigene Kultur und Identität gepflegt zu haben
scheinen. Später jedoch tauchen bei ihnen griechische Namen auf, und es gibt weitere Hinweise auf einen Trend zur Assimilierung mit ihren hellenisierten Nachbarn im letzten Jahrhundert
v. Chr.

Stämme und Regierungsform

Der Nähe Galatiens zur griechischen Welt verdanken wir eine recht detaillierte Kenntnis der galatischen politischen Struktur. Jeder Stamm war in vier »Geschlechter« oder Clans mit vermutlich jeweils eigenem Territorium unterteilt. Jeder Clan wurde angeführt von einem »Tetrarchen« (von griech. »tetra« = vier und »archos« = Anführer). Ihm unterstanden ein General, zwei Vizegeneräle und ein Richter. Ob es sich dabei um gewählte Magistrate im griechischen Sinne (und wie sie sich in einigen Staaten Galliens entwickelten) handelte, ist unklar; später, als das System zusammenbrach, scheinen die Tetrarchen zu Kleinkönigen geworden zu sein.

Die zwölf Tetrarchien entsandten insgesamt 300 »Senatoren« (vielleicht die fünf Oberhäupter plus zwanzig weitere Vertreter jedes Clans) in eine Nationalversammlung, die wahrscheinlich einmal im Jahr an einem Zentralheiligtum namens »Drunemeton« stattfand. Eine Zentralregierung oder irgendeinen echten Mechanismus für die Bildung einer Nationalpolitik gab es nicht; die Stämme waren zu sehr auf ihre Unabhängigkeit bedacht und scheinen oft gegeneinander gekämpft zu haben. Mindestens einer, Ortiagon, scheint versucht zu haben, sie unter seiner alleinigen Herrschaft zu vereinen, doch der Versuch schlug fehl.

Das räuberische Reich

Die Rolle Galatiens im 3. und 2. Jahrhundert v. Chr. in Kleinasien war eindeutig zerstörerisch. Wie die anderen Kelten waren auch die Galater auf die Anhäufung von Reichtum in Form von Beute und Vieh erpicht. In regelmäßigen Abständen brachen sie aus ihren Gebieten zu Raubzügen aus und brachten Gefangene und Beutegut mit, und im 3. Jahrhundert wurde Galatien zu einem Zentrum des Sklavenhandels und der Lösegelderpressung. Die umliegenden Staaten erhoben Sondersteuern, um ihre Gefangenen loskaufen zu können. Die Galater jagten überall Schrecken ein, zumal man ihnen nachsagte, sie hielten Gefangenenopfer ab: Lieber beging man Selbstmord, als daß man ihnen in die Hände fiel.

Die galatische Religion

Der bekannteste Fall galatischer Menschenopfer geschah 165 v. Chr., als Gefangene, die kein Lösegeld aufbrachten, den Göttern geopfert wurden. Ansonsten ist, abgesehen von der Existenz des Zentralheiligtums »Drunemeton« (»Eichenheiligtum«), über die galatische Religion nichts bekannt. Trotz dieses Hinweises auf die Eichenverehrung gibt es keinen Anhaltspunkt dafür, daß es unter den Galatern Druiden gegeben hätte.

Unter fremden Fahnen

Wegen des Schreckensrufes, der den Galatern vorausging, betrachteten die hellenistischen Herrscher sie als nützliche Söldner. Den ersten Zusammenstoß mit den Römern erlebten die Galater als Verbündete von Antiochos III. von Seleukeia in der Entscheidungsschlacht von Magnesia im Jahre 190 v. Chr.; in einem Straffeldzug besiegten die Römer die Kelten und nahmen 40 000 Gefangene. Später entdeckte jedoch auch Rom die Nützlichkeit der Galater als Bauern auf dem Schachbrett der Politik. Infolgedessen bestand die galatische Macht auch unter römischer Hegemonie bis ins 1. Jahrhundert v. Chr. fort.

(Oben) Dieser Ausschnitt eines Frieses aus Pergamon zeigt Galatern und anderen abgenommene Beutewaffen. Man beachte das (mit einem Fund in La Tène fast identische) umgekehrte Wagenjoch. Ähnliche Helme mit Spitzknopf sind in Italien gefunden worden. Der ovale Schild entspricht dem Fund von Chertsey.

(Unten) Die politische Struktur der Galater nach griechischen Quellen.

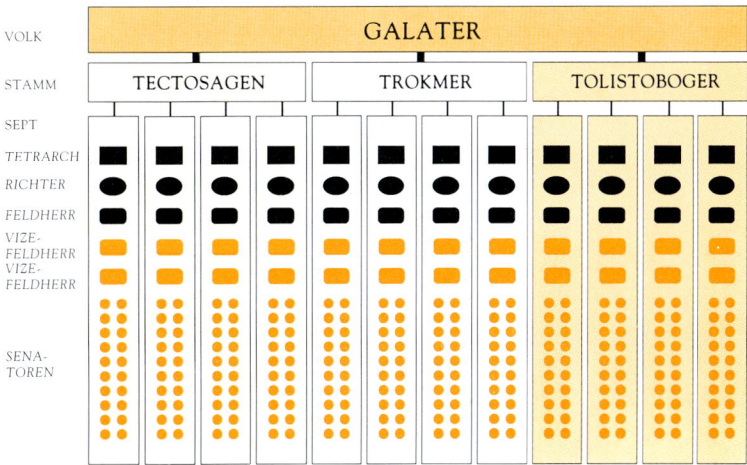

WAHRSCHEINLICHE POLITISCHE STRUKTUR DER GALATER IN ASIEN

	GALATER		
VOLK			
STAMM	TECTOSAGEN	TROKMER	TOLISTOBOGER
SEPT			
TETRARCH			
RICHTER			
FELDHERR			
VIZE-FELDHERR			
VIZE-FELDHERR			
SENA-TOREN			

SPANIEN UND PORTUGAL: DIE KELTIBERER

Die Flannery-Brosche zeigt einen keltischen Krieger mit präzise dargestellten Waffen, darunter einem La-Tène-Schwert (die Klinge ist untergegangen, desgleichen der Helmaufsatz). Es handelt sich um eine Arbeit der Klassik, besitzt jedoch Anklänge an spanische Fibeltypen. Vielleicht wurde sie von einem Keltiberer in Auftrag gegeben. Wahrscheinlich 3. Jahrhundert v. Chr.

»Dieses Volk [die Keltiberer] hat seinen Namen daher, daß es aus einer Vermischung der Iberer und der Celten entstanden ist, welche sich früher um den Besitz des Landes stritten, nachher aber sich aussöhnten, beisammen in demselben Lande wohnten und durch gegenseitige Heirathen sich verbanden. Als Abkömmlinge von zwei kräftigen Völkerstämmen, die überdieß ein fruchtbares Land inne hatten, gelangten die Celtiberer zu großem Ansehen.«
Diodorus Siculus 5,33

SPANIEN UND PORTUGAL sind relativ vernachlässigte Teile der keltischsprachigen Welt. Desgleichen gehören sie neben Gallien zu den einzigen Gebieten, in denen der Begriff »Kelte« in der Antike deutlich bezeugt ist. Der Name Celtius und Stammesbezeichnungen wie »Celti Praestamarici« sind belegt. Die Kelten waren lediglich eine Volksgruppe unter mehreren auf der Iberischen Halbinsel, und ihr Siedlungsumfang ist fast so dunkel wie ihr Ursprung. Im 2. Jahrhundert v. Chr. war das eigentliche »Celtiberia« ein recht begrenzter Bereich im mittleren Nordspanien, aber die Verteilung von Ortsnamen und anderes Dokumentenmaterial deuten darauf hin, daß auch in West- und Nordiberien in beträchtlichem Umfang keltische Dialekte gesprochen wurden.

Nach Herodot lebten im 5. Jahrhundert v. Chr. Kelten in Spanien. Sprachwissenschaftliche Erkenntnisse und Inschriften bestätigen diesen Bericht und lassen vermuten, daß neben Iberisch und anderen Zungen auch Keltisch gesprochen wurde; tatsächlich enthalten viele Ortsnamen keltische Elemente wie zum Beispiel -briga und nemet-. Andererseits ist das Suffix -dunum, das man generell mit der linguistischen Entwicklung in nordkeltischen Landen verbindet, in Spanien relativ selten.

Auf der Suche nach den spanischen Kelten

Iberien ist insoweit recht eigenartig, als es nicht Teil der La-Tène-Welt wurde; es gab zwar ein paar Kontakte, und auf spanischen Metallarbeiten (zum Beispiel einigen Broschen und Waffen) sind stilistische Einflüsse erkennbar, aber allgemein hat man sich dort die La-Tène-Kunst oder andere materielle Kulturaspekte nicht zu eigen gemacht.

Iberien ist ein bedeutender Beweis, daß nicht alle Kelten die materielle La-Tène-Kultur benutzten; nicht minder bedeutend ist, daß es zeigt, daß die keltischsprachige Welt nicht ausschließlich das Ergebnis von Wanderungen aus dem vermuteten zentraleuropäischen Heimatland ab dem 5. Jahrhundert v. Chr. war. Wären die spanischen Kelten im 5. Jahrhundert gerade erst aus Mitteleuropa angelangt, dann wären sie Träger der Hallstattkultur im Endstadium oder der frühen La-Tène-Kultur gewesen, aber das waren sie nicht. Tatsächlich läßt sich ihre materielle Kultur nicht ohne weiteres von der ihrer iberischen Nachbarn unterscheiden, mit denen sie in enger Verbindung standen (ein Hauptgrund für die Schwierigkeit,

sie archäologisch zu identifizieren). Wann also kamen die spanischen Kelten an? Hierzu gibt es diverse Theorien, darunter auch eine, die von Einwanderung im späten Bronzezeitalter spricht. Andererseits ist durchaus möglich, daß die keltisch sprechenden Bewohner Spaniens überhaupt nie eingewandert sind, sondern sich ihre Sprache und Kultur vor Ort entwickelt haben, wobei es auch Kontakte über die Pyrenäen gab.

Aus den Worten des Diodorus kann man den Schluß ziehen, daß die Kelten sehr eng mit ihren iberischen Nachbarn integriert waren. Außer ihrem Namen und Hinweisen auf ihre Sprache gibt es kaum ein so recht »keltisches« Unterscheidungsmerkmal für sie. Die Kelten waren kriegerisch und von Kriegern beherrscht, aber das galt auch für andere Iberer. Sie hatten sich der sommerlichen Hitze des Hochlands ebenso angepaßt wie der Winterkälte in den Bergen, wo sie in hochgelegenen, befestigten Siedlungen wohnten. Ein Großteil ihres kriegerischen Verhaltens kann dem Wettlauf um Land entsprungen sein.

Das Leben der Keltiberer

Diodorus schreibt, die Keltiberer seien gegenüber Fremden sehr gastfreundlich gewesen; auch untereinander schlossen sie förmliche Gastfreundschaftsverträge, die praktisch Kriegsallianzen gleichkamen. Oberhalb der Stammeseinheiten gab es kaum eine formale politische Organisation; wenngleich einige Gruppen – vor allem die Arevaker mit der Hauptstadt Numantia – die Vorherrschaft über ihre Nachbarn errangen. Ihre Friedhöfe (sie waren Leichenverbrenner) offenbaren großen Reichtum und enthalten auch Grabstätten mit Waffen. Desgleichen sind Goldspangen besonderer iberischer Prägung bekannt. Die Keltiberer erwarben sich bedeutenden Ruhm als Söldner (hauptsächlich im Dienste Karthagos) und stellten vor allem eine hervorragende Reiterei. Wie in der übrigen keltischen Welt herrschte auch bei ihnen ein ausgeprägtes Klima der Gewalt, zumal ihr empfindlicher Stolz leicht zum Duell führte; Kriege und Viehraubzüge waren endemisch. Die Häuptlinge besaßen ein eingeschworenes Gefolge. In diesen Aspekten hallt das Leben in Gallien wider, aber es gibt auch bei den nichtkeltischen Völkern Iberiens Parallelen dazu.

Eine besondere Herausforderung waren die Keltiberer für die wachsende Macht der neuen römischen Provinzen in Ost- und Südspanien ab dem 2. Jahrhundert v. Chr.; später stellten sie in den römischen Heeren die beste Hilfsreiterei. Eine seltsame spanische Praxis indes war nicht nach dem Geschmack der Römer: »So sorgfältig und reinlich sie sonst in ihrer ganzen Lebensart sind, so haben sie doch einen unanständigen und

(Links) Goldener Halsreif aus Nordwestiberien, 2. oder 1. Jahrhundert v. Chr.

äußerst häßlichen Gebrauch. Alle Morgen waschen sie sich den Leib mit Harn und reiben auch die Zähne damit ab; das, glauben sie, sei für den Körper dienlich« (Diodorus Siculus 5,33). Hierzu ist zu bemerken, daß heutzutage als aktiver Bestandteil zahnhygienischer Kaugummis Harnstoff verwendet wird! Diese Gewohnheit betrachteten die Römer mit Abscheu, wie Catull deutlich macht in seiner Verachtung für den »Langhaar'gen aus Keltiberien, dem Karnickelhecklande, Egnatius, fein gemacht durch deinen Spitzbart und die Zähne, die – gut spanisch – dein Urin blankputzt!« (»Gedichte«, 37)

Steinrelief eines Kriegers aus Osuna, Südspanien. Man beachte den großen Körperschild im La-Tène-Stil.

GALLIEN, 400–100 V. CHR.

»In Gallien wohnen viele Völkerschaften, von ungleicher Stärke. Bei den größten beträgt die Menschenzahl ungefähr zwei mal hunderttausend, bei den kleinsten fünfzigtausend. Eines dieser Völker [die Äduer] steht mit den Römern in freundschaftlichen Verhältnissen, die sich auf eine alte Verwandtschaft gründen und noch gegenwärtig fortdauern.«
Diodorus Siculus 5,25

ALS DIE RÖMER Ende des 2. Jahrhunderts v. Chr. im Rhônetal anlangten, wurde ihnen klar, daß alles, was wir heute Frankreich, Rheinland und Alpenregion nennen, von gleichartigen, weitgehend keltisch sprechenden Völkern bewohnt war. Hinweise aus etwas späterer Zeit lassen vermuten, daß dies auch für die Britischen Inseln galt.

Lange Zeit hindurch galt Ostfrankreich als Teil des traditionellen keltischen Heimatlandes in der Hallstatt- und vor allem der frühen La-Tène-Zeit. Es bildete den Westteil des Entwicklungsgebiets der materiellen La-Tène-Kultur, die sich ab dem 5. Jahrhundert v. Chr. nach Westen und Norden, nach Britannien und danach Irland ausbreitete. Mit der allmählichen Ausbreitung der La-Tène-Kultur hat man die Argumentation entweder für eine westwärts gerichtete Wanderungswelle vom keltischen »Heimatland« oder für eine friedliche Keltifizierung (durch Handel, Kontakte und Wettbewerb) untermauern wollen. Es ist aber, wie wir schon in Norditalien und Spanien sahen, um einiges wahrscheinlicher, daß keltische Dialekte schon in der Hallstattzeit sehr verbreitet und die beobachtete Veränderung der materiellen Kultur im 5. Jahrhundert v. Chr. nur eine Bewegung der Stilmoden zwischen verwandten keltisch sprechenden Völkern an der Atlantikküste Europas waren.

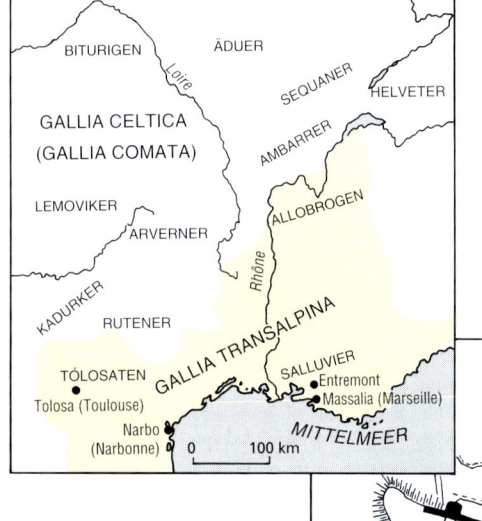

(Links) In dieser Zone kam es im 2. Jahrhundert v. Chr. zu einer erneuten Fühlungnahme zwischen der gallischen und der klassischen Welt. In die gallische Innenpolitik wurde Rom durch die militärischen Probleme seines Verbündeten Massalia mit den ortsansässigen Kelten und anderen Volksstämmen sowie die Notwendigkeit einer Verbindung nach Spanien verwickelt.

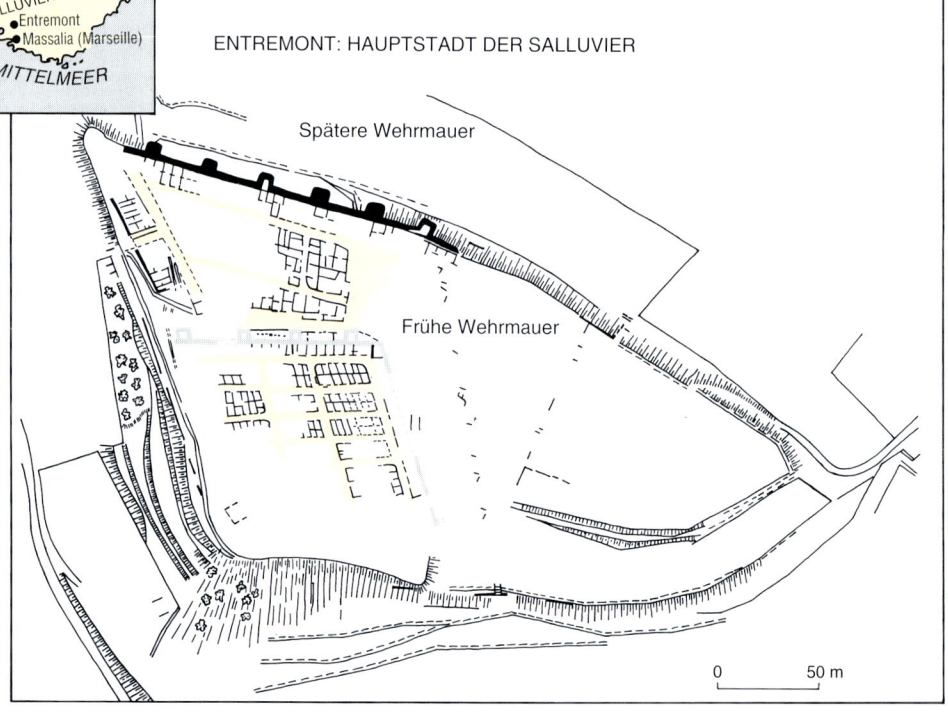

ENTREMONT: HAUPTSTADT DER SALLUVIER

Spätere Wehrmauer

Frühe Wehrmauer

0   50 m

(Rechts) Plan der Salluvierhauptstadt Entremont. Die Salluvier waren wahrscheinlich ein keltoligurisches Mischvolk.

Die Westhälfte der steinernen Hügelstadt ist eingehend erforscht und zeigt ein griechisch inspiriertes Straßennetz sowie zwei gestaffelte Wehrsysteme mit vorspringenden Türmen, die sich eng an hellenistische Vorbilder anlehnen. Desgleichen gab es offenbar öffentliche Bauten für entschieden ungriechische Veranstaltungen wie etwa die Zurschaustellung abgeschlagener Köpfe.

Nach Errichtung der römischen Militärsiedlung im nahen Aquae Sextiae (Aix) verwaiste die Stadt.

Abwendung vom Mittelmeer

Zu den wichtigsten Merkmalen dieser Zeit gehört
– in starkem Gegensatz zu dem, was vorher geschah und nachher wieder geschehen sollte –, daß
es ungefähr ab 400 v. Chr. praktisch keinen Hinweis mehr auf Handel mit der mittelmeerischen
Welt gibt: Abgesehen von einem italienischen
Eimer im Grab von Waldalgesheim findet sich in
Zentral- und Ostgallien bis zum 2. Jahrhundert
v. Chr. fast nichts. Der Handel mit Italien über die
Alpenrouten brach wahrscheinlich ab, weil die
Kelteneinfälle ins Po-Tal um 400 v. Chr. die nord-
etruskischen Handelszentren zerstörten. Nach
diesem Datum verlief der direkte Kontakt zwischen den Kelten und der klassischen Welt über
Norditalien und den Balkan; möglicherweise sind
einige klassische Gebräuche auf diesem Wege
nach Gallien gelangt – zum Beispiel die Münz-
prägung, die in dieser Zeit in die keltischen Länder Eingang fand. Schwerer zu erklären ist indes
die nahezu vollständige Einstellung des Handels
vom griechischen Massalia (Marseille) durch das
Rhônetal. Vielleicht fehlte es an Nachschub, weil
die Stadt – deren Handelsaktivität durch Karthago unterbunden wurde – dem Handel den Rücken
zukehrte und zur kleinen Territorialmacht in Südgallien wurde. Sicher ist, daß sie sich auf Streitigkeiten mit lokalen Stämmen einließ, die vielleicht doch nicht ganz so wehrhaft waren, wie sie
die römischen Schriftsteller gerne schildern: Ein

*Die archäologischen Funde weisen
auf umfangreiche Wirtschaftskon-
takte zwischen Massalia und Entremont hin. Hier wurden viele Amphoren gefunden; Trauben- und
Olivenpressen lassen den Unterneh-
mungsgeist der Salluvier erkennen,
die sich mit diesen Erzeugnissen
selbst zu versorgen begannen. Desgleichen ahmten sie zum Teil griechische Kunst nach und entwickelten,
wie dieser Frauenkopf mit Kopftuch
zeigt, bei der Herstellung von Steinskulpturen eine beträchtliche Fertig-
keit. Sie schufen auch mannshohe
Götter-, Fürsten- und Kriegerstatuen.*

*(Unten) Teilansicht der eindrucks-
vollen Wehrmauern von Entremont.*

Bronzeschale mit Koralleneinlege-arbeiten aus einem Wagengrab in Saint-Jean-sur-Tourbe, Marne. Durchmesser: 245 Millimeter. Spätes 5. bis frühes 4. Jahrhundert v. Chr.

solcher Konflikt brachte Rom ja mit den Galliern jenseits der Alpen in unmittelbaren Kontakt.

Eine andere, interessantere Möglichkeit lautet, daß die Gallier zu jener Zeit aus sozialen oder sogar ideologischen Gründen keinen Handel wollten oder brauchten. Wenn die Wanderungen nach Süden und Osten um 400 v. Chr. gewissermaßen eine Entlastung von Bevölkerungs- oder politischem Druck darstellte, könnte in Gallien sehr wohl eine weniger dicht besiedelte Landschaft verblieben sein, in der generell eine »Kirchturmpolitik« betrieben wurde, die es einfacher machte, an örtliche Machtpositionen zu gelangen. Vielleicht hat es gar eine Reaktion gegen fremde Moden gegeben. Was immer die Ursache sein mag – das vorhandene Material deutet zwischen dem 4. und dem 2. Jahrhundert v. Chr. auf eine Periode des relativen Isolationismus hin, wobei sich die transalpine keltische Welt selbständig entwickelte.

Das Eingreifen Roms

Rom wurde im 2. Jahrhundert v. Chr. durch zwei Faktoren nach Gallien hineingezogen: erstens durch die Notwendigkeit sicherer Landverbindungen mit den neuen spanischen Provinzen, zweitens durch die Hilferufe seines alten Verbündeten Massalia. Rom operierte bereits in der Zone zwischen Rhônemündung und Pyrenäen, als die Massalier es gegen die Salluvier zu Hilfe riefen – einen mächtigen teilgallischen Völkerstamm, dessen Hauptort in Entremont auf einem Hügel über dem heutigen Aix-en-Provence lag. Das römische Eingreifen in diesen Konflikt setzte eine Kettenreaktion mit ungeheuren Folgen in Gang.

Der Belagerung und Zerstörung von Entremont in den Jahren 124/123 v. Chr. folgte die Errichtung einer römischen Militärfestung in Aquae Sextiae (Aix). Eine unmittelbare Folge der römischen Forderung nach Auslieferung des flüchtigen Salluvieranführers war 122 v. Chr. der Krieg mit den gallischen Allobrogern. Dadurch wiederum wurden die Arverner westlich der Rhône hineingezogen – die schon eine große Galliermacht darstellten und wahrscheinlich nominell die Kriegsherren der Allobroger und anderer Völkerstämme waren. 121 entsandte der Arvernerkönig Bituitus Botschafter, die mit den Römern verhandeln sollten. Als diese abgewiesen wurden, führte er sein großes Heer in die Schlacht und wurde besiegt. Nunmehr reichte die römische Macht weit den Rhônekorridor hinauf und verleibte sich die Allobroger ein (die erst in den sechziger Jahren des 1. Jahrhunderts v. Chr. endgültig unterworfen wurden). Mit der Errichtung einer strategischen Siedlung in Narbo (Narbonne) im Jahre 118 und dem Bau einer Straße von Italien nach Spanien war der Grundstein zur Provinz »Gallia transalpina« gelegt, die später einfach als »Provinz« bezeichnet wurde (daher der heutige Name Provence). Das unbesetzte Restgallien nannte man »Gallia comata« – das »haarige Gallien«.

Nunmehr stand Rom in unmittelbarem politischem Kontakt mit dem Innern Galliens; ein wichtiger Volksstamm, die Äduer, beschloß, mit Rom gegen die Macht der Arverner gemeinsame Sache zu machen, und wurde ab 122 v. Chr. zu »Brüdern und Freunden« des römischen Volkes. Diese Abfolge politischer und militärischer Schachzüge läßt vermuten, daß Gallien – wie Cäsar siebzig Jahre später berichtete – schon damals in Stammesmächte geteilt war. Die Freundschaft zwischen Römern und Äduern datiert aus dieser Zeit; mag auch der Schritt der Äduer einzig dem Gedanken entsprungen sein, »der Feind meines Feindes ist mein Freund«, so war er doch bei Cäsars Eroberung Galliens von ausschlaggebender Bedeutung.

Das 2. Jahrhundert v. Chr. war für Gallien eine Zeit tiefgreifenden Wandels. Langsam erwachte wieder ein intensiver Handel mit dem klassischen Mittelmeerraum sowohl über die Rhône als auch über Toulouse und die Westküsten. Diese Kontakte weiteten sich mit der Errichtung der römischen Provinz Gallien schnell aus. Parallel dazu und mit ihnen unentwirrbar verzahnt gab es andere grundlegende Veränderungen, die zumindest Teile Galliens der Städtekultur zuführten.

Das 2. Jahrhundert v. Chr. endete mit einem verhängnisvollen Omen: Die Kimbern und Teutonen fielen in Gallien ein; es war der erste bekannte Einbruch einer entstehenden Macht im Norden, an der sich Rom letztendlich die Zähne ausbeißen sollte – der Germanen.

BRITANNIEN IN DER EISENZEIT

*»In der Gegend des Vorgebirges von Britannien,
welches Belerium [Cornwall] heißt, sind die
Einwohner gegen Fremde sehr gefällig und haben
durch den Verkehr mit fremden Kaufleuten mildere
Sitten angenommen. Diese sind es, die das Zinn
bereiten. [...] Sie bilden daraus regelmäßig gewürfelte
Stücke, und bringen es auf eine Insel, Namens Iktis
[Wright]. [...] Hier kaufen die Handelsleute das Zinn
von den Einwohnern und führen es nach Gallien
hinüber. Nun machen sie den Weg zu Lande durch
Gallien und lassen die Waare durch Pferde tragen, bis
sie endlich nach ungefähr dreißig Tagen an den
Ausfluß der Rhone kommen.«*

Diodorus Siculus 5,22

BRITANNIEN war für die klassische Welt geheimnisumwoben; den ersten verläßlichen Augenzeugenbericht über das Land verdanken wir erst Cäsars Einfällen von 55 und 54 v. Chr.

Gespannte, aber kontinuierliche Kontakte Britanniens mit der mittelmeerischen Welt bestanden während der gesamten Eisenzeit, in der beispielsweise auch Korallen auf die Insel gelangten. Später nahmen sie zu, vor allem nach der Errichtung der römischen Provinz Gallia transalpina, wobei Waren über die Bretagne und die Biscaya von und nach der Garonne und Tolosa (Toulouse) flossen, desgleichen nach Narbo und Massalia. Zu den Einfuhren gehörten Glas sowie Wein in Amphoren. Die dokumentarischen Quellen berichten, daß die Händler auf dem Festland britannisches Zinn haben wollten, das in Ictis (möglicherweise St Michael's Mount vor der Küste von Cornwall) gesammelt wurde. Ein wichtiges Handelszentrum war Hengistbury Head bei Christchurch an der Dorsetküste. Hier förderten die Ausgrabungen importierte Amphoren zutage; im Gegenzug wurden unter anderem Eisen, Kupfer und Zinn von Cornwall und Wales sowie schwarzer Schiefer aus Kimmeridge in Dorset ausgeführt. Vermutlich gab es weitere Handelsgüter wie etwa Felle und Sklaven (beide sind in späterer Zeit belegt). Unter den Händlern gab es vielleicht auch Massalier und gelegentlich Römer, aber zumeist handelte es sich um Gallier: Cäsar berichtet, die Veneter aus Armorica (Bretagne) hätten in ihren robusten Segelschiffen regelmäßig zu einem nicht namentlich genannten »emporium« übergesetzt – vielleicht Hengistbury.

Die Bedeutung dieser frühen Verbindungen mit der klassischen Welt wird oft übertrieben. Wie Gallien war auch Britannien größtenteils autark und entwickelte sich weitgehend eigenständig.

LETZTE RUHESTÄTTE EINES KRIEGERS, HÄUPTLINGS ODER PRIESTERS?

Vor kurzem wurde in Deal in der Grafschaft Kent das Grab eines erwachsenen Mannes entdeckt, der zwischen 200 und 100 v. Chr. beigesetzt worden sein dürfte. Er trug eine bronzene »Krone« (rechts: restaurierte Replik); neben der Leiche lagen Schwert und Schild.

Wer war er? Kriegergräber sind vor allem in Großbritannien selten. Zur »Krone« gibt es keine eindeutige Parallele, aber sie könnte priesterliche Autorität oder einen anderen Status ausdrücken, ebensogut aber auch weltliche Macht.

Der nur in Teilen erhaltene Schild läßt sich recht gut rekonstruieren. Die Gestalt der bronzenen Einfassungen läßt auf eine typisch britannische Form schließen, die sich auch bei anderen Votivschilden wie etwa diesem kürzlich entdeckten (unten rechts) findet.

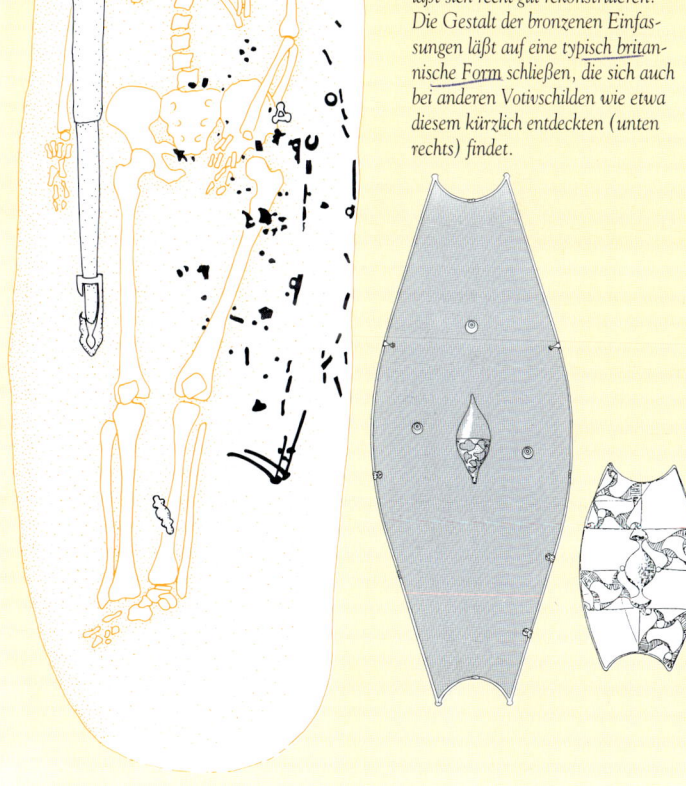

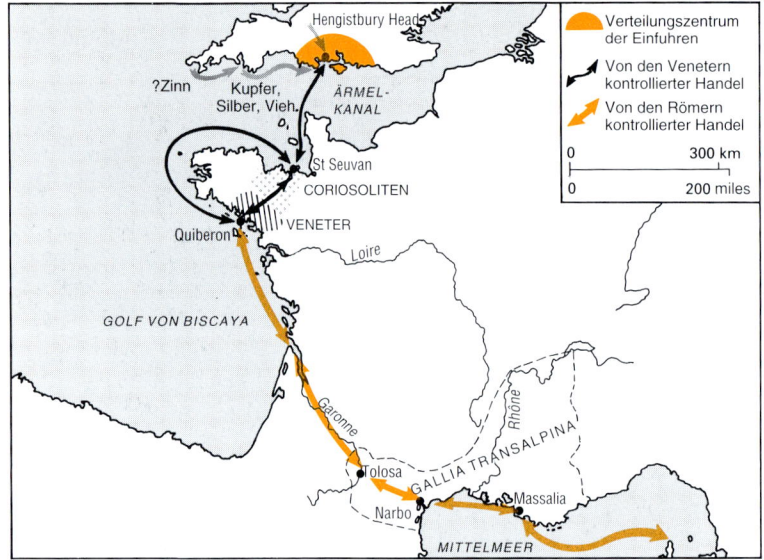

Schon im 1. Jahrhundert v. Chr. war Britannien an die Handelsnetze angeschlossen, die über die Bretagne und das Garonnetal bis in die römische Provinz in Südgallien reichten. Beispielsweise paßt die räumliche Verteilung früher italischer Weinkrüge in Südengland gut zu den archäologischen Indizien, daß Hengistbury Head einen wichtigen (vielleicht den einzigen) Einfuhrhafen bildete.

Trieben die Römer auch wahrscheinlich vom Mittelmeer aus Handel mit der Biscaya, so lassen Äußerungen Cäsars doch vermuten, daß die Nordhandelsrouten um die Bretagne und über den Ärmelkanal von den mächtigen Venetern kontrolliert wurden, die neben ihren Nachbarn auch die Meere beherrschten.

Unterschiedliche Sichten der britannischen Eisenzeit

Dieses Bild einer (buchstäblich) insularen Entwicklung bei nur begrenzten Kontakten übers Meer steht in scharfem Gegensatz zu älteren Auffassungen vom Britannien der Eisenzeit. Bis in die sechziger Jahre hinein pflegte man die Entwicklung in der Eisenzeit als Folge von Einfällen keltisch sprechender Gruppen vom Festland her darzustellen, die die materielle Hallstatt- und La-Tène-Kultur nach Britannien gebracht hätten. Mittlerweile erscheint diese Erklärung etwas einfallslos. Heute erkennen wir in vielem eine deutliche Kontinuität ab der Bronzezeit, beispielsweise im Stil der Tonwaren oder der Häuseranlagen – das britannische Rundhaus wurde nicht durch das Rechteckhaus ersetzt, das eher für Gallien typisch ist. Desgleichen lassen sich Hügelfestungen oft bis in die frühe Bronzezeit zurückverfolgen.

Andererseits bemerkt Cäsar, die nordgallischen Belgen seien vor kurzem mit Raubzügen in Britannien eingefallen und hätten sich dort niedergelassen. Lange Jahre glaubten die Gelehrten, diese Belgen archäologisch an Töpfen im Festlandsstil und Leichenverbrennungen in Kent und Teilen des Themsetals festmachen zu können, aber diese gelten heute als nachcäsarisch. In Wirklichkeit sind die Belgen in Britannien archäologisch unsichtbar; vielleicht – so neuere Theorie – setzten sie von der Seine in die Region des Solent über und erhielt sich ihr Name in der römisch-britannischen Stammeszone mit der Hauptstadt Venta Belgarum (Winchester). Die Debatte ist jedoch nicht abgeschlossen; mag sein, daß zukünftige Funde mehr Klarheit schaffen.

Tradition, Handel und Wandel

Die Wirklichkeit dürfte eher ein umfangreiches Gemisch aus Kontinuität zu einer (vielleicht schon keltisch sprechenden) Bronzezeit, ein paar Einwanderungen vom Festland her (zum Beispiel von Aristokraten wie Commius, der um 50 v. Chr. ankam) und Raubzügen kleineren Umfangs sein. Die Aufnahme kontinentaler Ideen und Praktiken – von denen die Übernahme des Kunststils von La Tène archäologisch nur am deutlichsten sichtbar ist – könnte durchaus durch politische oder familiäre Bindungen mit der Bretagne und zunehmend mit Belgica zustande gekommen sein. (Cäsar berichtet, »seit Menschengedenken« habe der zu den belgischen Suessionen gehörende Diviciacus über Teile Britanniens eine Art Oberhoheit ausgeübt.)

Des weiteren entwickelte Britannien seine eigenen Merkmale, beispielsweise die Mode, den Körper blau anzumalen, oder die charakteristisch britannischen Schild- und Spiegelformen. Noch bedeutsamer ist, daß Britannien alles andere als bloß passiver Empfänger kontinentaler Ideen und Güter war: an Feinheit stehen die britannischen La-Tène-Metallarbeiten nach heutiger Einschätzung hinter nichts zurück. Zudem nahm Britannien aktiv an der weitergespannten Keltenwelt teil. So taucht zum Beispiel ein in England entwickelter Typus von Burgwehren auf dem Kontinent auf. Der berühmteste »Exportartikel« Britanniens dürfte indes das Druidentum sein, das offenbar dort seinen Ursprung nahm. Eine weitere wichtige Verbindung zum Kontinent mag der Söldnerdienst in Gallien gewesen sein; britannische Krieger kämpften in Gallien gegen Cäsar, und vielleicht hatte diese Praxis eine lange Tradition.

Ein Gallien sehr ähnliches Land

Das Britannien, das Cäsar antraf, als er 55 und 54 v. Chr. auf die Insel übersetzte, entsprach in vieler Hinsicht Gallien, besaß Stammeseinheiten und einen herrschenden Kriegeradel. Auch die Archäologie deutet auf ein ähnliches Muster einer zunehmend dicht besiedelten Agrarlandschaft mit gelegentlichen Hügelfestungen und auf eine materielle Kultur hin, die stark von adliger Zurschaustellung und dem Krieg geprägt war. Andererseits stammte Cäsars Schilderung der Briten im Hinterland als blaubemalte Wilde wahrscheinlich von reinem Hörensagen. In Wirklichkeit waren die Menschen dort genauso kultiviert und reich (und gut gekleidet) wie in den angrenzenden Gebieten Galliens, und die Briten hatten durchaus Anteil an den großen Veränderungen, die den Galliern mit dem Aufstieg der römischen Macht beschert waren.

DAS FRÜHE IRLAND, 600–1 V. CHR.

> »Von dieser Insel wissen wir nichts Gewisses zu sagen, außer daß ihre Bewohner noch wilder sind als die Britannier, sintemal sie Menschenfresser sind und Vielfresser, und es für rühmlich halten, ihre verstorbenen Eltern zu verzehren; ja sogar sich öffentlich zu begatten, wie mit anderen Weibern, so mit Müttern und Schwestern. Jedoch auch Dieses erzählen wir nur so, ohne glaubwürdige Zeugen zu haben.«
>
> Strabon, »Erdbeschreibung«, 4,5,4

FÜR STRABON war Irland noch geheimnisvoller als Britannien. Er selbst bezweifelte, was man ihm erzählt hatte. Aus dem Reisendenlatein der wenigen frühen Erwähnungen der Inseln können wir die Wahrheit nicht herausdestillieren. Das archäologische Material ist ebenfalls spärlich und rätselhaft. Zwar sind auch hier Hügelbefestigungen bekannt, aber ihre Datierung ist ebenso unsicher wie die anderer Siedlungsreste – Irland scheint kaum datierbare Waren aus dem klassischen Raum importiert und auch keine Münzen geprägt zu haben. Dennoch wurden durch das feuchte Klima eine Unmenge antiker Hölzer konserviert, die sich jetzt durch Analyse der Jahresringe datieren lassen. Anhand dessen wissen wir, daß der Königsplatz Navan in der Grafschaft Armagh (das alte Emain Macha, Hauptstadt von Ulster) schon in der mittleren Eisenzeit bewohnt war, und dies deutet darauf hin, daß die politischen Machtzentren schon jahrhundertelang bestanden hatten, bevor sie in Quellen des frühen Mittelalters auftauchten.

Die irischen Kelten: Eindringlinge oder Ureinwohner?

Das mittelalterliche »Book of Invasions« will von Wellen von Eindringlingen wissen, aber der Bericht ist sehr verworren und wahrscheinlich weitgehend erfunden. Es erzählt, Gälen und »Fír Bolg« seien nach Irland gekommen; eventuell ließen sich diese Gruppen mit den Festlandgalliern und -belgen gleichsetzen. Aber die Idee umfangreicher Kelteneinwanderungen in der Eisenzeit paßt in Irland genausowenig zum archäologischen Material wie in Britannien; in Wirklichkeit deutet alles auf ausgeprägte Kontinuität seit der Bronzezeit hin, wobei die Einvernahme der Kunsttradition von La Tène erst recht spät einsetzte und diese zudem den Bedürfnissen der irischen Gesellschaft angepaßt wurde.

Hallstatt-C-Schwerter sind zwar nach Irland gelangt, aber Material der späten Hallstatt- und

(Rechts) Etwa 94 v. Chr. wurde in Navan in der Grafschaft Armagh ein riesiger, vielleicht überdachter Rundbau errichtet. Navan war damals bereits ein kommunales Zentrum.

frühen La-Tène-Zeit ist fast inexistent. La-Tène-Metallarbeiten tauchen dann um 250 v. Chr. auf; so wurden beispielsweise Speerschäfte und sogar Schwertscheiden gefunden (sie weisen erkennbar irische Stilformen auf, die jedoch von britannischen und kontinentalen Prototypen abgeleitet sind). Den Anstoß dazu mögen Importe wie die Clonmacnois-Spange (etwa 300 v. Chr.) gegeben haben, die starke Stileinflüsse aus dem Rheinland aufweist, sofern sie nicht überhaupt dort hergestellt wurde. Das irische La-Tène ist weiterhin höchst bruchstückhaft und wenig erklärt. Am entstehenden keltischen Identitätsbewußtsein mag Irland durchaus teilgehabt haben durch Handel, diplomatische Kontakte und vielleicht auch – vor allem später – eine gewisse begrenzte Einwanderung, auch wenn es wie Spanien am Rande lag.

(Unten) Luftaufnahme von Navan. Man beachte den Graben innerhalb der (mittlerweile baumbestandenen) Böschung: Es handelte sich also nicht um eine Verteidigungsanlage. Dem oben in Rekonstruktion abgebildeten Holzbau war kein langes Leben beschieden. Vielleicht schon nach zehn Jahren wurde er eingeebnet und durch einen massiven Steintumulus ersetzt, der auf dem Foto deutlich erkennbar ist.

IV
DIE
LEBENS-
GEWOHNHEITEN

»Sie wohnten sämtlich in Dörfern ohne Mauern, und bedurften wenig Hausrath, weil [...] ihre Lagerstatt nur aus einer Streu, ihre Nahrung nur aus Fleisch bestand. [...] Sie übten einzig Kriegskunst und Ackerbau.«
Polybius 2,17,8 über die Gallier in Norditalien

DER ALLTAG muß in den frühkeltischen Gesellschaften von Region zu Region sehr unterschiedlich ausgesehen haben. Wir konzentrieren uns deshalb auf die Kernlande der keltischen Welt – Gallien und die angrenzenden Gebiete –, denn über sie liegen die besten dokumentarischen Quellen vor. Und wie es der Zufall will, gibt es genau dort auch die umfangreichsten archäologischen Funde aus der La-Tène-Zeit.

Quer durch die keltische Welt treffen wir auf vielfältige Gesellschaftsformen, von losen Stammesstrukturen bis zu zentralisierten Königreichen. Sie waren alles andere als statisch, sondern veränderten sich unablässig, teils langsam, teils sehr schnell. Archäologie und Geschichte deuten darauf hin, daß es – zumindest bei den Kelten Zentralgalliens, der Alpenregion und bis hinein nach Böhmen – in der Art, wie die Menschen lebten und miteinander umgingen, und vor allem, wie sie ihre Regierung besorgten, in den letzten zwei Jahrhunderten v. Chr. zu großen Veränderungen kam. Aus Stämmen wurden Staaten.

Im Hintergrund das riesige Longbridge-Deverill-Cowdown-Haus während der Rekonstruktion auf der Versuchsfarm von Butser. Die meisten Britannier der Eisenzeit wohnten allerdings erheblich bescheidener, wie die im Vordergrund sichtbare Rekonstruktion der Moel-y-Gaer-Hütte zeigt.

DIE GESELLSCHAFTSFORMEN

Die Frühkelten dürften mit dem Schreiben wenig im Sinne gehabt haben; jedenfalls ist es kaum irgendwo belegt. Die Ausnahme zu dieser Regel bildete allerdings das Gallien der späteren Eisenzeit. Dort wurde – vielleicht aufgrund des Aufstiegs komplexerer Staaten – zunehmend auch geschrieben, beispielsweise zum Zwecke der Volkszählung (Cäsar hat solche Dokumente in griechischen Buchstaben von den Helvetiern erbeutet). Die Gallier sollen auch bei Leichenverbrennungen Briefe an den Toten mit auf den Scheiterhaufen gelegt haben; desgleichen wurden in Südgallien Grabinschriften gefunden. Dennoch scheint die Schreibkunst nur begrenzt und von bestimmten Gruppen benutzt worden zu sein.

LOBPREISENDE BARDEN

Als Gnaeus Domitius um 122 v. Chr. in Gallien auf Feldzug war, »kam ihm ein Abgesandter des Allobrogerkönigs Bituitus entgegen. Er war kostbar gekleidet, und sein Gefolge bestand aus ebenfalls herausgeputzten Leibwächtern sowie aus Hunden; werden die dortigen Barbaren doch auch von Hunden beschützt. Auch im Sänger fand sich unter den Begleitern, der auf Barbarenart den König Bituitus, sodann die Allobroger und schließlich den Gesandten selbst wegen ihrer Herkunft, ihres Mutes und Reichtums feierte ...«
Appian, »Keltike«, 12

»Es gibt unter ihnen Liederdichter, die man Barden heißt. Diese begleiten ihren Gesang, worin sie Einige lobpreisen, Andere schmähen, mit einem der Leier ähnlichen Werkzeug.«
Diodorus Siculus 5,31

»In ganz Gallien gibt es (nur) zwei Gattungen von Einwohnern, die etwas gelten und geachtet sind. [...] Die beiden Stände sind die Druiden und die Ritter. [...] Diese stehen sämtlich im Feld, wenn es das (Staats-)Interesse erfordert oder ein Krieg sich entspinnt. [...] Je vornehmer und reicher alsdann einer ist, desto mehr ›Ambakten‹ und Schutzgenossen hat er um sich. Sonst kennen sie kein anderes Zeichen von Ansehen oder Macht.«
Cäsar, »Der Gallische Krieg«, 6,13–15

DIE FRÜHKELTISCHE GESELLSCHAFT wird oft als »heroisch« bezeichnet, als vom Kriegerethos beherrscht. Die griechischen und römischen Beobachter sahen in den Kelten bestenfalls edle Wilde und schlimmstenfalls infame und gefährliche Feinde. In beiden Fällen waren ihre offenkundig bizarren Sitten und große Energie eine stete Quelle der Furcht und Faszination zugleich. Dennoch fanden die klassischen Schriftsteller auch viel Bewundernswertes an den Kelten, vor allem die geistige Behendigkeit und Redegewandtheit der Gallier. Cäsar beispielsweise äußert sich über ihren Witz, ihre Anpassungsfähigkeit und schnelle Lernfähigkeit: Die Schnelligkeit, mit der sie Teile der römischen Militärtaktik kopierten, brachten ihn in den fünfziger Jahren v. Chr. in erhebliche Schwierigkeiten.

Der Charakter der Gallier und die gallische Gesellschaft

Die Gallier, über die wir historisch am meisten wissen, waren berühmt wegen ihrer Erregbarkeit, ihrem Hang zum Maulheldentum und ihrer Gefährlichkeit, vor allem, wenn sie betrunken waren – was offenbar häufig der Fall war. Die gallischen Männer und Frauen waren überaus stolz auf sich selbst, ihre Taten und ihre Vorfahren und schnell bei der Hand, wenn man sie beleidigte. Andererseits schwelgten sie in ungemein wortreicher Redekunst voller Anspielungen und Umschreibungen. Die keltischen Gesellschaften besaßen weitgehend keine Schriftkultur (vgl. Kastentext), und so überrascht es nicht, daß die Gallier gerade durch Redekunst und Gedichtvortrag bestachen, zumal sie sich liebend gerne in Besprechungen und Palavern ergingen. Man geht davon aus, daß sie eine umfangreiche und gediegene mündliche Literatur besaßen, die hinter der des homerischen Griechenland oder keltischen Irland in nichts zurückstand. Ihre Pflege dürfte weitgehend den Barden und Priestern oblegen haben, aber bedauerlicherweise ist keine einzige

epische Erzählung und kein Ruhmesgesang erhalten geblieben.

Der Aufbau der keltischen Gesellschaften

Wie vermutlich in jeder Gesellschaft gab es zunächst als grundlegendste Unterscheidung die zwischen Mann und Frau. Die keltischen Frauen, vor allem die adligen, spielten eine herausragendere Rolle als ihre römischen und griechischen Geschlechtsgenossinnen; dennoch scheinen sämtliche Bereiche durch und durch von Männern beherrscht gewesen zu sein.

Es gibt ein paar Hinweise auf recht rätselhafte Aspekte des Familienlebens. Was sollen wir beispielsweise von Cäsars Bemerkung halten, es sei in Gallien als Schande empfunden worden, wenn der Sohn in der Öffentlichkeit dem Vater vor Augen trat, ehe er erwachsen war? Geht es hier um die Weggabe adliger Söhne an Pflegemütter, wie sie später in Irland bezeugt ist? Nach Livius waren die legendären Keltenführer Bellovesus und Segovesus Söhne der Schwester des Königs Ambigatus. Hat der König diese zwei jungen Männer als Befehlshaber für die Neulanderoberung ausgesucht, weil er keine eigenen Söhne hatte, oder war es bei den Galliern allgemein üblich, daß Söhne in die Obhut ihrer Onkel übergingen?

Sowohl die Gallier des 1. Jahrhunderts v. Chr. als auch die Iren der frühen Jahrhunderte n. Chr. besaßen privilegierte Klassen von Adligen, Kriegern und Personen, die sich durch besondere Fertigkeiten auszeichneten (in Irland als »Männer der Kunst« bekannt), zu denen Priester, Seher, Barden und Handwerker gehörten. Ähnliche Klassen waren wahrscheinlich im größten Teil der keltischen Welt anzutreffen, aber eine Einförmigkeit gab es nicht; das Druidentum beispielsweise war vermutlich auf Gallien und die Britischen Inseln beschränkt.

Die Priester hatten entscheidend mit der Wahrung der Identität und des Wohlstands des Volkes sowie den Beziehungen zu den Göttern, den Toten und anderen Gemeinschaften zu tun. Die Barden teilten sich mit den Priestern wahrscheinlich in die Aufgabe, die mündliche Stammesgeschichte und -tradition zu bewahren, und hatten zudem vor allem in Preisgesängen die Großtaten des Adels zu verkünden – auch dies eine Form der Zurschaustellung beim Adelsstand. Die Bedeutung der Handwerker lag darin, daß sie nicht nur die für den Alltag benötigten Werkzeuge und Ausrü-

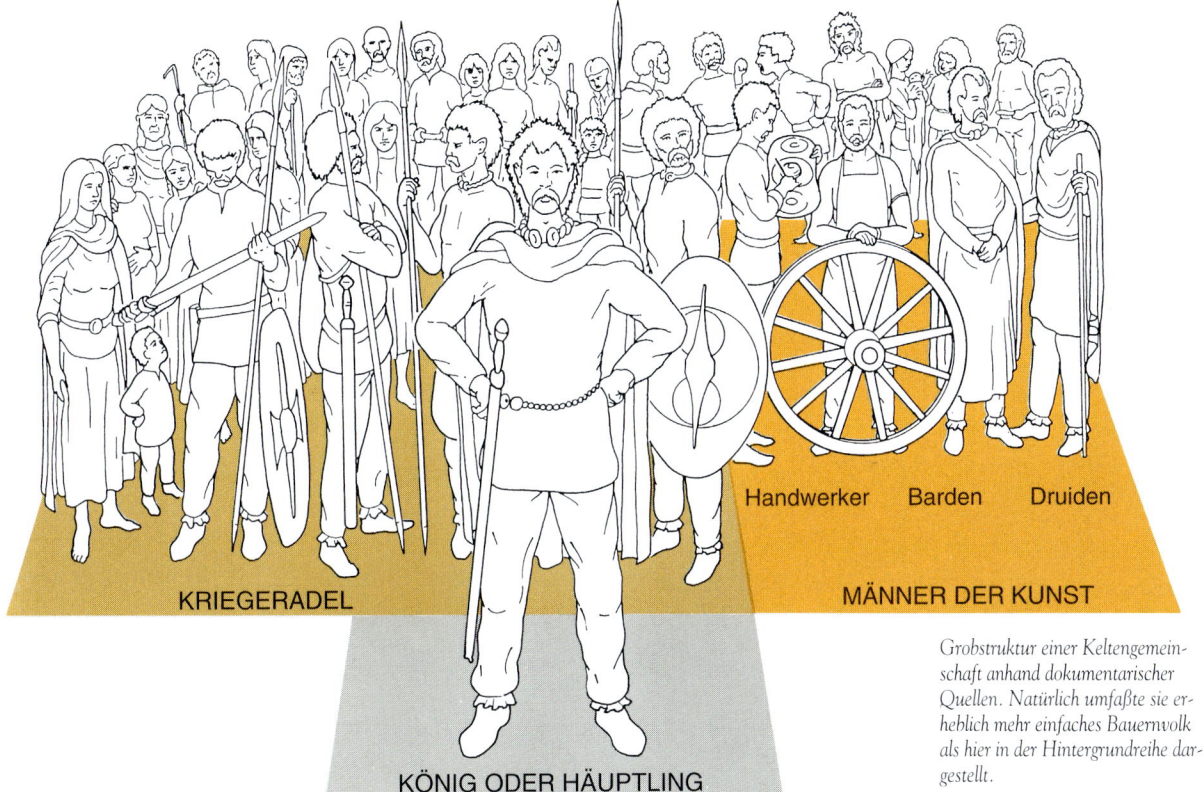

KRIEGERADEL

MÄNNER DER KUNST

Handwerker   Barden   Druiden

KÖNIG ODER HÄUPTLING

*Grobstruktur einer Keltengemein-
schaft anhand dokumentarischer
Quellen. Natürlich umfaßte sie erheblich mehr einfaches Bauernvolk
als hier in der Hintergrundreihe dargestellt.*

stungsgegenstände herstellten, sondern auch einen Großteil des Putzes, den die keltischen Herren anlegten, um ihren Reichtum und ihren hohen Rang herauszustreichen.

Neben besonderen Klassen und Rangebenen mag es in den keltischen Gesellschaften noch weitere gesellschaftliche Unterteilungen gegeben haben, beispielsweise Altersgruppen, in die die Knaben bei Erreichen der Männlichkeit Eingang fanden. Jungen desselben Alters, vor allem künftige Krieger, verbrachten wohl einen Großteil der Zeit gemeinsam, vielleicht, bis sie eine Familie gründeten oder eine eigene politische Karriere einschlugen. Auf dem Festland bildeten die »Gäsaten« – eine große, außerhalb der Stammesstruktur stehende Kriegergruppe (in römischen Augen Söldner) – vielleicht ein Sicherheitsventil für die jungen Männer, die eine bestimmte Zeit lang außerhalb ihres Stammes ihr Glück versuchten. Die klassischen Autoren erwähnen die weitverbreitete Praxis der Homosexualität bei den Kelten – insbesondere vielleicht in Gruppen wie den »Gäsaten«.

Stämme und Staaten

Die neuere Forschung, insbesondere zu Mittel- und Nordgallien, läßt vermuten, daß die keltischen Gesellschaften der mittleren und späten Eisenzeit im allgemeinen aus kleinen, territorial gebundenen Substämmen bestanden, die die Römer »pagi« nannten. Dabei handelte es sich im wesentlichen um Verwandtschaftsgruppen – Großfamilien und Clans – samt Gefolge und Abhängigen wie zum Beispiel Sklaven und »Klienten«. Die »pagi« schlossen sich zu den großen Volksstämmen zusammen, von denen Cäsar berichtet. Mehrstammeskonföderationen erwiesen sich als labil, brachen ständig auseinander und formierten sich je nach den politischen Umständen neu. Typisch war, daß die Stämme von (oft paarweise auftretenden) Königen oder Anführern mit begrenzten Vollmachten regiert wurden, wobei gewichtige Entscheidungen von der Volksversammlung aller freien Männer des Stammes getroffen wurden. Desgleichen gab es einen aus mehreren hundert führenden Adligen bestehenden Rat (den Cäsar »Senat« nennt), bei dem ein Großteil der wirklichen Macht ruhte.

Bemerkenswert ist, daß die gesellschaftliche oder politische Identität viel mehr der Verwandtschaft und Lebensgemeinschaft als einem bestimmten Territorium galt; Stammesfürstentümer und Königreiche waren potentiell »portabel« und ließen sich in neue Lande tragen.

VÄTER UND SÖHNE
»Kein Kind hat einen öffentlichen Zutritt zu seinem Vater, es sei denn, es habe das Alter zu den Kriegsdiensten; und man sieht es bei ihnen als etwas Schändliches an, wenn ein Sohn in der Minderjährigkeit sich öffentlich bei seinem Vater sehen läßt.«
Cäsar, »Der Gallische Krieg«, 6,18

DIE KELTEN UND DIE HOMOSEXUALITÄT
»Die barbarischen Kelten, obschon sie sehr schöne Weiber haben, sind mehr den Knaben zugetan; viele von ihnen haben gleich zwei Buhlen auf einmal, mit denen sie sich auf ihrem Lager aus Tierfellen vergnügen.«
Poseidonios 32,7

DIE KELTISCHE TIERHALTUNG

> *»Das ganze übrige Land liefert viel Getreide, Hirse und Eicheln, und allerlei Zuchtvieh. Unangebaut liegt nichts, außer wo Sümpfe und Wälder den Anbau verhindern; und doch sind auch Diese bewohnt, mehr der Menschenmenge, als des Fleißes wegen. Denn die Weiber sind fruchtbar und treffliche Erzieherinnen, die Männer hingegen bessere Krieger, als Ackerbauer.«*
>
> Strabon über Gallien, »Erdbeschreibung«, 4,1,2

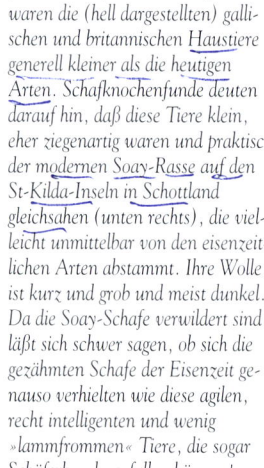

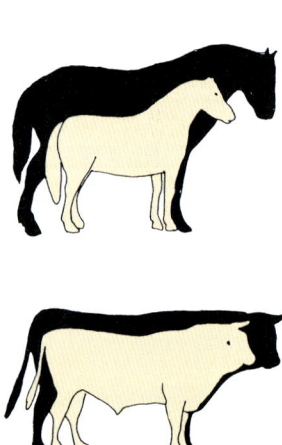

(Unten links) In der Eisenzeit waren die (hell dargestellten) gallischen und britannischen Haustiere generell kleiner als die heutigen Arten. Schafknochenfunde deuten darauf hin, daß diese Tiere klein, eher ziegenartig waren und praktisch der modernen Soay-Rasse auf den St-Kilda-Inseln in Schottland gleichsahen (unten rechts), die vielleicht unmittelbar von den eisenzeitlichen Arten abstammt. Ihre Wolle ist kurz und grob und meist dunkel. Da die Soay-Schafe verwildert sind, läßt sich schwer sagen, ob sich die gezähmten Schafe der Eisenzeit genauso verhielten wie diese agilen, recht intelligenten und wenig »lammfrommen« Tiere, die sogar Schäferhunde anfallen können!

IN DER EISENZEIT waren die Kelten wesenhaft eine ländliche Gesellschaft: Die meisten Menschen brachten ihr Leben auf dem Lande zu, bestellten den Boden, hüteten Herden, hegten den Wald, kurzum, befaßten sich mit den üblichen Aufgaben eines Bauern. Unser Wissen über die vorrömische Landwirtschaft verdanken wir fast ausschließlich der Archäologie.

Ein Großteil des Materials stammt aus Nordgallien und Britannien mit seinen weitgehend ähnlichen Gegebenheiten. Wir wissen, welche Pflanzen, Tiere und sonstige Ressourcen genutzt wurden, und kennen auch einige Anbaumethoden. Nach den Forschungsergebnissen hat sich in der späteren Eisenzeit ein Wandel eingestellt; so hatte beispielsweise in Gallien der Rebenanbau begonnen (bislang war Wein aus dem Mittelmeerraum importiert worden); die südgallischen Salluvier fingen mit dem Olivenanbau an; in Gal-

lien und in Britannien wurden schwerere Böden entwässert und bebaut. Ebenso können wir neuerdings alte Vorurteile anfechten, so die – teils Cäsar entlehnte – Meinung, Binnenbritannien habe ausschließlich Weidewirtschaft betrieben. Die Archäologie zeigt, daß im Norden und Westen des Landes auch in bedeutendem Maße der Ackerbau gepflegt wurde.

Nutztiere

An Tieren hielten die keltischen Bauern in erster Linie Schafe, Rinder und Schweine, allerdings andere Sorten als heute. Die Schweine ähnelten noch weit stärker ihren wilden Vorfahren, und die Schafe sahen eher wie Ziegen aus. Berücksichtigt man das (hohe) Alter, in denen die Schafe üblicherweise geschlachtet wurden, scheinen sie mehr der Wolle (das Vlies dieser ersten Zuchtarten war noch sehr grob) und der Milch als des Fleisches wegen gehalten worden zu sein.

Die Rinder – eine inzwischen erloschene Sorte namens keltisches Shorthorn – waren recht klein. Sie waren über viele Generationen herangezüchtet worden, um kompakte, kräftige Ochsen zu erzielen, die Pflüge und schwere Karren ziehen konnten. Pferde – meist Ponys von zirka 1,2 bis 1,4 Meter Schulterhöhe – wurden nicht für schwere Aufgaben, sondern für leichte Zugarbeiten und kriegerische Zwecke gezüchtet. Das Pferdehalfter war in der Antike unbekannt, und das benutzte Geschirr machte es den Tieren unmöglich, ihre Kraft voll einzusetzen. Cäsar berichtet über die Freude der Gallier am Pferdehandel und die gewaltigen Preise, die sie für schöne Tiere zu zahlen gewillt waren.

Es gab vielerlei Hundearten; sie reichten von Rassen, die so klein waren, daß sie nur Schoßhündchen gewesen sein können, bis zu großen Tieren, bei denen es sich vielleicht um die von Strabon erwähnten Jagdhunde handelte. Die Kelten schlachteten Hunde, weniger des Fleisches als der Häute wegen, denn auf diesen ließen sich die Gallier bequem nieder. Heute wäre ein Bauernhof ohne Hühner und Katzen unvollständig; beide lassen sich bis in die Keltenzeit zurückverfolgen, wobei erstere erst später aus dem Orient kamen, während letztere schon in der südbritischen Hügelfestung Danebury auftauchten (obwohl es sich dabei wohl eher um eine gefangene Wildkatze als ein Zuchttier handeln dürfte). Andererseits gab es Esel und mithin auch Maultiere erst in der Römerzeit.

Die toten Tiere lieferten neben Fleisch auch eine Reihe anderer Rohstoffe: Knochen und Horn (gewissermaßen der Kunststoff der Antike), Häute für Leder und starke Sehnen.

Gewächse und Wälder

Die Kelten bauten eine Reihe von Getreidearten an, insbesondere verschiedene Weizensorten (Emmer, Dinkel und Brotweizen) sowie Gerste. Hirse war in Gallien sehr verbreitet. Auch Bohnen wurden angebaut, desgleichen Erbsen und Linsen. Heute als Wildpflanzen betrachtete Sorten wie Wicken, Weißer Gänsefuß, Butterraps und dergleichen wurden damals angepflanzt oder zumindest gesammelt. Dank dieser Pflanzen sowie Obst und Beeren hatten die Menschen ausreichenden Zugang zu kräftigenden Proteinen, Kohlenhydraten und Vitaminen. Zur Tuchherstellung wurde als Ergänzung zur Wolle auch Flachs angebaut, vermutlich auch seines Ölgehalts wegen.

Unter Wassereinschluß erhalten gebliebene Holzstücke erinnern uns daran, daß Holz für den Bauern ebenso wichtig war wie bebaubares Land und Vieh. Die Wälder müssen sorgfältig gepflegt worden sein, damit für Bauzwecke auch kräftige Stämme vorhanden waren. Andere Gehölze wurden kurz nach dem Aufwuchs zur Schlagholzgewinnung geschnitten und lieferten reichlich lange, gerade Stangen für die Befestigung von

DIE JAGD

Die keltischen Adligen, aber auch das einfachere Volk haben zweifellos der Jagd gefrönt; sie diente der Hege ebenso wie dem Sport. Es gab eigens gezüchtete Jagdhunde, und Bogen und Schleuder – obschon auch im Krieg verwendet – waren in erster Linie Jagdwaffen. Cäsar erwähnt ein spezielles Wurfholz, das die Gallier zur Vogeljagd benutzten. Mit Sicherheit wurde der Eber – bei den Kelten ein Symbol der Kraft und Wildheit – gejagt; nach dem archäologischen Material waren aber auch Rot- und Damwild sowie Hasen eine beliebte Beute (Kaninchen waren in Britannien und Gallien unbekannt). Desgleichen wurden Füchse, Wölfe und Dachse gejagt, vor allem ihres Fells wegen. Zum Speisezettel trug die Jagd allerdings nur begrenzt bei: Lediglich ein kleiner Teil der in Siedlungen gefundenen Tierknochen stammt von wilden Tierarten.

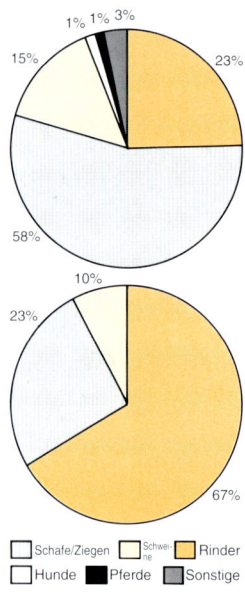

Schafe/Ziegen   Schwein
Hunde   Pferde   Rinder   Sonstige

Der Speisezettel von Danebury anhand der gefundenen Tierknochen. Oben: Anteile der Tierarten; Unten: Relative Fleischmengen.

VORSORGE FÜR HUNGERZEITEN: DAS RÄTSEL DER GRUBEN

Die Einlagerung der Sommerernte war lebenswichtig, damit der Vorrat über den Winter bis zur nächsten Ernte reichte. In einer Welt ohne Kühlvorrichtungen wurden die Nahrungsmittel auf diverse Weise konserviert, vor allem mit Salz; eingesalzenes gallisches Schweinefleisch wurde nach Italien exportiert. Salz war also lebenswichtig. Gemüse und Saaten wurden auch in Töpfen oder Säcken trocken gelagert. Räuchern bildete eine weitere Möglichkeit.

Zu den Rätseln der Eisenzeit-Archäologie, vor allem in Großbritannien, gehört die Frage, wozu die zahlreichen bei den Ausgrabungen gefundenen Gruben dienten. Als unterirdische Silos? Nun mag die Einlagerung von Getreide in feuchten Erdlöchern wenig sinnvoll erscheinen, aber bei den Experimenten in Butser hat sich diese Technik als erstaunlich wirkungsvoll erwiesen. Wird die Grube luftdicht verschlossen, so keimt das im Kontakt mit den feuchten Wänden befindliche Korn, verbraucht den vorhandenen Sauerstoff und setzt Kohlendioxid frei. Dieses wiederum bringt bei der

Wällen und Mauern, für Zäune und als Brennmaterial.

Als die Eisenzeit anbrach, war ein Großteil der britischen und gallischen Landschaft schon seit über 3000 Jahren gepflügt worden. Etwa um 100 v. Chr. setzte jedoch, jedenfalls in Britannien, mit der immer intensiveren Landnutzung ein beträchtlicher Wandel ein. Der noch vorhandene Wildwuchs (die natürliche Landschaftsdecke) wurde in unerhörter Schnelligkeit gerodet, und einst marginale, schwere Lehmböden in feuchten Tälern wurden entwässert und umgepflügt. Diese Entwicklung ging Hand in Hand mit einer Veränderung der Anbaumethoden und einer verstärkten Viehzucht, die sich bei den feuchten Weiden anbot, aber auch notwendig war, um Zugtiere für die Pflüge zu gewinnen. Der Pflug selbst wurde verbessert; Schar und Halterung waren jetzt aus Eisen. Vielleicht wurden auch schon Fruchtwechsel und Naturdüngung praktiziert, doch ist unbekannt, in welchem Umfang.

Mit diesen Veränderungen ging ein kräftiger Bevölkerungszuwachs einher; möglicherweise

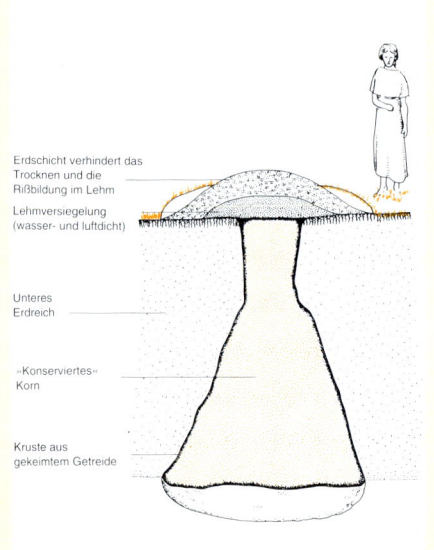

Erdschicht verhindert das Trocknen und die Rißbildung im Lehm

Lehmversiegelung (wasser- und luftdicht)

Unteres Erdreich

»Konserviertes« Korn

Kruste aus gekeimtem Getreide

Masse des übrigen Getreides die Lebensvorgänge praktisch zum Stillstand, und es bleibt monatelang erhalten, bis die Versiegelung entfernt wird. Somit könnten viele dieser Gruben als Getreidespeicher gedient haben.

handelte es sich bei beidem lediglich um Teilaspekte eines größeren Prozesses, der durch eine Klimaverbesserung mit verursacht war (ums Jahr 1 n. Chr. entsprach das Klima etwa dem heutigen). Ganz grob gesprochen, glich die britische Landschaft vor der römischen Eroberung weitgehend schon der jetzigen: ein Flickenteppich aus Wald, Weiden und gräbenumzogenen, eingezäunten oder mit Mauern und Hecken umgebenen Feldern (wenngleich die modernen Felder im allgemeinen viel größer sind).

Das Feldbausystem

Viele Feldfruchtarten der Eisenzeit wie beispielsweise Emmerweizen leben bis heute fort, und einige heutige Haustierzuchtarten ähneln ebenfalls ihren vorrömischen Ahnen; so scheinen die Soay-Schafe der Hebriden direkte Nachkommen der typischen Eisenzeitarten zu sein. Was bot sich, um Einsicht in die keltischen Anbaumethoden und ihre Effektivität zu gewinnen, mehr an als die Rekonstruktion eines typischen Bauernhofs der Eisenzeit, möglichst unter Benutzung der Feldfrüchte, Tiere und Arbeitsmethoden der Eisenzeit? Peter Reynolds hat 1972 in Butser, Hampshire, genau dieses langfristige Versuchsprogramm gestartet.

Das Projekt bescherte einige Überraschungen. Die Getreidesorten beispielsweise erbrachten durchgängig erheblich höhere Erträge als erwartet. Das wirkt beträchtlich auf unser Verständnis der Eisenzeit zurück. Zunächst gingen viele Archäologen davon aus, die vorrömische Landwirtschaft sei reiner, primitiver Subsistenzbetrieb gewesen, gerade genug fürs Überleben, aber kaum mehr. Jetzt besteht Anlaß zu glauben, daß die damaligen Bauern Jahr für Jahr mit beträchtlichen und recht verläßlichen Überschüssen rechnen durften. Diese waren sicherlich nötig in einer Gesellschaft, die Klassen unterhalten mußte, welche selber vermutlich keine Nahrungsmittel produzierten: Adel, Handwerker und andere »Männer der Kunst«. Möglicherweise exportierten die Kelten auch Getreide und Vieh in viel größerem Umfang ins Römische Reich, als wir bislang annahmen. Der landwirtschaftliche Reichtum Galliens und Britanniens mag durchaus große Anziehungskraft auf die Römer ausgeübt haben. Dennoch waren die keltischen Bauern, so tüchtig sie sein mochten, den Elementen und Krankheiten ebenso ausgeliefert wie jeder andere. In Britannien gibt es Hinweise auf Ausmergelung und Erosion, und Cäsar berichtet von schweren Mißernten in Gallien, die zu Unruhen führten. Das Los der Menschen auf dem Land ist seit jeher nicht einfach gewesen – idyllisch kam es wohl allenfalls dem Außenstehenden vor.

GEHÖFTE UND DÖRFER

»Sein Haus lag im Wald – wie überhaupt die meisten Wohnungen der Gallier, die, um gegen Hitze gesichert zu sein, gewöhnlich die Nähe von Flüssen und Wäldern suchen.«
Cäsar, »Der Gallische Krieg«, 6,30

LUFTAUFNAHMEN und Ausgrabungen in Nordgallien und Südbritannien liefern als typisches Muster verstreute Gehöfte oder Kleinansiedlungen, teils mit nur einem Haus, teils mit mehreren Häusern. Moderne Pflüge haben nicht selten alles bis auf die Grundpfeiler der antiken Bauten umgebrochen, auch Gruben und Gräben. Trotzdem boten nach Meinung der Archäologen die armseligen Überreste einst Heimat für eine oder mehrere Großfamilien samt Anhang in einem Gutsbereich, den oft ein Wall oder ein Graben umschloß. Gerade die Gräben, die weniger der Verteidigung dienten als dazu, die Tiere drinnen zu halten, sind oft aus der Luft erkennbar. Gewöhnlich finden sich innerhalb des Gutsbereichs tiefe Gruben, desgleichen Grundpfeiler kleinerer Bauten, die wahrscheinlich Getreidespeicher oder Lager darstellten. Ursprünglich dürften die Bauern die Gruben als Silos benutzt, sie aber, als sie ausgedient hatten, mit Abfall – und möglicherweise auch Opfergaben – gefüllt haben. Diese Müllgruben sind für die Archäologen von entscheidender Bedeutung, bieten sie doch viele Anhaltspunkte für das Treiben im Hof.

Neben den Gehöften existierten eindeutig weitere Siedlungsformen: In einigen Gebieten gab es größere, nichtumfriedete Dörfer, verschiedenerlei Versammlungsorte, religiöse Stätten beispielsweise, und schließlich befestigte Plätze wie die Hügelfesten. In der Späteisenzeit begannen in Britannien die Siedlungen auf Randböden zu expandieren – in einigen Gebieten zu gewerblichen Zwecken, so die Küstensalzwerke am Wash. Desgleichen entstanden Handelszentren wie Hengistbury Head.

Häuser

In Britannien und Irland waren die Häuser meist rund, in Gallien und anderswo hingegen grob rechteckig; ein Grund für diesen Unterschied ist

(Unten rechts) Plan eines in Pimperne, Dorset, ausgegrabenen Hauses aus der frühen Eisenzeit; übriggeblieben waren nur die Pfahlsockel. Dieser Plan wurde in Verbindung mit Informationen über die Eigenschaften der wahrscheinlichen Baumaterialien zur Rekonstruktion des Hauses benutzt (unten Mitte; unten links die Rekonstruktion in Butser). Die Wände mögen ein wenig höher, das Dach etwas steiler gewesen sein, keinesfalls aber viel flacher, weil sonst das Stroh undicht geworden wäre. Sobald das Dach aufgesetzt war, konnten die in der Zeichnung erkennbaren in der Erde verankerten dicken Tragebalken weggeschlagen werden. Viele Einzelheiten sind unbekannt; so kann es beispielsweise innere Trennwände gegeben haben.

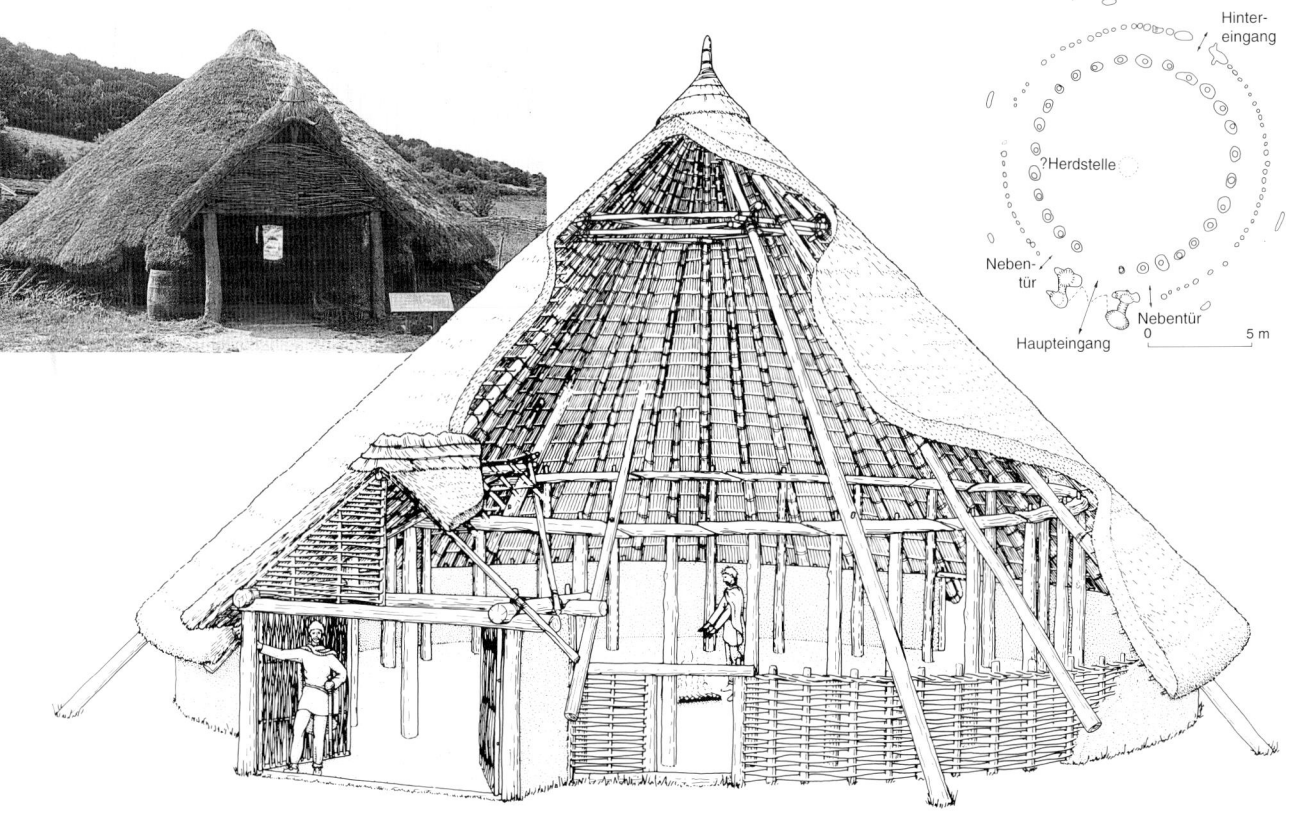

Hintereingang

?Herdstelle

Neben-
tür

Nebentür

Haupteingang

0   5 m

(Rechts) Rekonstruktion eines Gallierhauses der Späteisenzeit im »oppidum« von Villeneuve-Saint-Germain bei Soissons, Frankreich. Die – wie viele britannische Häuser – aus Holz, Flechtwerk, Lehmputz und Stroh erbauten, aber rechteckigen gallischen Häuser hinterließen weniger Spuren als viele britannische Behausungen und lassen sich deswegen weniger sicher rekonstruieren. Auf dem Original dürfte das Stroh dichter gelegen haben als hier gezeigt.

nicht ersichtlich. In Britannien wurde eine einigermaßen repräsentative Palette von Häusertypen entdeckt; sie mußten fast ausschließlich anhand ihrer Fundamente rekonstruiert werden, denn von hölzernen Aufbauten waren (abgesehen vom Material der Pfahlbauten der Somerset Levels) nur wenige Fragmente übriggeblieben. Die vorwiegend rund gebauten Häuser sind von höchst unterschiedlicher Größe; ihr Durchmesser liegt zwischen 5 und 15 Metern. Die kleineren Gebäude, die man oft gedankenlos als Hütten abtut, waren in Wirklichkeit vielleicht Bestandteil größerer Wohngebäude. Diese konnten aus mehr als nur einem Rundhaus bestehen und diverse Nebenbauten wie Küchenzellen oder Werkstattschuppen sowie Vorratsräume aufweisen.

Unter dem konisch zulaufenden Dach boten selbst die kleineren Rundhäuser beträchtlichen Stellplatz, da keine freistehenden Tragpfeiler nötig waren: Das Dach ruhte unmittelbar auf den holzverstärkten Wänden. Diese mit Lehmverputz wetterhart gemachten Rundwände – der hölzerne Türsturz schloß den Kreis – waren bemerkenswert solide. Wo die örtliche Geologie es zuließ oder ver-

(Links) Das hohe Innere des fertiggestellten Pimperne-Hauses in Butser. Die meisten britannischen Häuser waren viel kleiner als dieser Bau, der bei Festgelagen und Beratungen beträchtliche Versammlungen aufnehmen konnte. Ein Rauchabzug im konisch zulaufenden Dach war unnötig, denn der Rauch zog durch das Stroh ab. Bei ständig brennendem Feuer in der Mitte ließen sich im Dachbereich in der sauerstoffarmen Luft über Kopfhöhe große Mengen getrockneter und konservierter Nahrungsmittel aufbewahren. (Links außen) Das noch größere Longbridge-Deverill-Cowdowne-Haus in Butser während der Rekonstruktion, 1992.

langte, wurden schwere, unvermörtelte Steinmauern benutzt.

In größeren Häuser wurden die langen Sparren meist zusätzlich durch einen inneren Pfostenring gestützt; dennoch war die freie Bodenfläche manchmal ungeheuer groß. Ein Teil dieser größeren Gebäude mag dem Adel als Wohnung gedient haben. So mochten die (vor kurzem in Butser rekonstruierten) massiven Häuser von Pimperne und Longbridge Deveril Cowdown in Dorset durchaus adlige »Herrschaftshäuser« oder Festhallen dargestellt haben. Waren die Häuser der Reichen mit viel Schnitzwerk versehen und reich verziert? Angesichts der keltischen Vorliebe für »tragbaren« Reichtum und Prunk investierte der Adel vielleicht eher in transportable Einrichtungen wie gestickte Wandbehänge und ließ die Bau-

werke selbst in ihrem einfachen Zustand. Das wäre so überraschend nicht, denn die Könige und bedeutenden Notabeln zogen wohl von Residenz zu Residenz und nahmen dabei ihre Festgeschirre und Lieblingsausstattungen mit. Nach den Quellen saßen die Gallier auf Fellen und benutzten niedrige Eßtische. Die Ausgrabungen förderten allerlei Haushaltseinrichtungen wie Trinkgeschirr und Spieltische, Kochutensilien wie Kessel sowie eiserne Kaminfeuerböcke zutage. Wahrscheinlich wurde all das auf Karren verstaut, die vor allem die Gallier offenbar benötigten, wenn sie unterwegs waren.

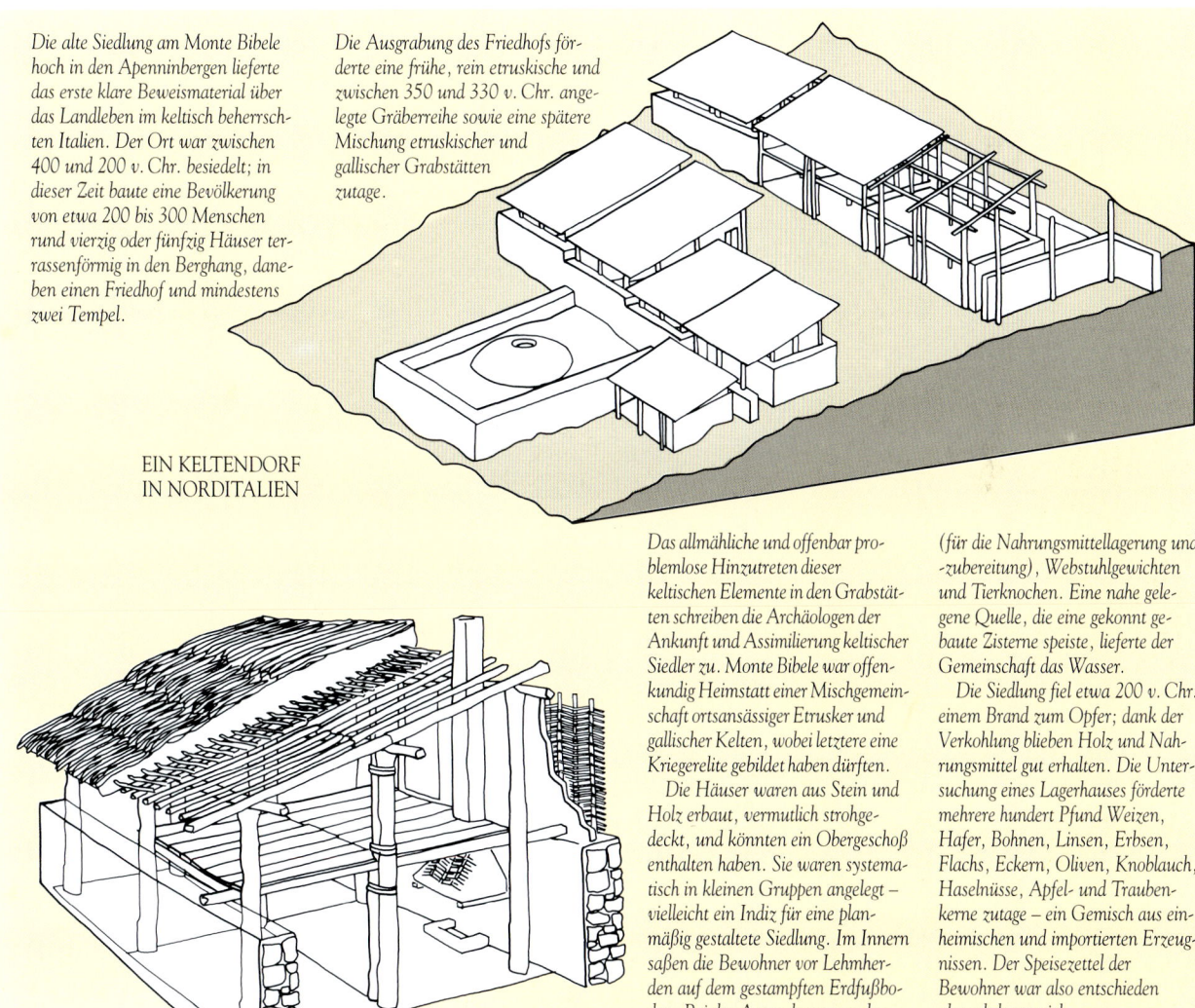

Die alte Siedlung am Monte Bibele hoch in den Apenninbergen lieferte das erste klare Beweismaterial über das Landleben im keltisch beherrschten Italien. Der Ort war zwischen 400 und 200 v. Chr. besiedelt; in dieser Zeit baute eine Bevölkerung von etwa 200 bis 300 Menschen rund vierzig oder fünfzig Häuser terrassenförmig in den Berghang, daneben einen Friedhof und mindestens zwei Tempel.

Die Ausgrabung des Friedhofs förderte eine frühe, rein etruskische und zwischen 350 und 330 v. Chr. angelegte Gräberreihe sowie eine spätere Mischung etruskischer und gallischer Grabstätten zutage.

EIN KELTENDORF
IN NORDITALIEN

Das allmähliche und offenbar problemlose Hinzutreten dieser keltischen Elemente in den Grabstätten schreiben die Archäologen der Ankunft und Assimilierung keltischer Siedler zu. Monte Bibele war offenkundig Heimstatt einer Mischgemeinschaft ortsansässiger Etrusker und gallischer Kelten, wobei letztere eine Kriegerelite gebildet haben dürften.

Die Häuser waren aus Stein und Holz erbaut, vermutlich strohgedeckt, und könnten ein Obergeschoß enthalten haben. Sie waren systematisch in kleinen Gruppen angelegt – vielleicht ein Indiz für eine planmäßig gestaltete Siedlung. Im Innern saßen die Bewohner vor Lehmherden auf dem gestampften Erdfußboden. Bei der Ausgrabung war der Fußboden übersät mit Tonscherben

(für die Nahrungsmittellagerung und -zubereitung), Webstuhlgewichten und Tierknochen. Eine nahe gelegene Quelle, die eine gekonnt gebaute Zisterne speiste, lieferte der Gemeinschaft das Wasser.

Die Siedlung fiel etwa 200 v. Chr. einem Brand zum Opfer; dank der Verkohlung blieben Holz und Nahrungsmittel gut erhalten. Die Untersuchung eines Lagerhauses förderte mehrere hundert Pfund Weizen, Hafer, Bohnen, Linsen, Erbsen, Flachs, Eckern, Oliven, Knoblauch, Haselnüsse, Apfel- und Traubenkerne zutage – ein Gemisch aus einheimischen und importierten Erzeugnissen. Der Speisezettel der Bewohner war also entschieden abwechslungsreich.

HÜGELFESTEN, »BROCHS« UND GRÖSSERE SIEDLUNGEN

DIE KELTISCHEN VÖLKER errichteten vielerorts in Europa befestigte Plätze; dasselbe taten jedoch auch einige ihrer Nachbarn und vor ihnen lebende Völker. Im gesamten Keltenraum gibt es regionale Varianten, darunter die ungewöhnlichen »brochs« (Wehrtürme) und »crannogs« (künstliche Inseln) Nordbritanniens. Auch Spanien bietet ein sehr eigenes Bild mit seiner Tradition der dörflichen Besiedlung, aus der sich später befestigte Städte wie Numantia herausbildeten. Am meisten springen uns natürlich die oft spektakulären Hügelfestungen ins Auge.

Die Hügelfestungen

Viele Hügelfestungen sind selbst nach jahrtausendelanger Erosion auch heute noch atemberaubende Glanzleistungen der Baukunst. Allein die

Mühe, die das Bewegen von Tausenden Tonnen Erde und Stein mit unbewehrter Muskelkraft verlangte, sowie die Errichtung eines ungemein komplexen Systems von Wällen, Gräben und Toren lassen uns noch heute ehrfürchtig staunen.

Viele hundert Hügelfesten sind bekannt; sie sind fast die einzige noch in vielen europäischen Gebieten sichtbare Spur der späteren prähistorischen Zeit. Früher hielten die Fachleute sie für die Hauptsiedlungsform der Eisenzeit in Britannien und Gallien, was für bestimmte Gegenden und Zeiten durchaus zutreffen konnte, so zum Beispiel im 2. Jahrhundert v. Chr. im Rhônekorridor, wo offenbar der größte Teil der Bevölkerung in befestigten Hügeldörfern lebte. Dennoch dürfen wir sicher sein, daß mehrere Regionen, Ost-Yorkshire etwa, nur wenige oder überhaupt keine Hügelfesten besaßen, während sie in anderen Gegenden nach und nach verwaisten.

Wozu dienten die Hügelfesten?

Die Hügelfesten erfüllten wahrscheinlich viele Funktionen. Einige dienten in unruhigen Zeiten als Zufluchtsort, wohin die Gemeinschaft während des Krieges ihr Vieh und ihre Habe brachte. Andere mögen ständig, wieder andere nur zeitweise bewohnt gewesen sein. Danebury (s. Abb.) war offenbar sowohl Dorf als auch bei Krieg

(Links) Modell der planmäßig angelegten und von rechteckigen Fachwerkbauten gesäumten Straße in Danebury. Diese Bauten hält man für Getreidespeicher, die sehr große Mengen Korn aufnehmen konnten. Die Kornspeicher waren gut belüftet und hielten Ungeziefer fern.

(Rechts) Ein Blick auf das Grabungsgelände in Danebury, 1986, vom Nordwall her gesehen. Nach dem Abtragen der obersten Erdschicht sind der darunterliegende Kalksockel und eine Reihe archäologisch interessanter Merkmale sichtbar. Die dunklen Kreise kennzeichnen aufgefüllte Gruben, die noch der Ausgrabung harren. Im Vordergrund der Steinbruch, aus dem das Material zur Verstärkung der Schutzwälle gewonnen wurde. Die Fundamente und Fußböden vieler Häuser sind dank der von höher gelegenen Stellen heruntergespülten Erde gut erhalten.

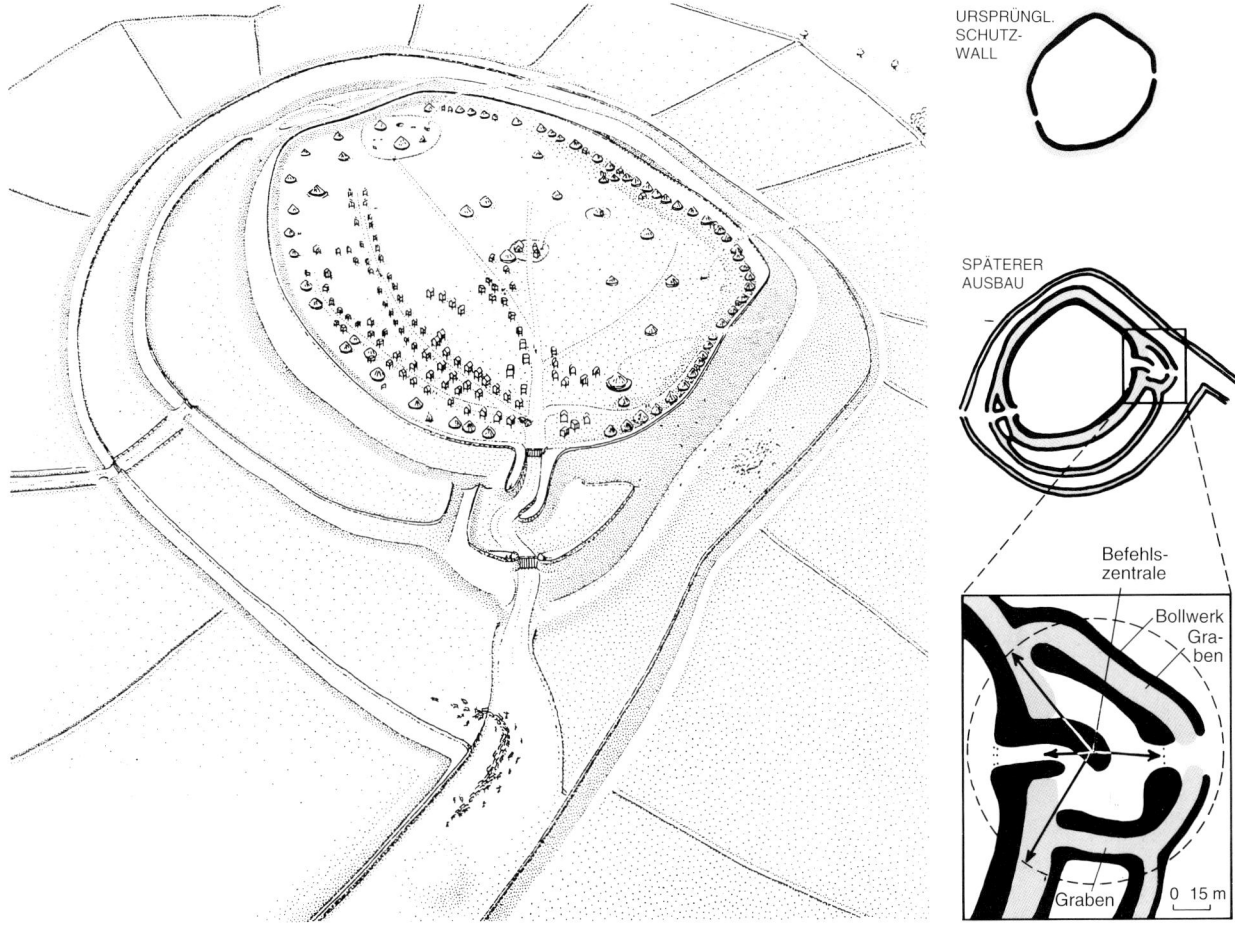

URSPRÜNGL.
SCHUTZ-
WALL

SPÄTERER
AUSBAU

Befehls-
zentrale

Bollwerk
Gra-
ben

Graben

0   15 m

und Hungersnot ein sicheres Nahrungsmitteldepot für den gesamten Umkreis. Desgleichen können die Hügelfesten die notwendigen Einrichtungen für Handel und Fertigung oder auch eine religiöse Stätte beherbergt haben; wieder andere mochten mehr mit der Zurschaustellung der Macht der Gemeinschaft und ihrer Herrscher als mit Kriegsbedürfnissen zu tun haben.

In der späteren Eisenzeit wurden mit dem Entstehen größerer und komplexerer Gesellschaften und Staaten neue Siedlungstypen gegründet, von denen die wuchernden »oppida« oder Protostädte am meisten ins Auge fallen. Sie repräsentieren einen grundlegenden Wandel der Landschaft und der zeitgenössischen Lebensweise, denn ein Großteil des keltischen Europa bewegte sich nunmehr auf die Urbanisierung zu.

Die britische Hügelfestung Danebury

Danebury gehört zu den herausragendsten Hügelfesten der Eisenzeit, die einstmals die Kalkhügel von Hampshire verteidigten. In über zwanzigjähriger Arbeit haben Barry Cunliffe und seine

Kollegen mehr als die Hälfte des 5 Hektar großen Innenbereichs ausgegraben und die Anlage zur besterforschten Hügelfeste in Britannien gemacht. Buchstäblich Hunderttausende Artefakte und Knochen sind der Erde entrissen worden. Zudem haben Cunliffe und seine Mannschaft auch die umgebende Landschaft sehr detailliert erforscht und uns eine Vorstellung vermittelt, wie sich die Bergfeste ins örtliche Besiedlungsmuster einfügt.

Die zwischen 650 und 100 v. Chr. bewohnte Festung erfuhr viele Veränderungen; die Innenanlage wurde mehrfach umgestaltet, wobei ihre Festungswälle und ihre Toranlage immer ausgeklügelter wurden. Ein Besucher, der das bewehrte Tor durchschritten hatte, konnte kleine Rundhäuser des traditionellen britischen Typs erblicken, die auf dieser zugigen Höhe zumeist im Windschatten der Schutzwälle lagen. Die kurzlebigen Holz- und Flechtwerkwohnhäuser mußten häufig neu erbaut werden. Zum Glück für die Archäologen waren ihre Überreste (Fußboden und Fundamente) meist mit Schlick bedeckt, der

Danebury wurde ursprünglich mit zwei Eingängen und einem einzigen Schutzwall erbaut (ganz oben). Um 400 v. Chr. wurden die Befestigungen verstärkt, und in den nächsten Jahrhunderten kamen ein äußerer Erdwall und komplexere Tore hinzu (Mitte rechts).

Die Rekonstruktion (oben links) zeigt das Aussehen von Danebury im 2. Jahrhundert v. Chr. Das Westtor war verschlossen, das verbleibende Doppeltor enthielt eine »Befehlszentrale« mit Rundblick über den gesamten Torbereich (s. Ausschnittskizze oben). Um zum Innentor vorzudringen, mußten die Angreifer ihre nicht vom Schild geschützte Seite den von dort geschleuderten Wurfgeschossen aussetzen.

von der Hügelkrone und an der Rückseite der Wälle herunterlief, und sind darum recht gut erhalten geblieben (an anderen Stellen haben die Fußböden das spätere Umpflügen nur selten überstanden).

Ein Großteil des Innern scheint der Lagerung großer Bestände gedient zu haben. Die Bewohner hatten Tausende Gruben in den Kalk geschlagen,

RUNDTÜRME IN SCHOTTLAND

(Links) Dun Telve in Gleann Bag im westschottischen Hochland gehört zu den besterhaltenen Rundtürmen Schottlands. Diese runden Wehrtürme tauchen um 100 v. Chr. auf und sind eine Besonderheit Nordschottlands und der Britischen Inseln. Die vollständig aus Stein ohne jeden Mörtel erbauten, elegant geformten Türme waren sehr wehrhaft. Die Überreste von Dun Telve lassen die »Kasematten«-Konstruktion der Anlage erkennen: Der massive Wall barg Treppen und ganze Räume, deren Böden von Steinplatten gebildet wurden, die Innen- und Außenmauern miteinander verbanden.

von denen zu einem bestimmten Zeitpunkt vielleicht jeweils nur ein paar Dutzend in Benutzung waren. Vermutlich dienten sie zur Lagerung von Nahrungsmitteln, vor allem Getreide. Nachdem sie ausgedient hatten, wurden die Gruben mit Abfall gefüllt, darunter auch Tonscherben, Tierknochen, Saatgut und Importwaren (Schieferarmbänder, Handmühlen, Glas). Die wenigen vor Ort gefundenen Vierpfostenaufbauten hält man für oberirdische Kornkammern. Spätere Bewohner der Festung bauten diese Kornkammern entlang präzise geplanten Innenstraßen auf.

Seltsamerweise scheint die Lagerkapazität der Gruben und Kornkammern den Bedarf der kleinen Bevölkerung der Hügelfeste (nicht mehr als zweihundert Menschen, während bestimmter Jahreszeiten vielleicht auch weniger) weit überstiegen zu haben. Die an Resten verkohlten Korns entdeckten Unkrautsamen bestätigen, daß die in der Hügelfestung gelagerten Feldfrüchte von einer Vielzahl von Böden (Tal- und Kalkböden) stammten. Die sorgfältig angelegten Kornkammern entlang der Innenstraßen der Festung deuten auf die organisierende Hand einer Zentralbehörde hin, höchstwahrscheinlich ein Häuptling oder Kleinkönig, der in Friedenszeiten nicht unbedingt auf der Festung residiert haben muß. Das alles weist darauf hin, daß Danebury als sicherer Nahrungsmittellagerungsplatz benutzt wurde und wahrscheinlich auch für die Bevölkerung seines Hinterlandes eine politisch beherrschende Rolle gespielt hat.

Daß die Kriegsgefahr höchst real war und die Wehren nicht nur dem Prestige dienten, ergibt sich aus dem schließlichen Schicksal von Danebury, dessen Toranlage um 100 v. Chr. – offenbar im Verlauf einer Stammesfehde – niedergebrannt wurde. Daraufhin wurde die Festung aufgegeben.

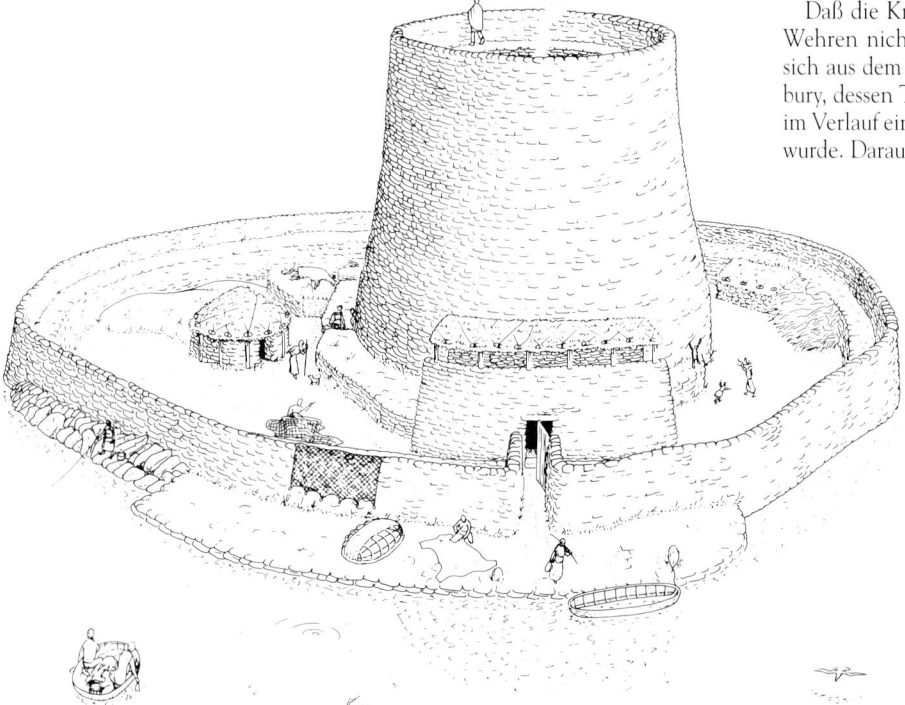

(Links) Rekonstruktion des Rundturms von Clickhimin auf Shetland, der vom 1. Jahrhundert v. Chr. bis zum 2. Jahrhundert n. Chr. genutzt wurde. Ergänzt wurde er durch einen äußeren Schutzwall und ein den Eingang schützendes Wachthaus. Obwohl fast 500 Rundtürme entdeckt wurden, ist doch keiner völlig erhalten, so daß wir nicht wissen, wie – oder ob – sie überdacht waren und welche Höhe sie ursprünglich hatten. Man vermutet, daß diese Festungen dem Adel kleiner seefahrender Stämme gehörten.

MENSCHEN, BEVÖLKERUNG UND KRANKHEITEN

»Bereits erwähnt sind die Heerhaufen der Helvetier und der Arverner und ihrer Verbündeten, woraus sowohl ihre Menschenmenge erhellet, als die Tüchtigkeit ihrer Weiber, wovon wir gesprochen, im Gebären und Erziehen der Kinder.«
Strabon, »Erdbeschreibung«, 4,4,3

AUS DEN KLASSISCHEN QUELLEN und der Zahl der entdeckten Eisenzeitsiedlungen ist klar, daß Gallien und Britannien dicht besiedelt waren. Moderne Untersuchungen mit Luftaufnahmen und durch Feldbegehungen (Absuchen der Felder nach Tonscherben und anderen durch Umpflügen an die Bodenoberfläche gelangten Spuren versunkener Siedlungen) haben Gehöfte, Weiler und größere Agglomerationen zu Tausenden ans Licht gebracht. Natürlich waren diese nicht alle gleichzeitig bewohnt, aber dennoch schätzt man nach neueren Berechnungen die Bevölkerung Britanniens in der Eisenzeit auf nicht weniger als zwei bis drei Millionen und die Galliens auf sechs bis acht Millionen. In den letzten zwei Jahrhunderten v. Chr. hatte die Bevölkerung offenkundig rasch zugenommen, zumindest in Britannien.

Wie sahen die Menschen aus?

Den Galliern wurde im Verhältnis zu Griechen und Römern eine riesige Körpergröße nachgesagt; das archäologische Material deutet allerdings, jedenfalls in Britannien, nicht darauf hin, daß die Kelten besonders groß gewachsen waren. Andererseits gibt es eine Überfülle verschiedener archäologischer Daten, anekdotischer Darstellungen in klassischen Texten sowie einige (häufig stilisierte) Zeichnungen, die uns ein grobes Bild vermitteln, wie die Kelten aussahen und wie sie gekleidet waren.

Krankheiten und ärztliche Kunst

Krankheiten waren in den frühen Menschengemeinschaften an der Tagesordnung. Schlechte Hygieneverhältnisse und Unwissenheit hatten ein ganzes Bündel von Beschwerden zur Folge, die von Wurmkrankheiten und Augenleiden bis zu Zahnproblemen und schlecht verheilten Wunden reichten. Aber es fehlte auch nicht völlig an ärztlicher Kunst. Heilkräuter wurden zweifellos in großem Umfang benutzt, und auch die Anrufung übernatürlicher Mächte hat sicherlich nicht gefehlt: in gallischen Wassertempeln sind Holzmodelle befallener Organe gefunden worden. Mehrere in der Römerzeit genutzte Heilquellen

waren vermutlich schon in der Eisenzeit bekannt, so beispielsweise in Nemausus (Nîmes) und Bath (England). Auch chirurgische Eingriffe wurden vorgenommen; mehrere ausgegrabene Gräber enthielten medizinische Instrumente.

So wurde beispielsweise in München-Obermenzing ein »Kriegerchirurgen«-Grab (aus dem 3. oder frühen 2. Jahrhundert v. Chr.) entdeckt, das Waffen und chirurgische Instrumente enthielt. Zu den Instrumenten zählen Wundhaken, Sonden und eine Trepanationssäge. Die Trepanation (Schädelbohrung) mag bei Kopfverletzungen, vielleicht auch bei psychischen Störungen durchaus üblich gewesen sein: in Österreich wurden trepanierte Schädel gefunden. Ob die ärztliche Kunst etwa Priestern oder örtlichen »Weisen Frauen« vorbehalten war, wissen wir nicht. Wie in vielen anderen Bereichen brauchen die Kelten auch in der Medizin den Vergleich mit der klassischen Welt nicht zu scheuen; auch dort gab es eine ähnliche Mischung aus Heilkräutern, Magie, Religion und einer rudimentären Chirurgie für jene, die sich leisten konnten – und ihre Gefahren und Qualen auf sich zu nehmen bereit waren.

(Oben) Diese Luftaufnahme zeigt den Einfriedungsgraben eines eisenzeitlichen Gehöfts in Little Woodbury, Wiltshire. Ähnliche Anlagen gibt es in Großbritannien zu Tausenden.

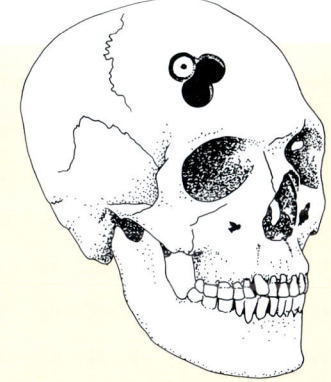

PRÄHISTORISCHE GEHIRN-CHIRURGIE: GLÜCKSSPIEL MIT MESSER UND SÄGE

Seit Jahrtausenden hat man lebendigen Menschen den Schädel geöffnet, vor allem um neurologische Verletzungsfolgen zu beseitigen. Spezialsägen für diesen Zweck sind in La-Tène-Gräbern im keltischen Mitteleuropa gefunden worden, darunter die des »Kriegerchirurgen« in München-Obermenzing (vgl. Text).

Die griechischen Chirurgen entwickelten und benutzten auch zylindrische Schädelbohrer, außerdem eine komplexere Form (die »Trephine«) mit zentraler Führungsnadel, die ein Abrutschen verhinderte. Wie dieser grausige Schädel aus einem Friedhof des 3. Jahrhunderts v. Chr. aus Katzelsdorf, Österreich, zeigt, importierten und übernahmen die mitteleuropäischen Kelten die Trephine. Man beachte das charakteristische Mittelloch des dritten, unvollendeten Bohransatzes. Vermutlich starb der Patient unter den Händen des Chirurgen, denn es fehlt jedes Anzeichen einer Heilung. Den archäologischen Befunden nach haben einige Patienten den Schock und die Infektionsgefahren solcher Quälereien erstaunlicherweise sogar überlebt.

DIE MÄNNER

»Die Gallier haben einen hohen Wuchs, einen saftvollen Körper und eine weiße Haut. Ihr Haare sind nicht blos von Natur gelb, sondern sie suchen diese eigenthümliche Farbe durch künstliche Mittel noch zu erhöhen. Sie salben nämlich das Haar beständig mit Kalkwasser und streichen es von der Stirne zurück gegen den Scheitel und den Nacken, so daß sie fast wie Satyrn und Pane aussehen. Denn durch diese Behandlung wird das Haar so dick, daß es völlig einer Roßmähne gleicht. Den Bart scheeren Einige ab; Andere lassen ihn ein wenig wachsen. Die Vornehmen scheeren den Backenbart, aber den Knebelbart lassen sie stehen, so daß er den Mund bedeckt. Daher kommt er ihnen bei'm Essen zwischen die Speisen, und das Getränk fließt wie durch einen Seiher hinein.«
Diodorus Siculus 5,28

FÜR DIE GRIECHEN UND RÖMER waren die Festlandkelten wegen ihrer Körpergröße, blonden oder rötlichen Haare und blassen Gesichtsfarbe aufsehenerregende Gestalten. Das hat in der Neuzeit manchmal Erstaunen hervorgerufen, denn heute gelten gemeinhin viele Kelten, zum Beispiel die Waliser und Bretonen, als relativ kleingewachsen und dunkelhaarig. Dieser Unterschied unterstreicht nur die Tatsache, daß die Altzeit- und Neuzeitkelten eine Kultur- und Sprachgruppe und nicht etwa eine eigene biologische Rasse sind.

Haartrachten

Die Gallier sahen wegen ihrer langen Haare, Bärte und der breiten Schnauzbärte der Adligen ziemlich struppig aus. Das Versteifen der Haare zu einer Art Igelfrisur, indem man das Haar in Kalkwasser wusch, sollte vielleicht ein furchterregenderes Aussehen auf dem Schlachtfeld bewirken. Wahrscheinlich war es aber gar keine universelle Pra-

xis; beispielsweise wäre das Tragen eines Helms auf solchem Haar schwierig gewesen. Es gab auch regionale Moden: Skulpturen deuten darauf hin, daß die Südgallier im letzten Jahrhundert v. Chr. – vielleicht unter römischem Einfluß – glattrasiert und kurzgeschoren waren.

Es heißt auch, die Gallier hätten ihre Körperhaare abrasiert. Rasiermesser und Haarpinzetten sind gefunden worden, und in La Tène selbst wurde ein »Hygienesatz« aus einem eisernen Rasiermesser und einer zerbrochenen Eisenschere entdeckt. Die Briten hatten die ungewöhnliche Eigenart, ihre Körper blau anzumalen oder zu tätowieren.

Kleidung

An Moorleichen der Eisenzeit im Norden, jenseits von Celtica, sind ein paar Kleidungsfetzen gefunden worden. Zusammen mit Textilfragmenten aus Gräbern und den Hallstattbergwerken verleihen sie den Berichten über die Schneiderkunst der Gallier in Frankreich und Italien eine gewisse Glaubwürdigkeit. Nach den Beschreibungen war die keltische Kleidung farbenfroh und schön, und die Menschen machten viel Aufhebens von ihrem Aussehen, um sich gegenseitig zu beeindrucken und ihren Feinden Angst einzujagen.

Während der späteren Eisenzeit trugen die Gallier im allgemeinen langärmlige Hemden oder Tuniken und lange Hosen (»braccae« = »Breeches«), was die Römer als weibisch und typisch barbarisch empfanden. Oft wird behauptet, »Breeches« (Reithosen) seien aus praktischen Gründen von den asiatischen Reitervölkern erfunden worden, aber wahrscheinlich hatte das kalte Klima in Nordeuropa mehr als das Reiten damit zu tun, daß die Kelten (und Germanen) lange Hosen trugen, denn geritten sind nur weni-

(Links) Steinkopf aus Mšecké Žehrovice in Böhmen, vielleicht Darstellung eines Gottes. Man beachte den Halsreif, das zurückgekämmte Haar, das glattrasierte Kinn und den schönen Schnurbart, der auch bei dem kleinen Bronzekopf aus Welwyn (rechts) und der Darstellung eines Galliers auf einem römischen Silberdenar (rechts außen) erkennbar ist. Dieser hat einen Spitzbart; sein Haar ist möglicherweise mit Kalk versteift.

ge Kelten. Einige keltische Gruppen, so die Iren, scheinen überhaupt keine Hosen getragen zu haben. Die Kleidung bestand aus Wolle oder Leinen, die Reichen benutzten gelegentlich auch etwas Seide. Die keltischen Adligen trugen farbenprächtiges, mit Goldfäden durchwirktes und schön besticktes Tuch; vor kurzem wurden in einem Grab bei Burton Fleming in Yorkshire Stickereispuren entdeckt. Die Farben dürften sich ziemlich schnell abgetragen haben, denn die benutzten Pflanzenfarbstoffe verblichen rasch.

Auch Mäntel wurden getragen, vor allem im Winter. Die grobe Wolle der gallischen Schafe ergab einen hervorragenden Mantel namens »Sagum« (Wolle isoliert auch, wenn sie naß wird), der nach Italien exportiert wurde. Gerade von den Mänteln heißt es, sie seien karogemustert gewesen, und man hat tatsächlich aus der Eisenzeit stammende Gewebe im Tartan- oder Tweedstil gefunden. An der rechten Schulter wurde der Mantel mit Eisen- oder Bronzebroschen (Fibeln) befestigt, die manchmal mit Korallen verziert waren. Die Fibel funktionierte ähnlich wie eine heutige Sicherheitsnadel mit Feder und Verschlußplatte für die Spitze.

Häufig wurden auch Gürtel getragen, vom Adel vor allem als Schwertgürtel. Nach Strabon waren die Kelten bestrebt, »nicht fett und nicht dickbäuchig zu werden«; desgleichen erwähnt er, wer so dick geworden sei, daß er den Gürtel nicht mehr schließen konnte, sei mit einer Strafe belegt worden, aber das war wohl eher eine Frage der Eitelkeit als der körperlichen Fitneß!

Schmuck

Die Broschen oder Fibeln, die im wesentlichen als Kleidungsbefestigung dienten, waren zum Teil sehr reich verziert. Armreife sind vielfach belegt, aber das berühmteste Schmuckstück ist die metallene Halsspange. Zwar verbindet man sie im besonderen mit den Kelten, aber sie wurde auch von anderen Völkern getragen und später von den Römern als militärische Auszeichnung übernommen: Halsspangen werden häufig als Kriegsbeute erwähnt. Waren sie kein bloßes Kennzeichen von Reichtum, sondern hatten eine bestimmte symbolische Bedeutung? Das ist durchaus möglich, da viele Halsspangen nicht aus Edelmetall, sondern aus einfachem Eisen oder einer Kupferlegierung hergestellt sind. Vielleicht dienten sie als Rangabzeichen oder Statussymbol, aber sie könnten auch eine religiöse Bedeutung gehabt haben; man weiß, daß sie den Göttern geweiht wurden, und sie erscheinen auf Götterfiguren. Zweifellos unterschied sich ihre jeweilige Bedeutung in den verschiedenen Teilen der keltischen Welt und unterlag auch dem Wandel der Zeiten.

BRITANNISCHES ADLIGENPAAR UM 200 V. CHR.

Portrait eines wohlhabenden nordbritannischen Paares anhand archäologischen und dokumentarischen Materials aus Britannien und den Nachbargebieten. Die Haartracht der Frau und ihr »peplos«ähnliches Gewand beruhen auf dänischen Moorfunden, desgleichen die Muster der Umhänge. Der Schmuck der Frau und das Schwert und der Kettenpanzer des Mannes sind aus Funden bei einer Grabanlage in Ost-Yorkshire abgeleitet. Die Britannier der Eisenzeit trugen zwar bekanntlich eine blaue Tätowierung, aber ob diese dem hier abgebildeten, kurvilinearen La-Tène-Stil entsprach, ist hypothetisch. Desgleichen ist die Sitte, sich das Haar mit Kalk zu waschen, nur bei den Galliern belegt, aber man darf getrost annehmen, daß auch die Britannier sie pflegten. Gemälde von Peter Connolly.

DIE FRAUEN

»Sie selbst war hochgewachsen, gar furchterweckend in ihrer Erscheinung, und ihr Auge blitzte. Dazu besaß sie eine rauhe Stimme. Dichtes, hellblondes Haar fiel ihr herab bis zu den Hüften, den Nacken umschlang eine große, goldene Kette, und der Leibrock, den sie trug, war buntfarbig und von einem dicken Mantel bedeckt, der von einer Fibel zusammengehalten wurde. Damals nun ergriff sie eine Lanze, um auch auf diese Weise ihre sämtlichen Zuhörer in Schrecken zu versetzen, und hielt folgende Ansprache ...«
Cassius Dio 62,2

Pelzcape und Wickelrock aus einem Moorfund in Huldremose, Dänemark, 5. Jahrhundert v. Chr. Zwar liegt der Fundort außerhalb der keltischen Welt, aber das Beispiel zeigt, daß die in den Dokumenten erwähnten tartanähnlichen Gewebe schon früh weite Verbreitung gefunden haben.

»Die Weiber sind bei den Galliern den Männern gleich, nicht blos an Größe, sondern auch in der Stärke nehmen sie es mit ihnen auf.«
Diodorus Siculus 5,32

DIE KELTISCHEN FRAUEN wurden von den Griechen und Römern wegen ihrer Schönheit, Fruchtbarkeit und ihres Mutes gepriesen. Als gleichberechtigt galten sie in den keltischen Gesellschaften zwar nicht, aber die adligen Frauen besaßen beträchtliche Handlungsfreiheit und sogar Macht, zumal im Vergleich zu ihren griechischen Geschlechtsgenossinnen.

In den sehr stark männlich orientierten klassischen Quellen sind die Lebensläufe von Frauen unterrepräsentiert, doch wirft die Archäologie einiges Licht auf die Frauenwelt, beispielsweise anhand der Grabbeigaben in Frauengräbern. Einfache Hypothesen hinsichtlich der Geschlechterrolle wären gewagt. So wäre es beispielsweise unklug, davon auszugehen, daß den Männern zwangsläufig die Landwirtschaft und den Frauen die Arbeit im Haus und Tätigkeiten wie Stoffweben oblagen. Zwar deutet das begrenzte Beweismaterial darauf hin, daß handwerkliche Betätigungen wie Metallarbeiten ein Reservat der Männer waren, aber die Nahrungsmittelerzeugung und andere wesentliche handwerkliche Tätigkeiten (von der Töpferei bis zum Korbflechten und zur Lederbearbeitung) können durchaus in der Hand von Frauen gelegen haben.

Die Ehe scheint um einiges partnerschaftlicher gewesen zu sein als bei den Römern, wo eine Frau aus der Macht ihres Vaters in die ihres Ehemannes überwechselte. Nach Cäsar war es bei den Galliern gang und gäbe, daß Ehemann und Ehefrau gleiche Geldmengen einbrachten und den Zugewinn miteinander teilten; im Todesfalle erbte der überlebende Partner alles. Trotz dieser offenbaren Gleichberechtigung der Geschlechter meint Cäsar, die Männer hätten Macht über Leben und Tod ihrer Frauen besessen – wenngleich dies genauso theoretisch gewesen sein mag, wie es bei den Römern geworden war. Einige Adlige praktizierten anscheinend die Vielweiberei. Wie in Rom wurde das privilegierte Los der adligen Frauen teilweise dadurch aufgewogen, daß sie in den dynastischen Eheschließungen, mit denen die gallischen Aristokraten ihre Bündnisse besiegelten, bloße Unterpfänder waren. So versicherte sich zum Beispiel der ehrgeizige Äduer-Adlige Dumnorix eines Privatbündnisses mit dem Helvetier-

fürsten Orgetorix, indem er dessen Tochter zur Frau nahm, und verheiratete auch seine eigenen weiblichen Verwandten mit dem Adel anderer Stämme, um seinen persönlichen Machtgelüsten Vorschub zu leisten.

Cäsar berichtet, einige Frauen in Britannien hätten mehrere Ehemänner miteinander geteilt. Diese Passage wird oft ins Reich der Fabel verwiesen, aber in späteren Gesellschaften aus anderen Teilen der Welt gibt es Parallelen zu derlei Polyandrie. Einige Gelehrte sprechen von der Möglichkeit, bei einigen frühen Keltengruppen habe der Primat der mütterlichen Abstammung gegolten, so daß der Status einer Person mehr von der Identität der Mutter als des Vaters abhing. Das Beweismaterial dafür ist dürftig, aber man darf getrost davon ausgehen, daß die weibliche Linie bei den Kelten erheblich mehr Bedeutung hatte als in der klassischen Welt.

Stolz, Mut und Moral

Die keltischen Adelsfrauen versetzten mit ihrer angeblichen Promiskuität die öffentliche Meinung Roms in helle Empörung; ein typisches Beispiel dafür ist die heimliche Flucht von Königin Cartimandua (vgl. Kastentext). Unzweifelhaft waren die Keltenfrauen hinsichtlich der geschlechtlichen Beziehungen um einiges offener und unabhängiger als die Römerfrauen. Sie hatten auch vollen Anteil an dem Stolz und der Beredsamkeit, für die ihr Volk berühmt war; man braucht dazu nur zu betrachten, was die Frau des kaledonischen Fürsten Argentocoxus geantwortet haben soll, als Kaiserin Julia Augusta sie wegen ihrer lockeren Moral tadelte: »Wir erfüllen die Notwendigkeiten der Natur viel besser als ihr römischen Frauen; denn wir verkehren ganz offen mit den Besten, während ihr euch heimlich von den Minderwertigsten mißbrauchen laßt« (Dio 77,16,5).

Der wilde Stolz der keltischen Adelsfrauen und ihr persönliches Ehrgefühl, das für jede Beleidigung oder Verletzung Rache verlangte, werden sinnfällig in der Geschichte von Chiomara, Frau des Galateredlen Ortiagon. Sie wurde 189 v. Chr. von den Römern gefangengenommen und fiel einem Centurio in die Hände, der sie vergeblich zu verführen versuchte und deshalb vergewaltigte. Später gelang es ihr, ihn zu überzeugen, daß ihre Verwandten sie gegen Lösegeld freikaufen würden. Man wurde sich handelseinig, und ihre Verwandten brachten das Lösegeld an einen geheimen Ort, wo sich der Centurio voller Freude über den erwarteten Reichtum von ihr verabschiedete – daraufhin wurde er auf ein Wort Chiomaras hin von ihren Verwandten getötet. Chiomara kehrte zu ihrem Gemahl zurück und präsentierte ihm den Kopf ihres Feindes. Als Ortagion den Verrat der Lösegeldabmachung so kommentierte: »Weib, Treu und Glauben sind ein groß' Ding«, erwiderte sie: »Ein noch größeres ist's, daß nur ein Mann lebe, der Beischlaf mit mir gepflogen« (Plutarch, »Über die Frauen«, 22).

Die Frauen und die Macht

Frauen konnten in der Politik offen eine Rolle spielen, und zumindest gelegentlich taten sie das auch: Plutarch berichtet zum Beispiel, sie hätten Anfang des 4. Jahrhunderts v. Chr. eingegriffen, um einen Krieg unter den italienischen Galliern zu verhindern. Auch Priesterinnen gab es, aber deren Rolle und Status sind dunkel. Hingegen läßt sich die moderne Vorstellung von schwertschwingenden keltischen Amazonen nur schwer belegen; waren Frauen auch oft auf dem Schlachtfeld zugegen, so beweist doch bislang nichts, daß sie selbst Waffen getragen hätten – von Dios Beschreibung der Boudicca (s. Kastentext) einmal abgesehen.

Adelsfrauen errangen manchmal beträchtliche unmittelbare politische Macht. Die Icenerkönigin Boudicca ist zweifellos die berühmteste Britannierin und schlägt ihre nordbritannische Zeitgenossin Cartimandua von den Briganten um Längen. Und irische Erzählungen liefern uns die legendäre Medb (maeve) von Connaught, die mehr Macht hatte als ihr Mann. Wie das Vixgrab aus dem 6. Jahrhundert v. Chr., das Grab von

Viktorianische Darstellung Boudiccas und ihrer Töchter.

BRITANNISCHE KÖNIGINNEN UND DIE RÖMISCHE EROBERUNG

Das Leben der britannischen Königinnen Boudicca und Cartimandua zeigt den Mut, den Ehrgeiz und das politische Geschick, die keltische Adelsfrauen an den Tag legen konnten, wenn sich ihnen dazu Gelegenheit bot. Im Drama der Annektierung Britanniens durch Rom waren sie die Zentralgestalten; doch dürfen wir daraus auch schließen, daß weibliche Herrscherinnen bei den britannischen Völkern generell akzeptiert waren? Eine eingehende Prüfung des historischen Kontextes wirft da Zweifel auf.

Vielleicht ist es kein Zufall, daß die Gestalten Boudicca und Cartimandua erst im Zusammenhang mit der allmählichen Eroberung durch die Römer auftauchen, als die imperiale Präsenz in der einheimischen Politik als neuer und verzerrender Faktor zu wirken begann.

Boudicca, Königin der ostanglischen Icener, hat unzweifelhaft den Aufstand gegen die Römer angeführt, aber ihre Rolle kann rein symbolischer Natur gewesen sein. Vielleicht war sie lediglich die Folge der außergewöhnlichen Umstände von damals, denn Boudicca war die Frau des verstorbenen Königs Prasutagus, und ihre und ihrer Töchter persönliche Demütigung und Mißhandlung durch Römerhand waren ein Affront gegen die Stammesehre. So wurde

sie zum Brennpunkt des Zorns des gesamten Stammes. Ob sie indes auch ohne die Römer und deren Brutalität als Nachfolgerin ihres Mannes akzeptiert worden wäre, ist eine interessante Frage.

Cartimandua war Königin der mächtigen nordenglischen Briganten und mit einem gewissen Venutius verheiratet. Ob sie gemeinsam regierten oder einer der Partner lediglich eine Art Prinzgemahl(in) war, ist nicht recht klar. Fest steht, daß Cartimandua so sehr auf persönliche Macht aus war, daß sie mit Venutius brach. Zur Erlangung ihrer Ziele tat sie sich politisch eng mit den römischen Eindringlingen zusammen, auf die sie sich immer mehr stützte – und zu denen sie schließlich flüchtete. Ob die wachsende Feindseligkeit vieler Briganten ihr gegenüber Ursache oder Wirkung dieser Annäherung war, läßt sich unmöglich sagen. Lehnten sie sich gegen sie auf, weil sie in ihr ein machtlüsternes Weib witterten, dessen Herrschaft sie nicht hinzunehmen bereit waren? (Daß sie mit Venutius' Waffenträger ein Verhältnis hatte, dürfte kaum hilfreich gewesen sein!) Oder lehnten sie sich gegen sie auf, weil sie mit den Eindringlingen kollaborierte? Beides ist möglich.

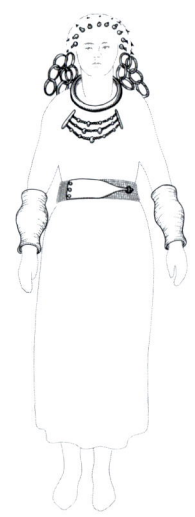

Waldalgesheim aus dem 4. Jahrhundert v. Chr. und schließlich die Frau im kürzlich bei Wetwang Slack in Yorkshire entdeckten Wagengrab aus dem 3. Jahrhundert v. Chr. eindeutig bezeugen (um nur einige Beispiele zu nennen), besaßen die keltischen Adelsfrauen schon seit frühester Zeit einen hohen Status und großes Ansehen. Offen hingegen ist, inwieweit es tatsächlich üblich war, daß Frauen auch selbst höchste politische Macht ausübten. Man weiß nicht recht, was man aus halbgöttlichen Gestalten wie Medb machen soll, und auch Boudicca und Cartimandua waren vielleicht doch nicht ganz so klare Beispiele, wie wir meinen. Außer ihnen werden unter den verschiedenen britannischen und gallischen Häuptlingen, Monarchen und Magistraten der späten Eisenzeit keinerlei Herrscherinnen erwähnt.

Frauenkleidung

Die meisten Anhaltspunkte für die Frauenkleidung entstammen der Kombination von Broschen und anderen Schmuckstücken, die in Gräbern gefunden wurden; die Textilien selbst sind untergegangen. Es gibt allerdings einige bemerkenswert

(Oben) Weiblicher Putz, nach einem Leichenfund im Tumulusgrab von Magdalenenberg, 6. Jahrhundert v. Chr. (Unten) Schmuckstücke aus einer Grabanlage in Hallstatt.

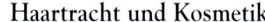

gut erhaltene weibliche Kleidungsstücke an Moorleichen der Eisenzeit in Dänemark. Liegen diese auch strenggenommen außerhalb der anerkannten Keltengebiete, so weisen sie doch dieselben Merkmale auf wie die aus Gräberfunden abgeleiteten.

Ein übliches Kleidungsstück war vermutlich das offenbar von vielen Völkern von der Ostsee bis zum Mittelmeer und auch von griechischen Frauen getragene »Peplos«. Es bestand aus zwei an der Seite gegürteten Stoffrechtecken, die meist mit zwei Fibeln an den Schultern befestigt und manchmal mit Zierketten verknüpft waren. Das »Peplos« war ein einfaches und praktisches Kleidungsstück, und die Schulterbefestigung eignete sich besonders für stillende Mütter. Es gab noch weitere Kleidertypen.

Unter den dänischen Funden befindet sich ein karierter Wickelrock. Bei diesem und anderen Fundstücken aus Dänemark und Hallstatt sind kräftige Karomuster erhalten; die ursprünglichen Farben sind verblaßt, aber die Stücke bezeugen dennoch das charakteristische Tweed-/Tartanmuster eines Großteils der Keltenkleidung, von dem die klassischen Quellen sprechen. Damit der Saum nicht im Schmutz schleifte, dürften die Röcke waden- oder knöchellang gewesen sein. Desgleichen weist die verbreitete Mode von Fußringen darauf hin, daß die Röcke immerhin so kurz waren, daß diese Zierden sichtbar blieben. Auch von Mänteln ist die Rede. Als Stoff dienten Wolle, Leinen und sehr selten auch etwas importierte Seide. Bislang gibt es keinerlei Hinweis darauf, wie das weibliche Schuhwerk beschaffen war.

Haartracht und Kosmetik

Das Haar wurde offenbar lang getragen. Frauengrabstätten, vor allem aus der Hallstattzeit, enthalten um den Schädel herum manchmal auch Haarnadeln, die auf komplexe Haartrachten schließen lassen. Von Kopftüchern oder Hüten ist nirgends die Rede; allerdings zeigen Steinskulpturen aus Entremont und eine Holzstatue aus Chamalières (Puy-de-Dôme, 1. Jahrhundert n. Chr.) Kopftücher oder Schals.

Noch weniger wissen wir über die Kosmetik, wenngleich in Britannien kleine Bronzegegenstände aus der Späteisenzeit gefunden wurden, die man als Kosmetikmörser identifiziert hat. Und in den zwanziger Jahren des 1. Jahrhunderts v. Chr. kritisierte Propertius die römischen Frauen, weil sie »die bemalten Britannierinnen nachäffen«, indem sie sich eines modischen Kosmetikmittels namens »Belgicus color« bedienten – vielleicht ein importierter keltischer Lidschatten oder ein Wangenrot!

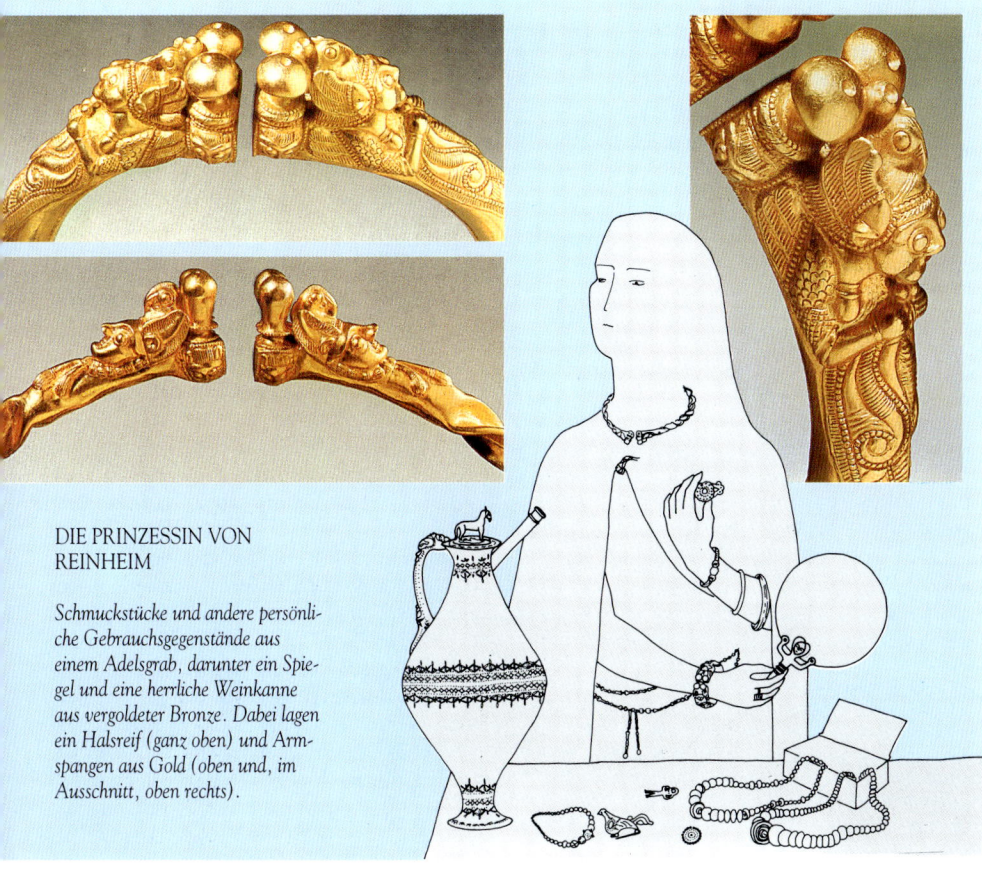

DIE PRINZESSIN VON REINHEIM

Schmuckstücke und andere persönliche Gebrauchsgegenstände aus einem Adelsgrab, darunter ein Spiegel und eine herrliche Weinkanne aus vergoldeter Bronze. Dabei lagen ein Halsreif (ganz oben) und Armspangen aus Gold (oben und, im Ausschnitt, oben rechts).

Schmuck: Status und Mode

Die keltischen Frauen liebten wie ihre griechischen und römischen Schwestern – vielleicht auch ihre eigenen Männer – den Schmuck. Neben den bereits erwähnten Fibeln waren Arm- und Knöchelreife aus (manchmal emaillierter) Bronze und anderem Material besonders beliebt. Halsschmuck wurde ebenfalls viel getragen, nicht zuletzt Halsspangen, aber auch Halsketten aus Korallen-, Bernstein- oder Glasperlen. Die im klassischen Raum beliebten Finger- und Ohrringe waren nördlich der Alpen vor der römischen Eroberung eher selten.

Es gab vielerlei regionale Moden, wie etwa die Schwarzschieferarmbänder in Britannien, und im Laufe der Zeit änderte sich die Mode auch. In der Gräberanlage in Münsingen-Rain in der Schweiz wurden die Frauen im 5. Jahrhundert v. Chr. in der Regel mit einem Paar Knöchelreifen, zwei Armreifen und einer Halskette bestattet. Im folgenden Jahrhundert kam die Halskette aus der Mode, während sich die Zahl der Knöchelreife auf vier erhöhte. Nach 250 v. Chr. verschwanden dann die Fußreife und kamen feingearbeitete Hüftgürtel aus Bronzeketten in Mode; an die Stelle der Bronzearmreife traten Glasarmbänder ausgezeichneter Güte und Farbgebung, vor allem in Kobaltblau.

Eine weitere interessante Möglichkeit besteht darin, daß sich die Frauen – wie ja auch in vielen neueren Gesellschaften – nicht nur nach Reichtum und gesellschaftlichem Rang, sondern auch nach Alter und Familienstand kleideten. So ist beispielsweise festgestellt worden, daß in den Frauengräbern der Hallstattzeit um Asperg die reifen Frauen oft drei Fibeln an der Schulter trugen, hingegen Mädchen und einige ältere Frauen nur zwei. War das etwa, weil letztere unverheiratet waren?

Spiegel

Im Britannien der Späteisenzeit wurden die Spiegel immer kunstvoller verziert. Bekannt sind Eisen- und Bronzespiegel, wobei letztere – die sich sowohl besser erhalten haben als auch feiner gearbeitet sind – komplex eingeritzte Ornamente auf der Rückseite des Spiegelblattes und manchmal eine rote Emaillierung aufweisen. Diese schönen Vorzeigeobjekte scheinen Statussymbole gewesen zu sein und sind in manchen Frauengräbern enthalten.

FEIERN UND KÄMPFEN:
DAS FUNKTIONIEREN DER GESELLSCHAFT

Münze mit dem Gallieranführer Dumnorix im Harnisch mit Eber und abgeschlagenem Schädel – Symbolen der Macht und des Krieges.

»Speisen sie in größerer Gesellschaft, sitzen sie im Kreis, in der Mitte, wie der Anführer eines Chors, der Stärkste, der entweder durch kriegerischen Mut oder durch seine Abstammung oder durch seinen Reichtum hervorragt. Wer nach ihm der nächste ist, sitzt ihm zur Seite, und so der Reihe nach auf beiden Seiten nach eines jeden Rang. Hinter ihm stehen die Knappen mit den Schilden; die Speerträger sitzen am anderen Ende im Kreise und schmausen wie ihre Herren. Das Getränk tragen die Schenken in Gefäßen auf, die den Ambiken [Schnabelkannen] gleichen und aus Ton oder Silber sind.«

Poseidonios, zitiert in Athenaios 4,36

DIE ANTIKEN keltischen Gesellschaften wurden durch ein vielschichtiges Netz verwandtschaftlicher Bande und anderer Verpflichtungen zusammengehalten, so auch durch die Gastfreundschaft. Innerhalb dieses Gewebes bemühten sich die einzelnen um Rang und Namen, Berühmtheit und weithin sichtbares Renommee.

Die keltischen Herren waren für ihre ostentative Zurschaustellung der Großzügigkeit berühmt, die für die Wahrung der jeweiligen Stufe in der gesellschaftlichen Hackordnung ausschlaggebend gewesen zu sein scheint. Persönlicher Mut war eine selbstverständliche Voraussetzung, und kriegerischer Erfolg war eine entscheidende Quelle von Ansehen, Macht, Gefolgschaft und des zu ihrer Wahrung nötigen materiellen Reichtums. Dieses Buhlen um Reichtum, Macht und Gefolgschaft führte zur Entwicklung einer labilen Hierarchie, in der die Adligen unablässig nach neuen Möglichkeiten suchten, ihr Ansehen zu vergrößern und damit ihren gesellschaftlichen Status anzuheben. So überrascht es wenig, daß »Prestigegüter« große Bedeutung erlangten, ob es sich nun um Dinge wie reiche Kleidung, feingearbeitete Waffen oder goldene Halsspangen handelte oder um begehrte Luxuswaren wie beispielsweise Goldmünzen oder italienischen Wein, mit denen man ausgewählte Gefolgsleute belohnte. Dies würde die berühmte Feststellung des Diodorus erklären, die Gallier tauschten einen Sklaven gegen eine Amphore Wein. Für den italienischen Kaufmann war das ein gutes Geschäft, aber der Käufer war keineswegs dumm: In seiner Welt war der Wein dann am nützlichsten, wenn er sündhaft teuer erschien, so daß sich der mit einem Drink Bedachte der großen Ehre und Auszeichnung bewußt war. Es war durchaus sinnvoll, den gezahlten Preis ostentativ aufzublähen. Diese kostbare Flüssigkeit konnte dann um so eindrucksvoller

WEM GEHÖRTEN GRUND UND BODEN?

Grundbesitz war die traditionelle Quelle adligen Wohlstands in Europa, denn daraus ergab sich automatisch die Kontrolle über die landwirtschaftliche Erzeugung – den wichtigsten Wirtschaftszweig präindustrieller Gesellschaften. In manchen (vielleicht bis in die späte Eisenzeit allen) Regionen könnten Grund und Boden jedoch dem gesamten Stamm gehört haben. Adelsgüter werden nirgendwo erwähnt, obschon vom Hausbesitz die Rede ist. Wem das Land nun eigentlich gehörte, mag auch überhaupt keine Rolle gespielt haben – entscheidend war allein die Kontrolle über die landwirtschaftlichen Erträge.

Derzeit glaubt man, die Kelten hätten eine sogenannte »eingebettete Wirtschaft« betrieben. Das würde bedeuten, daß der Adel – ungeachtet dessen, wer das Land nun besaß oder bebaute – vermittels gegenseitiger Verpflichtungen wie Verwandtschafts- oder Klientenverhältnisse letztlich die Kontrolle über die Erzeugung erlangte. Als Gegenleistung für den Schutz ihrer Abhängigen konnten die Herren umfangreiche Vieh- und Lebensmittellieferungen beanspruchen.

öffentlich auf den Festen ausgeschenkt werden, welche die Gallier so liebten.

Festlichkeiten

Die Festlichkeiten konnten wilde, trunkene, ja tödliche Veranstaltungen sein, vor allem aber waren sie wichtige gesellschaftliche Zusammenkünfte, denen zumindest hin und wieder auch zeremonielle oder religiöse Untertöne innewohnten. Die Adligen saßen aufgereiht in der formalen Rangfolge und wurden von ihren Gefolgsleuten bedient. Bei diesen Veranstaltungen wurden manchmal die relativen Ränge der anwesenden Krieger in Scheinkämpfen oder auch (wenn man Poseidonios glauben darf) tödlichen Duellen um das Anrecht auf den »Heldenbissen« des Siegers – die saftigsten Fleischstücke – öffentlich auf die Probe gestellt.

Das religiöse Element dieser Feierlichkeiten ist aus Poseidonios' Schilderung der von Lovernius erbauten (heiligen?) Festräume und der Sterbepakte ersichtlich, die auf solchen Festen geschlossen wurden. Überreiches Essen und Trinken, Unterhaltung auch von Fremden, Lobgesänge und Geschichtenerzählen waren weitere wichti-

(Links) Ein Kessel mit Aufhängekette aus La Tène.

ge Zutaten. Eine interessante Rolle bei den Festen spielte der Possenreißer, dessen gallige Witze auf Kosten des Kriegerstolzes gefürchtet waren in einer Gesellschaft, die auf die Wahrung des »Gesichts« so übergroßen Wert legte.

Patrone und Klienten

Reichtum erntete man durch Krieg oder (in der späteren Eisenzeit) die Kontrolle über den Außenhandel und insbesondere aus der Landwirtschaft. Eine weitere wichtige Machtquelle war der Gewinn von »Klienten«.

Als Gegenleistung zum ihnen gewährten Schutz und vielleicht auch zu den gebotenen Verdienstmöglichkeiten (Handwerker zum Beispiel, die großartige »Prestigegüter« wie Waffen und goldene Halsspangen anfertigten) waren die Klienten den Adligen zu Unterstützung und Dienst verpflichtet. Mit wachsender Autorität konnten die Adligen mehr und mehr Hand auf die Landwirtschaft und andere Reichtümer der Gemeinschaft legen. Sie konnten sich sogar Klienten aus anderen Stämmen zulegen und mit Adelsfamili-

en von Nachbarvölkern Bündnisse schließen. In der späteren Eisenzeit scheinen diese Bande (jedenfalls in Gallien) wichtiger geworden zu sein als die reine Verwandtschaft oder dergleichen. Die wachsende Macht der Eliten hatte zur Folge, daß immer mehr arme Freie in ihre Abhängigkeit gelangten und sich als Klienten verdingten, vermutlich als Gegenleistung zur Unterstützung bei Mißernten oder anderen Schwierigkeiten.

Dieser Klientengedanke galt auch für ganze Völker, von denen die schwächeren sich in den Schutz der stärkeren begaben, wie zum Beispiel die Macht der Äduer zeigt. Hinsichtlich der zunehmenden Bedeutung des Kliententums ähnelte der gallische Adel auffällig dem römischen, dessen große Senatorenfamilien in durchaus vergleichbarer Weise ihre Machtbasis ausbauten und miteinander konkurrierten. Einige römische Politiker wie Cäsar zogen gesellschaftliche Ereignisse wie beispielsweise Gladiatorenkämpfe, sonstige Unterhaltungen und Feste auf, um ihr persönliches Ansehen und ihre Macht zu stärken.

»Nur Vieh oder Geld, Dinge, die am leichtesten mitzuführen, und nach Belieben von einem Orte zum andern zu bringen sind, machten ihren Reichtum aus. Sorgfältig pflegten sie der Genossenschaft; denn derjenige galt bei ihnen als der Mächtigste und Furchtbarste, dem die Mehrsten folgten, und dienstbar waren.«
Polybius 2,17,9–12 über die Gallier Norditaliens

»Über den Reichtum des Luernios, des Vaters des Bituitos, der von den Römern entthront wurde, sagt Poseidonios, er habe sich bei seinen Werbereden an das Volk in einem Wagen durch die Lande fahren lassen und Gold und Silber an die unzähligen ihm folgenden Kelten ausgestreut, und er habe eine viereckige Einzäunung von zwölf Stadien Umfang eingerichtet, innerhalb derer er Fässer mit kostbarem Getränk gefüllt und eine solche Menge von Essen bereitgestellt habe, daß mehrere Tage lang jeder nach Belieben eintreten und sich an den bereitgestellten Dingen gütlich tun konnte, bei ununterbrochener Bedienung. Nachdem Luernios einen Schlußtag für das Fest bestimmt hatte, sei einer von den Barbaren, ein Dichter, zu spät gekommen, und als er vor Luernios stand, habe er mit Gesang dessen Größe gepriesen, und sich selbst beklagt, daß er zu spät gekommen sei. Luernios habe sich darüber gefreut, ein Beutelchen mit Goldstücken angefordert und habe es dem an seiner Seite Laufenden zugeworfen. Der Dichter habe das Beutelchen aufgehoben und ihn wieder besungen: die Spuren seines Wagens auf der Erde trügen Gold und Wohltaten für die Menschen.«
Poseidonios 23, zitiert in Athenaios 4,37

»Nach gallischer Sitte dürfen die Schutzgenossen ihre Herren auch in der äußersten Not nicht verlassen.«
Cäsar, »Der Gallische Krieg«, 7,40

GALLISCHE ESSGEWOHNHEITEN IN GRIECHISCHEN AUGEN

»Die Kelten nehmen ihre Speisen ein auf einer Unterlage von Heu, an hölzernen, wenig über den Boden erhobenen Tischen. Ihre Nahrung besteht aus wenig Brot, aber viel Fleisch, das teils in Wasser gekocht, teils auf Kohlenpfannen oder an kleinen Spießen gebraten ist. Sie sagen dem Mahl reinlich, aber nach Löwenart zu; mit beiden Händen nehmen sie ganze Glieder auf und beißen davon ab. Wenn etwas schwer abzureißen ist, schneiden sie es mit einem kleinen Messer ab, das in einer eigenen Tasche an den Schwertscheiden befestigt ist. Diejenigen, die an den Flüssen oder am inneren und äußeren Meer wohnen, essen auch Fische, und zwar gebacken mit Salz und Essig und Kümmel. Kümmel fügen sie auch ihrem Getränk hinzu.«
Poseidonios; zitiert in Athenaios 4,36

»Das Getränk bei den Reichen ist Wein, der aus Italien oder aus dem Gebiet von Massilia

kommt. Dieser Wein wird ungemischt getrunken; manchmal wird ein wenig Wasser beigemischt. Bei den weniger Reichen trinkt man Weizenbier, das mit Honig zubereitet ist; beim Volk wird das Bier pur getrunken. [...] Sie schlürfen zusammen aus demselben Gefäß, aber das tun sie öfters.«
Poseidonios, zitiert in Athenaios 4,36

»Sie speisen alle sitzend, aber nicht auf Stühlen, sondern auf dem Boden, wobei sie Wolfs- oder Hundsfelle benutzen. Die Aufwärter bei Tische sind Knaben und Mädchen, die eben aus den Kinderjahren treten. Neben dem Tisch stehen die Heerde, wo ein starkes Feuer brennt zwischen Kesseln und Bratspießen, die mit großen Stücken Fleisch voll gesteckt sind. [...] Sie laden auch Freunde zu ihren Gastmählern, und nach dem Essen fragen sie, Wer sie seyen und was ihr Begehren sey.«
Diodorus Siculus 5,28

»Die Kelten veranstalten manchmal auf ihren Gastmählern Einzelkämpfe. Sie versammeln sich in ihrer Rüstung, führen Lufthiebe aus oder kämpfen miteinander auf Distanz, zuweilen gehen sie aber auch so weit, sich zu verwunden, und dann, dadurch in Wut geraten, [...], kämpfen sie bis zum Tode eines Gegners. In alter Zeit, wenn ganze Fleischbrocken auf den Tisch kamen, nahm der Stärkste das Schenkelstück für sich. Wenn ein anderer Mann Anspruch darauf erhob, kämpften sie miteinander bis zum Tod. Andere, in einer Versammlung, nahmen Silber oder Gold, andere auch eine bestimmte Anzahl von Weinkrügen, und nachdem sie sich dessen versichert hatten, daß ihre nächsten Freunde die Gaben auch erhalten würden, verschenkten sie sie. Dann legten sie sich rücklings auf ihre Schilde, und einer, der danebenstand, schnitt ihnen mit einem Schwert die Kehle durch.«
Poseidonios, zitiert in Athenaios 4,40

V

DIE KELTEN IM KRIEG

»Aber auch jetzt in der äußersten Gefahr zeigten sich die Feinde so tapfer, daß, als die ersten Glieder niedergehauen waren, die nächstfolgenden sich auf die Erschlagenen stellten und von den Leichen herab kämpften. Als auch sie niedergemacht waren und die Leichen sich türmten, warfen die Überlebenden wie von einem Hügel herab ihre Lanzen auf uns und schleuderten aufgefangene Wurfspieße zurück. [...] In dieser Schlacht sind die Nervier und ihr Name fast gänzlich ausgelöscht worden. [...] In dieser denkwürdigen Schlacht [sind] ihnen von 600 Senatoren nur noch drei und von 60 000 streitbaren Männern kaum noch 500 übriggeblieben.«

Cäsar über die Schlacht an der Sambre, »Der Gallische Krieg«, 2,27–28

SELBST BEI DEN NICHT GERADE zivilen Römern waren die Kelten als streitlüstern verrufen, und es besteht kein Zweifel, daß der Krieg in der keltischen Politik und Gesellschaft eine Schlüsselrolle spielte. Persönlicher Mut war für die keltischen Adligen sehr wichtig, und das Waffentragen mag als Hauptmerkmal des freien Mannes gegolten haben. Die Aristokratie hob sich vom gemeinen Volk dadurch ab, daß sie besonders prächtige Waffen führte. Denn hier wie in vielen anderen Lebensbereichen der Kelten galt Zurschaustellung alles. Die Archäologie und die Beschreibung der keltischen Heere durch die klassischen Autoren weisen auf Gepränge hin: hervorragend gearbeitete Waffen mit überreicher Verzierung; die Kelten liebten es, den Feind mit ihrem Stolz, ihrer prunkvollen Kleidung und ihren blitzenden Waffen einzuschüchtern. Viele keltische Waffen sind wahre Prunkstücke aus Bronze oder Eisen: feinziselierte Schwerter oder mit phantastischen Aufsätzen gekrönte Helme.

Teilansicht eines kürzlich im Kies der Themse bei Chertsey entdeckten Bronzeschildes.

DAS SPEKTRUM DER GEWALT

Bronzestatuette eines gallischen
Kriegers aus Saint-Maur-en-Chaussée (Frankreich), späte Eisenzeit.

»Der ganze Völkerstamm [...] ist kriegerisch und
mutig und rasch zum Kampfe; übrigens aber offen und
nicht bösartig.«
Strabon, »Erdbeschreibung«, 4,4,2

DAS KOMPLEXE NETZ der Klientelen und Pakte,
das Cäsar beschreibt, war weitgehend das Ergebnis häufiger Kriege. Auf dem Schlachtfeld wurden
viele persönliche und stammesmäßige Bande auf
die Probe gestellt, zerbrachen und wurden neu
geschmiedet. Wir dürfen annehmen, daß das
Spektrum dieser Konflikte sehr breit gefächert war
und von Großkriegen anläßlich der Wanderung
ganzer Völker bis zu reinem Brigantentum, Fami-
lienfehden und Viehräuberei auf schnellen Reichtum erpichter Einzelkrieger reichte. Wahrscheinlich handelte es sich beim größten Teil der
keltischen »Kriege« um höchst begrenzte Angelegenheiten, bei denen sich jeweils nur ein paar
Dutzend Männer gegenüberstanden.

Als im Gallien der Späteisenzeit die Bevölkerung wuchs und sich Staaten entwickelten, hat
sich diese Dimension möglicherweise erweitert.
Dennoch steht fest, daß die riesigen Heere, wie
Vercingetorix und andere sie anführten, erst als
Reaktion auf die große Bedrohung durch Rom
zustande kamen. Überhaupt hat Rom die Regeln
der keltischen Kriegsführung verändert und
Großheere in Gebiete getragen, in denen sie
zuvor, wenigstens intern, weitaus seltener gewesen sein dürften. Jedenfalls zeigte das Gallien, das
Cäsar beschrieb und eroberte, keinerlei Anzeichen von Erschöpfung, sondern war ein reiches
und wohlhabendes Land; man hatte also offenbar
Mittel und Wege gefunden, den vom Krieg verursachten Schaden zu begrenzen. Laut Cäsar
waren an Streitigkeiten und den Entscheidungen
über Krieg und Frieden auch die Druiden betei-
ligt; das deutet auf das Vorhandensein eines gewissen Regulierungsmechanismus hin. Der Krieg
bedrohte nicht die Gesellschaft als Ganzes, auch
wenn einzelne Clans oder Stämme ihre Höhen
und Tiefen erlebten. Desgleichen wäre es wohl
falsch anzunehmen, die Kriegslust sei allein auf
den Adel beschränkt gewesen; vielmehr scheint
das Kriegerethos allgemein – und nicht nur von
der Männerwelt – bewundert worden zu sein.
Gewalt war zwar ein endemisches Phänomen,
aber dennoch konnten die Menschen die meiste
Zeit ein normales Dasein führen: Das Maulheldentum war mindestens ebenso verbreitet wie der
tatsächliche Kampf.

DIE FRAUEN IM KRIEG
Entgegen der verbreiteten Ansicht,
es habe keltische Amazonen gegeben, fehlt jeder handfeste Beweis
einer aktiven Kampfbeteiligung der
Frauen. Hingegen gab es berühmte
weibliche Anführerinnen wie Boudicca, und als Zuschauerinnen bei
Schlachten sind Frauen belegt. Zumindest in Italien sollen sie bei der
Entscheidung über Krieg oder Frieden mitgeredet haben.

DIE KRIEGSTECHNIK: WAFFEN UND RÜSTUNGEN

»Ihre Bewaffnung ist der Größe ihres Körpers angemessen; ein langer an der rechten Seite herabhängender Säbel, ein großer Schild, Lanzen nach Verhältnis, und die Mataris, eine Art Wurfspieß.«

Strabon, »Erdbeschreibung«, 4,4,3

DIE GRUNDBEWAFFNUNG der eisenzeitlichen Kelten bestand üblicherweise aus einem Speer mit Eisenspitze und einem Schild, wozu bei den Wohlhabenden noch ein Schwert, ein Helm und später ein eisernes Kettenhemd kommen mochten. Als Folge taktischer Entwicklungen sowie zunehmenden Reichtums und wachsender Kunstfertigkeit traten in den letzten vier Jahrhunderten v. Chr. beträchtliche Veränderungen ein, doch in der ganzen La-Tène-Zeit waren aller Wahrscheinlichkeit nach die meisten Krieger nur mit Speer und Schild bewaffnet. Diese Waffen mögen durchaus häufiger als Symbol des freien Mannes und zur Jagd gedient haben als zu Kriegszwecken.

Speere und Wurfwaffen

Wir kennen eine große Zahl vielfältiger Speerspitzen, darunter riesengroße und heimtückisch gezackte. Manche weisen höchst seltsame Formen auf, sind aufs reichste verziert und waren eher spektakulär als funktionell. In La Tène wurden vollkommen erhaltene Speere von zweieinhalb Metern Länge gefunden.

Cäsar spricht von zahlreichen Bogenschützen in Gallien, aber diese scheinen auf das Kriegsgeschehen wenig Einfluß genommen zu haben. Wichtiger sind vielleicht Steinschleudern gewesen; in Britannien wurden vielfach ganze Berge (vermutlicher) Schleudersteine gefunden. Desgleichen wird die ausgeklügelte Architektur einiger dortiger Hügelfestungen auch als Reaktion auf diese hochwirksame Waffe interpretiert. Dennoch sind viele moderne Gelehrte der Ansicht, die Vermehrung der Festungswerke bei britischen Hügelfesten sei mindestens ebensosehr auf den Wunsch, Macht zu demonstrieren, wie auf militärische Zwänge zurückzuführen.

Schwerter

Bei den Schwertern sind in der La-Tène-Zeit verschiedene allgemeine und lokale Trends erkennbar. Vom 5. bis zum 3. Jahrhundert v. Chr. waren die Klingen kurz. Die Fortschritte in der Schmiedekunst und Veränderungen im Fechtstil führten dann im 2. und 1. Jahrhundert v. Chr. zu oft enorm langen Hiebwaffen. Sie wurden erstaunlicherweise auf der rechten Körperseite getragen und hingen an einem Gürtel, der aus einer Metallkette oder Leder bestand und durch eine Schlaufe auf der Rückseite der Scheide geführt wurde. Tatsächlich läßt sich aber sogar eine lange Klinge aus dieser Position heraus leicht ziehen (auch die römischen Legionäre trugen ihre Schwerter rechts).

Polybius erzählt, einige dieser Keltenschwerter hätten aus schlechtem Metall bestanden, das sich beim Aufprall verbog, so daß der Kämpfer erst zurücktreten und die Klinge mit dem Fuß zurechtstampfen mußte, bevor er sich wieder ins Getümmel stürzte! Dem widerspricht die neuere Untersuchung keltischer Klingen, der zufolge die Waffen hervorragend gearbeitet, scharf und elastisch waren.

Schilde

Die Schilde bestanden gewöhnlich aus flachen Holzbrettern, die wahrscheinlich zum Schutz gegen Witterungseinflüsse und Zersplittern meist mit Leder überzogen waren. Die in La Tène entdeckten Exemplare waren etwa 1,1 Meter hoch, doch deuten spätere Darstellungen von Galliern, die sich auf ihre Schilde lehnen, darauf hin, daß in der Späteisenzeit die Schilde höher gewesen sein mußten, vielleicht so hoch wie die zeitgenössischen Legionärsschilde der Römer (1,3 bis 1,4 Meter). Oft hatten sie die Form eines hohen Ovals oder eines langen, an den Ecken abgerundeten Rechtecks. Bekannt sind auch kreisrunde,

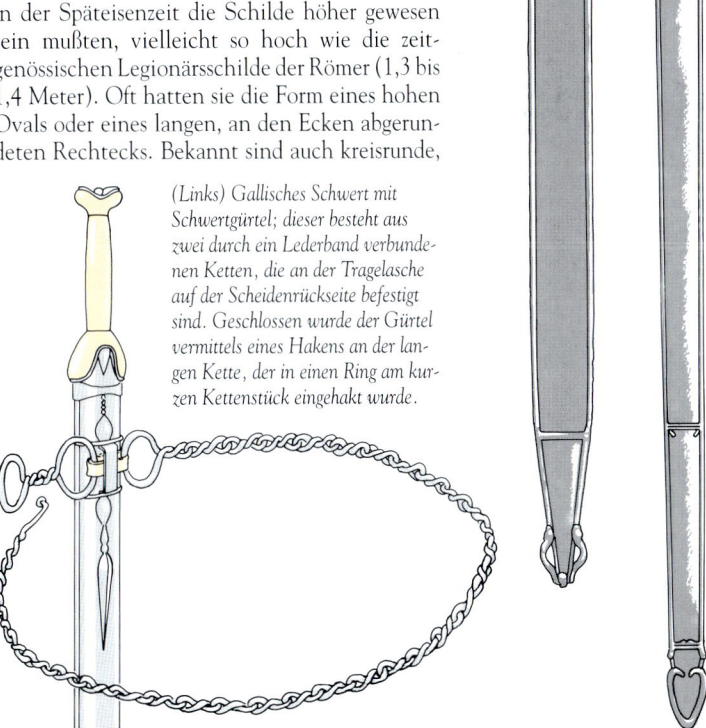

(Unten) Schwerter und Schwertscheiden der La-Tène-Zeit. Links: Ein Beispiel aus dem Marne-Gebiet, wahrscheinlich 4. Jahrhundert v. Chr. (Rechts) Ein in der Themse bei London gefundenes Schwert, wahrscheinlich 1. Jahrhundert v. Chr.

(Links) Gallisches Schwert mit Schwertgürtel; dieser besteht aus zwei durch ein Lederband verbundenen Ketten, die an der Tragelasche auf der Scheidenrückseite befestigt sind. Geschlossen wurde der Gürtel vermittels eines Hakens an der langen Kette, der in einen Ring am kurzen Kettenstück eingehakt wurde.

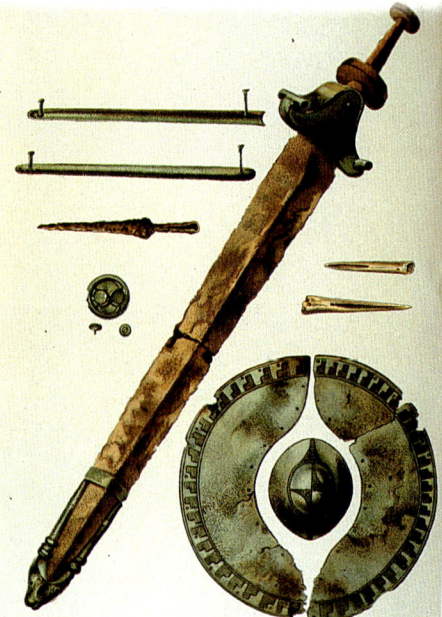

langgezogene sechseckige oder (in Britannien) konkav zulaufende, ovale Schilde. Wegen der legendären Farbenliebe der Kelten dürften die Schilde grell bemalt gewesen sein; für den Kampf untaugliche Kultschilde waren, wie aus Darstellungen und erhalten gebliebenen Metalleinfassungen hervorgeht, wie Halsspangen mit Symbolen und Tiergestalten verziert.

Geführt wurde der Schild an einem einzigen Handgriff in der Mitte, der in eine Vertiefung eingelassen war; dieser Griff war horizontal angebracht, so daß der Schild wie ein Koffer getragen wurde. Die Faust wurde geschützt durch einen vorstehenden hölzernen Schildbuckel, der meist in eine vertikale Versteifung überging. Einen Gurt für den Unterarm gab es nicht. Wie die römischen Schilde, aber im Gegensatz zu denen der griechischen Hopliten oder mittelalterlichen Ritter wurden die keltischen auch als Angriffswaffe eingesetzt; sie dienten zwar zur Abwehr von Schlägen, aber bei einer beidhändigen Fechtmethode, bei der die rechte Hand den Speer oder das Schwert führte, wurde auch gleichzeitig mit dem Schild auf den Gegner eingeschlagen. Häufig waren die Schilde mit einem Mittelknauf aus Eisen oder Bronze verstärkt und verziert, gelegentlich auch mit einer Metalleinfassung versehen.

Helme

Eisenhelme wurden in Gallien ab dem 4. Jahrhundert v. Chr. hergestellt. Zur Zeit der römischen Eroberung hatten sie die schwächeren Bronzehelme bereits verdrängt, vielleicht als Reaktion auf das Aufkommen der großen Hiebschwerter. Typisches Merkmal waren eine ausgeprägte Helmspitze und ein integrierter Nackenschutz. Gewöhnlich gehörten zum Helm beidseits anscharnierte (vermutlich aus Italien übernommene) Wangenklappen. Verzierungen waren an der Tagesordnung, und manche Helme trugen höchst ausgefallene Aufsätze.

(Oben links) Holzschild; mehrere solcher fast vollständig erhaltener Stücke wurden in La Tène gefunden. Die erhabene Längsrippe deckt den Haltegriff ab; diese anfällige Stelle war mit einem einfachen Eisenbuckel verstärkt. Nach zeitgenössischen Beschreibungen waren die Schilde grell bemalt.

(Oben) Schwert, metallener Schildbeschlag und andere Gegenstände aus einem Grab bei Grimethorpe Wold, Ost-Yorkshire.

(Links) Ein gallischer Edelmann etwa zur Zeit der Eroberung durch Cäsar lehnt auf seinem Schild. Man beachte das Kettenhemd, den aufwendig konstruierten Eisenhelm und das an der rechten Hüfte hängende, ungemein lange Hiebschwert.

(Rechts) Der mit gepunztem Gold plattierte und mit Rotglaseinlagen versehene Helm aus Amfreville, Frankreich. Mitte 4. Jahrhundert v. Chr.

400
v. Chr.

300
v. Chr.

200 v. Chr.

100 v. Chr.

Bronze- und Eisenhelme aus Frankreich, Österreich, Italien, der Schweiz und anderen Keltengebieten.

SCHILDE, HELME UND TROMPETEN

»Bewaffnet sind sie mit mannshohen Schilden, die auf eine eigene Weise bemalt sind; an einigen derselben sind wohl ausgearbeitete eherne Thiergestalten in erhabener Arbeit angebracht. [...] Die ehernen Helme, womit sie sich bedecken, haben hoch emporragende Aufsätze; deßwegen erscheinen sie ausserordentlich groß. Es sind nämlich an den Helmen entweder Hörner angeschmiedet, oder sind Gesichter von Vögeln oder vierfüßigen Thieren auf denselben abgebildet. Ihre Trompeten haben einen eigenen, barbarischen Klang [...] und bringen rauhe Töne hervor, die mit dem Kriegsgetümmel wohl übereinstimmen. Einige tragen einen eisernen Harnisch; Andere fechten unbekleidet.«
Diodorus Siculus 5,30; 1. Jahrhundert v. Chr.

In antiken Schriften ist auch von gehörnten Helmen die Rede; das beste archäologische Exemplar ist der Londoner Waterloo-Helm, der jedoch eher Kult- als Kriegszwecken gedient haben dürfte. Dasselbe gilt für märchenhafte Stücke wie den mit Gold und Korallenintarsien verzierten Agris-Helm. Der Vorabend der Cäsarischen Eroberung war eine Zeit der Innovation, denn jetzt erschienen neue Eisenformen wie etwa die oben völlig runde »Schlachtmelone« mit Krempe. Einige dieser spätgallischen Helme standen für eine Typenfamilie römischer Legionärshelme Pate.

Rüstungen und heroische Nacktheit

Zwar wurde im antiken Raum vielerlei Körperschutz wie Rüstungen aus Metallblech oder -schuppen und wattiertem Leinenzeug benutzt, aber die Kelten scheinen vor der Erfindung des Kettenhemdes kurz nach 300 v. Chr. keinen Harnisch getragen zu haben. Dieses Geflecht aus einzeln geschmiedeten, ineinandergreifenden Eisenringen verlangte höchste Schmiedekunst und scheint eine keltische Erfindung zu sein, die erstmals in Gräbern des 3. Jahrhunderts v. Chr. auftaucht. Die Herstellung war sehr arbeitsintensiv (mithin kostspielig), und darum war das Kettenhemd nicht sehr verbreitet, sondern wohl nur hochrangigen Kriegern zugänglich. Obschon bis

zu 15 Kilogramm schwer, erwies sich dieser Rüstungstyp als überaus effektiv und wurde daher bald von den Römern übernommen. Möglicherweise wurde im Laufe der Zeit eine größere Anzahl solcher Kettenhemden verfügbar, weil neben der Neuherstellung auch alte Hemden ihre einstigen Träger überlebten und weitervererbt wurden. Dennoch: Die Mehrzahl der keltischen Krieger kämpfte weiterhin ohne jegliche Leibpanzerung.

Möglicherweise gab es für diesen Brauch, der auf dem Festland erst zu Cäsars Zeiten endgültig außer Mode kam, religiöse Gründe, die uns nicht überliefert sind.

Speerträger auf einer in der Grabanlage von Hallstatt gefundenen Schwertscheide aus dem 5. Jahrhundert v. Chr. Man beachte die offenbar verzierten ovalen Schilde und die Schnabelschuhe.

STREITWAGEN UND REITEREI

HERREN UND KNECHTE IM KAMPF

»[...] zu jedem Reiter kamen zwei Diener, die ebenfalls reiten konnten und gleichfalls Pferde hatten. Wenn es bei den Galatern zur Reiterschlacht kam, blieben die Diener zwar hinter den Kampfreihen, doch waren sie ihnen folgendermaßen nützlich; wenn es den Reiter traf, daß sein Pferd fiel, boten sie für den Mann ein Pferd zum Besteigen; wurde jedoch der Mann getötet, bestieg der Sklave statt seines Herrn das Pferd. Wenn aber Mann und Pferd das Geschick ereilte, stand ein weiterer Reiter bereit. Wenn jedoch einer verwundet wurde, führte der eine Sklave den Verwundeten in das Lager, während der andere den Platz des Abgezogenen einnahm. [...] Diese Einrichtung heißt Trimarkisia, da bei den Kelten das Pferd den Namen Marka trägt.« Pausanias 10,19,9–12 über die Galater, die Griechenland angriffen.

Diese nur mit Lanzen bewaffneten Reiter ohne Schild stammen von einer in der Grabanlage von Hallstatt entdeckten Schwertscheide aus der frühen La-Tène-Zeit.

»Der Kampf [der Britannier] vom Streitwagen aus geht folgendermaßen vor sich: Zuerst fahren sie auf allen Seiten um den Feind und werfen ihre Wurfspieße. Meistens bringen sie schon durch den Schrecken, den die Pferde erregen, und durch das Geräusch der Räder Verwirrung in die Kampfreihen. Wenn sie dann zwischen den Geschwadern der Reiterei eingedrungen sind, springen sie von den Wagen und kämpfen zu Fuß. Die Wagenlenker ziehen sich unterdessen ein wenig aus dem Gefecht zurück, stellen aber die Wagen so auf, daß ihre Leute, wenn sie durch einen überlegenen Feind zu sehr bedrängt werden, ungehindert zu ihnen kommen können. Sie zeigen sich also im Kampf ebenso beweglich wie die Reiterei und ebenso standfest wie das Fußvolk. Durch tägliche Übung haben sie es so weit gebracht, daß sie auch auf abfallendem und abschüssigem Gelände ihre Pferde mitten im Galopp anhalten, rasch in kurzen Gang bringen und umwenden können und gewöhnt sind, über die Deichsel zu laufen, auf dem Joch anzuhalten und von da schnellstens in den Wagen zu springen.«
Cäsar, »Der Gallische Krieg«, 4,33

STREITWAGEN spielten in der Kriegführung der Kelten schon früh eine Rolle; als Streitwagen identifizierte Gefährte wurden in frühen La-Tène-Gräbern gefunden; Darstellungen davon finden sich in Italien sowie auf römischen und gallischen Münzen. Außer in Britannien und Irland scheinen sie jedoch im 2. Jahrhundert v. Chr. allmählich unüblich geworden zu sein, wenngleich sie in Gallien wahrscheinlich noch einige Zeit, nachdem sie in der Kriegführung schon ausgedient hatten, vor allem als Transportmittel des Adels gebaut und benutzt wurden. Doch selbst in ihrer Glanzzeit wurden sie möglicherweise vor allem als »Schlacht-Taxis« zum schnellen Transport der Krieger benutzt, die indes zum eigentlichen Kampf abstiegen – der Streitwagen war ein

geschätztes Rückzugsmittel. Cäsar berichtet auch vom Einsatz britannischer Streitwagen, aus denen in rasender Fahrt Speere geschleudert wurden.

Beschrieben und dargestellt werden die Streitwagen als einachsige, von zwei Ponys gezogene Fahrzeuge, auf denen ein Wagenlenker und ein Krieger standen. Überreste von Räderfahrzeugen wurden in La-Tène-Gräbern in Gallien, desgleichen in Ost-Yorkshire in Britannien gefunden; möglicherweise handelte es sich dabei allerdings weniger um Streitwagen als um Leichenfahrzeuge oder Kutschen (sie sind derart schlecht erhalten, daß sich über ihre Bauweise kaum etwas sagen läßt, außer daß sie klein und leicht waren). Erhalten gebliebene Räder aus Sumpfgebieten und vollständigere Überreste aus früheren Hallstattgrabstätten zeigen, daß die Zimmermannskunst sehr ausgeprägt war und sich mit allem messen kann, was die antike Welt herstellte.

In Festlandeuropa wurden Streitwagen im Kriege letztmalig 225 v. Chr. bei Telamon eingesetzt; auf dem Schlachtfeld begegnete ihnen Cäsar nur in Britannien, wo sie noch generationenlang in Gebrauch blieben. Tacitus erwähnt Streitwagen im kaledonischen Heer, das sein Schwiegervater Agricola 84 n. Chr. bei Mons Graupius (Schottland) besiegte. Nach späteren Schilderungen gab es Streitwagen noch mehrere Jahrhunderte lang auf den Schlachtfeldern Irlands.

Reiterei

In der späteren Eisenzeit wurde der Streitwagen mehr und mehr durch die Reiterei verdrängt. Die militärische Reitkunst war insbesondere bei den Galliern und Keltiberern außerordentlich weit gediehen. Die offenbar zunehmende Bedeutung der Reiterei, die ungefähr mit dem Wegfall der Streitwagennutzung auf dem Festland Hand in Hand

DER VIERHÖCKERIGE SATTEL, EINE BAHN-BRECHENDE INNOVATION
(Rechts) Frontansicht eines rekonstruierten Sattels aus der Römerzeit, wie ihn nach derzeitigem Forschungsstand die Kelten in der Späteisenzeit benutzt haben. Der Reiter erzielt einen festen Sitz, wenn er die Oberschenkel gegen die vorderen Höcker drückt (links).

ging, scheint einen echten Wandel der keltischen Kriegstechnik und -taktik zu kennzeichnen. Aus Darstellungen ist ersichtlich, daß man während der ganzen La-Tène-Zeit mit dem Pferd in den Krieg zog; sogar in Britannien kämpften neben den Streitwagen auch Reiter. Dennoch galt es bislang für ausgemacht, daß die Reiterei bis zur Einführung des Steigbügels in der nachrömischen Zeit nur begrenzt wirkungsvoll sein konnte; man vermutete, der Reiter habe sich nur schwer im Sattel halten können. Neuerdings ist jedoch nachgewiesen worden, daß der in der späten Eisen- und frühen Römerzeit in Nordwesteuropa gängige Sattel bemerkenswert effektiv war und den Reitern einen ebenso festen Sitz bot wie der Sattel mit Steigbügel. Das geschah mit Hilfe von vier hohen Sattelknöpfen – zwei als Rückenstütze, je einem als Halt für die Schenkel: Der Reiter saß weniger *auf dem* als

vielmehr *im* Sattel. Da mittlerweile feststeht, daß auch die nahöstlichen Parther dieselbe Sattelgrundform benutzten, dürfte sich dieser Satteltypus in den letzten Jahrhunderten v. Chr. bei den Reitervölkern Zentralasiens entwickelt und von da aus nach Westen und Süden ausgebreitet haben. Man ist versucht, den Übergang vom Streitwagen zur wirklich leistungsfähigen Reiterei mit der Einführung des Vierknopfsattels (und vielleicht einer neugezüchteten, besseren Rasse von Reitpferden?) in Gallien etwa im 3. oder 2. Jahrhundert v. Chr. in Verbindung zu bringen. Wie dem auch sei, die Reiterei wurde zu einer der mächtigsten Waffen der keltischen Kriegführung, und Gallien und Spanien lieferten den römischen Heeren der späten Republik und des frühen Kaiserreiches einen Großteil der besten Pferde für ihre Kavallerie.

(Unten) Rekonstruktion eines keltischen Streitwagens anhand archäologischer Funde, schriftlicher Beschreibungen und diverser Darstellungen, zum Beispiel auf einem Relief aus Padua (unten links; um 300 v. Chr.) und römischen Münzen (oben). Neuere Funde in Yorkshire lassen vermuten, daß die britannischen Streitwagen sehr leicht und einfach zerlegbar waren.

DIE KELTEN IM FELDE

»Wenn eine Schlacht geliefert werden soll, treten gewöhnlich Einzelne aus den Reihen vor und fordern die Tapfersten unter den Feinden zum Zweikampf heraus, wobei sie ihre Waffen schwingen, um die Gegner im Voraus zu schrecken. Nimmt Einer die Ausforderung an, so preisen sie die Heldenthaten ihrer Vorfahren und erzählen Beweise ihrer eigenen Tapferkeit, schelten den Gegner aus und suchen ihm durch die Verachtung, womit sie von ihm sprechen, alles Selbstvertrauen im Voraus zu nehmen.«

Diodorus Siculus 5,29

WÄHREND DER FELDZUGSZEIT (sie begann, wenn die Straßen im Frühjahr trockneten und die Pässe nutzbar wurden, und endete mit Einsetzen des Winterregens) wurden aus der männlichen Bevölkerung des Staates – offenbar nach Clan- und Stammesherkunft – die erforderlichen Truppen ausgehoben; es gab keine stehenden keltischen Heere. Laut Cäsar waren die Bündnisheere oder die Heere mächtiger Staaten und ihrer Klienten gemäß ihrer Stammeszugehörigkeit organisiert, wobei im Lager und auf dem Schlachtfeld jedem Kontingent ein eigener Bereich zugeordnet war. Auch verbündete und unterworfene Völker sowie Söldner konnten zu den Waffen gerufen werden.

Auf dem Feldzug

Auf dem Marsch benutzten die gallischen Heere Fahrzeuge in großer Zahl, und nicht nur bei den Völkerwanderungen begleiteten Frauen, Kinder und ein riesiger Troß die Heeressäule (ein Wesensmerkmal vieler Heere in der Geschichte, von den römischen Legionen – dort eher gelegentlich – bis hin zu Wellingtons Armee auf der Iberischen Halbinsel). So kam man oft nur sehr langsam voran, und die mangelhafte Disziplin machte jede Organisation zum Lotteriespiel. Unter diesen Umständen dürfte von sanitären Zuständen im Lager wohl kaum die Rede gewesen sein, was die keltischen Heere noch krankheitsanfälliger machte als die römischen. (Noch im Amerikanischen Bürgerkrieg verloren die Armeen in aller Regel mehr Männer durch Seuchen als im Kampf.) Der empfindliche Stolz der einzelnen Stammeshäuptlinge und sogar ihrer Kontingente erschwerte den Anführern das Kommandieren großer Heere enorm; es bedurfte einer außergewöhnlichen Persönlichkeit, etwa der eines Vercingetorix oder Ambiorix, um die Leute zur Übernahme mühseliger Aufgaben zu bewegen.

Söldner

Die keltischen Krieger verdingten sich häufig als Einzelkämpfer und suchten außerhalb ihres Stammes als Söldner ihr Glück zu machen. Vielleicht war dies ein Mechanismus, überzählige junge Männer auf friedliche Weise loszuwerden; jedenfalls wurde es gängige Praxis. Im 3. Jahrhundert v. Chr. gab es im transalpinen Gallien Tausende sogenannter »Gäsaten« (»Speerträger«). Polybi-

In der Schlacht an der Sambre, 57 v. Chr., greifen die belgischen Nervier Cäsars Legionen an. Die meisten Gallier waren nicht oder nur unzureichend gepanzert, und zum Schwingen der langen Hiebschwerter oder dem ausholenden Zustoßen mit dem Speer wurde viel Platz benötigt. Das machte die Gallier im Handgemenge für die kurzen Stoßschwerter der Legionäre verwundbar, die ihrerseits durch ihre riesigen Schilde gut geschützt waren. Gemälde von Peter Connolly.

us übersetzt diese Bezeichnung fälschlicher-, aber bezeichnenderweise mit »Söldner«, denn sie standen gegen Bezahlung zur Verfügung. Die Gäsaten brachen auch zu eigenen Expeditionen auf, und ihr unerbetenes Auftauchen in Italien beschleunigte den Feldzug, der 225 v. Chr. in der Schlacht bei Telamon seinen Höhepunkt erreichte. Die Gäsaten beseelte ein mächtiger Korpsgeist, und zeitgenössische Beobachter berichten, sie allein hätten bei Telamon nackt gekämpft; ihre zisalpinen gallischen Verbündeten kämpften in Kniehosen und Mänteln.

Die keltischen Söldner waren gerne zum Dienst für fremde Herren bereit, insbesondere für die griechischen Staaten des östlichen Mittelmeerbeckens. Die Galater bildeten ein Söldnerreservoir in Anatolien, Kelten kämpften in den makedonischen und ägyptischen Heeren, Keltiberer wurden in großem Umfang von den Karthaginensern eingesetzt, und im blutigen Zweiten Punischen Krieg rekrutierte Hannibal Gallier aus der Po-Ebene. In der späteren Republik stand gallische und spanische Reiterei auch den Römern als Hilfstruppe zu Diensten.

Vor der Schlacht

Bei Feindberührung schwärmte das Gallierheer, nach Stammeskontingenten gegliedert, in Schlachtreihe aus. Es gab Feldzeichen – meist wohl Tierfiguren auf Stangen. Sie kennzeichneten wahrscheinlich die einzelnen Clan- oder Stammeskontingente und bildeten deren Sammelpunkt. Diese Feldzeichen hatten wie die der Römer (insbesondere deren Legionsadler) auch eine religiöse Funktion; Cäsar berichtet, die Gallier hätten vor ihnen feierliche Eide geleistet.

Es heißt, die Krieger hätten in der Schlachtreihe, auf Stroh- oder Reisigbündeln sitzend, auf den Kampfbeginn gewartet. Während sich die beiden Heere gegenüberstanden, lief ein komplexes Ritual ab, insbesondere forderten sich Vorkämpfer zum Einzelkampf heraus: Prominente Krieger näherten sich dem Feind, zählten ihre Ahnenreihe auf, prahlten mit ihrer Tapferkeit und versuchten, ihren Gegner einzuschüchtern. Es wird von römischen Feldherren berichtet, die sich im Zweikampf mit keltischen Anführern schlugen, so Manlius Torquatus im Jahre 367 und M. Valerius Corvinus im Jahre 348 v. Chr. (Die historische Glaubwürdigkeit dieser Fälle ist zwar fraglich, aber derartige Zweikämpfe zwischen römischen und anderen Heerführern sind auch später noch bezeugt.)

Auftakt zum Blutbad

Je näher der Kampf rückte, desto lauter wurde das Getöse der Krieger – Schlachtrufe, Kampfgesänge, Prahlerei und Schmähungen; hinzu kam der markerschütternde Lärm der »carnyces«, der

Duell zweier Festlandkelten, etwa 3. Jahrhundert v. Chr. Links ein Adliger mit »neumodischem« Kettenhemd und der typisch frühkeltischen, capeähnlichen doppelten Schulterverstärkung. Die meisten Krieger dieser Epoche dürften nur mit Speer und Schild bewaffnet gewesen sein, es sei denn, sie hätten (wie offenbar der rechte Kämpfer) das Glück gehabt, ein Schwert oder dergleichen im Kampf erbeuten zu können.

Schlachthörner mit aufgesetztem Tierkopf. Auf diese Weise steigerten sich die gegnerischen Streitkräfte in den Blutrausch, dem oft mit erheblichen Mengen Alkohol nachgeholfen wurde (so wird berichtet, eine Schar keltischer Söldner sei 250 v. Chr. in Sizilien derart betrunken gewesen, daß die Römer sie problemlos überwältigen konnten). Ein weiteres Ziel bestand darin, den Feind durch eindrucksvolle Größe, prunkvolle Selbstdarstellung, blitzende Waffen, lautes Getöse und schnelles Hin und Her von Kriegern, Streitwagen und Rossen in Angst und Schrecken zu versetzen. Schließlich brachen die Kelten zu ihrem gefürchteten Ansturm los und warfen sich auf den Feind. Das war der Augenblick, in dem entnervte Gegner aus den Kampfreihen desertierten und um ihr Leben rannten.

Hin und wieder kämpften die gallischen Fußtruppen wohl auch in dichtgedrängten Massen, wenn man Cäsar glauben darf, der schreibt, römische Wurfspeere hätten ihre sich überlappenden Schilde zusammengespießt. Um die großen Stoßspeere und langen Hiebschwerter schwingen zu können, war indes erheblicher Spielraum vonnöten, und dies dürfte eher auf eine relativ offene Schlachtordnung hinweisen, die sich auf den individualistischen Kampfstil und Volkscharakter der Kelten reimt.

Ruhm oder Tod

In der Antike dauerte eine Schlacht nur selten länger als einen Tag. Oft war sie schon binnen weniger Stunden beendet, weil die eine Seite zusammenbrach oder das Weite suchte. Jetzt nahm die Reiterei die Verfolgung auf, so daß das Hinschlachten bis in die Dunkelheit hinein anhalten konnte, es sei denn, die Lust aufs Ausplündern der Toten (und vielleicht des feindlichen Lagers) habe sich vorher als stärker erwiesen. Vieh, Gold, Frauen und abgetrennte Köpfe waren als Beutegut besonders begehrt. Besiegte Völker wurden Klienten oder Abhängige der Sieger und pflegten als Unterpfand für gutes Betra-

KOPFJÄGER

»Die Köpfe der gefallenen Feinde hauen sie ab und binden sie ihren Pferden auf den Hals; die blutige Rüstung geben sie ihren Dienern und lassen sie unter Jubelgeschrei und Siegesliedern zur Schau tragen. Zu Hause nageln sie dann diese Ehrenzeichen an die Wand, gerade als hätten sie auf der Jagd ein Wild erlegt. Die Köpfe der Vornehmsten unter den Feinden salben sie ein, bewahren sie in einem Kasten sorgfältig auf und zeigen sie den Fremden. Da rühmt sich Mancher, um diesen Kopf habe man einem seiner Vorfahren oder seinem Vater oder ihm selbst viel Geld angeboten und er habe ihn nicht weggegeben.«
Diodorus Siculus 5,29

Das Abschlagen von Köpfen war die keltische Gewohnheit, die die klassischen Schriftsteller am meisten empörte; diese Entweihung der Toten war ihnen aus religiösen wie moralischen Gründen besonders verhaßt. Diese grausame Sitte dürfte mehreren Zwecken gedient haben, am deutlichsten natürlich dem konkreten Beweis für den Mut eines Kriegers bei der Besiegung eines Gegners – derartige Trophäen waren wohl überaus prestigeträchtig. Daneben mag die Kopfjägerei religiöse

Gründe gehabt haben: Nach keltischem Glauben wohnte die unsterbliche Seele im Schädel. Mit dem Besitz des Schädels eines Feindes glaubten sie wohl auch die Herrschaft über dessen Geist zu besitzen.

Fragment und rekonstruierte Statue aus Entremont.

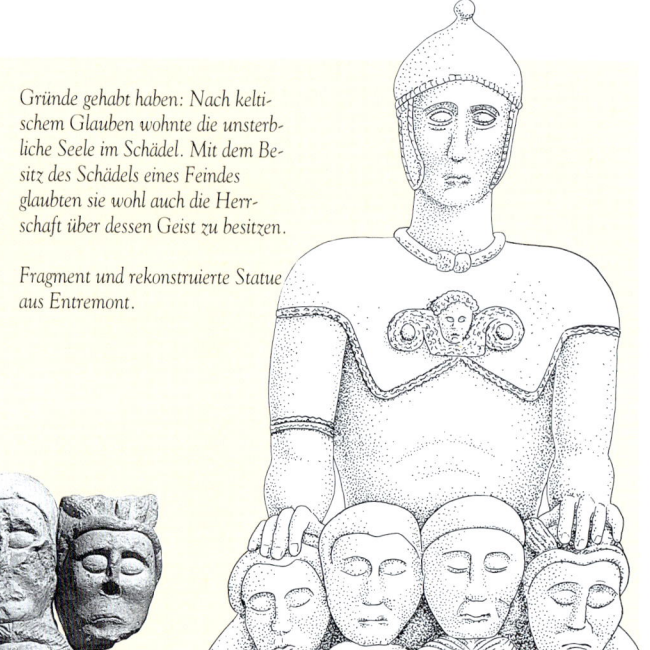

Sturmangriff und Belagerung

Die vielen befestigten Plätze in der keltischen Welt legen nahe, daß es auch zu Erstürmungen kam, und gelegentlich bezeugen archäologische Spuren wie verbrannte Eingangstore denn auch tatsächlich den Sturm auf Festungen; Danebury beispielsweise ging möglicherweise in Brand und Plünderung unter. Ist man heute auch der Ansicht, die außerordentlich kunstvollen Festungswerke einiger Hügelfestungen in Britannien wie Maiden Castle oder bestimmter »oppida« auf dem Festland wie Manching hätten zumindest teilweise reinem Machtgepränge gedient, so war doch der »murus Gallicus« (»Gallierwall«) aus Holz und Stein eine besondere Leistung, die auf große praktische Erfahrung in Verteidigungsbau und Belagerungskrieg verweist. Allerdings gibt es keine Anzeichen dafür, daß die Gallier oder andere Kelten die komplizierten Maschinen und Katapulte besaßen, wie sie die griechisch-römischen Heere einsetzten.

Tod, Niederlage und die Götter

Besiegte keltische Heerführer suchten oft den Tod im Kampf oder begingen Selbstmord. Cäsar

gen Geiseln zu übergeben. (Auch zwischen Verbündeten wurden manchmal als Zeichen gegenseitigen Vertrauens Geiseln ausgetauscht.)

berichtet von derlei Fällen im Gallischen Krieg, darunter einem, der als Hintergrund ebensosehr religiöse Gründe wie die Angst vor der Niederlage vermuten läßt: Der Eburonenfürst Catuvolcus erhängte sich an einer Eibe, und das riecht buchstäblich nach Selbsthinrichtung, wie übrigens auch später der Selbstmord Sacrovirs. Livius hält ein interessantes Beispiel für weitgehend gleiches Verhalten eines römischen Feldherrn der Republik bereit: In der Schlacht von Sentinum im Jahre 295 v. Chr. gab der Konsul Decius – als ihm die Besiegung durch die Gallier und Samniter drohte – sich und die Seelen seiner Feinde den »manes« (Totengeistern) anheim, »nachdem er seinem feierlichen Gebet hinzugesetzt hatte, er treibe Schrecken und Flucht, Mord und Blutvergießen vor sich her, die Folgen des Zorns der unterirdischen Götter; mit grausigen Todesflüchen werde er die Fahnen, die Schutz- und Trutzwaffen der Feinde verseuchen, und dieselbe Stelle werde sein und der Gallier und Samniten Verderben sehen. Nach solchen Verwünschungen gegen sich und die Feinde spornte er sein Roß gegen die Front der Gallier, [...] und wie er selbst sich in die feindlichen Geschosse stürzte, wurde er getötet« (Livius 10,28). Daraus wird sinnfällig, daß die römischen Heere und ihre Anführer den Kelten in Denken und Verhalten viel näher standen, als gemeinhin angenommen wird.

KRIEG MIT GRIECHEN UND RÖMERN

BEI IHREM ERSTEN AUFTRETEN waren die keltischen Heere der Schrecken der antiken Welt. Ihr fanatischer Angriffsgeist wurde sagenumwoben. Brach der Gegner nicht unter dem ersten, wilden Ansturm zusammen, dann kämpften einige Kelten – so die Nervier 57 v. Chr. in der Schlacht an der Sambre –, bis sie tot niederfielen. Entschlossene Anführer wie Vercingetorix legten ein strategisches und kriegerisches Können an den Tag, das selbst Cäsar Respekt abverlangte, und die schnelle Lernfähigkeit der Kelten jagte ihm manchen Schrecken ein. Binnen kurzem ahmten die Gallier die römische Belagerungstaktik nach und benutzten zum Teil ausgeklügelte Unterminiertechniken, um den römischen Sturmangriffen auf ihre Festungen Paroli zu bieten. In Britannien bediente sich der Anführer Cassivellaunus, als er die Römer in offener Feldschlacht nicht schlagen konnte, um Cäsar aufzuhalten, einer Taktik der »verbrannten Erde«, indem er dessen Erkundungspatrouillen mit Blitzangriffen von mit Streitwagen ausgerüsteten Guerillatruppen zum Stehen brachte und gleichzeitig den Angriff auf den weit in Cäsars Rücken liegenden Brückenkopf befahl, um den Rückzug der Römer zu erzwingen. Dieser kühne Handstreich wurde vereitelt; andernfalls wäre Cäsar in schwere Bedrängnis geraten. Besiegt wurde Cassivellaunus schließlich nur durch Verrat.

Ausnutzung keltischer Schwächen

Vielen keltischen Heerführern fehlte jedoch das militärische Geschick eines Cassivellaunus, und ihre Heere waren bei weitem nicht so hartnäckig wie die Nervier; siegten sie nicht in kürzester Zeit, so verloren sie rasch den Mut und flohen. Diese Schwäche machten sich die Griechen und Römer bald zunutze. Die weitgehend ungepanzerten Kelten waren für die aus sicherer Entfernung abgeschossenen Wurfspieße und Pfeile verwundbar. Die Legionen bedienten sich schwerer Wurfspieße, um den tödlichen Ansturm der Kelten zu brechen, kesselten dann den Feind mit ihren großen Schilden ein und stießen mit ihren Kurzschwertern in die ungeschützten Unterleiber und Achselhöhlen. Den Kelten blieb nur die Wahl zwischen Tod oder Flucht.

Die keltischen Heere waren brüchige Gebilde, glichen eher Wolken aus lauter Individuen, die mindestens ebensosehr gegeneinander auf Ruhm erpicht waren, wie sie mit dem Feind in Konflikt standen. Es fehlte ihnen der Zusammenhalt: Geriet ein Teil der Schlachtreihe ins Wanken, breitete sich mit Windeseile Panik aus. Im Gegensatz dazu waren die römischen Legionäre auf Mannschaftskampf, gegenseitiges Vertrauen und Standhalten auch unter Druck gedrillt. Dieser Unterschied bescherte den Legionen einen entscheidenden taktischen Vorteil, und der Mangel an Disziplin und Ausdauer bei den Kelten kam den Römern auch in strategischer Hinsicht sehr zugute. Die keltischen Heere hatten stets Probleme mit dem Nachschub; mit einem großen Keltenheer wurde Cäsar ganz einfach dadurch fertig, daß er abwartete, bis es hungrig wurde und abzog. An Waffen und Mut waren die einzelnen Gallier den einzelnen Römern ebenbürtig; zahlenmäßig waren sie Cäsars Truppen häufig weit überlegen. Das wurde indes mehr als wettgemacht durch den *quantitativen* Bewaffnungsvorteil der Römer.

(Oben) Trompeter mit tierkopfbewehrtem Kriegshorn (»Carnix«). Teil des Gundestrup-Kessels.

GEGENSÄTZLICHE AUFFASSUNGEN VOM KRIEG
Daß die Römer die Mehrheit der Keltenvölker eroberten, war letztlich vielleicht auf das gegensätzliche Wesen der beiden Gesellschaften zurückzuführen. Für die Kelten war Krieg – und die eigene Rolle darin – eine sehr persönliche Angelegenheit, bei der man Tapferkeit beweisen und Ruhm und Beute erringen konnte. (Paradoxerweise herrschte auch beim römischen Adel eine recht ähnliche Auffassung: Cäsars Eroberung Galliens diente seiner persönlichen Ruhmsucht und Bereicherung.) Doch für die Römer im allgemeinen war der Krieg eine sehr ernste Angelegenheit, über die gelehrte Abhandlungen geschrieben wurden. Wichtig waren vor allem Methodik und Planung; ihrem Ausmaß hatten die Kelten auf lange Sicht nichts entgegenzusetzen. Beispielsweise hätte es kein Keltenheer fertiggebracht, wie die cäsarischen Legionen binnen zehn Tagen eine Brücke über den Rhein zu schlagen oder eine Flotte von 800 Schiffen zum Angriff auf Britannien zusammenzuziehen.

(Rechts) Die strenge Organisation der römischen Legionen in der Spätrepublik war eine Folge unerbittlicher Disziplin und erlaubte eine komplexe Taktik, der die Kelten selten Paroli bieten konnten.

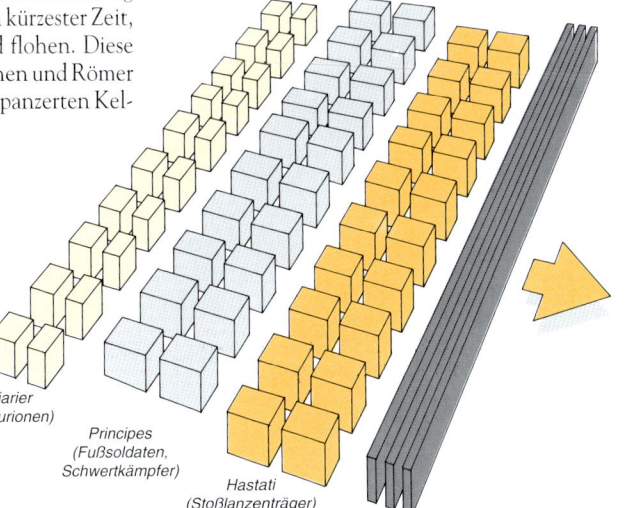

RÖMISCHE LEGION

Triarier (Zenturionen)

Principes (Fußsoldaten, Schwertkämpfer)

Hastati (Stoßlanzenträger)

Velites (»Plänkler«)

DIE SCHLACHT VON TELAMON, 225 V. CHR.

So etwa mag ein Insubrerhäuptling auf dem Schlachtfeld von Telamon ausgesehen haben.

Eine der größten der zahlreichen Schlachten zwischen Römern und Galliern jenseits der Alpen fand im Jahre 225 v. Chr. in Telamon auf halbem Wege zwischen Rom und Pisa an der italienischen Küste statt. Eine große Gäsaten-Streitmacht zog über die Alpen ins zisalpine Gallien; ihr schlossen sich die Insubrer, Bojer und andere zum Angriff auf die Römer an. Sie fielen mit rund 50 000 Mann Fußtruppen und 20 000 Reitern und Streitwagen in Etrurien ein, rückten auf Rom vor, zerschlugen in einem harten Kampf bei Faesulae eine römische Streitmacht, stellten dann aber fest, daß ihnen ein weiteres Heer unter Konsul Lucius Aemilius hart auf den Fersen war. Die beutebeladenen Gallier gingen zum Rückzugsgefecht über und wichen, von Aemilius vorsichtig verfolgt, entlang der etrurischen Küste nach Norden zurück. Keines der beiden Heere wußte, daß der andere Konsul, Gaius Atilius, mit seinem Heer, von Sardinien kommend, in Pisa gelandet war und nach Süden vorstieß, um den Galliern den Weg abzuschneiden. Die Kundschafter der aufeinander zurückenden Streitkräfte trafen sich in Telamon, und Atilius brachte aus Gefangenen schnell heraus, daß die Gallier nunmehr zwischen zwei römischen Heeren in der Falle saßen. Er stellte seine Truppen auf und besetzte mit seiner Reiterei eine taktisch wichtige Anhöhe über der Straße, auf der der Feind herannahte. Als die Gallier vor sich ein weiteres Heer entdeckten, wollten sie mit ihrer Reiterei und leichten Fußtruppen die Anhöhe einnehmen. Nun entspann sich rund um den Hügel ein wenig geordnetes allgemeines Hauen und Stechen. Als sie merkten, daß sie von zwei Heeren eingeschlossen waren, zogen die Gallier nach beiden Seiten ihre Hauptschlachtreihe auf; es gab kein Entkommen. Polybius' lebhafte Beschreibung des anschließenden Kampfes vermittelt ein nachgerade klassisches Bild von einem Keltenheer im Kriege:

»Aemilius ließ seine Reiterei zur Unterstützung der auf dem Hügel Kämpfenden abgehen und rückte [...] auf den Feind zu. Die Stellung gegen den von hinten erwarteten Aemilius bildeten die gallischen Alpenbewohner, Gäsaten genannt, denen die Insubrer folgten, die entgegengesetzte aber bestand aus den Tauriskern, und den am Padus wohnenden Bojern; dergestalt, daß sie, mit dem Rücken einander zugewendet, dem Angriffe des Cajus entgegenstanden. Beide Flügel wurden durch die Wagen und Gespanne gedeckt, und die

auf einem nahe gelegenen Hügel zusammengebrachte Beute sicherte eine Schutzwache. [...] Die lange Unterkleider tragenden Insubrer und Bojer waren leicht gerüstet; die ruhmbegierigen und muthvollen Gäsaten aber standen nackt, und bloß mit ihren Waffen versehen, in den Vorderreihen. [...] Der erste Angriff geschah an dem vorliegenden Hügel, wo das Gefecht der zahlreichen, aus allen Heeren gegeneinander anrennenden Reiter, und ihr Handgemenge, leicht von Allen übersehen werden konnte. Hier fiel auch der allzukühn andringende Consul C. Attilius, dessen Haupt vom Rumpfe getrennt, und den gallischen Königen überbracht wurde; doch behauptete die muthig kämpfende Reiterei der Römer das Feld, und bezwang die Gegner. Das Fußvolk war dem Zusammentreffen bereits nahe. [...] Obgleich die völlige Einschließung des in ihrer Mitte befindlichen Feindes den Muth der Römer erhöhte, so erfüllte sie doch der Glanz des gallischen Heeres, und dessen lautes Getöse mit Schauder. Denn, außer dem

DAS BLUTFELD VON TELAMON

Der genaue Schlachtort bei Telamon oder die Anordnung der Truppen sind kaum feststellbar. Wahrscheinlich vermieden die Gallier, die auf dem Hügel vor der Stadt mit der Reiterei des Atilius zusammenstießen, den Engpaß, durch den die Straße führte, und wichen ins Tal nach Osten aus, wo sie dann in die Falle gerieten.

MITTELMEER

Nach Rom, ca. 160 km

Tönen der ungeheuren Menge von Heerhörnern und Drommeten, tobte der einstimmig erhobne Schlachtgesang furchtbar. […] Schrecklich war der Anblick, grausenerregend die Bewegung der nackt in den Vorderreihen stehenden, jugendlich schönen Riesengestalten, welche, sämtlich mit goldenen Hals- und Armringen geschmückt, den Römern theils Furcht, theils auch, durch den Reiz der Beute, erhöhte Kampflust einflößten. […] Die Leichtbewaffneten gingen aus der römischen Schlachtordnung vor, und begannen das Gefecht mit einem Hagel von sicher geschleuderten Wurfspießen, gegen welche die hinterwärts stehenden Gallier durch ihre Gewänder und Unterkleider sehr geschützt wurden, indeß die nackten […] Vorderen in eine nicht geringe Unruhe und Verlegenheit geriethen. […] Als sie nun den von ferne Treffenden nicht zu vergelten im Stande waren, stürzten einige verzweifelnd, und des widerwärtigen Kampfes überdrüßig, wie rasend in den Feind, und weihten sich freiwillig dem Tode; Andere hingegen wichen zu den Genossen zurück, verbreiteten Schrecken unter den Ihrigen, und verwirrten die Ordnung des Hintertreffens. So warfen die Leichtbewaffneten der übermüthigen Gäsaten Stellung, indeß die Insubrer, die Bojer und Tau-

risker, in dem nach Aufnahme der Plänkler durch die Römer begonnenen Handgemenge muthig streitend, ungeachtet ihrer Wunden, mit mannhafter Tapferkeit im Kampfe beharrten, und nur rücksichtlich des Vorzugs der feindlichen Bewaffnung im Nachtheile waren; weil sich bei den Gegnern sowohl der Schild zur Bedeckung, als auch das Schwert für jegliche Fechtart als weit geschickter bewährte, indeß die gallischen Schlachtschwerter sich nur zum Hiebe eigneten. Und als endlich die römische Reiterei vom Hügel herab, rechtsher in die Seite der Gallier, durch Stellung und des Angriffs Ungestüm begünstigt, mit Erfolg einbrach, wurde das feindliche Fußvolk auf dem Wahlplatze zusammengehauen, während die Reiterei entfloh.

Vierzigtausend Gallier blieben, nicht weniger als zehntausend wurden mit einem ihrer Könige, dem Coneglitanus, gefangen. Ihr zweiter König, Aneroestes, flüchtete mit geringer Begleitung an einen sicheren Ort, wo er sich nebst derselben entleibte.«

(Polybius 2,28–31)

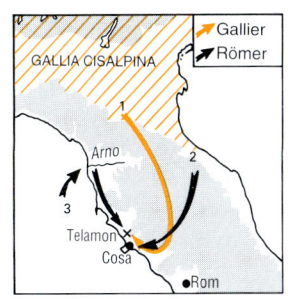

(Oben) Vereinfachte Karte des Feldzugs, der in Telamon endete.
1 = Gallierheer;
2 = Legionen des L. Aemilius;
3 = Legionen des C. Atilius.

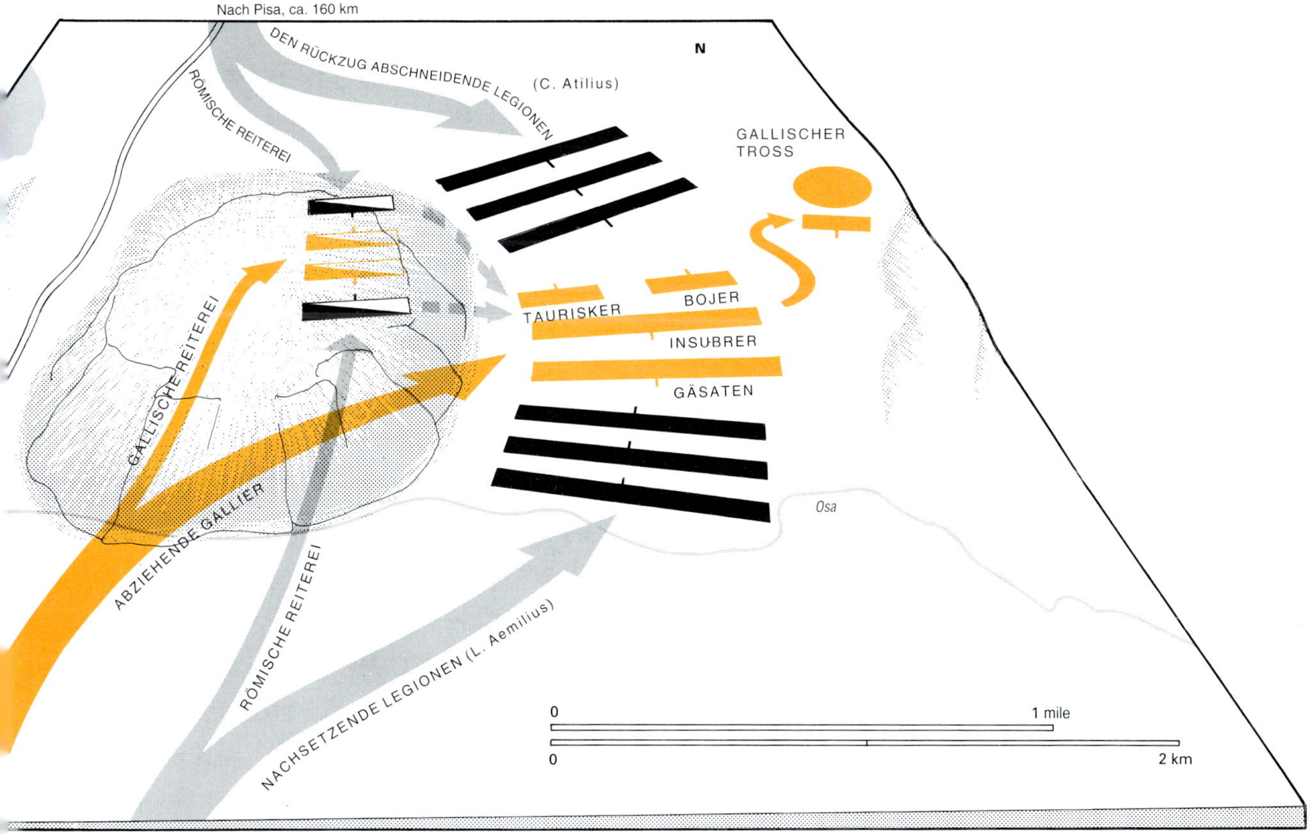

Nach Pisa, ca. 160 km

DEN RÜCKZUG ABSCHNEIDENDE LEGIONEN (C. Atilius)

N

RÖMISCHE REITEREI

GALLISCHER TROSS

GALLISCHE REITEREI

TAURISKER

BOJER

INSUBRER

GÄSATEN

ABZIEHENDE GALLIER

RÖMISCHE REITEREI

Osa

NACHSETZENDE LEGIONEN (L. Aemilius)

| 0 | | 1 mile |
| 0 | | 2 km |

VI

DIE GÖTTER UND DAS LEBEN NACH DEM TODE

*»Das ganze gallische Volk ist Glaubensvorstellungen sehr ergeben;
so opfern sie Menschen bei schweren Krankheiten, in Kämpfen
und Todesgefahren oder geloben ein solches Opfer, und die Opfer
lassen sie von den Druiden vollziehen. Denn sie sind der Meinung,
die unsterblichen Götter ließen sich nur bewegen, einem Menschen
das Leben zu lassen, wenn sie durch den Tod eines anderen
Menschen entschädigt würden.«*
Cäsar, »Der Gallische Krieg«, 6,16

DEN MODERNEN BEOBACHTER mutet die keltische Religion
exotisch und fremd an, und ihre Rätselhaftigkeit wird noch
verstärkt durch grausige Geschichten über Menschenopfer
und die düsteren Gestalten der Druiden. Die Kelten waren äußerst
abergläubisch und standen völlig im Bann ihrer Götter, Geister und
Priester. Rituale und Tabus reglementierten ihr Leben. Sogar die
Landschaft war vom Übernatürlichen durchwoben und von rituellen Einfriedungen oder Tempeln durchsetzt.

Der Bereich des Sakralen bleibt weitgehend ein Rätsel. Der Glaube hinterläßt keine unmittelbaren archäologischen Spuren, und die
Druiden beispielsweise scheuten sich, religiöse Dinge schriftlich nie-
derzulegen (so jedenfalls Cäsar). Die klassischen Schriftsteller indessen hinterließen faszinierende, oft fürchterlich übertriebene Ein-
blicke in keltische Glaubens- und Begräbnisriten, Symbole und
Opfergewohnheiten sowie Beschreibungen der Götter und Druiden.
Zudem hat die Fülle der in letzter Zeit neuentdeckten Tempel, Grä-
beranlagen, Grabbeigaben und Opfergaben beträchtlich zur Vertiefung unserer Kenntnis der religiösen Praxis der Kelten beigetragen.

*Steinerne »Janusköpfe« aus dem Heiligtum der südgallischen Salluvier in
Roquepertuse.*

DIE KELTISCHEN GÖTTER

(Unten) Kleine Steinskulptur aus Euffigneix, Haute Marne; wahrscheinlich frühe Eisenzeit. Neben dem Halsreif und dem Eber sind seitlich Augensymbole angebracht. Vielleicht stellt die Gestalt eine Gottheit dar, die zwischen Menschen- und Ebergestalt wechseln konnte.
(Rechts) Sandsteinstele mit gehörnten »Janus«-Köpfen aus Holzgerlingen, um 500 v. Chr. (Gegenüberliegende Seite) Bronzestatuette aus Bouray, Seine-et-Oise. Eines ihrer eingelegten Glasaugen ist erhalten geblieben. Diese Gestalt im für die Gallier typischen Schneidersitz stellt vermutlich eine Gottheit dar, wiederum vielleicht mit einem Tieraspekt: Die Füße könnten Hufe sein.

WIE DIE GRIECHEN und Römer huldigten auch die Kelten dem Polytheismus, glaubten an eine Vielzahl von Göttern. Wenn man den späteren irischen Mythen Glauben schenken darf, waren ihre Götter genauso unberechenbar, fehlbar, launenhaft und gefährlich wie die olympischen. Der Umgang mit den Göttern und vielleicht unzähligen anderen Geistern und übernatürlichen Kräften war eine ebenso ernste wie alltägliche Angelegenheit. Sie ließen sich beschwichtigen durch ordnungsgemäß zur rechten Zeit und am richtigen Ort verrichtete Sühneriten und Rituale, die meist von Priestern wie den Druiden vollzogen wurden. Inwieweit entsprachen die religiösen Riten der Kelten denen ihrer Nachbarn im klassischen Raum? Huldigten die Kelten beispielsweise ebenfalls Familiengöttern und zahllosen Kleingöttern für alle erdenklichen Lebensbereiche (von der Kindesgeburt bis hin zu den Abwässern)? Wirklich sicher wissen wir es nicht, aber wahrscheinlich fanden religiöse Handlungen nicht nur in den Tempeln, sondern auch zu Hause statt. Die Anbringung abgeschlagener Menschenköpfe an den Häusern war wahrscheinlich teilweise auch religiös motiviert. Desgleichen gab es sakrale Aspekte im Zusammenhang mit der Gastfreundschaft, der Veranstaltung von Festen und der Eidesleistung.

Unzählige Götter

Viele Götter sind uns aus Texten und Inschriften der Römerzeit oder aus Ortsnamen – zum Beispiel »Lugdunum« (Lyon): Festung des Lug – namentlich bekannt. Andere sind aus der irischen Überlieferung zu uns gelangt. Gewisse Götter waren nur örtlich bekannt; diese Regionalgottheiten sind zweifellos zum großen Teil spurlos untergegangen. Anderen hingegen wurde in weiten Bereichen der keltischen Welt gehuldigt. Lug beispielsweise (der Name stammt vom irischen Wort für »gleißendes Licht«) ist von Irland bis Gallien und Spanien bekannt; er mag ein Sonnengott gewesen sein, wurde aber auch mit dem Raben (»lougos«) verbunden. Es existierte indessen kein Weltpantheon vergleichbar dem der wichtigsten griechisch-römischen Götter wie Zeus/Jupiter, Aphrodite/Venus oder Ares/Mars. Vielleicht gab es auch wegen der sehr unterschiedlichen Geschichte und Herkunft der keltischen Völker überhaupt keine deutlich erkennbaren, universell angebeteten keltischen Gottheiten. Einige weitverbreitete Gottheiten standen in Wirklichkeit

vielleicht nur für gleichartige Kulte. So bedeutet Teutates »Gott des Stammes«; womöglich war das gar nicht der Name eines einzigen Gottes, sondern der gemeinsame Titel vieler unterschiedlicher Götter.

Gewisse Gottheiten waren mit bestimmten Orten, fernen Stätten wie Bergen und Forsten, vor allem aber Quellen und Wasserläufen als den offenkundigen Quellen des Lebens verknüpft. Dazu zählen in Gallien Nemausus (um Nîmes) und Glan (bei Glanum nahe St-Rémy) und in Britannien Sul, die Göttin der Heißwasserquelle von Bath. Wasserkulte gab es nicht nur bei den Kelten, sondern sie lassen sich mindestens bis in die Bronzezeit zurückverfolgen. Die frühen Germanen kannten sie ebenso wie die klassische Welt.

Das Wesen der Götter und der anderen Welt

Viele Gottheiten wurden als Dreiheit verehrt oder waren drei Aspekte eines einzigen Gottes, der manchmal dreigesichtig dargestellt wurde. Andere Götter konnten, jedenfalls in den irischen Mythen, ihre Gestalt verändern und nach Belieben verschiedene Tierformen annehmen. So galten zum Beispiel in Irland die Raben, die an den Toten auf dem Schlachtfeld zehrten, als Manifestationen der Kriegsgöttin. Der Vogel auf dem Ciumești-Helm (Rumänien) kann eine sehr viel frühere Darstellung derselben Vorstellung am anderen Ende der keltischen Welt sein.

Eine Vorstellung von Himmel und Hölle als Belohnung/Bestrafung für ihr Erdenleben kannten die Kelten offenbar nicht: Die Wiedergeburt ins Nachleben scheinen sie für automatisch gehalten zu haben. Der Glaube an eine Art »Walhalla« hilft erklären, warum die keltischen Krieger keine Angst vor dem Tod hatten. Die Grenze zwischen der Welt der Lebenden und dem Reich der Götter und Toten war verschwommen; beim großen Samhainfest (das zum Sommerende und Winterbeginn am 1. November gefeiert wurde) zerstob sie offenbar völlig, denn während des Festes waren die normalen Gesetze der Welt vorübergehend außer Kraft. In irischen Sagen ist von lebenden Helden die Rede, die das Reich der Toten besuchten.

Im Gegensatz zur klassischen Welt stellten sich die Kelten ihre Gottheiten erst spät in der Eisenzeit in menschlicher Gestalt vor; jedenfalls sind vor dieser Zeit kaum Idole oder Statuen entdeckt worden. Es heißt sogar, der Keltenfürst Brennus habe sich über die Götterstatuen in Delphi lustig gemacht: »Als er nur Abbilder aus Stein und Holz antraf, lachte er sie aus bei dem Gedanken, daß Menschen in dem Glauben, die Götter besässen menschliche Form, deren Abbildungen in Holz

und Stein aufstellten« (Diodorus Siculus 22,9). Später wurden Götterdarstellungen in Menschengestalt bezeichnenderweise in jenen Gegenden üblich, die in der Nähe griechischer und römischer Siedlungen und Tempel lagen; wahrscheinlich war auch hier wieder der Einfluß der klassischen Welt am Werk. Zur Zeit Cäsars waren Götterbildnisse in Gallien schon üblich; Cäsar spricht von vielen »Merkur«-Holzstatuen.

Im Krieg scheuten die Kelten auch nicht vor der Plünderung von Heiligtümern zurück, sondern bekriegten die Götter ihrer Feinde (und deren Schätze) ebenso wie diese selbst. Andererseits waren die Kelten – wie die Römer – durchaus bereit, fremden Göttern zu huldigen: Die Gallier brachten offenbar Opfer in Massalia dar; die Britannier opferten auf dem Kapitol in Rom. Wahrscheinlich wurden in einigen Regionen auch andere Glaubens- und Ritusaspekte teilromanisiert – obgleich sich Religionen oft besonders konservativ verhalten und fremden Vorstellungen verschließen.

DRUIDEN, PRIESTER UND SEHER

WAHRSAGER UND
PHILOSOPHEN
»Ferner gibt es Philosophen, die
der Götterlehre kundig sind und
in sehr hohem Ansehen stehen;
man nennt sie Druiden. Auch
hat man Wahrsager, denen man
ebenfalls viel Ehre erweist. Sie
sagen aus dem Vogelflug und aus
der Opferschau die Zukunft voraus und haben das ganze Volk in
ihrer Gewalt. [...] Es ist bei den
Galliern gebräuchlich, daß sie
kein Opfer ohne einen ihrer
Weisen verrichten. Denn sie
sagen, man dürfe den Göttern
die Dankopfer nur durch Diejenigen bringen lassen, die mit
ihrem Wesen vertraut seyen
und, so zu sagen, ihre Sprache
verstehen; und durch Ebendie-
selben glauben sie erbitten zu
müssen, was sie sich wün-
schen.«
Diodorus Siculus 5,31

(Rechts) Ausschnitt des fragmentari-
schen Bronzekalenders von Coligny,
Frankreich, der wahrscheinlich aus
der frühesten Römerzeit in Gallien
stammt. Die Buchstaben sind lateinisch, aber die Sprache ist keltisch.
Die nicht nach Tagen, sondern nach
Nächten zählende Berechnung zählt
»günstige« und »ungünstige« Tage
für wichtige Unternehmungen auf.
Derlei Berechnungen dürften ein Reservat der Priesterschaften gewesen
sein.

»Die [Druiden] versehen den Gottesdienst, besorgen
die Opfer für den Staat und für Privatleute und legen
die heiligen Satzungen aus. Eine Menge von jungen
Leuten kommt zu ihnen, um Unterricht zu
empfangen, und sie genießen überhaupt bei den
Galliern ein hohes Ansehen. Denn fast bei allen
Zwistigkeiten, sie mögen nun Staatsangelegenheiten
oder Privatvorfälle betreffen, entscheiden sie. Hat
jemand gefehlt, ist ein Mord geschehen, ist etwa über
Erbschaft und Gemarkung ein Streit entstanden, so
fällen sie das Urteil, setzen Strafen und Belohnungen
fest.«
Cäsar, »Der Gallische Krieg«, 6,13

DIE DRUIDEN genossen in der keltischen Gesellschaft hohes Ansehen – als Denker, Richter,
Wahrsager, Astronomen und Gottesmittler. Sie
bildeten indes nicht den einzigen Priesterorden;
es gab andere, weniger prominente heilige Männer und Seher wie etwa die »Vates«, die Strabon
»Weissager und Naturkundige« nennt. Desgleichen ernannten die Kelten, jedenfalls in Gallien,
Galatien und Britannien, auch Priesterinnen
(allerdings offenbar keine Druidinnen). So wird
berichtet, Priesterinnen hätten den Druiden zur
Seite gestanden, als sie beim Sturm der Römer auf
Mona (Anglesey) den Zorn der Götter herab-
riefen.

Über den Druiden liegt ein Schleier des
Geheimnisses. Sie vermachten der nächsten
Generation ihre Weisheit nicht in Form geschrie-

bener Texte, sondern mit Hilfe auswendig gelern-
ter Verse, weshalb sie ihre Mysterien letztlich mit
ins Grab nahmen. Archäologisch hinterließen
sie keine eindeutig identifizierbaren Spuren.
Unsterblich wurden sie durch die (oft höchst
phantasievollen) klassischen Quellen und die spätere irische Folklore, aber die in späteren Jahrhunderten aufblühenden romantischen Mythen
und Phantasievorstellungen haben ihr eigentli-
ches Wesen eher noch weiter verdunkelt.

Die Druidenorden

Nach Cäsar waren die Druiden eine hochorgani-
sierte, stammesübergreifende Bruderschaft, die
sich einmal im Jahr auf dem Gebiet der Karnuten
in Gallien zur Beratung und zur Wahl eines obersten Druiden versammelten. Man sagt, sie hätten
sich an einem heiligen Ort versammelt – einer
Waldlichtung vielleicht. Das Wort »Druide«
hängt mit dem keltischen Wort für Eiche zusammen, und Bäume und heilige Haine spielten im
religiösen Leben der Kelten zweifelsohne eine her-
ausragende Rolle (der Versammlungsort der Galater hieß »Drunemeton«: Eichenheiligtum).

Entgegen der gängigen Vorstellung waren die
Druiden keine weltabgewandten Asketen;
Kampfabstimmungen sollen manchmal in regel-
rechtes Handgemenge ausgeartet sein! Es besteht
kein Grund zu der Annahme, die Druiden hätten
– außer während der Opferfeiern – anders ausgesehen als andere prominente Gallier oder Britannier. Wie die meisten römischen Priester auch
waren sie vermutlich eng in die Gesellschaft und
den Alltag integriert. Ob jeder Volksstamm seine
eigene Druidengruppe besaß, wissen wir nicht
genau, wenngleich es in späteren irischen Sagen
heißt, zum Hofstaat der Könige habe ein Leib-
druide gehört.

Die Rolle des Druidentums

Die Druiden, andere Priester und eventuell auch
die Barden dürften die Aufgabe gehabt haben, das
Identitätsgefühl und die Kontinuität der Gemeinschaft zu wahren. Sie waren die Hüter der Stam-
mestraditionen und verschafften dem Stammes-
recht Geltung. Außerdem oblag ihnen – wie den
römischen Priestern – vermutlich der Kalender:
Festlegung von Feiern, Benennung von Glücks-
tagen für Geschäft oder Opfer und von Unglücks-
tagen, an denen man keinesfalls wichtige Dinge
erledigen sollte.

Als privilegierte Mitglieder der gebildeten
Schicht waren die Druiden vom Wehrdienst und

von der Steuer befreit. Dennoch mischten sie in der Politik und Diplomatie kräftig mit – bei Kriegserklärungen und der Aushandlung von Friedensabmachungen bis hin zu deren Durchsetzung. Strabon nennt sie die »gerechtesten Menschen«, und häufig wurde ihnen die Schlichtung von Streitigkeiten oder die Bestrafung von Verbrechern übertragen. Die Druiden besaßen beträchtliche Macht über die Gemeinschaft, konnten auch »exkommunizieren« oder Übeltäter von der Teilnahme an Opfern und anderen öffentlichen Zeremonien ausschließen und sie damit zu gesellschaftlichen Außenseitern machen.

Größte Aufmerksamkeit widmen die Texte der Rolle der Druiden bei der Durchführung von Opferfeiern. Die Kelten praktizierten sowohl Tier- als auch Menschenopfer; gerade letztere beschreiben die klassischen Autoren in einer gespenstischen Mischung aus Faszination und Schrecken, obwohl den Römern selbst Folter und Hinrichtung keineswegs fremd waren. Zu den weiteren Aufgaben gehörten die Unterrichtung und Vorbereitung der Novizen für die Aufnahme in die Druidenorden, die Wahrsagerei, astronomische Studien, die Heilung sowie die Fürsprache für die Gemeinde bei den Göttern. Einige klassische Schriftsteller berichten, die Druiden hätten den Glauben an die Unsterblichkeit der Seele gepredigt, die nach dem Tode in einen anderen Leib übergehe.

Ursprung und räumlicher Umfang des Druidentums

Die klassischen Texte sprechen von Druiden in Britannien und Gallien, nicht aber in Italien, Spanien, im Donaugebiet oder in Galatien. Nach Cäsar wurden Novizen häufig von Gallien nach Britannien gesandt, wo sie angeblich die beste Ausbildung erhielten; tatsächlich kann das Druidentum durchaus in Britannien entstanden sein und sich von dort ausgebreitet haben. Seine Verbreitung könnte darauf hinweisen, daß es nach den Völkerwanderungen über die Alpen im frühen 4. Jahrhundert v. Chr. in Festlandeuropa Eingang fand.

Wie man Druide wurde

Cäsar war offenkundig von der Strenge der Druidenausbildung beeindruckt. Von den Novizen wurde anscheinend verlangt, daß sie eine Unzahl von Versen, Gesetzen, Geschichten, magischen Formeln und anderen Überlieferungen auswendig lernten. Da es bis zu zwanzig Jahre dauern konnte, bis ein Druide sein Studium abgeschlossen hatte, setzte die Ausbildung oft schon früh, noch im Knabenalter, ein. Logischerweise können also nicht alle Druiden alte Männer mit langen weißen Bärten gewesen sein; einige waren wohl erst in ihren Dreißigern.

William Stukeleys (1740) phantasievolle Darstellung eines Druiden mit bronzezeitlichem Axtkopf im Gürtel. Abgesehen von Plinius' berühmter (aber mit Vorsicht zu behandelnder) Schilderung der Zeremonie des Mistelsammelns wissen wir nicht, welche Kleidung die Druiden tatsächlich trugen.

HEILIGE STÄTTEN UND OPFERFEIERN

»Nach dem Sieg wird die lebende Beute geopfert, alles übrige aber auf einen Haufen zusammengeworfen. In verschiedenen Staaten trifft man an geheiligten Orten ganze Hügel solcher Beuteopfer. Selten ist jemand so gewissenlos und untersteht sich, von der Beute etwas heimlich zu behalten oder von dem Haufen zu stehlen. Die härteste Todesstrafe und Marter ist auf solches Vergehen gesetzt.«

Cäsar, »Der Gallische Krieg«, 6,17

Die Steinstrukturen des Salluviertempels in Roquepertuse weisen eine interessante Mischung aus griechischen Einflüssen und einheimischem Symbolismus auf, die ähnlich auch in der Hauptstadt Entremont zu finden ist. Pfeiler und Stürze spiegeln vermutlich die Tempel im griechischen Massalia wider, während die Schädelnischen und eine Geiersikulptur auf die Behandlung menschlicher Überreste bei den Südgalliern und in Iberien verweisen.

IN DEN KELTISCHEN LANDEN durchzog wie in Griechenland und Rom die Religion sämtliche Aspekte des Lebens in einem Maße, das den modernen Abendländer seltsam anmutet, aber die Unterscheidung zwischen säkular und religiös ist ja ein recht junges, abendländisches Konzept. Die Kelten dürften den Gottesdienst zu Hause und in anderem familiären Rahmen ebenso geübt haben wie an bestimmten heiligen Stätten; in der Hügelfestung Danebury zum Beispiel scheinen den Erdgöttern jedesmal Dankesgaben dargebracht worden zu sein, wenn eine Vorratsgrube außer Betrieb genommen und eingeebnet wurde.

Die Tempel lagen häufig fern der menschlichen Behausungen in der Nähe der Mächte der Natur, auf Hügelkuppen oder in Grotten. Die klassischen Schriftsteller erwähnen heilige Haine, heilige Seen, Tümpel oder Quellen sowie förmliche religiöse Einhegungen oder Tempel. Das keltische Wort für Tempel, Schrein oder Heiligtum hieß »nemeton« und scheint mit dem griechischen »temenos« verwandt, das den Tempelbezirk oder den Landbesitz der Götter bezeichnet.

Heilige Haine

Das romantische Bild weißgekleideter Druiden, die tief im Walde ihre Rituale vollziehen, ist nicht völlig von der Hand zu weisen, denn im religiösen Leben der Kelten spielten Bäume eine große Rolle. Wie wir sahen, ist der Begriff »Druide« mit »Eiche« verwandt, und Plinius erzählt, von Eichen seien Mistelzweige gepflückt worden. Die an gallischen Flußquellen gefundenen Holzstatuen oder Votivgaben (sie stammen aus der Periode zwischen der späten Eisenzeit und der frühen Römerzeit) bestehen gewöhnlich aus Eichenholz.

Die klassischen Schriftsteller machen großes Aufheben von den rituellen und grausamen keltischen Opferfeiern in düsteren Waldhainen – vielleicht, weil Kulthandlungen an so schreckenerregenden Orten der äußerlich geordneten, urbanen Lebensweise des Mittelmeers so sehr fremd waren.

Ständige Heiligtümer

In den Tempeln und heiligen Stätten der Kelten hätten sich die Griechen und Römer kaum wohler gefühlt. Eindrucksvolle religiöse Stätten sind den Gelehrten seit langem in Südfrankreich bekannt, aber neuerdings bereichern Ausgrabungen in Nordfrankreich und anderswo unsere Vorstellung von den keltischen Tempeln um viele Details.

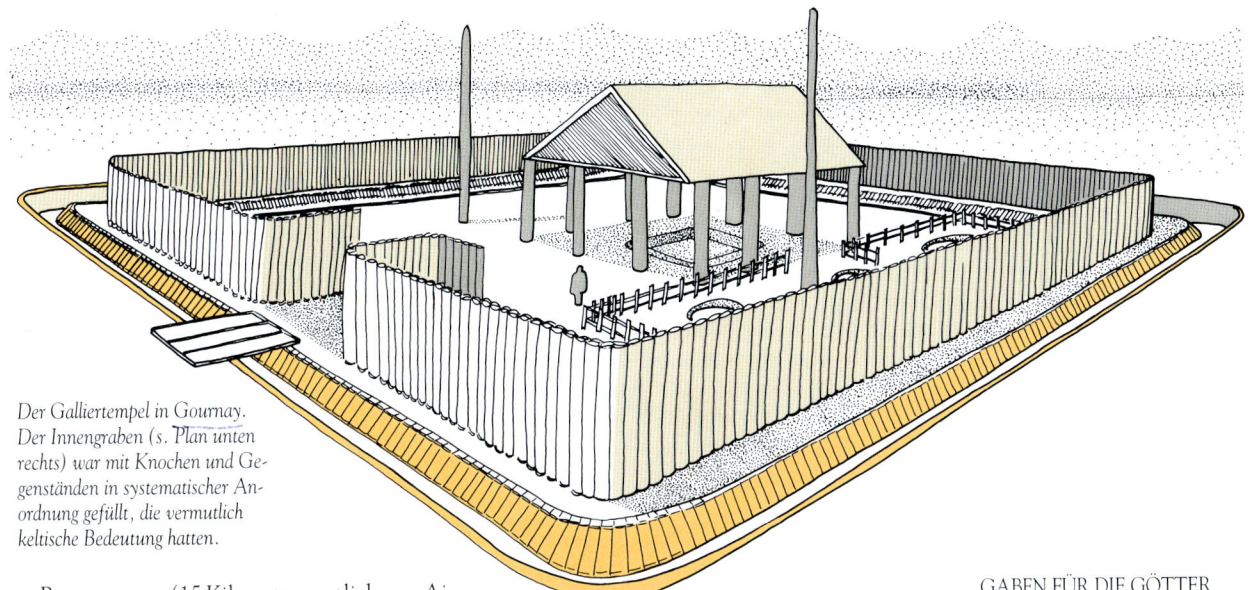

Der Galliertempel in Gournay. Der Innengraben (s. Plan unten rechts) war mit Knochen und Gegenständen in systematischer Anordnung gefüllt, die vermutlich keltische Bedeutung hatten.

Roquepertuse (15 Kilometer westlich von Aix-en-Provence) gilt als Heiligtum der Salluvier, vermutlich ein keltisch-ligurisches Mischvolk, dessen Niederwerfung die Errichtung der römischen Macht in Südgallien einleitete. Die bemalten Kalksteinskulpturen – darunter ein Geier (vielleicht eine örtliche Entsprechung zu einer Rabengottheit), der auf einem aus Steinpfeilern und -oberschwellen bestehenden Bauwerk saß – weisen deutliche griechische Einflüsse aus dem nahe gelegenen Massalia (Marseille) auf. Aber viele sonstige Details sind ausgesprochen ungriechisch, nicht zuletzt die in die Steinpfeiler geschlagenen Nischen mit Menschenschädeln. Architektonische Beweise für den Kult der abgeschlagenen Köpfe finden sich auch in Entremont, der Hauptstadt der Salluvier, wo dramatische Skulpturen mit aufgeschichteten Schädeln und die Schädeldecken von fünfzehn männlichen Erwachsenen gefunden wurden.

Halbklassische Tempel wie Roquepertuse und Glanum (Saint-Rémy-de-Provence, wo ähnliche Skulpturen gefunden wurden) waren auf das mediterrane Gallien begrenzt. Der Norden entwickelte seine eigenen Traditionen, die ursprünglich nur wenig von klassischen Praktiken beeinflußt waren. Der Tempel von Gournay (Oise) lag nahe der Grenze zu drei belgischen Volksstämmen, den Bellovakern, Ambianern und Viromanduern. Vielleicht kam dem Ort ebenso große politische wie religiöse Bedeutung zu, und er sollte den Anspruch einer Gemeinschaft auf bestimmte umstrittene Grenzlande unterstreichen. Er könnte jedoch auch ein politisch neutraler Platz sein,

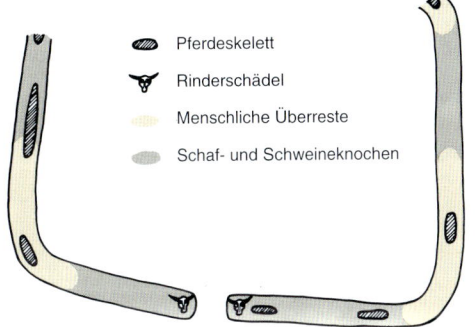

Pferdeskelett

Rinderschädel

Menschliche Überreste

Schaf- und Schweineknochen

von wo aus die Götter über die Beziehungen zwischen den Volksstämmen wachten. Gournay besaß eine lange Geschichte und erlebte vom 3. bis zum 1. Jahrhundert v. Chr. eine Blütezeit, in der es auch diverse Umgestaltungen erfuhr. Es bestand aus einer grabenumzogenen Einhegung mit einer Seitenlänge von rund 40 Metern; der Eingang blickte nach Osten. Innerhalb der Umfriedung wurde über einer Gruppe ritueller Gruben schließlich ein hölzernes Gebäude errichtet. Hier wurden Rinder, Schweine und Schafe geopfert: Tausende Tierknochen wurden gefunden. Die Ausgräber entdeckten auch viele Menschenknochen sowie rund zweitausend Eisenwaffen, die durch Zerschlagen, Biegen und Brechen »rituell getötet« worden waren – eine in der kel-

GABEN FÜR DIE GÖTTER
»Auffallend und bemerkenswerth ist das Benehmen der oberländischen Celten gegen die Heiligthümer der Götter. In den Tempeln und den heiligen Plätzen, die man hin und wieder antrifft, liegt viel Gold umher, das den Göttern geweiht ist, und die Furcht vor ihnen ist so groß, daß Keiner der Eingebornen es anrührt, obgleich die Celten sonst äußerst geldgierig sind.«
Diodorus Siculus 5,27

»DIONYSISCHE« RITEN
»Im Ozean liegt, sagt man, eine kleine Insel, nicht weit seewärts vor des Leigers [der Loire] Mündung. Diese bewohnen die von Dionysos besessenen Weiber der Namniten. [...] Es ist Gebrauch, jährlich einmal den Tempel abzudecken, und desselben Tages vor Sonnenuntergang wieder zu bedecken, wozu Jede eine Ladung herbeiträgt; welcher aber die Ladung entfällt, die wird von den anderen zerrissen. Diese tragen unter Jubelruf die Stücke um den Tempel, nicht eher nachlassend, als bis die Wuth nachläßt ...«
Strabon, »Erdbeschreibung«, 4,4,6

RITUELLE SCHÄCHTE

Zum Seltsamsten der keltischen religiösen Praxis gehören tief in die Erde gelassene Schächte, die häufig in Viereckschanzen anzutreffen sind. Einige Archäologen halten sie für eine keltische Version des mittelmeerischen Glaubens, über Schächte könne man mit der Unterwelt verkehren. Es gibt indes keinen Grund zu der Annahme, diese Tradition sei aus der klassischen Welt importiert worden, denn solche aus der Bronzezeit (mithin lange vor der römischen Nordausdehnung) stammenden Schächte sind quer durch Europa und vor allem in Großbritannien gefunden worden.

Viele tiefe Schächte waren mit Votivgaben gefüllt. Im bayerischen Holzhausen beispielsweise enthielt

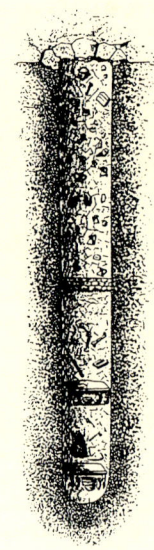

einer der Schächte unten einen von chemischen Spuren von Fleisch und Blut umgebenen Holzpfahl. Andere Beispiele aus Frankreich (die bis in die Römerzeit in Gebrauch waren) enthalten Tier- und Menschenknochen, Holzfiguren und manchmal Balken oder Baumstämme – vielleicht Sexualsymbole. Eine Abbildung auf dem Gundestrup-Kessel könnte einen Mann darstellen, der mit dem Kopf voraus in einen heiligen Schacht gestürzt (und nicht, wie früher angenommen, rituell ertränkt oder untergetaucht) wird. Die an den Schächten vollzogenen Riten bilden vielleicht eine Parallele zu den Opfern an Vorratsgruben.

tischen Welt weitverbreitete Praxis. Die Gegenstände und die Knochen waren in einem sorgfältig geplanten Zonensystem in die Gruben gelegt worden und zeugen von unbekannten Zeremonien. Ein ähnliches, in Ribemont-sur-Ancre (Somme) ausgegrabenes Heiligtum erbrachte Waffen, Überreste von Tieropfern und die Leichen von mindestens tausend fünfzehn- bis vierzigjährigen Männern und Frauen. Diese weisen grausige Zeichen der Enthauptung und abgeschlagene Glieder auf, wobei die entfleischten Knochen sorgfältig übereinandergestapelt waren.

Wie verbreitet derartige Heiligtümer waren, ist unklar, aber unter dem Römertempel auf Hayling Island in England befindet sich ein vorrömischer Tempel mit einigen Waffengaben, und ein Gournay ähnliches Heiligtum soll bei der Siedlung am Monte Bibele in Italien gefunden worden sein.

Heilige Wasser

Kult- und Opferhandlungen an Teichen, Quellen und Flüssen hatten eine lange Tradition, die bis in die Bronzezeit zurückreichte. Sie waren kein einmalig keltisches Phänomen; auch die Völker der klassischen Welt praktizierten viele mit Quellen und Seen im Zusammenhang stehende Kulte, und die Germanen brachten bis in die ersten Jahrhunderte n. Chr. in Mooren und Tümpeln Sach- und Menschenopfer dar.

Bedeutung und Umfang der keltischen Wasseropfer werden deutlich in Tolosa (Toulouse), wo im Jahre 107 v. Chr. der römische General Caepio aus dem Tempel und den heiligen Seen nicht weniger als 50 Tonnen Gold und ebensoviel Silber geraubt haben soll; diese Zahlen klingen

unglaubwürdig, aber immerhin konnte Cäsar später mit der Beute aus Gallien und dessen Tempeln seine riesigen Schulden begleichen und seine Karriere finanzieren. Ein weiteres berühmtes Beispiel für keltische Wasseropfer stammt aus Llyn Cerrig Bach auf der Insel Anglesey, wo während des Zweiten Weltkrieges aus einem ehemaligen Teich zahlreiche Metallarbeiten und andere Gegenstände geborgen wurden. La Tène selbst gilt heute gemeinhin als ein solcher Opferplatz.

Die erheblichen Mengen sehr feiner Metallarbeiten, die (vor allem in Britannien) aus Flußbetten geborgen wurden, können durchaus bei Beisetzungsriten oder Sühneopfern an die Götter deponiert worden sein. Die alten Britannier beispielsweise mögen die Körper der Toten entfleischt und mindestens die Schädel mitsamt Beigaben in die Flüsse versenkt haben.

Viereckschanzen

Dieser in die internationale Fachsprache eingegangene deutsche Begriff bezeichnet geheimnisvolle, rechteckige Einfriedungen, deren Funktion im dunkeln liegt. Viereckschanzen sind von Britannien bis Böhmen gefunden worden. Spuren großer – ritueller oder anderer – Aktivität innerhalb der Viereckschanzen gibt es höchst selten, aber viele Riten hinterlassen nun mal keine Spuren. Handelte es sich um Versammlungsorte für – vielleicht von Gelagen, Spielen und Wettbewerben begleitete – Zeremonien und Festlichkeiten, wie wir sie in Griechenland, Rom und später in

(Rechts) Ausschnitt des in einem dänischen Moor gefundenen Bronzekessels von Rynkeby, 1. Jahrhundert v. Chr. Obwohl er, wie auch der Gundestrup-Kessel, von außerhalb der keltischen Welt stammt, trägt er keltische Motive, z.B. die Gestalt mit Halsreif und die Rinderköpfe. (Mit Köpfen – insbesondere Tierköpfen – versehene Kessel verraten letztlich klassische Einflüsse, aber diese Darstellungen waren schon lange Bestandteil des keltischen künstlerischen und religiösen Ausdrucks geworden.)

Irland antreffen? In einigen Fällen bezeugen sogenannte rituelle Schächte einen religiösen Zusammenhang.

Riten und Opfer

Was wollten die Menschen von ihren Göttern, außer daß sie sie zu versöhnen trachteten? Späteres Material aus der Römerzeit deutet an, um welche menschlichen Anliegen es gegangen sein mag, darunter um gute Ernten, Glück und Vermögen, Heilung von Krankheiten und Wiedergutmachung erlittenen Unrechts.

Wie aber versuchten die Kelten, sich der Gunst der Götter zu versichern? Sie scheinen höchst vielfältige Zeremonien gehalten zu haben, zu denen auch Votivgaben und Opfer gehörten. Ab der späten Bronzezeit dienten Kessel sowohl als heilige Gefäße wie auch als Statussymbole (genau wie in Griechenland). Strabon beschreibt, wie Kriegsgefangene geopfert wurden: Man schnitt ihnen über einem Kessel die Kehle durch. Desgleichen fand man inner- und außerhalb der keltischen Welt Kessel als Wasseropfergaben. Das berühmteste Beispiel ist der außergewöhnliche Silberkessel von Gundestrup, und auch der weniger bekannte Bronzekessel aus dem nahen Rynkeby ist ein Prachtstück; beide stammen aus Dänemark und sind, wenn nicht direkt keltisch, so doch stark vom La-Tène-Stil und -Leben beeinflußt.

Einige Gegenstände ohne offenkundige Funktion (zum Beispiel winzige Schildmodelle, die hauptsächlich in Britannien gefunden wurden)

könnten Votivgaben sein. Andere, wie etwa absichtlich zerstörte Waffen, sind vielleicht weniger direkte Opfergaben an die Götter als Bestandteil von Begräbnisritualen. Tatsächlich mögen die Kelten nicht unbedingt klar zwischen Begräbnisritus und Götteropfer unterschieden haben. Waren beispielsweise die menschlichen Überreste in Ribemont und Gournay bloßes Ergebnis der Beisetzungspraxis, oder deuten sie eher auf rituelle Menschenopfer hin? Es ist wahrscheinlich, daß viele der hier entdeckten Toten tatsächlich die Opfer zeremonieller Handlungen waren – Kriegsgefangene, Verbrecher, vielleicht sogar freiwillige Boten zu den Göttern. Wie immer die Wahrheit lauten mag, diese Tempel müssen schreckenerregende Orte gewesen sein, voller Verwesungsgestank, flatternder Raben und Aaskrähen.

Die Kelten opferten den Göttern sowohl Tiere als auch Menschen. Plinius berichtet von der Opferung zweier weißer Stiere. Doch es waren die Menschenopfer, die auf die Griechen und Römer – und eine noch heute – eine besonders schauerliche Faszination ausübten. Für die klassische Welt lag hierin ein Hauptgrund, weshalb sie die Gallier und Britannier für Barbaren hielt. Als Cäsar von gallischen Menschenopfern schrieb, vergaß er allerdings zu erwähnen, daß Rom noch im Jahre 114 v. Chr. zwei Griechen und zwei Gallier geopfert hatte, um die Götter zu besänftigen – oder auch, daß er selbst blutige Gladiatorenkämpfe finanzierte, um die Massen zu gewinnen und so sein Prestige zu stärken.

Romantische Darstellung der berühmten Schilderung des Plinius über das Mistelpflücken durch die Druiden aus dem 19. Jahrhundert.

PRIESTERPFLICHTEN: MISTELZWEIGE UND MAGIE

»Sie bereiten nach ihrer Sitte das Opfer und das Mahl unter dem Baum und führen zwei weiße Stiere herbei [...] Der Priester, bekleidet mit einem weißen Gewand, besteigt den Baum und schneidet die Mistel mit einem goldenen Messer ab: Sie wird mit einem weißen Tuch aufgefangen. Dann schlachten sie die Opfertiere und bitten den Gott, er wolle sein Geschenk denen, welchen er es gegeben hat, zum Glück gereichen lassen. Sie meinen, daß die Mistel, in einem Getränk genommen, jedem unfruchtbaren Tier Fruchtbarkeit verleihe und ein Heilmittel gegen alles Gift sei.«
Plinius, »Naturkunde«, 16,95

DER LINDOW-MANN:
AUCH TOTE KÖNNEN REDEN

DAS ÖFFENTLICHE INTERESSE für die keltische Religion und ihrer Opferkulte erwachte erneut, als eine von Wasser umschlossene »mumifizierte« Leiche eines Altbritanniers entdeckt wurde, der offenkundig das Opfer eines Tötungsrituals gewesen war – vielleicht ein Druidenopfer.

Entdeckung und Untersuchung

1984 wurde beim Torfstechen in Lindow Moss, 15 Kilometer südlich von Manchester, eine bemerkenswert gut erhaltene Leiche entdeckt. Sie war so gut erhalten, daß die Polizei zunächst befürchtete, es handle sich um ein Mordopfer aus neuerer Zeit. Die Archäologen hoben die Leiche deshalb sorgfältig mitsamt dem umgebenden Torfblock heraus und verbrachten sie in die Leichenhalle eines Krankenhauses, wo Fachleute mit Radiokarbon-Datierungstechniken das Alter bestimmen konnten. Der Leichnam erwies sich als

Der Lindow-Mann wird untersucht.

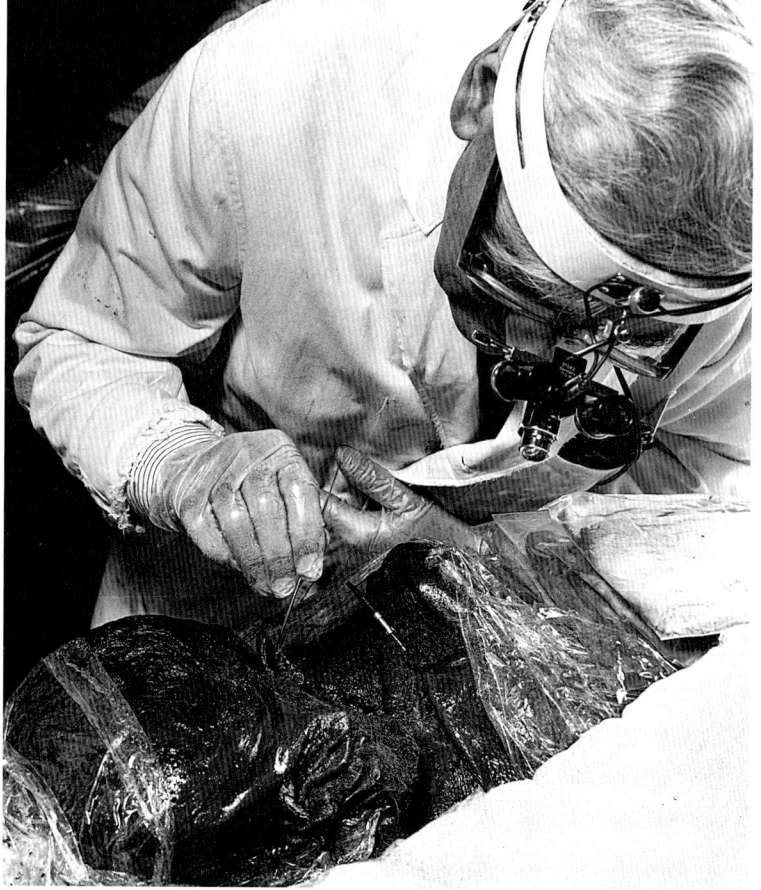

antik, fast zweitausend Jahre alt, und wurde zur wissenschaftlichen Untersuchung ins British Museum verlegt. Der Lindow-Mann war ein sensationeller Fund, weil sein natürlicher »Sarg« aus wasserumschlossener, teils verrotteter, sauerstoffloser Vegetation die Weichgewebe erstaunlich gut konserviert hatte, darunter nicht nur die Haut, sondern auch Haare und sogar Fingernägel.

Moorleichen sind zwar in Irland, Dänemark und Deutschland entdeckt worden, aber dies war der erste solche Fund in Großbritannien in neuerer Zeit. Der Lindow-Mann hatte gegen Ende der Eisenzeit gelebt, wahrscheinlich im 1. Jahrhundert n. Chr., so daß wir erstmalig das Antlitz eines keltischen Altbritanniers betrachten können. Die wirklichen Schlagzeilen aber machte die Tatsache, daß er eines gewaltsamen und grausigen Todes gestorben war.

Wer war er?

Wissenschaftler unterzogen den Lindow-Mann monatelang akribischen Untersuchungen. Bei der Entfernung des Torfs im Labor kamen die Überreste eines bärtigen männlichen Erwachsenen zutage, der abgesehen von einem Fuchsschwanzband am linken Arm und einem Strick um den Hals völlig nackt war. Unterhalb des Nabels war der Körper von der Torfschneidemaschine beschädigt worden, aber der abgetrennte Teil konnte weitgehend geborgen werden.

Ein kleines Heer von Spezialisten begann mit der Arbeit an oft winzigen Beweisspuren. Die Analyse des Skeletts und der Zähne zeigte, daß es sich um den Körper eines gesunden, gut genährten jungen Mannes handelte, der bei seinem Tod etwa Mitte Zwanzig war. Nichts deutete auf frühere Verletzungen oder Krankheiten hin, von Anzeichen von Darmwürmern im Magen einmal abgesehen. Die Elektronenmikroskopie seiner Fingernägel ergab, daß er gepflegte Hände hatte. Ganz offenkundig handelte es sich, wie auch sein guter Gesundheitszustand zeigte, nicht um einen Landarbeiter oder Sklaven.

Tod durch Gewalteinwirkung

Fest steht, daß dieser junge Mann ein grausambrutales Ende gefunden hat. Mit einer Axt mit schmaler Klinge war ihm zwei- oder dreimal auf den Kopf geschlagen worden. Er verlor das Bewußtsein, starb aber nicht sofort (allerdings wäre der Tod binnen weniger Stunden eingetreten), denn die Wunde schwoll an, was darauf hinweist, daß sein Herz noch schlug. Danach wurde ihm ein Strick um den Hals gebunden (wo er sich noch heute befindet), dann hinten ein Stock eingezogen und gedreht, um die Schlinge anzuziehen und ihm so die Luft abzuschneiden. Die Erdrosselung wurde so heftig vollzogen, daß sie ihm das Genick brach. Nun trat der klinische Tod ein, aber der oder die Henker des Lindow-Mannes hatten immer noch nicht genug. Sie schnitten ihm jetzt die Kehle durch; bald danach wurde die Leiche in einen Tümpel im Moor geworfen.

Warum wurde er erschlagen?

Ganz offenkundig handelte es sich hier nicht um einen beiläufigen Totschlag, sondern um eine regelrechte, fast umständliche Hinrichtung. Nun wissen wir zwar, *wie* der Lindow-Mann starb, nicht aber, warum; Mordmotive sitzen im Hirn der Mörder oder Henker und hinterlassen keine Spuren. Am wahrscheinlichsten dürfte sein, daß es sich um ein Menschenopfer handelte, worauf auch die Komplexität der Prozedur und die Versenkung des Leichnams im Wasser schließen lassen. Nach dem ersten Schlag auf den Kopf dürfte er nichts mehr

gespürt haben; im Gegensatz zu anderen nachgewiesenen Menschenopfern war dieses nicht darauf angelegt, größtmögliche Schmerzen zuzufügen. War er vielleicht gar ein williges Opfer, ein Freiwilliger, der sich in einer Krise als Geschenk oder Bote an die Götter anbot im festen Glauben, daß sein Nachleben gesichert war und sein eigener Tod auf irgendeine Weise den Besten der gesamten Stammesgemeinschaft diente?

Die vielleicht faszinierendste Frage ergibt sich daraus, daß in seinem Magen ein paar Pollen der Mistelpflanze entdeckt wurden. Von der Pflanze selbst sind keinerlei Fragmente vorhanden; es ist sehr wohl möglich, daß in einer Zeremonie anläßlich seiner Henkersmahlzeit ein Mistelzweig in sein Getränk getaucht oder über die Nahrung gestrichen worden ist. Einige Fachleute erblicken im Tod des Lindow-Mannes ein Druidenopfer, weil man die Druiden oft mit Mistelzweigen in Verbindung bringt. Diese Schlußfolgerung kann durchaus richtig sein, aber wahrscheinlich werden wir es ebensowenig erfahren wie seinen Namen oder den eigentlichen Grund für sein grausames Schicksal.

(Oben) Rekonstruktion des wahrscheinlichen Aussehens des Lindow-Mannes. (Unten) Die Leiche bei der Bergung aus dem Torf; ursprünglich lag sie mit dem Gesicht nach unten.

DAS ZEUGNIS DER GRABSTÄTTEN

*»Die Leichenbegängnisse sind für gallische
Verhältnisse prächtig und kostspielig. Alles, was dem
Verstorbenen bei Lebzeiten lieb und wert war, wird
ins Feuer geworfen, auch Tiere; und noch vor kurzer
Zeit wurden auch Sklaven und Schutzgenossen, von
denen man wußte, der Verstorbene habe sie geschätzt,
nach den Bestattungszeremonien zusammen mit der
Leiche verbrannt.«*
Cäsar, »Der Gallische Krieg«, 6,19

*Wagengrab aus dem 5. Jahrhundert
v. Chr. in Châlons-sur-Marne,
Frankreich.*

DEN ERSTEN SCHLÜSSEL zur Archäologie der Kelten lieferten Grabanlagen; ein Großteil der erhalten gebliebenen La-Tène-Schätze stammt aus Gräbern. Die Kelten wurden oft mitsamt ihrer persönlichen Habe und Kleidung, ihrem Schmuck und manchmal weiterer Grabbeigaben (darunter auch Nahrungsmitteln) beigesetzt. Während diese wohl Ausdruck des Glaubens an die Unsterblichkeit der Seele und an das Eintreten in ein Nachleben sind, sagen sie uns gleichzeitig etwas über den Status der Verstorbenen und ihrer Familie oder Gemeinschaft. Mit einem besonders verschwenderischen Begräbnis ließ sich Reichtum und Ansehen sinnfällig zur Schau stellen. Zudem liefern uns die Gräber wesentliche Erkenntnisse über das Leben der Menschen und ihre Handels- und Kulturkontakte, wie die Grabanlagen von Yorkshire und später die südenglischen Verbrennungen anschaulich zeigen.

Die Grabstätten sind die einzig erhaltenen Restzeugen oft sicherlich kunstvoller Beisetzungszeremonien im Beisein des versammelten Clans, die an der Beisetzungsstätte und anderswo von Gelagen, Prozessionen und Riten begleitet waren. Manchmal wurde der Leichnam zunächst verbrannt, die Asche danach an einem anderen Ort der Erde anvertraut. In Yorkshire gibt es hochinteressante Hinweise auf Leichenschmause und Beweise für rituelle Speerwürfe in einige Gräber. Cäsar weiß zu berichten, die Gallier hätten Briefe an die Toten auf den Scheiterhaufen geworfen und in verschwenderisch ausgestatteten Beisetzungszeremonien deren Lieblingstiere verbrannt.

Wie in vielen anderen Bereichen des keltischen Lebens weisen auch die Beisetzungsriten geographische Unterschiede auf und haben sich im Laufe der Zeit verändert. Im 5. Jahrhundert v. Chr. war die Beisetzung unter quadratischen Tumuli oder Schanzhügeln von der Marne bis nach Österreich geographisch weit verbreitet (aber nicht sehr üblich). Bis zum 1. Jahrhundert v. Chr. wurden in der Champagne solche Tumulusgräber gebaut, doch herrschte in anderen Gebieten ein anderes Muster vor.

Etwa ab 400 v. Chr. wurde in Mittel- und Westeuropa die Beisetzung in »ebenen Friedhöfen« zur üblichsten Bestattungsform. Der unversehrte Leichnam wurde ausgestreckt in das Grab gelegt, über dem kein Hügel errichtet wurde. Die Verbrennung war weniger verbreitet, vor allem in früheren Zeiten. Die Friedhöfe waren gewöhnlich klein und stellten wahrscheinlich die Begräbnis-

ENTFLEISCHEN DER TOTEN

Außer in Ost-Yorkshire gibt es in ganz Großbritannien vor der Späteisenzeit nur sehr wenige formelle Begräbnisstätten. Vielleicht praktizierten die alten Britannier die Exkarnation (Entfleischung) und benutzten oder beseitigten anschließend die Knochen auf unbekannte Weise. Dennoch sind – auf ersten Blick achtlos weggeworfene – Menschenknochen bei Siedlungen wie Danebury gefunden worden (Foto rechts). In Gruben und Gräben tauchen menschliche Schädel und manchmal ganze Skelette auf. Deutet das auf Menschenopfer hin? Das ist sehr wohl denkbar; ebensogut könnte es sich um einen Übergangsritus für die Toten handeln, bei dem die entfleischten Knochen eine Zeitlang, vielleicht als Teil eines Ahnenkults, in die Wohnstatt des Verblichenen zurückgebracht wurden, ehe man sie beseitigte. Es wurde auch schon spekuliert, die zahlreichen von den Kelten in Flüsse geworfenen Waffen seien keine Gaben an die Götter gewesen, sondern Bestandteile eines langwierigen Beisetzungsrituals für die männliche Aristokratie, zu dem es gehörte, Waffen und vielleicht Teile des Skeletts (speziell den Schädel) im Wasser zu deponieren.

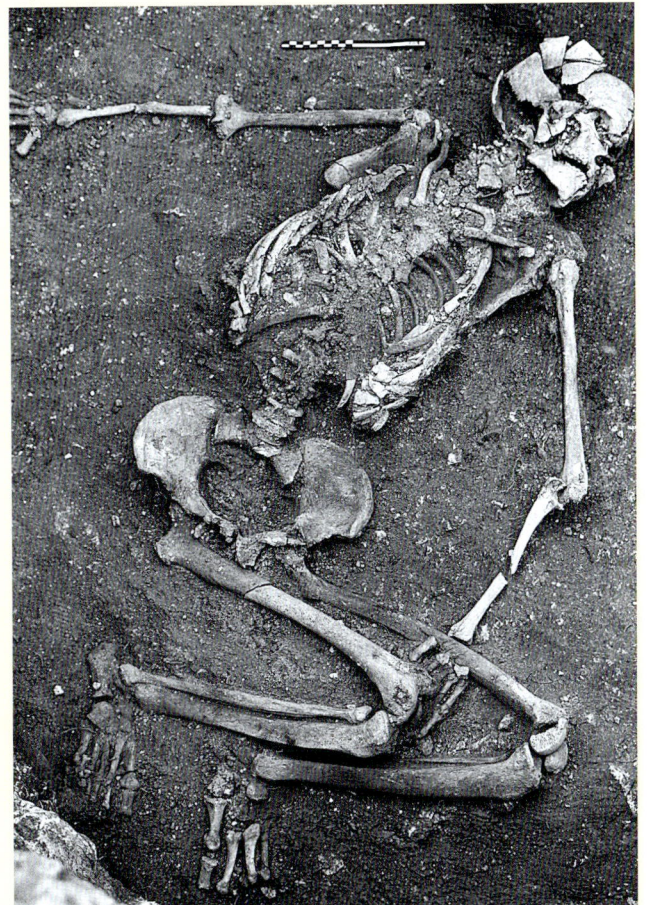

DIE UNSTERBLICHE SEELE

»Sowohl die Druiden, als die Andern behaupten, die Seelen und die Welt seien unvergänglich; aber dereinst werde Feuer und Wasser die Oberhand gewinnen.«
Strabon, »Erdbeschreibung«, 4,4,4

BEISETZUNGSRITEN

»Die [spanischen] Vaccaei [...] verhöhnen die Leichen der an Krankheit Verschiedenen, sie seien eines feigen und weibischen Todes gestorben, und beseitigen sie durch Verbrennen; die aber im Kriege ihr Leben ließen, betrachten sie als edel, heldenhaft und voll der Tapferkeit, und diese werfen sie den Geiern vor, weil sie diesen Vogel für heilig halten.«
Aelian, »De ora natura animali«, 10,22

(Unten) Ein Helm aus einem Wagengrab bei Gorge Meillet, Marne; 5. Jahrhundert v. Chr.

stätten der umliegenden Bauerngemeinschaften dar. Allmählich gewann die Verbrennung an Boden, aber aus unbekannten Gründen scheint etwa um 150 v. Chr. in Zentraleuropa und 100 v. Chr. in Westeuropa eine irgendwie förmliche Beisetzung fast völlig aufgehört zu haben. Was geschah in den folgenden Jahrhunderten mit den Toten?

Das Geheimnis der entschwundenen Toten

In vielen Gebieten – darunter in weiten Bereichen des Festlandes und dem größten Teil der Britischen Inseln – konnten fast keine förmlichen Beisetzungen in der Eisenzeit gefunden werden. Eine Erklärung dafür könnte lauten, daß bestimmte Bodeneigenschaften in einigen Gebieten den Archäologen die Lokalisierung von Funden erschweren; manche Bodensorten lassen Metall und Knochen vollkommen zerfallen. Oder aber bestimmte Regionen waren in der Eisenzeit einfach nicht sehr besiedelt. Die wahrscheinlichste

Erklärung für das Nichtvorhandensein von Gräbern lautet jedoch, daß bei den Kelten vermutlich Bestattungsriten vorherrschten, die keine archäologisch entdeckbaren Spuren hinterlassen haben, so etwa das Aussetzen der Leichen unter freiem Himmel (vgl. Kastentext) oder das Verstreuen der Asche.

Selbst in Gebieten mit umfangreichen Friedhofsüberresten weisen die Beweisstücke rätselhafte Anomalien auf. Säuglinge oder Kinder fehlen ganz oder sind unterrepräsentiert, obwohl zweifellos, wie noch heute in Gesellschaften ohne medizinische Grundversorgung, die Kindersterblichkeit hoch war. Vielleicht waren gewisse Gesellschaftsschichten oder -klassen überhaupt von der formalen Bestattung ausgeschlossen. Aelianus berichtet, bei den (möglicherweise keltischen) Vaccäern in Spanien seien alle an Krankheit Gestorbenen verbrannt und die ruhmreichen Kriegstoten den Geiern zum Fraß überlassen worden.

DIE GRABANLAGEN VON YORKSHIRE

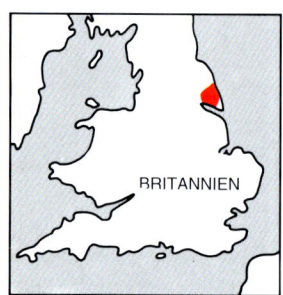

(Oben, farbig hervorgehoben) Lage der Gräberfelder der »Arras-Kultur«.

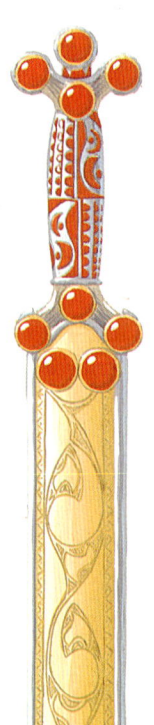

(Unten links) Teilabbildung eines rekonstruierten Schwertes. (Unten rechts) Grab eines männlichen Erwachsenen aus Kirkburn; mit begraben wurden ein Schwein als Wegzehrung für den Toten und ein Schwert.

IM GEGENSATZ zu den restlichen Britischen Inseln wurden in Ost-Yorkshire in Nordostengland buchstäblich Tausende von Gräbern aus der Eisenzeit gefunden. In Friedhöfen geballt, stammen sie hauptsächlich aus dem 3. bis 1. Jahrhundert v. Chr. Die meisten Gräber sind von einem charakteristischen rechteckigen Graben umgeben, dessen Aushub ursprünglich als Tumulus über das Grab gehäuft wurde. Zwar sind einige wenige noch erhalten, aber die meisten Grabhügel sind flachgepflügt worden; da jedoch der fruchtbare, feuchte Boden in den Gräben das pflanzliche Wachstum begünstigt, läßt sich ihre Lage zu bestimmten Jahreszeiten aus der Luft gut erkennen.

Viele Gräber wurden im 19. Jahrhundert erforscht; zum Teil enthielten sie Fahrzeuge, vielleicht Streitwagen. Diese Funde nannte man nach dem Fundort in Yorkshire, wo drei Wagengräber entdeckt wurden, die »Arras-Kultur«. Zwischen den sechziger und achtziger Jahren unseres Jahrhunderts wurden insbesondere in den Gemeinden Garton, Wetwang, Rudston und Burton Fleming neue Ausgrabungen vorgenommen. Sie offenbarten rund siebenhundert Gräber (darunter fünf

weitere Wagengräber), aus denen sich wichtige Erkenntnisse über die Bevölkerung, ihre Struktur und ihre Rituale in der Eisenzeit gewinnen lassen.

Die Menschen des eisenzeitlichen Yorkshire

Bei den jüngeren Ausgrabungen haben die Archäologen eine erhebliche Zahl von Skeletten freigelegt. Insgesamt 95 Leichen wurden als weiblich und 107 als männlich identifiziert (wobei die Friedhöfe nicht vollständig ausgegraben wurden und sich viele Skelette aufgrund ihres schlechten Zustands oder aus anderen Gründen keinem bestimmten Geschlecht zuordnen ließen) – Männer und Frauen wurden nicht in getrennten Zonen beigesetzt. Interessanterweise gab es fast keine Kindergräber, obwohl es viele Totgeburten und Todesfälle im Säuglings- und frühen Kindesalter gegeben haben muß. Kinder hatten offenbar keinen Anspruch auf formale Bestattung.

Aus einem Skelett läßt sich viel über den Menschen herauslesen, dem es gehörte. So sagt uns beispielsweise die Knochenlänge etwas über die Körpergröße, und das Sterbealter läßt sich anhand der Entwicklung und Abnutzung des Skeletts und der Zähne schätzen.

Die Analyse des Fundmaterials in Ost-Yorkshire läßt auf eine Durchschnittsgröße der Männer von 1,71 Metern und der Frauen von 1,58 Metern schließen. Diese Körpergröße liegt deutlich niedriger als heute in Großbritannien, aber wir wissen nicht, ob das auf einem genetischen Unterschied beruht; Umweltfaktoren wie schlechte Ernährung und die körperliche Belastung des Lebens in der Eisenzeit spielen sicherlich ebenso mit.

Die Lebenserwartungs- und Pathologiedaten lassen vermuten, daß das Dasein schwer war. Die meisten Männer – sofern sie die Kindheit überlebten – starben in ihren zwanziger, dreißiger oder frühen vierziger Jahren. Die Frauen starben – weitgehend wegen der Gefahren bei der Kindsgeburt – eher schon um das zwanzigste Lebensjahr. Die Knochen enthalten auch Anzeichen von Verletzungen und Krankheiten. Ein Mann – vermutlich ein Polioopfer – hatte ein atrophiertes rechtes Bein. Rückenmarksarthritis war sehr verbreitet, vor allem bei den Frauen. Generell hatten die Yorkshire-Menschen recht gute Zähne, obwohl auch hier die Frauen schlechter dran waren als die Männer, vermutlich wegen mutterschaftsbedingten Kalziummangels.

Auch die Todesursache hinterließ manchmal Spuren an den Knochen. Einige Skelette lassen

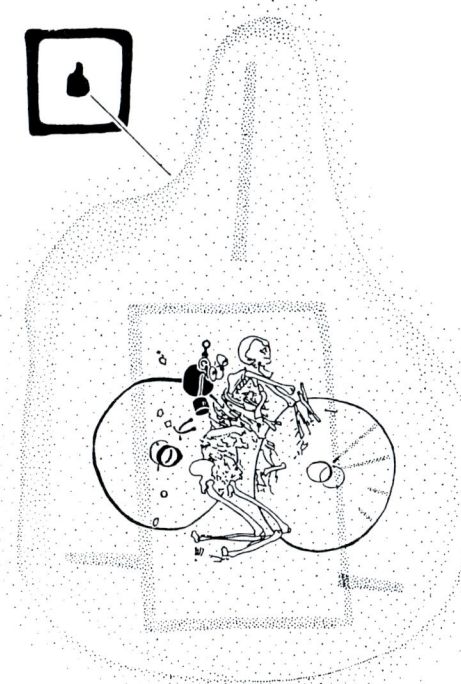

(Oben) Rekonstruktion durch Peter Connolly: Begräbnisriten im 2. (?) Jahrhundert v. Chr. in Wetwang Slack. In den Yorkshire-Friedhöfen reduziert die Bodenbeschaffenheit organisches Material wie das Holz eines Wagens auf einen bloßen dunklen Fleck, aber diese Spuren sind sorgfältig untersucht worden und lassen auf Konstruktionen der hier gezeigten Art schließen.

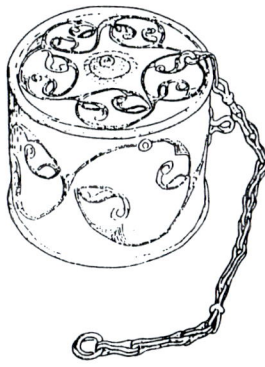

(Rechts) Grab einer Frau, die in Wetwang Slack mit einem zerlegten Wagen bestattet wurde. Das Grab war wahrscheinlich einst von einem Hügel bedeckt, der aus dem Aushub des quadratischen Einfassungsgrabens aufgehäuft wurde. Zu den übrigen Grabbeigaben gehören ein eiserner Spiegel und die mysteriöse »Konservenbüchse« unbekannter Zweckbestimmung (oben).

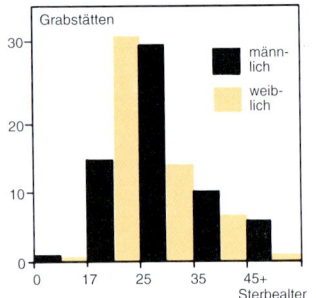

LEBENSERWARTUNG IM
EISENZEITLICHEN YORKSHIRE

Die statistische Analyse der Begräbnisstätten in Yorkshire zeigt, daß die Lebenserwartung verglichen mit heute sehr niedrig war. Neue Erkenntnisse, die anhand erst kürzlich entdeckter Skelette gewonnen wurden, lassen allerdings vermuten, daß die Altersschätzungen für die Personen jugendlichen und mittleren Alters korrigiert werden müssen: Vielleicht waren die hier als 17- bis 25jährig bezeichneten in Wirklichkeit 17 bis 30 Jahre und die 26- bis 35jährigen eher zwischen 30 und 40 Jahre alt usw.

Die vorherrschenden Opfergaben in den nord-südlich ausgerichteten Gräbern von Burton Fleming und Rudston waren Tongefäße und Broschen, doch in den anders – nämlich ost-westlich – orientierten Gräbern fanden sich auch andersgeartete Beigaben. (Man sollte allerdings nicht übersehen, daß viele Gräber mehr als nur eine Kategorie von Gegenständen enthielten.)

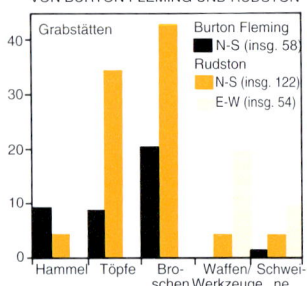

BEGRÄBNISRITEN IN DEN FRIEDHÖFEN
VON BURTON FLEMING UND RUDSTON

beispielsweise auf Tumore schließen, und zwei Frauen starben offenbar bei der Geburt. Drei Männer sind vermutlich an Speerwürfen gestorben – Gefallene im Kampf, Hingerichtete oder Menschenopfer?

Begräbnisriten

Neben dem vorherrschenden Merkmal der Bestattung unter einem rechteckigen Hügel ergab die eingehende Untersuchung von Einzelgräbern drei Gruppen von Bestattungsriten mit interessanten Varianten.

In der ersten Gruppe wurden die Leichen im allgemeinen in Fötusposition auf der linken Körperseite liegend mit dem Kopf nach Norden und dem Gesicht nach Osten in die Grube gelegt. Bei etwa jeder dritten Leiche lagen eine Brosche oder Fibel (die vermutlich ein nicht mehr erhaltenes Gewand festhielt), vielleicht noch eine weitere Grabbeigabe wie ein Topf und oft zudem die Knochen einer Lamm- oder Hammelkeule. Üblicherweise handelt es sich dabei um einen linken Vorderschenkel, was einen Standard-Bestattungsritus vermuten läßt, mit dem möglicherweise ein Leichenschmaus einherging, auf dem dieses spezielle Stück übriggelassen wurde, um es dem Verstorbenen mitzugeben.

In der zweiten Gräbergruppe lag der Körper meist ausgestreckt in Ost-West-Richtung. Auch die Grabbeigaben waren andere: Broschen waren selten, aber vielfach enthielt das Grab Eisenwerkzeuge, Speere oder Schwerter. Anstelle der Schafsknochen fand man die Schädelhälfte und den Vorderfuß eines Schweins.

Die dritte Gruppe war weit unterschiedlicher. Diese Gräber enthielten ganz spezielle Grabbeigaben, so etwa Fahrzeuge (vermutlich Streitwagen) und sehr feine Metallarbeiten, darunter eines der frühesten Kettenhemden. Ein Wagengrab enthielt eine weibliche Leiche mit einem Eisenspiegel und eine mysteriöse »Konservenbüchse« aus Bronze. Desgleichen fanden sich Spuren für eigenartige Riten: In mehrere Gräber waren bei der Bestattung Speere geworfen worden, die häufig die Leiche durchbohrten (die Pathologen konnten solche Speerverletzungen von anderen unterscheiden, die drei Männer *vor* der Bestattung getötet hatten).

Was bedeuten diese Gruppen? Zum Teil spiegeln sie vielleicht sich verändernde Bestattungssitten wider: Die erste Gruppe scheint hauptsächlich aus dem 2. Jahrhundert v. Chr. zu datieren, während die zweite weitgehend dem folgenden Jahrhundert zugeordnet wird. Ein präzises Datum läßt sich für diese Gräber jedoch schwerlich nennen, da datierbare Importe praktisch fehlen. Es mag andere Unterscheidungsmerkmale geben.

Die dritte Gruppe, einschließlich der Wagengräber, mag den gesamten Zeitraum vom 3. zum 1. Jahrhundert v. Chr. umspannen. Die Gruppen sind in etwa auf verschiedene Friedhöfe verteilt (es gibt allerdings Überschneidungen) und könnten unterschiedliche Traditionen verschiedener Gemeinschaften repräsentieren. Sie könnten aber auch auf unterschiedliche religiöse Vorstellungen oder Rangunterschiede hindeuten (die Wagengräber mit ihren sonstigen reichhaltigen Grabbeigaben lassen vermuten, daß der gesellschaftliche Status beim Bestattungstypus eine maßgebliche Rolle spielte). Und schließlich kann es sein, daß all diese Gräber lediglich bestimmte Gemeinschaftssegmente vertreten; vielleicht beseitigten wie im übrigen Britannien jener Zeit auch in Ost-Yorkshire viele Menschen ihre Toten auf archäologisch nicht nachweisbare Weise.

Anklänge ans Festland?

Diese rätselhaften Gräber werfen viele Fragen auf, nicht zuletzt, weil sie in Britannien zwar für Ost-Yorkshire eigentümlich sind, aber auch Anklänge an frühe La-Tène-Beisetzungen in Ostgallien enthalten, wo ebenfalls Wagen- und Tumulusgräber entdeckt wurden. Verbindungen zum Festland sind auch aus der Tatsache herauszulesen, daß die Bevölkerung Ost-Yorkshires am Ende der Eisenzeit den Namen »Parisii« mit dem gallischen Volksstamm gemeinsam hatte, der seinen Namen schließlich der französischen Hauptstadt vermachte.

Diese Beobachtungen waren Anlaß zu beträchtlicher Spekulation über frühe Wanderungsbewegungen von Gallien nach Nordostengland. Dagegen sprechen aber zu viele Unterschiede in den Begräbnisriten in den beiden Gebieten. So wurden die Wagen auf dem Festland eingegraben, wie sie waren, und der Körper ausgestreckt ins Grab gelegt, während in Britannien die Fahrzeuge zerlegt wurden und die Körper gebeugt lagen. Und wenn einige der Yorkshire-Gräber Einwanderer vom Festland enthielten, warum finden sich dann in den Gräbern keinerlei kontinentale Metallarbeiten? Überdies gibt es auf dem Gebiet der gallischen Parisii keine quadratischen Tumulusgräber, und es sind dort nur zwei mögliche Wagengräber entdeckt worden.

Ganz offenkundig gibt es in diesen Riten keine unmittelbare Kontinuität zwischen Gallien und Yorkshire. Vielleicht waren die gleichlautenden Stammesnamen reiner Zufall und wurde die Yorkshire-Wagenbestattung durch Bardensagen von räumlich und zeitlich weit entfernten Ereignissen inspiriert. Es bleibt daher ein Geheimnis, ob es wirklich eine Verbindung zum Kontinent gab.

DIE KELTISCHEN VERBRENNUNGSRITEN

IN DEN LETZTEN JAHRZEHNTEN V. CHR., als Gallien schon von den Römern beherrscht wurde, gelangte ein neuer Bestattungsritus nach England. Er bestand aus der Verbrennung mit anschließender Beisetzung der Asche. Damit gingen manchmal beträchtliche Grabbeigaben einher, darunter auch eiserne Feuerhaken, weitere feine Metallarbeiten wie bronzeverzierte Holzeimer, aus dem belgischen Gallien importierte Tongefäße und sogar römische Weinamphoren.

Urnengräber wurden in Kent (Aylesford) und im Themsetal gefunden, vor allem im Kernland der mächtigen Katuvellauner. Bekanntestes Beispiel ist das außerordentlich reichhaltige Grab von Welwyn Garden City, das römische Amphoren und eine silberne Trinkschale enthielt. Desgleichen sind weitere große Urnengräber bekannt, so am Rande des katuvellaunischen »oppidum« von Verulamium (St Albans).

Besonders aufschlußreich ist der historische Kontext dieser Grabstätten. Bei den Galliern und überhaupt in der römischen Welt wurde die Verbrennung zum Standard-Begräbnisritus, und den britannischen Beispielen sehr ähnliche Urnengräber sind in der »Gallia Belgica« gefunden worden. Ist aus dem Auftauchen entsprechender Grabstätten in Britannien auf Einwanderung oder Invasion zu schließen? Auf jeden Fall sind enge politische Verbindungen historisch schon früher nachgewiesen. Daß der Adel über Handels- oder Verwandtschaftsbeziehungen kulturellen Austausch über den Kanal pflegte, steht außer Frage.

Vielleicht haben Flüchtlinge, die sich der römischen Herrschaft entzogen, den neuen Ritus mitgebracht.

Nicht nur die Verbrennung, sondern auch andere Details der Grabstätten unterstreichen die Verbindung nach Gallia Belgica. So stammen mehrere bei Goeblingen-Nospelt in Luxemburg entdeckte Gräber aus derselben Zeit wie die britischen Beispiele und gehören ins späte 1. Jahrhundert v. Chr. Wahrscheinlich enthielten sie prominente Mitglieder der Treverer, eines der mächtigsten Volksstämme in Ostgallien, der unter der neuen Römerherrschaft aufblühte und viel römische Lebensart übernahm. In den Gräbern wurden unter anderem italienische Amphoren und Bronzegeschirr gefunden, und eines enthielt zwei Eimer, die denen von Aylesford, Baldock usw. sehr ähnlich sind.

Das Aufkommen der Brandbestattung ist nicht nur eine interessante Entwicklung des gesellschaftlichen und religiösen Lebens im späten La-Tène-Britannien, sondern spiegelt auch die anhaltende Integration der Insel mit der übrigen keltischen Welt wider, während die Importe aus dem Mittelmeer vermuten lassen, daß die Romanisierung der Gewohnheiten bereits eingesetzt hatte.

(Unten rechts) Rekonstruktion eines Urnengrabs in Baldock, Hertfordshire; Mitte des 1. Jahrhunderts v. Chr. Die Asche eines männlichen Erwachsenen befand sich in einem Bronzekessel, um den Opfergaben lagen, darunter Bronzeschüsseln, bronzegefaßte Holzeimer, eine italische Weinamphore, eine Schweinehälfte und ein Paar eiserne »Feuerböcke«. Diese Art von Herdgerät ist in der Späteisenzeit umfangreich belegt. (Unten links) Nahaufnahme des stilisierten Rinderkopfendes eines in Welwyn gefundenen Feuerbocks.

VII
KUNST UND TECHNIK DER LA-TÈNE-KULTUR

»Ihre Lebensart war sehr einfach, und mit allen Wissenschaften und Künsten waren sie unbekannt.«
Polybius 2,17,8 über die Gallier Norditaliens

POLYBIUS HAT UNRECHT: Die erhalten gebliebenen Schätze belegen eindeutig, welch künstlerische und handwerkliche Glanzleistungen die frühen keltischen Gesellschaften schufen. Die meist metallenen Gegenstände sind häufig im »La-Tène-Stil«, wie moderne Gelehrte sagen, verziert, den man oft auch ungenauer »keltische Kunst« nennt. Die La-Tène-Kunst gilt zu Recht als eine der großartigsten Hinterlassenschaften des prähistorischen Europa. Der weitgehend abstrakte Stil der geschwungenen Linien ist von einem grundlegend anderen Schönheitssinn geprägt als der klassische Kanon, der zur Kunstvorstellung der Renaissance und des modernen Abendlandes Pate gestanden hat. Die La-Tène-Kunst erscheint darum den meisten Menschen der Neuzeit weitaus fremder, geheimnisvoller und weniger leicht zugänglich als die griechischen Statuen, etruskischen Tempel oder römischen Mosaiken. Doch trotz ihrer gänzlich anderen Entwicklung haben die klassische und die La-Tène-Kunst der Eisenzeit quer durch Europa bis ins Mittelmeerbecken einige frühe gemeinsame Wurzeln.

Betrachteten einige griechisch-römische Beobachter die keltische Welt auch als künstlerisches Brachland, so begann die klassische Welt doch allmählich, die keltische Technik – insbesondere die Eisenbearbeitung – zu schätzen und von ihr zu lernen. Nachdem sie die Römerzeit in Irland und Nordbritannien überstanden hatte, erfuhr die keltische Kunst in den nachrömischen Jahrhunderten eine bemerkenswerte Wiederbelebung, vor allem durch die irische Kirche.

Der berühmte Agris-Helm wurde in den achtziger Jahren in einer Höhle in Westfrankreich in Fragmenten gefunden. Er besteht aus goldplattiertem Eisen mit bronzenen Zierstreifen, versilberten Niet- und umfangreichen Koralleneinlagen. Spätes 4. Jahrhundert v. Chr.

DIE URSPRÜNGE DER LA-TÈNE-KUNST

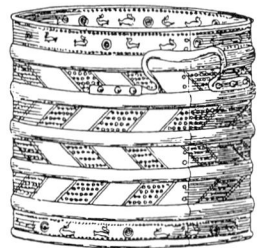

DER LA-TÈNE-STIL ist nicht im luftleeren Raum entstanden; seine Wurzeln lassen sich in die Kunst der vorangegangenen Hallstattkultur im Europa nördlich der Alpen sowie in die Kultur der Etrusker und Griechen und von dort bis in die Levante und nach Mesopotamien zurückverfolgen. Viele klassische Motive, darunter Lotosknospen und Tierfiguren wie etwa der Greif, gehen ihrerseits auf assyrische und persische Vorbilder zurück.

Von Hallstatt nach La Tène

Hallstatt-Ton- und -Metallarbeiten sind oft mit einfachen geometrischen Elementen wie Zickzackleisten, Querbändern und konzentrischen Kreisen verziert. Personen- oder Tierdarstellungen sind seltener. Später wurden dann Metallarbeiten und Keramiken aus dem Mittelmeerraum importiert, wodurch die Hallstattkünstler mit griechischen und etruskischen Mustern und Figuren in Berührung kamen. So entstand eine völlig neue ästhetische Synthese, die im 5. Jahrhundert v. Chr. in der Zone nördlich und östlich der Hallstattfürstentümer auftauchte: der La-Tène-Stil.

Die ersten Meisterstücke der La-Tène-Kunst wurden in Gräbern neben etruskischen und griechischen Importen gefunden, was den klassischen Einfluß auf den neuen Stil unterstreicht. Aber die keltischen Handwerker und Künstler waren keine bloßen Nachahmer; sie reinterpretierten die Muster, die sie sahen, und schufen eine neue Form und Verzierung, so zum Beispiel auf den Kannen von Basse-Yutz (Departement Moselle).

Bei der Übernahme aus dem Mittelmeerraum gingen die frühen La-Tène-Künstler wählerisch vor. Besonderen Wert legten sie auf Pflanzenor-

namente: Palmette, Lotusknospe und Laubranken. Dagegen waren – oft bis zur Unkenntlichkeit verzerrte – Menschengesichter zwar ein beliebtes Motiv, aber die in der klassischen Welt sehr verbreiteten vollständigen Menschengestalten blieben selten und dann äußerst stilisiert. Vielleicht waren menschliche Gestalten und Szenen tabu.

Wo entwickelte sich die La-Tène-Kunst?

Die La-Tène-Kunst entstand in einem breiten Gebietsstreifen in mehreren frühen, experimentellen und regionalen Stilformen. Viele der besten frühen Stücke entstammen den reichhaltigen Gräbern des Rhein-Mosel-Gebiets, das den Reichtum der anderen Entwicklungsgebiete (vor allem an der Marne und in den Landstrichen zwischen Österreich und Böhmen) in den Schatten stellt. Zu den schönsten Exemplaren aus dieser Gegend gehört die Schwarzenbach-Schale aus einem rheinischen Tumulusgrab, die man auf 475/450 v. Chr. datiert. Die Schale besteht aus Holz mit aufgebrachter, durchbrochener Goldverzierung in eindeutig klassischem Palmetten- und Lotosknospenmuster.

Die frühesten Fundstücke in der Champagne sind stark geometrisch geprägt; beim Entwurf der Ornamente benutzten die keltischen Handwerker manchmal Zirkel. Auch Schwertscheiden und Rüstungsbeschläge wurden verziert; sie tauchen beispielsweise in der Somme-Bionne-Grabstätte auf (die auch eine etwa 420 v. Chr. gefertigte attische Schale enthielt).

Auch die frühe La-Tène-Kunst zwischen Österreich und Böhmen war eindeutig geometrisch geprägt (vor allem bei Keramik mit negativ eingedrückten Reliefs). Die dortigen Handwerker benutzten weniger Pflanzen- und mehr Tiermotive als ihre Zeitgenossen im Rhein-Mosel-Gebiet. Ein sehr schönes frühes Stück stammt aus Dürrnberg bei Salzburg: eine wahrscheinlich um 450 v. Chr. entstandene Kanne, die einem etruskischen Weinkrug nachempfunden und mit frühem La-Tène-Muster verziert ist.

Im späteren 5. Jahrhundert v. Chr. fand aufgrund der politischen und kommerziellen Kontakte, Wanderungsbewegungen und vielleicht auch dank der Mobilität der Kunstschmiede zwischen den frühen La-Tène-Zentren ein reger Austausch von Ideen und Motiven statt. So ergab sich im späten 4. und frühen 3. Jahrhundert v. Chr. quer durch die La-Tène-Welt eine weitgehende Standardisierung vieler Gegenstände, beispiels-

(Oben) Bronzeeimer aus Hallstatt mit den für die Hallstattkunst typischen einfachen geometrischen und Tiermustern.

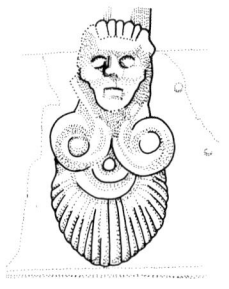

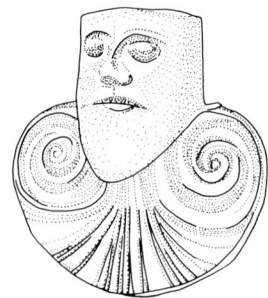

(Links unten) Abdruck der in der Heuneburg gefundenen Gußform eines Metallarbeiters, dazu Beispiele griechischer und etruskischer Ornamentik, die ihn inspiriert haben mögen: silberner Eimerhenkel, 7. Jahrhundert v. Chr., aus Praeneste in Süditalien (links oben) und Figur an einem bronzenen Weinkübel unbekannter Herkunft (links Mitte).

(Rechts) Die Bronzekanne von Dürrnberg, Österreich.

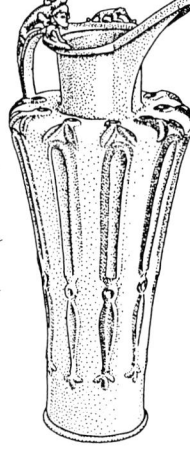

weise der Fibeln. Die keltischen Auswanderer in die neuen Ländereien nahmen die La-Tène-Kunst mit: Norditalien wurde zu einer Zone künstlerischer Weiterentwicklung und zum wichtigsten Raum der Berührung mit der klassischen Welt und vielleicht der Beeinflussung durch sie. Diese gegenseitige Befruchtung führte zur Vermehrung und weitverbreiteten Annahme des »Pflanzenstils«, der selbst wiederum die unterschiedlichsten Regionalstile der keltischen Kunst in der späteren Eisenzeit ins Leben rief.

(Oben links) Die goldverzierte Schwarzenbach-Schale; aus einer reichen Grabstätte in Deutschland, spätes 5. Jahrhundert.

(Oben rechts) Entwicklung der Palmette und der Lotusblüte. (Von oben nach unten) Etruskische Version der Motive; früher La-Tène-Zusatz auf einer Etruskerkanne, Besançon; Dreiblattreduktion der Palmette auf goldenem Trinkhorn aus Eigenbilsen; Inversion der Palmette und vereinfachte Lotusform auf der Schwarzenbach-Schale.

(Links) Analyse der Zirkelkonstruktion für eine geometrische Bronze-Phalere aus Somme-Bionne, Marne, 5. Jahrhundert v. Chr.

(Rechts) Replik der Gold-und-Bronze-Kanne aus dem Grab der »Prinzessin« von Reinheim. Man beachte das menschenähnliche Gesicht des Vierfüßers auf dem Deckel und am unteren Teil des Henkels. In den Bauch der Kanne sind rundum ausgefeilte Palmette- und Lotusformen eingraviert.

DIE KELTISCHEN KUNSTSTILE

MIT AUSNAHME der zunehmend hochwertigen Eisenarbeiten für Schwertscheiden und andere Waffen auf dem Kontinent besticht ein Großteil der La-Tène-Metallarbeiten durch leuchtende Farben – Bronze, Gold (Silber wurde für dekorative Zwecke wenig verwendet), Korallen- und rote Glasintarsien, im späteren Britannien auch vielfarbige Emaille. Wie viele andere Kulturbereiche der keltisch sprechenden Welt war die komplizierte Geschichte der La-Tène-Kunst eher durch Vielfalt als durch Standardisierung gekennzeichnet.

Aus den experimentellen Stilformen des 5. und frühen 4. Jahrhunderts v. Chr. entstand unter klassischem Einfluß der Pflanzenstil. Dieser wurde im späteren 4. Jahrhundert in einem Großteil der expandierenden keltischen Welt zur verbreiteten künstlerischen Ausdrucksform, doch im frühen 3. Jahrhundert v. Chr. kam es zu einer Aufsplitterung in eine Reihe abgeleiteter Regionalstile (zu denen auch ausgeprägte Eigenvarianten in Britannien und Irland gehörten) und zu divergierenden Traditionen bei den Eisen-, Bronze- und Goldschmieden. Während der nachfolgenden beiden Jahrhunderte ging der Einfluß der klassischen Welt fast völlig zurück; die keltische Kunst entwickelte sich in dieser Epoche aus eigenem Antrieb weiter.

Der Pflanzenstil

Die im Grab von Waldalgesheim bei Mainz gefundenen Gegenstände datieren etwa von 350/325 v. Chr. Sie weisen Pflanzenornamente in einem charakteristischen neuen – wiederum klassisch inspirierten – Stil auf. Einziger Importgegenstand im Grab war ein italienischer Eimer mit in den neuen Stil eingearbeiteten klassischen Motiven, aber abgesehen vom Waldalgesheimer Eimer gelangten nur wenige Importgegenstände in den Bereich nördlich der Alpen, die dort den neuen Stil hätten inspirieren können. Das könnte darauf hinweisen, daß der Pflanzenstil in der Kontaktzone zu Italien entstand und von dort in andere Teile der keltischen Welt ausstrahlte, wo er sich zu den vielen Varianten der späteren La-Tène-Kunst entwickelte.

Einige der Gold- und Gold-Silber-Halsreife aus dem in Snettisham, Norfolk, 1990 gehobenen Hort. Diese spektakuläre Bereicherung unserer Kenntnis der Kunst auf den Britischen Inseln wurde vermutlich Anfang des 1. Jahrhunderts v. Chr. vergraben, doch scheinen einige Stücke erheblich älteren Datums zu sein.

(Links) Italischer Weineimer aus Waldalgesheim. (Ganz links) Ausschnittsvergrößerung des Palmettenornaments, das sich deutlich im »Pflanzenstil« des goldenen Halsreifs (unten links) aus dem Grab wiederfindet.

(Rechts und Ausschnitt rechts unten) Der Battersea-Schild aus der Themse, Bronze mit Rotglaseinlagen. Der Rundbuckel in der Mitte ist typisch britannisch. Der Schild kann aus der gesamten Zeit zwischen dem 3. bis späten 1. Jahrhundert v. Chr. stammen.

(Oben) Der östliche Schwertstil auf einer Eisenscheide aus Batina, Kroatien; 3. Jahrhundert v. Chr.

Beispiele des plastischen Stils: Bronzener Fußreif aus Klettham in Bayern (unten) und die bemerkenswerten Bronzebeschläge einer Holzkanne aus Maloměřice, Tschechien (rechts und ganz rechts).

Schwertstil und plastischer Stil

Die modernen Kunsthistoriker haben sich hauptsächlich auf zwei Ableitungen des Pflanzenstils konzentriert: den Schwertstil (im Grunde ein Ritzdekor, das häufig auf eisernen Schwertscheiden auftaucht) und den plastischen Stil (dreidimensionale Ornamente auf Halsspangen, Armbändern, Knöchelreifen und anderen meist aus Bronze und manchmal aus Gold gearbeiteten Stücken). Der jeweilige Ornamentstil richtete sich wahrscheinlich nach dem benutzten Material und nach der Funktion des Gegenstandes; so ist beispielsweise erhabene Plastik auf Eisen schwer zu bewerkstelligen und eignet sich zudem auch nicht für Schwertscheiden. Auch unterschiedliche Traditionen der Eisen-, Bronze- und Goldschmiede mögen die Entwicklung verschiedener Stilformen erklären helfen. Überdies gab es eher örtlich begrenzte Entwicklungen. So sind zum Beispiel mehrere Regional-»Schulen« oder -Traditionen der Schwertverzierung festgestellt worden.

Britannien und Irland

Die La-Tène-Kunst war in Britannien spätestens 300, in Irland 200 v. Chr. eingeführt, drang jedoch aus unbekannten Gründen nicht in erheblichem Umfang bis Spanien vor. Gegenstände mit Pflanzenornamenten sind in Britannien und Irland selten; es gibt jedoch davon inspirierte insulare La-Tène-Stile. Die britischen Handwerker verarbeiteten meist Bronze, wo ihre Kollegen auf dem Festland Eisen verwendet hätten: insbesondere Schwertscheiden und Schildbuckel sowie – dies eine britische Spezialität – vollständige Schildumrahmungen, wie man sie in Battersea und Witham fand. Beide Inseln wurden Zentren der Innovation, und die Inselkunst entwickelte sich zum schönsten Zweig des La-Tène-Stils der späteren Eisenzeit.

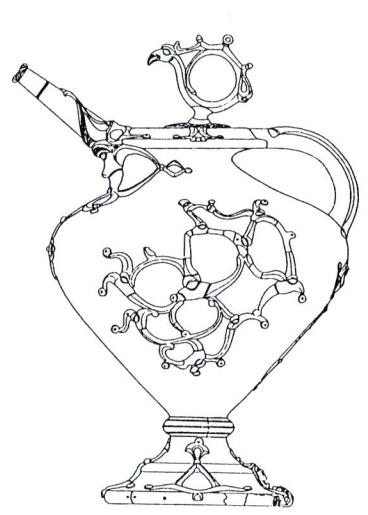

Was wir vom Kunsthandwerk der letzten vier Jahrhunderte v. Chr. wissen, stützt sich in erster Linie auf Metallarbeiten. Die bei den klassischen Autoren beschriebenen Stoffe sind – bis auf eine Handvoll verblichener Fragmente – verrottet. Holzgefäße aus Glastonbury deuten darauf hin, daß Verzierungen im kurvilinearen Stil recht verbreitet waren, aber nur wenige dieser Behälter sind erhalten.

Von den Metallarbeiten überleben meist ganz bestimmte Stücke an ganz bestimmten Orten. So finden sich Waffen beispielsweise vielfach in Wasserläufen und Quellen. Demgegenüber treten in Britannien Spiegel (gelegentlich auch Waffen) zwar in Gräbern, nicht aber im Wasser auf. Halsreife trifft man in keinem von beiden an, sondern meist in Horten (während sie auf dem Festland auch in Gräbern enthalten sind).

In diesem Muster spiegelt sich das Glaubenssystem der frühkeltischen Gesellschaften. Das Beisetzen im Wasser oder in Gräbern war zum Teil religiös bedingt, kam aber auch dem allgemein menschlichen Verlangen nach Pracht und ostentativem Zurschautragen zugute. Rätselhafter und in den Motiven vielfältiger sind die Horte. Warum wurden sie in der Antike nicht wieder gehoben? Wurden sie aus Angst vor Eindringlingen vergraben? Oder zur Sicherung von Wertgegenständen und Rohmaterial? Vielleicht handelte es sich einfach um Opfergaben an die Götter. Die verschiedenen Motive müssen einander nicht unbedingt ausschließen: Horte, die der Aufbewahrung von Wertgegenständen für die Zukunft dienten, mögen durchaus unter dem wachsamen Auge der Götter auf heiligem Boden angelegt worden sein.

FEUERTECHNIKEN:
METALL, GLAS UND KERAMIK

IN FRÜHKELTISCHER ZEIT und später in Irland genoß der Schmied wegen der Bedeutung seiner Erzeugnisse und seiner geheimnisumwobenen Kunst vermutlich einen hohen gesellschaftlichen Status. Neben vielen kunstvollen Metallarbeiten haben die Archäologen auch Schmiedewerkzeuge, Tiegel, Metallbarren, Brenn- und Schmelzöfen zutage gefördert. Auf einem Gehöft in Gussage All Saints in Dorset wurden in einer Grube umfangreiche Abfälle der Bronzeherstellung gefunden. Die wissenschaftliche Untersuchung solcher Gewerbeabfälle klärt uns nicht nur über die Zusammensetzung des benutzten Materials auf, sondern besagt auch einiges über die Bearbeitungstechniken.

Die für die Gußeisenherstellung nötige Technik kannten die Schmiede nicht, sondern das Eisen wurde geschmiedet (sprich: erhitzt und gehämmert), und zwar mit Techniken, die die Fertigung sehr wirksamer Werkzeuge und Waffen erlaubten. In jahrhundertelangen Versuchen hatten die Schmiede eine bemerkenswerte Virtuosität erlangt und empirische Erfahrungen gesammelt, wie man unterschiedliche Metallqualitäten für unterschiedliche Aufgabenstellungen am besten herstellt und bearbeitet. Die La-Tène-Schwerter und andere Klingen waren oft von hoher Güte, robust und biegsam. Manche Klingen wurden aus Lagen von Legierungen mit unterschiedlichen Eigenschaften geschmiedet, wobei die Schneiden aus ungehärtetem Stahl aufgeschweißt wurden. Manchmal sind in die Schwertklingen »Herstellerzeichen« oder magische Symbole eingestanzt oder eingelegt.

Schmelzen und Schmieden

Bei Experimenten mit der mutmaßlichen Schmelz- und Schmiedetechnik der Eisenzeit wurde deutlich, wie ungeheuer viel Zeit, Energie und Geschick schon für die Herstellung kleiner Metall- und insbesondere Eisenmengen erforderlich war, ganz zu schweigen von der Mühe, die es kostete, das Metall nutzbar zu machen und zu Gegenständen zu formen. Am besten läßt sich das an der Herstellung von Kettenhemden ablesen, die wahrscheinlich von keltischen Schmieden um 300 v. Chr. erfunden wurden.

Die eigentliche Fertigung der Metallgegenstände war nur der letzte Schritt einer langen Reihe vorbereitender Arbeiten. Waldarbeiter hegten die Waldbestände, aus denen Hölzer für die Holzverarbeitung, für Heizzwecke und die zur Metallschmelze benötigte Holzkohle gewonnen wurden. Die Erze mußten abgebaut und geschmolzen, häufig auch über lange Entfernungen zu den Märkten transportiert werden. Nun gab es zwar an vielen Stellen Eisenvorkommen, aber die besten Erze stammten aus ganz bestimmten Gegenden. So sagte man den Minen von Noricum in Österreich nach, sie lieferten das beste Eisen; Cornwall hatte schon seit langem das zur Bronzeherstellung benötigte Zinn exportiert, und in den Cevennen und Pyrenäen wurden Goldminen betrieben. Hinzu kamen weitere Quellen; wir dürfen nicht vergessen, daß im Mittelmeerbecken ungemünztes Gold und Silber geraubt, gehandelt und (durch Militärdienst) verdient wurde.

Intarsien, Emaille und Glas

Seit dem Beginn der La-Tène-Zeit verschönerten die Schmiede ihre Waren mit Oberflächenverzierungen, ritzten Zeichnungen ein, modellierten erhabene Ornamente und fertigten Einlegearbeiten an. Schon die Basse-Yutz-Kannen waren mit rotem Glas und Korallenstücken verziert; beide Materialien wurden in der gesamten vorrömischen Zeit benutzt. In der Späteisenzeit lernten die Handwerker vor allem in Britannien, Glas auf die Oberfläche von Kupferlegierungen aufzuschmelzen – regelrechte Emaillierarbeit –, und verwendeten neben der beliebten roten Farbe auch eine ganze Skala weiterer Farbtöne.

Glas wurde auch als solches verarbeitet. Glasperlen waren ein beliebter Schmuck; im 3. Jahrhundert v. Chr. beispielsweise trugen viele Gal-

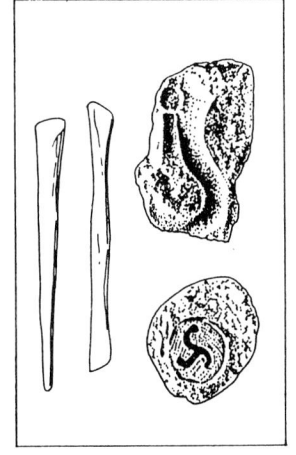

(Oben) Beispiele für die Kunstfertigkeit der Bronzeschmiede von Gussage All Saints. (Links) Kleine Knochenwerkzeuge (die bemerkenswert den heutigen Kunststoffversionen ähneln) zum Bearbeiten der Wachsmatrizen für die Gußformen. (Rechts) Fragment einer tönernen Gußform für die Gebißstange einer Pferdetrense und verziertes Endstück eines Radsplints.

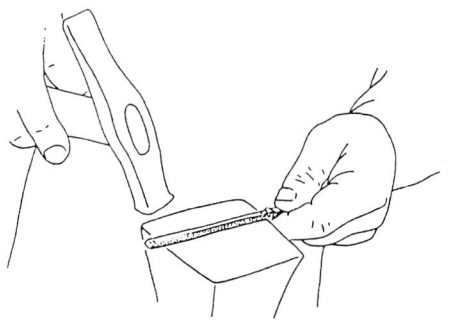

(Rechts) Das hintere Ende der Nadel wird um einen zweiten Stab gewickelt. Dabei entsteht eine Art Spiralfeder, welche die Spange unter Spannung hält, wenn sie in eine Halteplatte eingehakt wird.

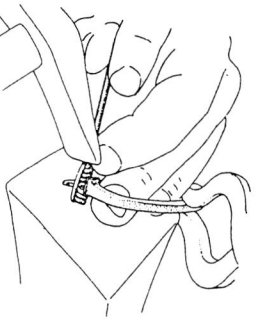

(Links) Herstellung einer Bronzefibel. Der Schmied behämmert einen dünnen Metallstab, der durch wiederholtes Erhitzen geschmeidig gehalten werden muß, und formt ihn so zur Broschennadel.

ANATOMIE EINES MEISTER-WERKS: DAS KIRKBURN-SCHWERT

1987 förderten Archäologen aus einem Grab bei Kirkburn in Ost-Yorkshire ein prachtvolles, von oben bis unten mit scharlachroten Emaillverzierungen versehenes Schwert aus dem 3. Jahrhundert v. Chr. zutage. Die sorgfältige archäologische Untersuchung und die Restaurierung durch die Konservatoren des British Museum in London offenbarten die Geheimnisse eines herrlichen Beispiels keltischer Kunstfertigkeit.

Heft und Scheide der Eisenklinge waren sehr komplex gebaut und von hoher künstlerischer Schönheit. Insgesamt waren dafür über siebzig ungemein geschickt zusammengefügte und bearbeitete Bauteile vonnöten.

Das Heft bestand größtenteils aus Eisen und war mit Eisenornamenten und Bronzeknöpfen versehen. Diese waren mit scharlachrotem Emaille oder Glas überzogen, mit dem auch die in den Griff eingelassenen Muster aufgefüllt waren. Parierstange und Knauf bestanden aus organischem, mit emaillierten Eisenbändern umwickeltem Material, vermutlich Horn.

Auch die Scheide bestand im wesentlichen aus Eisen, aber die vordere Wand war aus einer vermutlich goldfarbenen Kupferlegierung gearbeitet, in die ein feinziseliertes Mu-

ster eingeritzt war. Irgendwann muß das Metall entlang einer Ritzung gerissen sein – die sorgfältige Nietreparatur ist noch deutlich sichtbar. Nach der Montage sicherten große Nietnägel das Ganze, die wiederum, ebenso wie die eisernen Scheidenwände, emailliert waren.

Das Schwert hing an einem auf der Scheidenrückseite durch eine Schlaufe geführten Gürtel. Die

Schlaufe sitzt seltsamerweise sehr tief, etwa auf Höhe des Schwerpunkts, womit das Schwert dazu geneigt haben dürfte, sich auf den Kopf zu stellen. Die genaue Trageweise ist ungeklärt.

Gesamtlänge 697 mm; Klingenlänge etwa 570 mm.

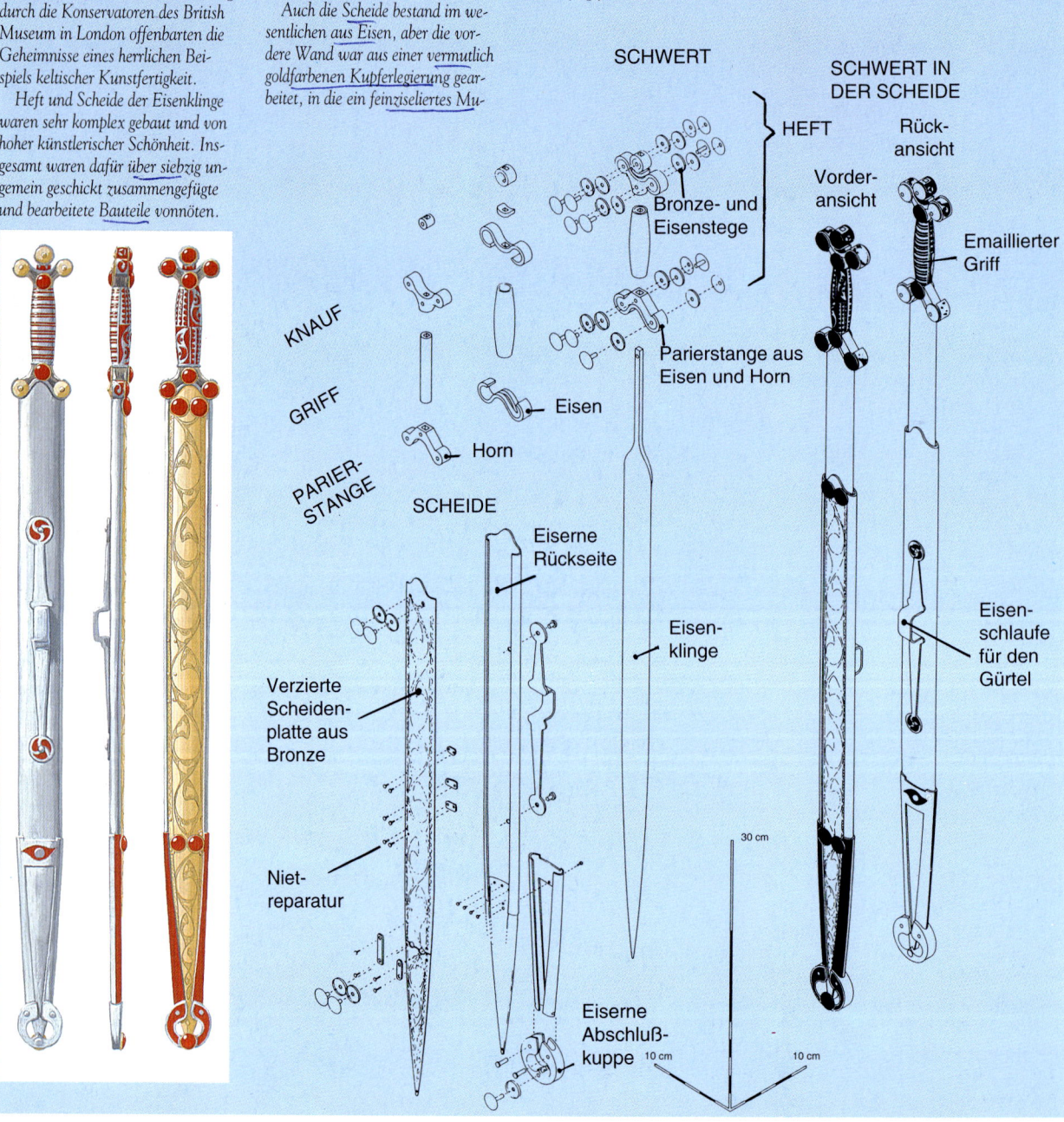

SCHWERT

SCHWERT IN DER SCHEIDE

HEFT

Rück-ansicht

Vorder-ansicht

Bronze- und Eisenstege

Emaillierter Griff

KNAUF

GRIFF

Parierstange aus Eisen und Horn

PARIER-STANGE

Eisen

Horn

SCHEIDE

Eiserne Rückseite

Eisen-klinge

Verzierte Scheiden-platte aus Bronze

Eisen-schlaufe für den Gürtel

Niet-reparatur

30 cm

Eiserne Abschluß-kuppe

10 cm

10 cm

(Unten) Der komplexe Aufbau des kürzlich im Flußbett der Themse bei Chertsey entdeckten bronzenen Kultschildes.

Die komplizierte Konstruktion entlang der Längsachse verband zwei große Platten, die den eigentlichen Schild bildeten, und den Tragebügel (Mitte). Dazu kamen noch Zierbeschläge und eine Randeinfassung (rechts).

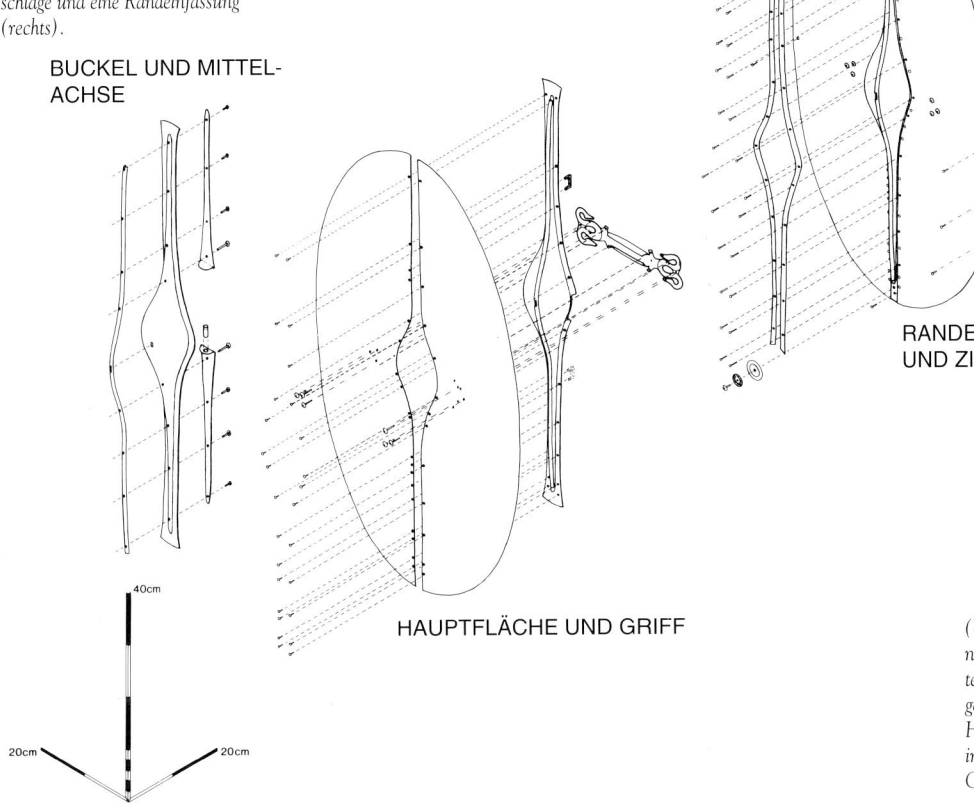

BUCKEL UND MITTEL-ACHSE

HAUPTFLÄCHE UND GRIFF

RANDEINFASSUNG
UND ZIERBESCHLÄGE

(Unten) Zwei Tonvasen der britannischen Eisenzeit aus dem Pfahlbautendorf Glastonbury. Bei Keramikgegenständen finden sich – je nach Herkunftsort – enorme Variationen in Form, Herstellungsmethode und Ornamentik.

lierfrauen Armreife oder -bänder aus Glas. Gelb- oder weißverziertes Kobaltblau schien den Kelten besonders zu gefallen. Bislang haben die Archäologen noch keine Spuren der Herstellung von Rohglas auffinden können, was darauf schließen läßt, daß es aus der klassischen Welt importiert wurde.

Keramik

Seit Beginn der La-Tène-Zeit wurden auf dem Festland Gefäße auf der Scheibe geformt und in ziemlich ausgereiften Brennöfen erhitzt, die eine Steuerung der Sauerstoffzufuhr erlaubten, wodurch sich eine ganze Skala unterschiedlicher Farben erzielen ließ.

Die Keramikwaren der Früheisenzeit aus den ostkeltischen Ländern weisen Negativreliefs von Tier- und anderen Zeichnungen auf. Später bemalten die gallischen Töpfer ihre Gefäße mit roten oder schwarz-weißen Bandmustern (Schraffierungen zum Beispiel), indem sie vor der Erhitzung Tonschlicker (flüssigen Ton) aufbrachten. Eine weitere interessante Technik war die Beimengung von Graphit, was den Töpfen einen metallenen Schimmer verlieh.

Auf der anderen Seite des Ärmelkanals wurde die Töpferscheibe erst Ende der Eisenzeit benutzt; die britischen Gefäße waren »handgemacht« und generell um einiges gröber. Die Nordbriten und Iren benutzten überhaupt wenig Töpferwaren; vermutlich zogen sie Holz- und Metallgefäße vor.

Zwar traten nach der Eroberung Britanniens weithin römische Fertigungstechniken und Formen an die Stelle der einheimischen, aber einige der letzteren haben sich dennoch gehalten und sogar eine Blütezeit erlebt; so expandierte unter der römischen Herrschaft die südwestenglische »Schwarzglanzkeramik«.

HANDWERKERKUNST: DIE HOLZBEARBEITUNG

Sehr gut erhaltenes Rad während der Ausgrabung aus dem Schlick in La Tène. Es zeigt die hervorragende Konstruktion und Verarbeitung keltischer Räder.

> *»Ihre [Schiffe] bauen die Veneter wegen der Ebben breitbauchig und hoch im Hintertheile und Vordertheile, und aus Eichenholz. [...] Eben deshalb stossen sie die Fugen der Planken nicht zusammen, sondern lassen Zwischenräume, welche sie dann mit Seetang ausstopfen, damit das Holz während der Schifflagerungen nicht eintrockne, wenn es unbefeuchtet wäre; denn der Seetang ist von Natur feuchter, hingegen die Eiche trocken und ungeschmeidig.«*
>
> Strabon, »Erdbeschreibung«, 4,4,1

DIE HANDWERKLICHE KUNST spielte bei den Kelten eine große Rolle und ist auch für uns wichtig, weil uns ihr Studium ein reichhaltiges Bild vermittelt, wie sich die Kelten kleideten, wie sie kochten, reisten, Waren transportierten und ihre Häuser bauten. Die meisten handwerklich gefertigten Gegenstände bestanden aus vergänglichem, organischem Material wie Holz, Stoffen, Leder oder Flechtwerk, weshalb wir uns vor allem in Gegenden umsehen müssen, die besonders gute Konservierungseigenschaften besaßen, zum Beispiel in den Salzgruben von Hallstatt, den wassergeschützten Sumpfgegenden um Glastonbury und dem Boden des Neuenburger Sees, an dem La Tène liegt. Über die Lederverarbeitung läßt sich aus Werkzeugen und der Darstellung von Lederwaren wie Schuhen einiges herauslesen; nur ganz wenige Lederfragmente sind als solche erhalten geblieben. Hingegen besitzen wir schöne Holzgegenstände, die von kleinen Statuen bis zu Fahrzeugen und Gebäudeteilen reichen, so daß wir die Kunst des Zimmermanns rekonstruieren können.

Holzverarbeitung

Holz spielte in den frühen Gesellschaften für Bauzwecke, Ausrüstungsgegenstände und als Brennmaterial eine ungemein wichtige Rolle. Die noch erhaltenen Holzgegenstände zeigen, daß die keltischen Zimmerleute ebenso geschickt waren wie die Schmiede.

Waldarbeiter fällten die Bäume mit Äxten und spalteten sie – wahrscheinlich mit Hilfe von Holzkeilen – zu Balken und Brettern. In La Tène wurde

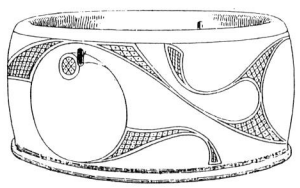

Rekonstruktion einer elegant verzierten Holzschale aus dem Pfahlbautendorf Glastonbury.

Bauholz von bis zu 12 Metern Länge zutage gefördert, desgleichen eine ganze Reihe von Holzbearbeitungswerkzeugen, darunter kleine Sägen.

Die Holzverbindungen waren wenig komplex, bestanden zumeist aus Zapfen und Zapflöchern – aber das galt weitgehend auch für die römische Schreinerkunst. Die klassischen Quellen erwähnen den Bau von Holzbrücken in Gallien, und es gibt ein paar archäologische Spuren kunstvoll gearbeiteter Torbauten und die als »murus Gallicus« bekannten Befestigungsanlagen der gallischen Siedlungen.

Die keltischen Schreiner fertigten auch vielerlei tragbare Gegenstände. Wie gut sie ihr Handwerk beherrschten, erkennt man beispielsweise sofort an den bekannten Gefäßen in Daubenkonstruktion, vor allem den mit Metallbändern verstärkten Kübeln und dem in Manching (Deutschland) gefundenen, aus dem Holz der Alpensilbertanne gefertigten Faß. Zur Fertigung von Werkzeugstielen und Holzschalen wurden offenbar Drechselbänke eingesetzt. Doch die aufsehenerregendste Leistung der keltischen Zimmermannskunst dürfte die Fahrzeugherstellung gewesen sein.

Schiffe und Fahrzeuge

Cäsar beschreibt die seetüchtigen gallischen Schiffe im Ärmelkanal als große, robuste Segelschiffe mit Ledersegeln und eisernen Ankerketten. Hinsichtlich des Schiffbaus müssen wir uns weitestgehend auf schriftliche Zeugnisse verlassen, weil die Archäologie bislang nur Einzelheiten über Flußboote zutage gefördert hat.

Mehr wissen wir über die Landfahrzeuge. Bei ihrer Herstellung arbeiteten Schmiede und Zimmerleute eng zusammen, und diese Zusammenarbeit kommt nirgends besser zum Ausdruck als bei der keltischen Radherstellung, die eine große Präzision und eingehende Kenntnis der Eigenschaften der verschiedenen Holzsorten beweist. Die gallischen Radmacher verstanden es, die Holzfelge, also den Radkranz, aus einem einzigen Holzstück zu fertigen. Dann stülpten die Schmiede einen erhitzten Eisenreifen über das Ganze, der sich beim Abkühlen zusammenzog und so Felge, Speichen und Nabe zusammenhielt, ohne daß dazu schwere Eisennägel benötigt wurden. Das Ergebnis war eine technische Glanzleistung, die in der klassischen Welt, wo die Felge noch aus mehreren Stücken gefertigt wurde, ihresgleichen sucht.

WOZU DIENTE DIE LA-TÈNE-KUNST?

BETRACHTETEN DIE KELTEN die Meisterstücke, die wir heute so sehr bewundern, als Kunstwerke in unserem Sinne? Am stärksten konzentrierte sich die La-Tène-Kunst auf Gegenstände des persönlichen Gebrauchs (Schmuck, Spiegel, aufwendig gefertigte Waffen), des Transports (Pferdegeschirre und Fahrzeugbeschläge) und für aristokratische Festveranstaltungen. Zum größten Teil diente sie dazu, an der Person oder in ihrer unmittelbaren Umgebung zur Schau gestellt zu werden, und wahrscheinlich war gerade die Zurschaustellung von Reichtum und Geschmack durch den Besitzer ihre hauptsächliche »Raison d'être«. Kunst um der reinen Kunst willen ist ja eine weitgehend moderne Vorstellung.

Die La-Tène-Kunst ist weitgehend *transportabel*, ganz im Gegensatz zur wichtigsten griechischen und römischen Kunst, die eindeutig ortsfest war. Mächtige Römer zogen es vor, ihren Reichtum in Form von Privathäusern, öffentlichen Gebäuden und großen Statuen zu verdeutlichen. Das persönliche Herausputzen erschien ihnen barbarisch und weibisch. Cäsar galt als Exzentriker, weil er lange Ärmel trug!

Dennoch ist der keltischen und der klassischen Kunst vieles gemeinsam. In beiden Kulturen waren die Künstler sehr stark für den Lebensstil und die Wünsche der herrschenden Schichten tätig. Wahrscheinlich kamen die feinsten Metallarbeiten von La Tène und die ansehnlichste römi-

sche Architektur weitestgehend nur zustande, weil Adlige sie bestellten und bezahlten. Solches Mäzenatentum und Machtgepränge gibt es ja in vielen Gesellschaften: Die Sixtinische Kapelle bezeugt nicht nur den Ruhm Gottes und das Genie eines Michelangelo, sondern mindestens ebensosehr die irdische Macht und den Schönheitssinn eines Papstes.

Wie eng in Gebieten wie Gallien und Südbritannien Kunst und herrschender Adel zusammengehörten, wird sinnfällig im Schicksal der La-Tène-Kunst, als diese Gebiete unter römische Herrschaft gerieten: Binnen einer Generation hörte die (ohnehin im Rückgang befindliche) Herstellung von La-Tène-Meisterwerken völlig auf. Die vom Lebensstil der neuen Herren faszinierten keltischen Adligen leiteten ihren Reichtum schnell auf römische Statussymbole um, zum Beispiel auf die Architektur.

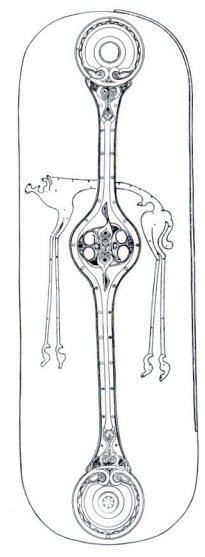

(Oben) Auf dem Witham-Schild ist die Skizze eines Ebers als Symbol der Stärke zu erkennen; 2. (?) Jahrhundert v. Chr. (Links) Aufsatz der Elmswell-Schatulle; hier mischen sich römische Muster mit einem der letzten bedeutenden Beispiele für La-Tène-Ornamentik im römischen Britannien; spätes 1. Jahrhundert n. Chr.

HANDWERKERINNEN?

Wie weit dürfen wir davon ausgehen, das Handwerk sei bei den Kelten reine Männersache gewesen? Einerseits ist es gut vorstellbar, daß – analog zur klassischen Welt und vielen

anderen Gesellschaften – beispielsweise die Metallverarbeitung ein Handwerk für (männliche) Spezialisten war, während andere Tätigkeiten, vor allem die lebenswichtige Textilproduktion, zu Hause und mithin von Frauen ausgeübt wurden. Andererseits ist für die meisten keltischen Gesellschaften nicht einmal eindeutig belegt, daß die häuslichen Alltagspflichten als spezifisch weibliche Aufgabe betrachtet wurden.

Schmiede, das Zimmermannshandwerk und dergleichen mögen allein wegen der benötigten Körperkraft weitgehend Domäne der Männer gewesen sein. Aber die Keramikerzeugung zum Beispiel war in manchen Gebieten praktisch ein Spezialgewerbe, in anderen jedoch relativ simple Heimarbeit. Dürfen

wir einfach annehmen, ersteres sei Männersache, letztere übliche Hausfrauenpflicht gewesen? Es mag durchaus sein, daß die Tonwarenherstellung überhaupt nicht geschlechtsspezifisch war.

Würden sich indes die handwerklichen Geschlechterrollen wesentlich von der anderer zeitgenössischer Völker unterschieden haben, dann hätten vermutlich die griechischen und lateinischen Autoren davon berichtet, bei denen der Platz der Frau in der keltischen Gesellschaft ein beliebtes Thema war.

(Links) Webstuhl mit Holzgewichten, wie ihn auch die Kelten verwendeten.

(Rechts) Töpfereiarbeit in Butser.

VIII

DIE KELTEN UND DIE KLASSISCHE WELT

*»Ehemals zogen die Allobrogen mit vielen Myriaden zu Felde, jetzt
bauen sie die Ebenen und Alpenthäler. Die übrigen leben in
Dörfern, aber die Vornehmsten bewohnen Vienna, die vormals ein
Dorf war; weil es aber dennoch des Volkes Hauptstadt hieß, so
machten sie eine Stadt daraus.«*
Strabon, »Erdbeschreibung«, 4,1,11

DIE KELTISCHE WELT erreichte im 3. Jahrhundert v. Chr. mit der Etablierung der galatischen Macht in Kleinasien ihr größtes territoriales Ausmaß. Doch als das Jahrhundert zu Ende ging, hatte bereits der Abstieg eingesetzt; um 100 v. Chr. hatte das keltische Italien zu bestehen aufgehört, waren die Keltiberer in Spanien praktisch zerschlagen und drohte den Galatern Anatoliens der Todesstoß.

Nördlich der Alpen sah es etwas anders aus. In den letzten beiden Jahrhunderten v. Chr. begann Gallien (und in geringerem Umfang Britannien), in großem Stil römische Waren einzuführen. Als Julius Cäsar in den fünfziger Jahren des 1. Jahrhunderts v. Chr. in Gallien einfiel, fand er ein von einer Gruppe früher Staatsgebilde beherrschtes und mit Siedlungen, die er Städte (»oppida«) nannte, durchsetztes Land vor. Schon einige Zeit vor der Eroberung durch die Römer bewegte sich ein Teil der nördlichen Kelten eindeutig auf ein städtisch geprägtes Dasein zu.

Entgegen einer verbreiteten Auffassung bedeutete die Eroberung nicht den unmittelbaren Untergang der keltischen Kultur. Auch unter der Römerherrschaft bewahrten viele keltisch sprechende Regionen noch erstaunlich lange ein gut Teil ihrer Identität und erlangten eine politische Stabilität und einen materiellen Wohlstand, die weit größer waren als in der Eisenzeit. Da so viele Aspekte unserer Kultur auf griechisch-römischen Modellen beruhen, neigen wir dazu, die gallo-romanischen und römisch-britannischen Gesellschaften unter dem Gesichtswinkel zu betrachten, wie römisch sie waren. Ein besseres Verständnis aber erlangen wir, wenn wir uns auch fragen, wie *keltisch* sie waren. Tatsächlich handelte es sich um höchst vitale Hybridkulturen, deren keltisches Erbe ein wesentliches (wenngleich oft verdecktes) Element darstellte und den römischen Westen entscheidend mitgestaltete.

»Der sterbende Gallier« (Ausschnitt); in Wirklichkeit ein Galater aus Kleinasien.

GALLIEN IN DER SPÄTEN EISENZEIT: EINE WELT IM WANDEL

> »Gallien ist überreich an Geschäftsleuten, voll von römischen Bürgern. Kein Gallier tätigt ohne Mitwirkung eines römischen Bürgers ein Geschäft, kein Heller wechselt in Gallien ohne die Bücher römischer Bürger den Besitzer.«
>
> Cicero, »Für Fonteius«, 11.

BARBARISCHE RÜCKSTÄNDIGKEIT ODER PARALLELE ENTWICKLUNG?

Oft wurde und wird der Unterschied zwischen den keltischen Gesellschaften der Eisenzeit und der griechisch-römischen Zivilisation betont. In Wirklichkeit zeichneten die Keltenkulturen (insbesondere in Mittelgallien und der sich nach Osten bis Böhmen erstreckenden Zone) aber viele Gemeinsamkeiten mit der Welt der Antike aus.

So entsprachen beispielsweise das Bevölkerungswachstum, der Aufbruch zu Wanderungen und die schließliche Entstehung städtisch geprägter Zentralstaaten bei den Kelten grob der Entwicklung Griechenlands mehrere Jahrhunderte zuvor. Und die Gesellschaftsorganisation im Gallien der Späteisenzeit ähnelte der in der zeitgenössischen römischen Republik: Die Gesellschaft wurde von großen Adelshäusern beherrscht, die ihren Einfluß über ein Patronats-und-Klienten-System geltend machten. Auch in Rom galt ein militaristisches Ethos, und bis zur mittleren Republik verhielten sich die römischen Feldherrn genau wie ihre keltischen Pendants und forderten keltische Häuptlinge zum Einzelkampf heraus. Sogar der politische Wettstreit unter den mittelgallischen Staaten war nach Cäsars Schilderung dem in der Republik Rom vergleichbar, wo eine konstitutionelle Regierung vergeblich übermächtige Kriegsherren – zu deren gefährlichsten Cäsar selbst gehörte – in Schach zu halten versuchte.

Denkt man zudem an den vergleichbaren technischen und sonstigen Standard der beiden Kulturen, so wird deutlich, daß der üblicherweise gezogene Gegensatz zwischen keltischer Barbarei und klassischer Zivilisation weit übertrieben ist.

DANK CÄSAR besitzen wir von mehreren gallischen Gesellschaften um die Mitte des 1. Jahrhunderts v. Chr. ein recht umfassendes Bild und detaillierte Angaben über ihre politische und soziale Struktur, ihre Innenpolitik und ihre Außenbeziehungen. Die zentralgallischen Kelten der späten Eisenzeit hatten ausgeprägte Staaten gebildet, die von Königen oder gewählten Magistraten regiert wurden und teilweise auch ihre Nachbarn beherrschten, so daß ansehnliche, miteinander wetteifernde Machtblöcke entstanden.

Die gallische Politik bewegte sich in ziemlich sprunghaften Bahnen; innere und äußere Machtkämpfe waren an der Tagesordnung. Die diplomatischen Verbindungen kamen durch Bündnisse zustande. Cäsar berichtet vom großen politischen Einfluß der Äduer (einem der wichtigsten gallischen Staaten) und des ihnen feindlich gesinnten, von den Sequanern beherrschten Machtblocks; die Äduer hatten eine Reihe anderer Volksstämme zu Verbündeten oder »Klienten«, darunter die mächtigen Biturigen und Senonen, die belgischen Bellovaker sowie kleinere Gruppen, zu denen unter anderem die den Äduern verwandten Ambarrer, die Segusiaver, Ambivareter, Aulerci Brannouices, Blannovier und einige in jüngerer Zeit zugewanderte Bojer gehörten. Derartige Bündnisse wurden mit der Gestellung von Geiseln zementiert. Doch Anfang des 1. Jahrhunderts v. Chr. waren auch über die Grenzen der keltisch sprechenden Welt hinaus Bündnisnetze gewoben worden: Die Äduer hatten sich mit Rom verbündet, während der Suessionenfürst Diviciacus über Teile Britanniens Macht ausübte. Später wurden einige Germanenstämme als Söldner in die gallische Politik einbezogen.

Nun war die politische Entwicklung aber alles andere als ein gleichmäßiger oder universeller Prozeß. Die Äduer und eine Reihe benachbarter Staaten hatten in den letzten Jahrzehnten einen tiefgreifenden Wandel erfahren, während andere Volksstämme, beispielsweise in Belgica, mehr der traditionellen Verhaltensweise anhingen. So gab es am Vorabend der Eroberung durch die Römer

eine Vielfalt unterschiedlicher politischer Formationen, und die Veränderungen gingen weiter.

Herrscher, Patrone, Klienten und Handel

Volksstämme wie die Suessionen wurden weiterhin von einem König oder hohen Stammesführer regiert. Andere, so die Eburonen, besaßen zwei Herrscher (vielleicht ein Nachhall der Koalition von ehemals zwei Stämmen, vielleicht auch aufgrund einer Aufgabenteilung wie bei den beiden römischen Konsuln). Bei den Äduern und einigen anderen Volksstämmen hingegen war an die Stelle des Königs ein gewählter Magistrat getreten, der dem Adel entstammte. Nach Cäsar beherrschte der Adel die Masse der Freien, die in politischen Dingen nicht viel zu sagen hatten. Die Macht des Adels scheint kräftig zugenommen und sich über die älteren Familien- und Clanstrukturen gelegt zu haben. Einzelne – vor allem solche, die sich in kritischer Lage befanden – konnten sich unter den Schutz eines mächtigen Adelspatrons begeben, der als Gegenleistung ihre Treue verlangte. Je mehr solcher »Klienten« ein Patron besaß, desto größer war sein politischer Einfluß.

Einige Adlige schufen sich ein derart mächtiges Gefolge von Klienten und Gefolgsleuten, daß sie damit – durchaus gewollt – die Stabilität des Staates gefährdeten. So gelang es zum Beispiel Dumnorix, die Hand auf das gesamte Steuer- und Zollsystem der Äduer zu legen: Niemand wagte es, sich bei der (offenbar jährlichen) Auslobung des Kontraktes gegen ihn zu stellen; der dadurch erlangte Reichtum diente ihm als Basis, sich praktisch die Vorherrschaft über den Staat zu verschaffen. Ein ebenso herausragendes Beispiel ist der Helvetier Orgetorix mit seiner für damalige Verhältnisse gigantischen Privatarmee. Kurzum: Die gallische Politik war ein labiles und gewalttätiges Feld.

Weitreichende Veränderungen und heranwachsende Städte

Parallel zur dokumentierten Entwicklung der politischen Organisation traten noch viel beträchtlichere Veränderungen ein, so ein ansehnliches Bevölkerungswachstum und wahrscheinlich Hand in Hand damit ein (neuerdings mindestens für Britannien deutlich belegter) Anstieg der landwirtschaftlichen Produktion. Eng damit verknüpft waren zunehmende Besitz- und Klassenunterschiede. Ab dem 3. Jahrhundert v. Chr. gingen die Gallier immer mehr zur Geld-

(Rechts) Die wichtigsten Volksstämme und Staaten in Gallien zur
Zeit Cäsars. In Wirklichkeit muß
man sich ein komplexes und labiles
Gewebe von Interdependenz und
Vorherrschaft zwischen den Stämmen vorstellen, die ihrerseits häufig
aus Grüppchen mehrerer kleinerer
Einheiten bestanden.

(Unten) Die Fundstellen römischer
Amphoren (des Typs »Dressel 1a«)
verraten den Verlauf und Umfang
italischer Weinexporte nach Gallien
und Britannien im 1. Jahrhundert
v. Chr.

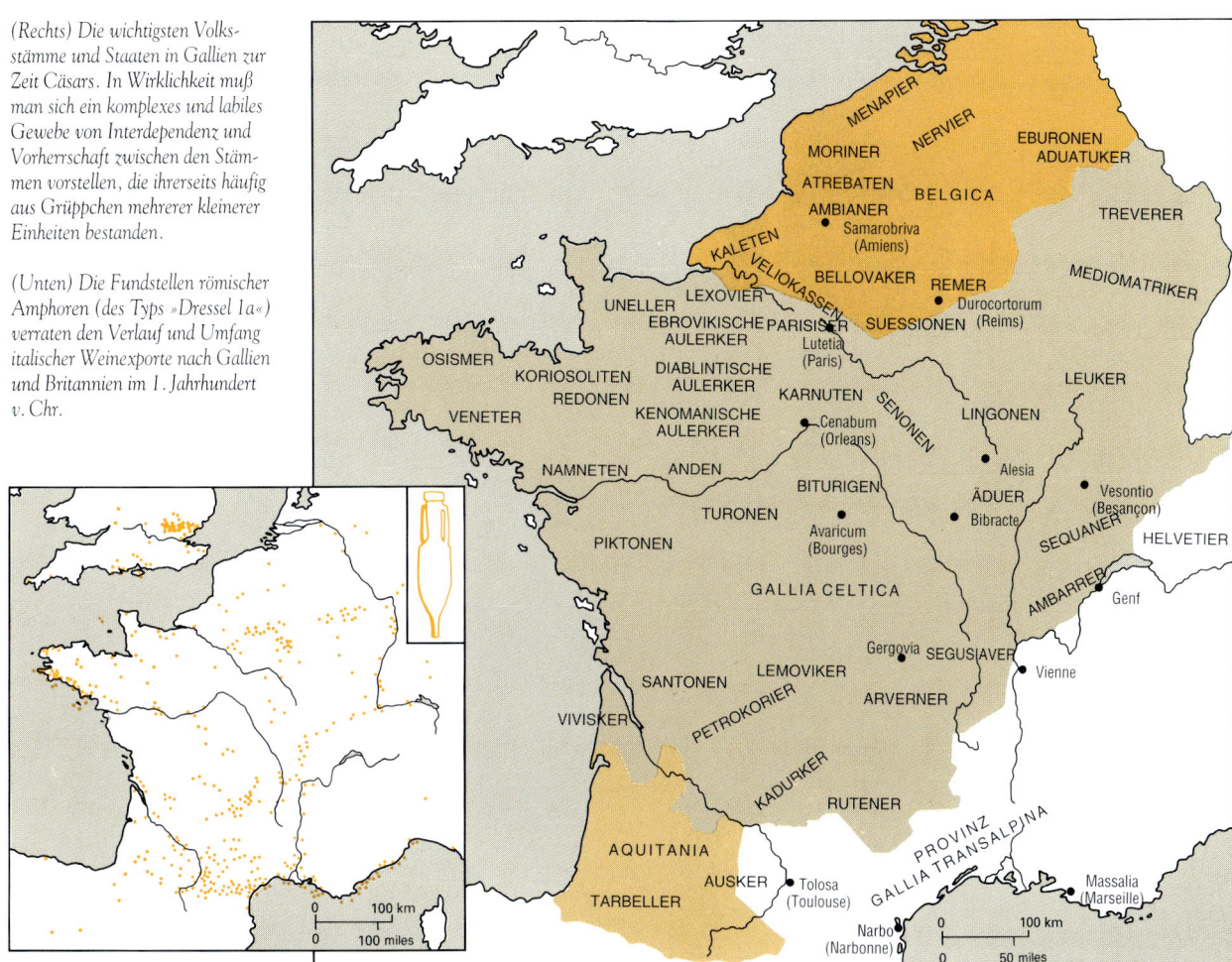

wirtschaft über; desgleichen gibt es Hinweise auf
eine gewisse Schreibkundigkeit (im 2. Jahrhundert v. Chr. sind in Südgallien Texte mit griechischen Schriftzeichen belegt; zu Cäsars Zeit wurden weiter nördlich Münzen mit lateinischen
Schriftzeichen geprägt).

Auch neue Siedlungstypen tauchten allmählich auf, insbesondere die großen Protostädte, die
Cäsar »oppida« nennt. Hinter diesem pauschalen
Begriff verbirgt sich in Wirklichkeit eine ganze
Skala von Großsiedlungen, die ab dem 2. Jahrhundert v. Chr. in einem Gebietsstreifen zwischen
Böhmen und Zentralfrankreich entstanden. Später entwickelten sie sich auch in Nordgallien und
Ostbritannien. Der Grund hierfür ist unklar;
jedenfalls hängen diese Siedlungen mit wachsen-
dem Reichtum und ausgeprägter Organisation
zusammen: Die Gesellschaften konnten sich Spe-
zialhandwerker und mehr interregionalen Handel
leisten.

Die »oppida« waren üblicherweise ein Wildwuchs von Gebäuden und Einfriedungen mit

Straßen und aufwendigen Befestigungsanlagen.
Zu den bekanntesten »oppida« zählt die 380 Hektar umfassende, südlich des Donautals gelegene
Ansiedlung bei Manching in Bayern, die im
2. Jahrhundert offenbar aufgrund lokalen Handels
entstand. Einige dieser Städte – so zum Beispiel
Bibracte, das Haupt-»oppidum« der Äduer – lagen
auf Hügeln, aber viele auch in Tälern, so etwa das
teils durch Flußmäander geschützte Villeneuve-
Saint-Germain bei Soissons.

Das archäologische Material aus dem Innern
der »oppida« offenbart gewerbliche Aktivitäten,
insbesondere Metallverarbeitung und Münzen-
herstellung; dies könnte darauf hinweisen, daß
sich dort Regierungs- und Rechtsinstitutionen
befanden (Cäsars Beschreibung der öffentlichen
Plätze und Tätigkeiten in Bibracte scheint das zu
bestätigen). Weiter östlich – beispielsweise in
Stradonice, dem wichtigsten »oppidum« in Böhmen – betätigten sich die Kelten auf ähnliche
Weise. Weinamphoren und andere Importe aus
der klassischen Welt stützen die These, daß die

DURSTIGE KEHLEN

»[Die Gallier] lieben den Wein
ausserordentlich; sie gießen den
Wein, der von den Kaufleuten
eingeführt wird, unvermischt
hinunter und nehmen das Getränk, dem sie so ergeben sind,
im Übermaß zu sich, bis sie be-
rauscht in Schlaf versinken oder
in einen Zustand des Wahnsinns
gerathen. Viele Italische Kaufleute benutzen daher [...] die
Trinksucht der Gallier zu ihrem
Vortheil. Sie führen ihnen Wein
zu, sowohl zu Wasser auf den
schiffbaren Flüssen als zu Lande
auf Wagen, und gewinnen durch
diesen Handel unglaubliche
Summen. Denn für ein Fäßchen
Wein erhalten sie einen Scla-
ven.«
Diodorus Siculus 5,26

119

DIE POLITISCHE HIERARCHIE IN GALLIEN

Cäsar und andere Quellen gewähren einen allgemeinen Einblick in die politischen Strukturen und Institutionen vieler Stammesstaaten des letzten Jahrhunderts v. Chr. Es scheint drei politische Hauptebenen gegeben zu haben: an der Spitze den Magistrat, gefolgt vom Senat und schließlich der Volksversammlung.

Der Magistrat. Einige Stämme wurden noch von Königen regiert, andere (zum Beispiel die Helvetier und Äduer) hingegen von Magistraten. Bei den Äduern war der »Vergobret« oder Hauptmagistrat das Staatsoberhaupt und übte Gewalt über Leben und Tod der Bürger aus. Er wurde für ein Jahr gewählt und durfte während seiner Amtszeit das Staatsgebiet nicht verlassen. Offenbar bestimmte das Gesetz, daß niemand das Amt innehaben durfte, solange noch ein früherer Amtsträ-

ger aus derselben Familie am Leben war; dies deutet nicht nur auf das Entstehen eines Rechts- und Verfassungssystems hin, sondern auch auf einen Machtwettstreit unter den wahlfähigen Adelsfamilien und den Versuch, diesen zu regulieren und politische Stabilität zu erhalten. Der Wahlmodus ist unbekannt; in bürgerkriegsähnlichen Zeiten wurde der »Vergrobret« jedoch von den Priestern ernannt.

Der Senat. Er bildete den Rat der wichtigsten Edelleute; bei den Nerviern zählte er 300 Mitglieder. Die wachsende Macht des Adels schlug sich in der zunehmenden Bedeutung des Senats (und der schwindenden

Rolle der Volksversammlung) nieder. Die Äduer versuchten die Macht einzelner Familien oder Clans dadurch einzudämmen, daß sie das passive Wahlrecht für die Hauptmagistratur einschränkten.

Die Volksversammlung. Es gab Großversammlungen – vermutlich aller freien Männer, die sich Waffen leisten konnten –, aber höchstwahrscheinlich billigten sie lediglich die vom Senat oder Magistrat (oder König) getroffenen Entscheidungen.

Sie besaßen ihre eigenen Verfahrensregeln: »Wenn Jemand den Redenden stört oder unterbricht, so trit mit gezogenem Degen der Diener hinzu, und befiehlt ihm mit Drohung, zu schweigen; ist Jener doch nicht ruhig, so thut er zum zweiten und

dritten Male dasselbe; endlich aber schneidet er so viel vom Mantel ab, dass das Uebrige unbrauchbar wird« (Strabon, »Erdbeschreibung«, 4,4,3).

Einige Gruppen waren vom politischen und gesetzgeberischen Prozeß völlig ausgeschlossen, so Frauen und Mädchen, Knaben unter dem waffentragenden Alter, Sklaven und Fremde.

---

gallischen Städte wichtige Handels- und Austauschzentren darstellten; Cäsar erwähnt, in den fünfziger Jahren des 1. Jahrhunderts v. Chr. seien in einigen »oppida« italienische Kaufleute ansässig gewesen. Aber trotz ihres wuchernden, chaotischen Aussehens erfüllten die »oppida« viele typische Funktionen einer klassischen Stadt: Neben den Wohnvierteln beherbergten sie administrative und politische Einrichtungen sowie Geschäfts- und Gewerbegebiete.

Die Triebkraft des Wandels

Die Gallier befanden sich auf dem Weg zu gesellschaftlichen und politischen Strukturen, die in mancher Beziehung eine auffallende Parallelität mit der klassischen Welt aufwiesen, vor allem in den an die griechisch-römische Enklave in Südgallien angrenzenden Gegenden. Ferner scheinen klassische Einflüsse bei der Benutzung griechi-

scher Münzen als Vorlage für die gallischen, bei der Übernahme der griechischen und lateinischen Schrift, bei einigen religiösen Neuerungen, beim wiederentdeckten Geschmack am Wein und vielleicht bei der Einrichtung von Magistraten am Werk gewesen zu sein. Ist daraus nun etwa zu schließen, sämtliche Veränderungen in der gallischen Gesellschaft in den letzten Jahrhunderten v. Chr. seien lediglich dadurch verursacht worden, daß sie den »zivilisierten« griechisch-römischen Kulturen weiter südlich ausgesetzt war?

Nicht notwendigerweise. Bereits vor der römischen Eroberung des Rhônetals gab es im 2. Jahrhundert v. Chr. schon mächtige Staaten wie die der Arverner und Äduer sowie die frühesten »oppida« in Gallien, und in Gegenden wie Süddeutschland und Böhmen, in denen keine Anzeichen für irgendwelche Kontakte zur klassischen Welt erkennbar sind, wuchsen bereits Städte

(Rechts) Das große »oppidum« der Äduer in Bibracte (heute: Mont Beuvray) dehnt sich über 135 Hektar eines großen Hügels (800 Meter ü.d.M.) aus. Bewohnt war der Ort vom späten 2. Jahrhundert v. Chr. bis etwa 12 n. Chr., als die Äduer 20 Kilometer weiter östlich in Augustodunum (Autun) ein neues Stadtzentrum erbauten. Ausgrabungen in Bibracte förderten Bauten aus der frühen Römerzeit zutage, darunter Werkstätten in der Nähe des Haupttores und große Adelshäuser römischen Stils im Innern. Derzeit laufende neuere Ausgrabungen dürften einiges mehr über die vorrömische Zeit der Ansiedlung erbringen.

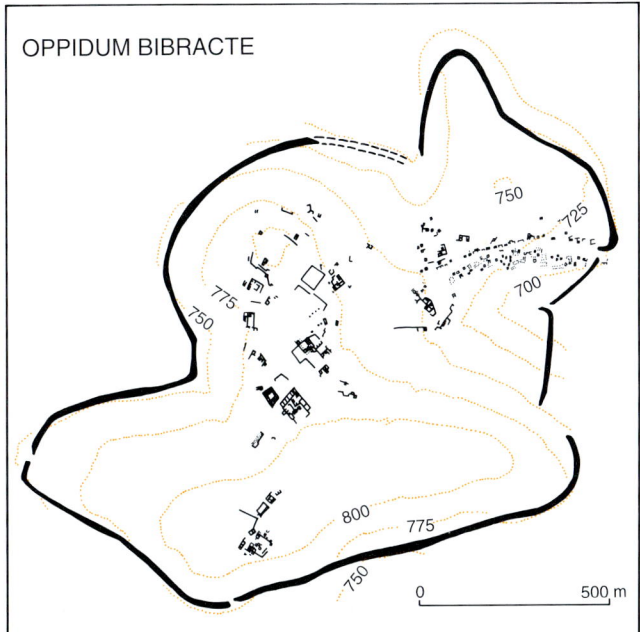

OPPIDUM BIBRACTE

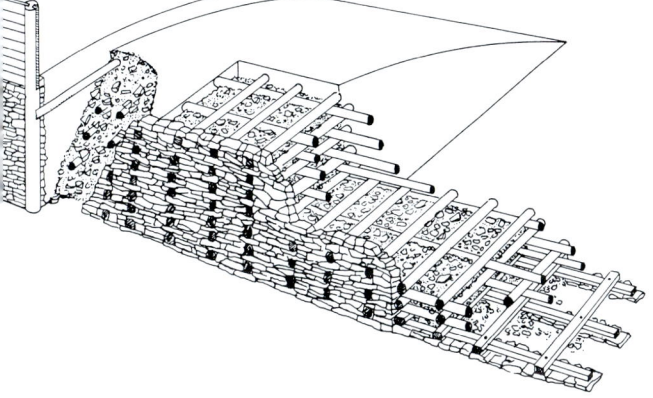

(Links) Bibracte war von einem etwa 5 Kilometer langen Verteidigungswall aus Holzbalken, Steinen und Erde umgeben. Dank der Verfugung und Vernagelung Tausender Holzstämme hielt diese Wehr, die man »murus Gallicus« (gallische Mauer) nannte, Rammangriffen hervorragend stand.

heran. Ausgelöst wurde der Wandel, der eine Hinwendung zur städtisch geprägten Staatsform bewirkte, mithin durch Anreize vor Ort, zu denen sicherlich das Bevölkerungswachstum, Neuerungen in der Landbestellung, unmerkliche ökologische Veränderungen und weitere Faktoren wie etwa die zunehmende Bedrohung durch die Germanen gehören.

Trotzdem wirkten die griechisch-römischen Kulturen als Katalysator des Wandels. Rom und Marseille (griechisch: Massalia, in römischer Zeit dann Massilia) lieferten die Modelle – zum Beispiel für die Regierungsformen –, die den Bedürfnissen der heranreifenden gallischen Staaten entsprachen. Desgleichen wurde, als die Schriftbeherrschung immer mehr an Bedeutung gewann (beispielsweise für die von Cäsar erwähnten Volkszählungen und die Buchführung), das griechische und lateinische Alphabet übernommen.

Rom nahm auch Handels- und diplomatische Beziehungen mit der gallischen Aristokratie auf und wurde damit ins unübersichtliche Gewirr der gallischen Bündnisse hineingezogen.

Dieser kulturelle Austausch hatte zwei bedeutsame und gegenseitig verzahnte Folgen. Erstens wurde Zentralgallien (und später Südbritannien) romanisiert. Zweitens wurde sich Rom zunehmend des wachsenden Reichtums *und* der steigenden Anfälligkeit Galliens (im Gefolge der Entwicklung zentralisierter Institutionen und ortsfester Machtzentren) bewußt. Gallien war reif zur Eroberung, nicht, weil es etwa deutlich weniger »zivilisiert« war als Rom, sondern weil es reich, vielschichtig und bereits der klassischen Welt *ähnlich* genug war, um absorbiert werden zu können. Danach geriet die Entwicklung der westkeltischen Kernlande auf eine andere, wenngleich parallele Schiene: die der klassischen Stadtkultur.

DER RÖMISCHE EROBERUNGSZUG: ITALIEN, IBERIEN UND GALATIEN

DIE RÖMER BELAGERN NUMANTIA

Das auf einem Hügel über dem Duero in Spanien gelegene Numantia war schon in der Vorzeit bewohnt, wurde jedoch im 3. Jahrhundert v. Chr. vom mächtigen Keltiberer-Stamm der Arevaker zu einer großen, festen Stadt ausgebaut, die über 20 Hektar bedeckte.

Numantia wurde zum Schwerpunkt des langen und erbitterten Widerstands der Keltiberer gegen die Eroberung durch die Römer im 2. Jahrhundert v. Chr. Seinen Höhepunkt fand der zwanzigjährige Kampf schließlich in der Belagerung der Stadt durch den Römerfeldherrn P. Cornelius Scipio im Jahre 133 v. Chr. Der Hunger zwang die Stadt schließlich in die Knie; sie wurde dem Erdboden gleichgemacht, jedoch unter römischer Herrschaft neu besiedelt.

Legionäre aus der Spätzeit der Republik auf dem Altar des Domitius Ahenobarbus. Man beachte die Kettenhemden, Kurzschwerter, Helmbüsche aus Roßhaar und riesigen Körperschilde ("scuta").

> *»Der Keltiberer selbst aber, die in vier Stämme sich teilen, mächtigster Stamm sind die Arevaker, [...] ihre berühmteste Stadt ist Nomantia. Im zwanzigjährigen Keltiberischen Kampfe mit den Romanern haben sie ihre Tapferkeit bewährt. Denn viele Heere zusammt ihren Anführern wurden vernichtet; zuletzt noch hielten die belagerten Nomantiner standhaft aus, bis auf Wenige, welche die Stadt übergaben.«*
>
> Strabon, »Erdbeschreibung«, 3,4,13

NACH ERSTEN ZUSAMMENSTÖSSEN mit den Galliern in der Po-Ebene im 4. Jahrhundert v. Chr. geriet Rom mit der Einverleibung Etruriens immer mehr in Konflikt mit den Kelten. Schon hatte die ungeschminkte Eroberung der Gallia cisalpina eingesetzt, da wurde sie im Jahre 218 v. Chr. durch Hannibals kühnen Einfall in Italien über die Alpen (nach einem spektakulären Marsch durch Spanien) unterbrochen. Der anschließende Zweite Punische Krieg zwischen Rom und Karthago hatte für die gesamte mittelmeerische Welt und damit für einen Großteil des Keltentums drastische Folgen. Aus dem Kampf auf Leben und Tod ging Rom als Militärmacht von Weltrang hervor; Karthago war ein geknicktes Schilfrohr. Das beflügelte die Römer zu Eroberungszügen in Spanien, führte zur Unterwerfung der Keltiberer und zur Intervention in Gallien.

Der Zweite Punische Krieg war auch mitverantwortlich dafür, daß Rom ins Labyrinth der Politik Griechenlands und der auf den Ruinen des Alexanderreiches erbauten Fürstentümer und Duodezstaaten hineingezogen wurde, woraus sich ein Zusammenstoß mit den Galatern in der Zentraltürkei entwickelte.

»Entkeltisierung«: Die Eroberung der Gallia cisalpina

Der kritische Zeitpunkt in Italien wurde 225 v. Chr. erreicht, als die Gallier das römische Etrurien angriffen. Seinen Höhepunkt erreichte der Konflikt in der Schlacht von Telamon, in der die Gallier eine vernichtende Niederlage erlitten. Binnen weniger Jahre war die Unterwerfung der Gallia cisalpina praktisch vollzogen: Die Bojer wurden 224, die Insubrer 222 überrannt. Die Gründung römischer Militärkolonien in Placentia und Cremona zeigte, daß Rom zu bleiben beabsichtigte.

Nun folgte Hannibals Invasion. Der sich daraus entwickelnde Kampf verheerte Italien auf Jahre hinaus. Hannibal verbündete sich mit den

Galliern, und in karthagischem Dienst wuchs eine neue Generation keltischer Krieger heran. Hannibals endgültige Niederlage bei Zama im Jahre 202 v. Chr. ließ den kampferprobten Römern freie Hand zur Wiederaufnahme der Eroberung des Nordens, und in den neunziger Jahren des 2. Jahrhunderts v. Chr. wurden schließlich die Bojer und Insubrer unterworfen. Es hieß, die Gallier seien fast völlig ausgerottet oder vertrieben worden, aber in Wirklichkeit verblieben sie, wie aus späteren Inschriften hervorgeht, in beträchtlicher Anzahl in der Region: Sie wurden nach und nach von der römischen Gesellschaft absorbiert.

Sieg über die Keltiberer

Die Römerheere zogen nun nach Spanien, um die Karthager dort anzugreifen, denn aus Spanien bezog Hannibal seine Stärke. Die Errichtung römischer Provinzen in Ost- und Südspanien beschwor unvermeidlich die Auseinandersetzung mit den Volksstämmen im Innern herauf. Die Keltiberer zählten zu den zähesten Feinden der Römer; zwischen den beiden Völkern kam es zu einer langen Reihe von Kriegen (zwischen 197 und 179 sowie 154 und 133 v. Chr.), in denen sich die Römer von ihrer schlimmsten Seite zeigten. Frustration und Grausamkeit führten zu Verrat und Brutalität. Nach anhaltenden Kämpfen war der größte Teil Iberiens unterworfen; den Höhepunkt bildete die endgültige Einnahme von Numantia (vgl. Kastentext) im Jahre 133 nach mehreren vergeblichen Versuchen. Zwar setzten sich die Kämpfe in bestimmten Regionen noch generationenlang fort – Kaiser Augustus führte zwischen 26 und 19 v. Chr. dort einen Feldzug –, aber die Halbinsel war dazu bestimmt, ein gründlich romanisiertes Land zu werden, in dem sich kaum noch etwas finden läßt, was man als keltisch beschreiben könnte. Inschriften und andere Funde zeigen, daß die keltische Sprache noch bis in die Kaiserzeit hinein gesprochen wurde, aber allmählich unterging.

Der Fall Galatiens

Die Galater betrachtete Rom als nützliches Werkzeug, mit dem sich zugunsten römischer Interessen in Kleinasien Instabilität erzeugen ließ. Doch 88 v. Chr. schlug das Schicksal zu, als Mithridates VI. von Pontus gegen Rom rebellierte und alle Verbündeten Roms angriff. Mithridates lud sechzig galatische Anführer (vermutlich die jeweils fünf Chefs der zwölf Tetrachien) ein, sich mit ihm in Pergamon zu treffen, und ließ sie dort von seinen Soldaten niedermachen; nur drei der Galater entkamen dem Gemetzel. Er tötete auch ihre Familien, was darauf hindeutet, daß er in der galatischen Regierung ein starkes Verwandtschaftselement vermutete.

Im weiteren Kriegsverlauf bis zu Mithridates' endgültiger Niederwerfung im Jahre 66 v. Chr. durch den römischen Heerführer Pompeius waren die Galater Verbündete Roms. Im Jahre 64 reorganisierte Pompeius die galatische Führung, indem er jeden der drei Stämme mit einem einzigen Herrscher ausstattete, der indes weiterhin Tetrarch hieß (was beweist, wie stark sich Tradition gegen Logik behauptet). Der Tolistobogier Dejotarus wurde zum angesehensten Tetrarchen und war immerhin so sehr in alles Römische verliebt, daß er seine Armee im Legionsstil ausbilden ließ. Schließlich betrachteten ihn die Römer als einzigen König Galatiens. Im römischen Bürgerkrieg, der 49 v. Chr. ausbrach, schlug er sich allerdings auf die falsche Seite und unterstützte Pompeius, den er sicherlich als seinen Patron ansah. Mit einigem Glück überlebte dieser gerissene alte Kelte dank der Fürsprache Ciceros seinen Prozeß vor Cäsar.

Die Geschichte der Galaterstaaten endete mit dem Tod seines Sohnes Dejotarus II., nach dem Galatien als Provinz ins Römische Reich eingegliedert wurde. 74 n. Chr. ging es im römischen Kappadokien auf, aber schon vorher hatte es seinen keltischen Charakter nach und nach verloren: Den Galaterbrief schrieb Paulus nicht an keltische Adlige, sondern an Menschen hellenistischer Kultur. Dennoch scheinen die keltische Sprache und vermutlich weitere Aspekte keltischer Lebensart in Galatien noch jahrhundertelang weitergelebt zu haben – St. Hieronymus (331–420 n. Chr.) schrieb: »Die Galater besitzen ihre eigene Sprache, die fast dieselbe ist wie die der [ostgallischen] Treverer.«

Neue Bedrohungen

So war denn im 2. Jahrhundert das gesamte Gebiet der Kelten durch die römische Expansion bedroht. Im Norden geriet es überdies allmählich unter den Druck der Germanen, während es sich im Donaubecken der Assimilierung und – im 1. Jahrhundert – der neuen Macht Dakiens ausgesetzt sah. Die böhmischen Bojer wurden im Jahre 60 v. Chr. von den Dakern zerschmettert und bald von wandernden Germanenscharen ersetzt, vertrieben oder integriert. Als sich Rom mit der Eroberung Dakiens (101–106 n. Chr.) durch Trajan das Donaubecken einverleibte, blieb in dieser Region kaum noch etwas übrig, was man keltisch nennen könnte.

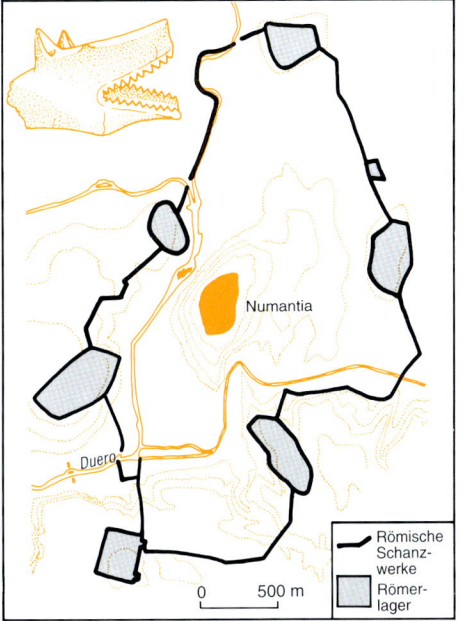

Die riesigen Belagerungswerke um Numantia, die der römische Feldherr Scipio Aemelianus 133 v. Chr. errichten und mit 60 000 Römern und verbündeten Truppen bemannen ließ. Die Numantiner zwang schließlich der Hunger zur Kapitulation. Die Stadt wurde zerstört, die Überlebenden als Sklaven verkauft. Oben links in der Skizze ist der wie ein Wolfskopf geformte Schalltrichter auf einer in Numantia gefundenen Tontrompete abgebildet.

Numantia

Duero

Römische Schanzwerke

Römerlager

0   500 m

Ein besiegter Galater begeht Selbstmord. Römische Marmorkopie einer aus dem Pergamon des 3. Jahrhunderts v. Chr. stammenden Statue.

JULIUS CÄSAR UND DIE EROBERUNG GALLIENS

DIE RÖMISCHE PROVINZ Gallia transalpina entstand langsam und nicht durchweg friedlich. Vor allem die Allobroger blieben aufrührerisch, und im Jahre 105 v. Chr. wurden römische Heere in der Provinz von den Kimbern und Teutonen vernichtet. Die Provinz war wegen ihrer korrupten Verwaltung verrufen, denn die dortigen Statthalter scheffelten mit lauteren und unlauteren Mitteln Vermögen. Zu den berüchtigtsten gehörten der wegen Erpressung angeklagte Fonteius (Proprätor zwischen 74 und 72 v. Chr.) und Caepio, der 107 v. Chr. die Tempel der Tolosaten plünderte. Dennoch weckte die Provinz zunehmend das Interesse der Römer, weil sie ihnen Zugang zum Kern des freien Gallien verschaffte.

Vorspiel zur Eroberung

Angesichts des expansionistischen Wesens des römischen Staates in den letzten Jahrhunderten v. Chr. war die Invasion in ein so reiches Nachbarland wie Gallien nur eine Frage der Zeit. Seine Eroberung durch Julius Cäsar war dennoch eher Zufall: Nur durch den unerwarteten Tod eines anderen gelangte die Gallia cisalpina in seinen Zuständigkeitsbereich. Cäsar – ein Aristokrat, aber zugleich Opportunist und rücksichtsloser Politiker – brauchte militärischen Ruhm und vor allem Reichtum, um überleben und, erst recht, um die Macht erringen zu können, nach der er strebte. Die römische Senatorenschaft lieferte sich zunehmend mörderische Machtkämpfe (mehr noch als die gallischen Adligen), und wie in Gallien floß der zur Finanzierung der Herrschaftsansprüche benötigte Reichtum weitgehend aus Aktivitäten außerhalb der eigenen Ländereien. Die römischen Kriegsherren erwarben ihn in großem Umfang durch Eroberung und Erpressung. Als Konsul betrieb Cäsar 59 v. Chr. in verfassungswidriger Allianz mit Pompeius dem Großen – damals Oberbefehlshaber der Truppen – und dem Finanzmann Crassus den Umsturz des Staates. Er war der Schwächste von den dreien, denn er besaß weder das militärische Ansehen des Pompeius noch den Reichtum des Crassus (Cäsar war hoch verschuldet). Nach seinem Konsulat brauchte Cäsar unbedingt den Oberbefehl über eine Provinz, um seinen Gläubigern und politischen Feinden (mit dem Regierungsamt ging Immunität vor Strafverfolgung einher) zu entrinnen und seine Position aufzubauen.

Cäsar war in Gallia cisalpina, Illyricum und Gallia transalpina für Verwaltung und Sicherheit zuständig. In der Praxis gehörten dazu auch die Pflege der Beziehungen mit den Verbündeten und die Abwehr potentieller Bedrohungen von jenseits der Grenzen. Zu unprovozierten Eroberungskriegen war er vom Senat nicht ermächtigt, aber Cäsar war nicht der Mann, der sich von bloßen Gesetzen aufhalten ließ.

Die Helvetier – ein Vorwand zur Intervention

Cäsar sah sich mit der beabsichtigten Wanderung der Helvetier (eines in der Schweiz ansässigen großen keltischen Volksstammes) konfrontiert, die auf Landsuche nach Westen aufbrechen woll-

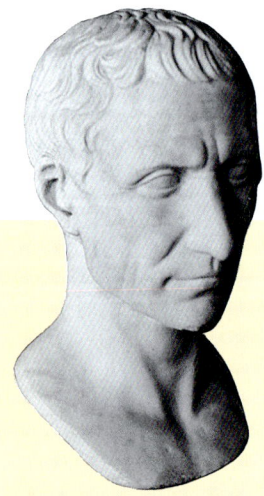

CÄSAR: STAATSMANN UND KRIEGSHERR

Gaius Julius Cäsar (links) wurde 100 v. Chr. als blaublütiger Senatsadliger geboren. Die Republik war bereits seit einiger Zeit in Machtkämpfe zwischen ehrgeizigen Kriegsherren verwickelt: Cäsars Verwandtschaft mit dem radikalen Marius hätte ihn beinahe das Leben gekostet. Cäsar war an Rücksichtslosigkeit und verschlagener Kühnheit allen Rivalen weit überlegen, denen zudem seine Ernennung zum »Pontifex maximus« (obersten Priester) im Jahre 63 v. Chr. den Wind aus den Segeln nahm; 62 v. Chr. wurde er Prätor, danach Proprätor in Spanien, wo er seine kriegerische Begabung entdeckte.

Im Verbund mit dem Feldherrn Pompeius und dem Finanzmann Crassus manipulierte er den Staat, wurde 59 v. Chr. Konsul und machte sich 58 v. Chr. nach Gallien auf. Seine anschließenden Eroberungszüge waren eigentlich unrechtmäßig (er war von der Regierung nicht dazu beauftragt), aber als scharfsinniger Politiker war ihm klar, wie wichtig der Anschein der Rechtmäßigkeit war und daß er sich die Gunst der Öffentlichkeit erhalten mußte. Diesem Zwang zur Selbstrechtfertigung (und »Publicity«) verdanken wir seinen »Gallischen Krieg«.

Nach dem Tode des Crassus im Jahre 53 v. Chr. nahmen die Span-nungen mit Pompeius zu, bis Cäsar schließlich mit der Überschreitung des Flusses Rubikon im Jahre 49 offen den Krieg und seinen Anspruch auf die alleinige Herrschaft in Rom erklärte. 48 v. Chr. besiegte er Pompeius, doch der Bürgerkrieg zog sich bis zum Jahre 45 hin. 44 v. Chr. wurde Cäsar zum Diktator auf Lebenszeit ausgerufen, doch noch im selben Jahr an den Iden des März (15. 3.) ermordet.

Der damit wieder ausbrechende Bürgerkrieg endete 31 v. Chr. in der Schlacht von Actium. Bald danach wurde Cäsars Adoptivsohn Augustus zum ersten römischen Kaiser gekürt.

ten. Diese Völkerwanderung hätte die Stabilität in Zentralgallien und damit römische Verbündete und Interessen bedroht, wenngleich nicht unmittelbar Roms eigene Provinz in Südgallien. Cäsar sprang geradezu auf diesen Vorwand zum Eingreifen und warf 58 v. Chr. die Helvetier gewaltsam zurück. Nach seinen eigenen Angaben führte dies dazu, daß über eine Viertelmillion Menschen niedergemacht wurden oder auf dem Rückzug der zerschlagenen Überreste verhungerten.

Das Strickmuster der Eroberung
Kaum war er in Gallien, da fand Cäsar (vor allem über Roms alte Verbündete, die Äduer) auch schon weitere Gründe für eine Einmischung und neue Chancen auf Ruhm und Beutegut. Einen solchen Vorwand lieferten die Sequaner, Verbündete der Arverner, die germanische Söldner unter Ariovist ins Land geholt hatten. Nachdem die Germanen die Äduer-Aristokratie dezimiert hatten, liefen sie Amok und griffen ihre vorigen Arbeitgeber an. Flugs verwickelte Cäsar Ariovist in einen Krieg, obschon der römische Senat den Germanen zuvor als Freund gefeiert hatte und dieser ganz und gar nicht auf Kampf aus war. In einer Schlacht nahe dem Rhein wurde Ariovist vernichtend geschlagen.

Nach Vernichtung der Germanen geriet Cäsar mit einer Reihe von Feldzügen, die in gallischen Augen mehr und mehr das Gesicht einer formalen Eroberung annahmen, immer stärker ins Labyrinth der gallischen Politik. Einige Volksstämme, so die Äduer und Remer, wurden treue Verbündete Cäsars und betrachteten ihn als ihren Patron, aber andere widersetzten sich mit heroischer Grausamkeit. Das Kampfheer der Nervier wurde fast völlig aufgerieben, und die Eburonen hatten als Volk zu existieren aufgehört. Um 55 v. Chr. war

der größte Teil Galliens von den römischen Legionen überrannt, so daß Cäsar in diesem und dem folgenden Jahr seine beiden Expeditionen nach Britannien unternehmen konnte. Aber die Gallier waren ungebrochen. Im Winter 53/52 v. Chr. planten sie in Geheimbesprechungen den Aufstand, ein letztes Aufgebot für die Freiheit.

(Rechts) Statue eines gallischen Kriegers aus Vachères, Frankreich; 1. Jahrhundert v. Chr. So etwa sahen die Männer aus, denen Cäsars Legionäre auf den Schlachtfeldern der drei Gallien gegenüberstanden. Dieser trägt eine lange Tunika mit Ärmeln, ein Kettenhemd, einen schweren Überwurf und eine Röhrenhalsspange. An der rechten Hüfte baumelt ein Langschwert, und er lehnt sich in typisch gallischer Haltung auf seinen Schild.

(Unten) Verlauf der Römerfeldzüge in Gallien und Britannien. 58 v. Chr. verlegte Cäsar der Westwanderung der Helvetier den Weg und zerschlug Ariovists Germanen. Die Jahre 57 und 56 vergingen mit Kämpfen gegen die Belgen und Veneter. Weitere Feldzüge gegen die Belgen und über den Rhein nach Germanien öffneten den Weg zu zwei Expeditionen nach Britannien in den Jahren 55 und 54 v. Chr.

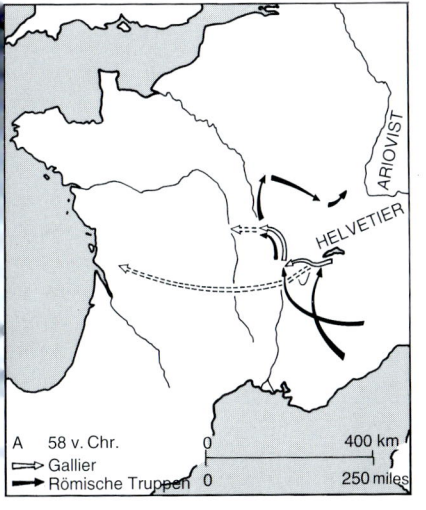
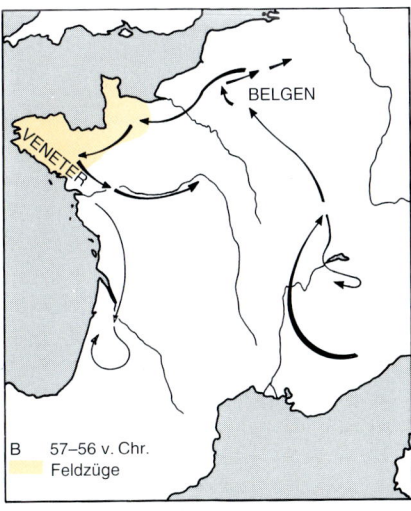
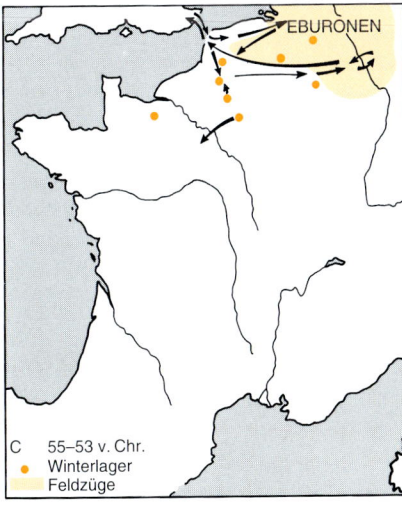

DER AUFSTAND DES VERCINGETORIX

EIN KELTISCHER KRIEGS-HERR: VERCINGETORIX

Vercingetorix, Sohn des Celtillus, war ein junger Adliger der Arverner, eines der mächtigsten Stämme Zentralgalliens. Sein Vater war von den Stammesherren in der Folge eines gescheiterten Putsches hingerichtet worden, und nunmehr versuchte Vercingetorix inmitten der cäsarischen Einfälle selbst an die Macht zu kommen – mit weit mehr Erfolg. Wegen seines Reichtums, seiner Redegewandtheit und seiner überragenden Führungsqualitäten wurde er zum Anführer des großen Gallieraufstandes gegen Cäsar erkoren.

Wieso es Vercingetorix eigentlich so leichtfiel, zum Oberbefehlshaber der vereinigten Rebellenstreitkräfte ernannt zu werden, ist unklar, denn er scheint noch jung und unerfahren gewesen zu sein. Dennoch erwies sich die Wahl als hervorragend. Seine Feldherrnqualitäten beim Anführen riesiger und schwerfälliger Heere, sein Geschick, den Seinen Mut und dem Gegner angst zu machen, brachten Cäsar in arge Bedrängnis, bis Vercingetorix schließlich bei Alesia in die Falle geriet. Nach der Niederlage schmachtete er jahrelang in Rom im Kerker, bis Cäsar 46 v. Chr. Zeit fand, den formellen Triumphmarsch durch die Stadt in Szene zu setzen, bei dem Vercingetorix mitgeführt wurde. Diesem Erzfeind gegenüber ließ Cäsar seine bekannte Gnade nicht walten: Nach den Feierlichkeiten wurde Vercingetorix hingerichtet.

In den letzten Jahrhunderten wurde Vercingetorix als Symbol des französischen Nationalbewußtseins und Widerstands gegen Eindringlinge wiederentdeckt.

> *»Am folgenden Tag berief Vercingetorix eine Versammlung ein und erklärte, er habe diesen Krieg nicht in seinem eigenen Interesse, sondern um der allgemeinen Freiheit willen angefangen, und da man sich in sein Schicksal fügen müsse, so stelle er sich ihnen für beide Möglichkeiten zur Verfügung, sei es daß sie durch seinen Tod die Römer befriedigen, sei es daß sie ihn lebendig ausliefern wollten.«*
>
> Cäsar, »Der Gallische Krieg«, 7,89

DER WIDERSTAND der Belgen, vor allem der Mut der Eburonen unter ihrem gerissenen Anführer Ambiorix beflügelten den Widerstandsgeist, der im Winter 53/52 v. Chr. in ganz Gallien aufflammte. Überdies ließen die Ereignisse in Rom die Gallier hoffen, daß es ihnen gelingen würde, die Eindringlinge zu vernichten oder zurückzuschlagen, denn die Spannungen zwischen Cäsar und Pompeius nahmen zu. Während Cäsar in Norditalien überwinterte, um mit dem Gang der Dinge in Rom in Verbindung zu bleiben, verfiel plötzlich fast ganz Gallien in hellen Aufruhr; die von ihrem Feldherrn getrennten Legionen wurden in ihren Stützpunkten umzingelt. Kaum ein gallischer Volksstamm hielt Rom noch die Treue; sogar die Äduer ließen sich dazu bereden, ihre gallische Identität allem anderen vorzuziehen.

Die Eröffnungszüge

Anführer des Aufstandes war ein Arvernerfürst namens Vercingetorix. Während der früheren Feldzüge waren die Arverner schweren Schäden entgangen, weil Cäsar sie fälschlich für befriedet hielt. Vercingetorix erwies sich als sehr fähiger Feldherr und führte sein Bündnisheer in einfallsreichen strategischen Operationen, die Cäsars Können beträchtlich strapazierten.

Als erstes fiel Vercingetorix bei Narbonne in die Gallia transalpina ein. Dem Feind auf eigenem Boden einen Schlag zu versetzen stärkte die Moral, war aber in erster Linie ein verzögerungstaktisches Manöver: Vercingetorix hoffte Cäsar im Süden festnageln zu können, während in Zentral- und Nordgallien die römischen Legionen überrannt wurden. Doch Cäsar war zu schnell, eilte in die Provinz und verjagte die Invasoren. Danach stellte er seine Entschlossenheit und berühmte Bewegungsschnelligkeit unter Beweis, erzwang einen Durchgang durch die schneebedeckten Cevennen und bedrohte Vercingetorix' eigenes Land. Der so überraschte Gallierführer (die Berge galten im Winter als unpassierbar) eilte nach Hause, wurde aber vom nordwärts zu seinen Legionen marschierenden Cäsar überholt. Die erste Runde hatten die Römer gewonnen.

Schläge und Gegenschläge

Der anschließende Krieg im Jahre 52 v. Chr. bestand nicht aus offenen Feldschlachten; dazu war Vercingetorix zu vorsichtig. Vielmehr wurde er zu einem Belagerungskrieg, der einer riesigen Schachpartie ähnelte, denn die Protagonisten griffen die gegnerischen Versorgungsbasen und verbündeten »oppida« an. Um den Römern den Nachschub abzuschneiden, praktizierte Vercingetorix auch eine Politik der verbrannten Erde. Welche Sorgen er damit bei Cäsar verursachte, wird aus der häufigen Erwähnung von Versorgungsschwierigkeiten im »Gallischen Krieg« deutlich. Cäsars wichtigster Gegenschlag war der Angriff auf Avaricum (Bourges), die Hauptstadt der Biturigen. Die geschickte Gegenwehr der Verteidiger (sie unterminierten die römischen Belagerungswerke) blieb vergeblich: Avaricum fiel in einer verheerenden Feuersbrunst und einem schrecklichen Blutbad in Feindeshand. Trotz dieser Katastrophe hatte Vercingetorix sein Heer immer noch fest im Griff. Anschließend belagerte Cäsar das Arverner-»oppidum« Gergovia, konnte es jedoch wegen seiner starken Bollwerke nicht einnehmen, während gleichzeitig die Armee des Vercingetorix bedrohlich auf den umgebenden Hügeln stand. In diesem Augenblick desertierten die Äduer, so daß Cäsar plötzlich ohne Nachschubquelle im feindlichen Land isoliert war. Vercingetorix dürfte einen Rückzug Cäsars in die römische Provinz erwartet haben, aber dieser entschloß sich zum kühneren Vorgehen, schlug sich

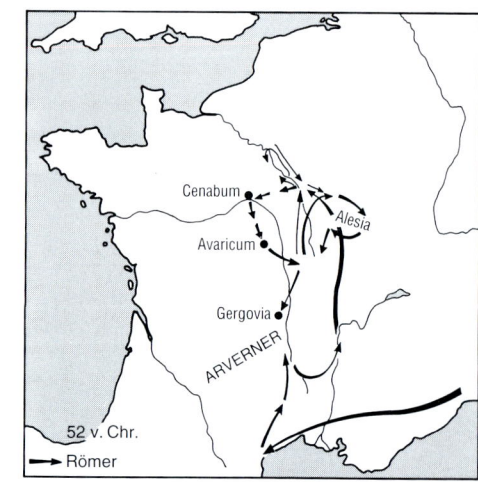

52 v. Chr.
→ Römer

nach Norden durch und vereinigte seine Streitkräfte mit denen seines Unterbefehlshabers Labenius. Dennoch war das Ganze für Cäsar eine Demütigung und gab der Moral der Gallier starken Auftrieb.

Cäsar gewinnt die Initiative zurück

Bei der nächsten Begegnung mit den Römern riskierte Vercingetorix eine Reiterschlacht; vermutlich dachte er, wenn er die römische Reiterei vernichte, werde Cäsar bei der Überwachung der Bewegungen der Gallier sowie bei der Nahrungsversorgung erhebliche Probleme bekommen. Aber die Gallier wurden in die Flucht geschlagen und zogen sich in die Hügelfestung Alesia zurück, um sich erholen und ihre Reiterei wieder auffüllen zu können. Das war ein katastrophaler Fehler, denn Cäsar ergriff sofort die Chance, belagerte die Festung und setzte zum letzten, dramatischen Kampf um die Gewalt über Gallien an.

Die Belagerung von Alesia

Cäsars detaillierte Beschreibung der Belagerungswerke von Alesia ist durch Ausgrabungen im 19. Jahrhundert belegt worden. Binnen eines Monats baute Cäsars Heer ein Außenbollwerk von rund 22 Kilometern Länge mit mehreren befestigten Lagern und einem mit Holztürmen verstärkten und von Gräben und Fallen umgebenen Innenwall. Bald brach bei den Verteidigern der Hunger aus. Als letzte Hoffnung der belagerten Gallier erschien ein gewaltiges Entsatzheer in Stärke von fast einer Viertelmillion (Cäsar hingegen verfügte bloß über 50 000 Mann). Tagelang berannten die gallischen Streitkräfte unter ungeheuren Verlusten die Römerstellungen – vergeblich; schließlich gaben sie auf und flohen. Der hoffnungslos verlorene Vercingetorix ergab sich.

Verluste und Beute

Plutarch berichtet, in den Gallierkriegen (einschließlich der Kämpfe mit den Britanniern und Germanen) seien eine Million Menschen gefallen und eine weitere Million in die Sklaverei verschleppt worden. Als Cäsar Gallien verließ, herrschte Ruhe, aber sie wurde zu Recht als Friedhofsruhe bezeichnet.

Die Eroberung Galliens durch Cäsar wurde in Rom begeistert gefeiert; zweifellos gingen alle Bedenken wegen Cäsars unverhüllter Aggression in der lebhaften Erinnerung an den »terror Gallicus« unter. Als Kaiser Augustus später auch die Volksstämme in den Alpen annektierte, war die Unabhängigkeit Galliens für immer dahin.

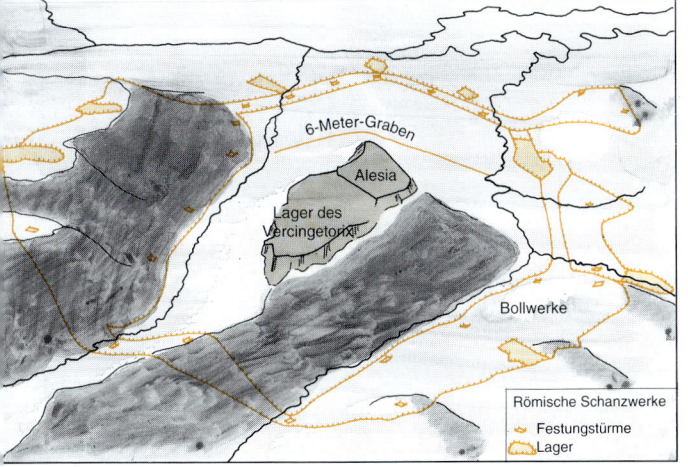

6-Meter-Graben

Alesia

Lager des Vercingetorix

Bollwerke

Römische Schanzwerke
Festungstürme
Lager

(Skizze linke Seite) Cäsars Bewegungen während des Gallieraufstandes.

Die Belagerung Alesias. (Oben) Ein (in Beaune rekonstruierter) Abschnitt der römischen Belagerungswerke. Der ursprüngliche Wall bestand aus Torf, Erde und Holzbalken. Fallgruben, Gräben und andere Hindernisse sollten jeden Ausbruchsversuch verhindern, während von Wall und Türmen hagelnde Pfeile, Steine und Wurfgeschosse jeden Angreifer empfingen. (Links) Skizze der Anlagen Cäsars, die das Heer des Vercingetorix einschlossen.

BRITANNIEN VON CÄSAR BIS HADRIAN

»Uns, die wir am Rand der Erde wohnen und der Freiheit letztes Bollwerk sind, hat bis auf den heutigen Tag unsere Abgeschiedenheit und die geheimnisvolle Verborgenheit unseres Namens beschirmt. [...] Jetzt aber steht die Grenze Britanniens offen. [...] Sie, die Plünderer der ganzen Erde [die Römer], durchsuchen nunmehr das Meer, seit für sie, die alles verwüsten, die Länder dazu fehlen. [...] Stehlen, Morden, Plündern nennen sie fälschlicherweise Herrschen, und wenn sie eine Wüste geschaffen haben, heißt das bei ihnen Befriedung.«

Tacitus, »Agricola«, 30; imaginäre Rede des Calgacus (Heerführer der Britannier am Mons Graupius im Jahre 84 n. Chr.)

IM SPÄTSOMMER 55 V. CHR. unternahm Cäsar eine Expedition nach Britannien; das war zum einen eine Repressalie wegen der Hilfeleistung der Britannier an die Gallier, aber zum anderen ebenso ein Test, ob die öffentliche Meinung in Rom weitere Unternehmungen dulden würde, diesmal über den Ärmelkanal. Die Expedition löste in Rom große Begeisterung aus und erhöhte Cäsars Prestige noch mehr, obgleich sie militärisch nichts erbrachte und er um ein Haar seine Flotte in einem Sturm verloren hätte. 54 v. Chr. wiederholte Cäsar das Ganze in größerem Stil und drang diesmal ins Innere vor, wo er auf heftigen Widerstand einer Koalition unter einem gewissen Cassivellaunus stieß – offenbar ein Stammesherrscher aus den südlichen Midlands. Cassivellaunus führte zwar einen wirksamen Guerillakrieg und nutzte geschickt seine Streitwagen, so daß Cäsars Erkundungspatrouillen in Bedrängnis gerieten, aber seine Festung wurde verraten, so daß er um Frieden bitten mußte. Da Cäsar wegen des herannahenden schlechten Herbstwetters auf schnellen Abzug erpicht war, verlangte er Geiseln und Tribut und erzwang von Cassivellaunus die Zusage, die Trinovanten an seiner Ostgrenze nicht anzugreifen – dieser Volksstamm hatte um römischen Schutz ersucht.

Die Zeit nach Cäsar

Bei Cäsars Abzug mochte es scheinen, daß nun eine dauerhafte Besetzung bevorstand, doch dauerte es fast noch ein Jahrhundert, bis wieder römische Legionen auf der Bildfläche erschienen. Von nun an lag Britannien am Rande des Reiches, das sich mittlerweile bis Boulogne erstreckte, und zwischen den beiden Ufern des Ärmelkanals wurden umfangreiche Kontakte geknüpft, die wohl von persönlichen bis zu diplomatischen Beziehungen reichten. Neben den Handelsverbindungen gab es sicherlich auch Familien- und Stammesbande (so setzte sich beispielsweise Commius, König der gallischen Atrebaten, in Britannien fest und unterhielt zweifellos Verbindungen mit Gallien). Zu dieser Zeit wurde auch die auf dem Festland übliche Art der Totenverbrennung in Britannien übernommen. Dann und wann gab es wohl auch politische Kontakte, vor allem während der Bürgerkriege vor und nach Cäsars Ermordung im Jahre 44 v. Chr. Ein paar Verbindungen unterhielt Rom jedenfalls mit Angehörigen britannischer Kleindynastien, von denen mehrere vor internen Auseinandersetzungen unter den kaiserlichen Schutz flüchteten; desgleichen gibt es Berichte, wonach Britannier in Rom Opferfeiern veranstaltet haben.

Als nach der Schlacht bei Actium im Jahre 31 v. Chr. wieder Friede ins Reich einkehrte, stand Britannien auf der Liste möglicher weiterer Expansionsziele ganz oben. Der erste Kaiser, Augustus, dachte mehrmals an eine Invasion, verwandte aber den größten Teil seiner Energie auf die Eroberung Germaniens, die freilich fehlschlug. Als dieses Projekt 9 n. Chr. mit der berühmten Schlacht im Teutoburger Wald in einer militärischen Katastrophe endete, kehrte der alternde Imperator der Eroberungspolitik den Rücken und verkündete, von nun an seien die bestehenden Grenzen zu halten; diese Politik machte sich auch Tiberius zu eigen, der 14 n. Chr. Kaiser wurde.

Politische Geographie Britanniens am Vorabend der römischen Invasion. Die Katuvellauner beherrschten die südlichen Midlands und vereinnahmten praktisch auch die Trinovanten. Ein Großteil ihres Reichtums stammte aus dem lukrativen Handel mit dem römischen Gallien, vermutlich auch aus der Versorgung der römischen Garnisonen am Rhein. Die Lage einiger aufsteigender Städte oder »oppida« ist ebenfalls eingezeichnet.

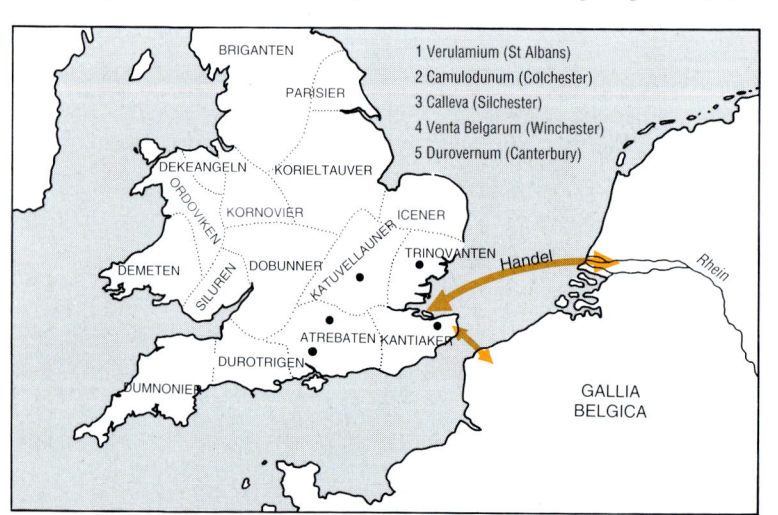

1 Verulamium (St Albans)
2 Camulodunum (Colchester)
3 Calleva (Silchester)
4 Venta Belgarum (Winchester)
5 Durovernum (Canterbury)

BRIGANTEN
PARISIER
DEKEANGELN   KORIELTAUVER
ORDOVIKEN   KORNOVIER
                 ICENER
DEMETEN   DOBUNNER   KATUVELLAUNER   TRINOVANTEN   Handel
SILUREN   ATREBATEN   KANTIAKER   Rhein
DUROTRIGEN
DUMNONIER   GALLIA
                      BELGICA

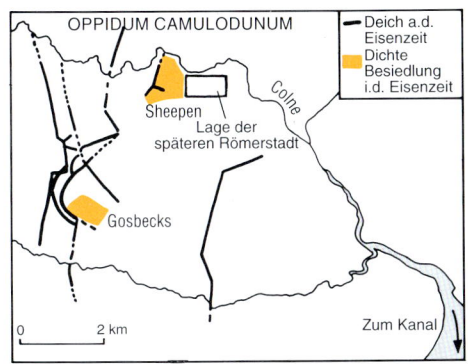

(Oben) Auf Tontöpfen in Braughing befindliche lateinische Graffiti, darunter der Name Graecus, lassen vermuten, daß sich gallo-römische Händler schon vor der Eroberung in Britannien aufgehalten haben.

(Links) Das ausladende »oppidum« Camulodunum. (Colchester)

(Oben) Kopf des Cunobellinus auf einer Münze im römischen Stil.

Die Herrschaft des Cunobellinus

Zwischen Cäsars Invasionen und der Eroberung durch Claudius im Jahre 43 n. Chr. war in Südbritannien das Königreich der Katuvellauner der führende Staat; es scheint unablässig an Macht hinzugewonnen zu haben, insbesondere durch die Eingliederung der Trinovanten. Im zweiten Jahrzehnt n. Chr. regierte der Katuvellaunerfürst Cunobellinus (Shakespeares »Cymbeline«) die Trinovanten.

Cunobellinus errang später die Gesamtherrschaft über das Katuvellaunergebiet, behielt aber als Stützpunkt das alte Trinovantenzentrum Camulodunum (Colchester), das nahe der Themsemündung lag und mithin gute Verbindungen über den Ärmelkanal – generell nach Gallien, vor allem aber nach Belgica und zum Rhein – bot. Eine Hauptquelle für Reichtum und Macht der Katuvellauner dürfte die Kontrolle des Handels mit dem Festland gewesen sein, denn in den Niederlanden bot sich nunmehr ein beträchtlicher neuer Absatzmarkt: das römische Heer. Der Geograph Strabon beschrieb den Umfang der britannischen Ausfuhren, die wahrscheinlich in die römischen Garnisonen am Rhein gingen. Neben Jagdhunden und Sklaven erwähnt er bezeichnenderweise Vieh, Felle und Getreide – lauter Erzeugnisse, die sich besonders für die Versorgung eines Heeres eignen. Zur Römerzeit war der Transport von Massengütern auf dem Wasserwege von Britannien her einfacher als auf dem Landweg aus Zentralgallien.

»Oppida« in Britannien

Südbritannien war Teil jenes keltischen Europa, das als Symptom einer tieferen Umgestaltung, die zur Entstehung zentralisierter Staatsgebilde führte, »oppida« baute.

Laut Cäsar entwickelten die meisten südbritannischen Volksstämme Protostädte, so zum Beispiel Verulamium (St Albans, ebenfalls in katuvellaunischem Gebiet gelegen), Silchester, Chichester, Winchester und so weiter. Diese bri-

× N. v. London

tannischen »oppida« unterschieden sich etwas von ihren Pendants auf dem Festland, waren weniger regelmäßig organisiert und weniger dicht bewohnt. Wie in Gallien wirkte Rom auch bei der Ausbreitung der »oppida« in Britannien zweifellos zumindest als Katalysator.

Zusammenbruch des Status quo

In den ersten Jahrzehnten n. Chr. scheinen die Beziehungen über den Ärmelkanal im wesentlichen friedlich gewesen zu sein, vor allem zwischen Rom und den Katuvellaunern unter Cunobellinus. Doch bei dessen Tod im Jahre 40/41 n. Chr. brach zwischen dreien seiner Söhne – Cartacus, Togodumnus und Adminius – ein Machtkampf

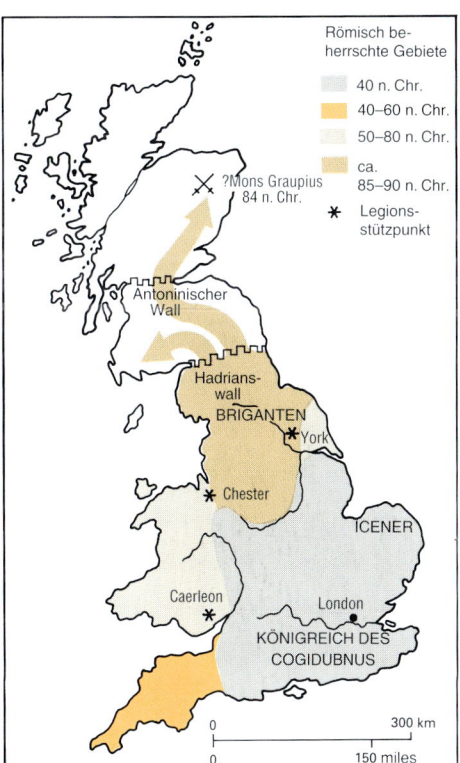

(Links) Der Verlauf der Eroberung. Die britannischen Stämme wurden einer nach dem andern vereinnahmt; eine Zeitlang behielten sie noch als nominelle Verbündete oder abhängige »Klientenreiche« eine gewisse Selbständigkeit, wodurch römische Truppen zu weiteren Eroberungszügen freigesetzt wurden. Für Claudius war das Unternehmen erfolgreich und lieferte ihm das dringend benötigte militärische Prestige. Das nutzte er voll aus, wie die Goldmünze (oben) bezeugt; sie zeigt einen zur Feier des Sieges erbauten Triumphbogen.

DIE BRITANNISCHE
FESTUNG BEI MAIDEN
CASTLE

W. v. Bournemouth
WSW v. London

Nirgends wird das archäologische
Zeugnis der Eroberung dramatischer
sichtbar als in der spektakulärsten
Hügelfestung Englands, Maiden
Castle in Dorset. Vermutlich auf
Befehl des Kaisers Claudius (oben)
soll der spätere Imperator Vespasian
zwanzig »Städte« (wohl Hügelfestungen) angegriffen haben. Nach
den berühmten Ausgrabungen von
Sir Mortimer Wheeler zwischen
1934 und 1937 scheint dazu auch
Maiden Castle gehört zu haben. Die
deutlichsten Spuren des Römeran-
griffs erblickte Wheeler in den hastig
im »Kriegsfriedhof« beerdigten Toten
mit von Waffen verursachten Wunden. Zehn wiesen Schwertverletzun-
gen am Schädel auf; einem steckte
noch eine Speerspitze im Rückgrat.
Heute nimmt sich das Beweismaterial weniger eindeutig aus, denn bei
einigen Verletzungen hatte bereits

der Heilungsprozeß eingesetzt, so
daß es sich weniger um eine hastige
Totenbeseitigung auf dem Schlachtfeld als vielmehr um die förmliche
Beisetzung auf einem bereits bestehenden Friedhof gehandelt haben
könnte. Desgleichen stammen die
beträchtlichen Brandspuren im Umkreis des Toreingangs im Vordergrund nach heutiger Auffassung

nicht von einem Römerangriff, sondern eher von anhaltender Gewerbe-
tätigkeit.
　　Trotzdem sind hier oder ganz in
der Nähe zur Zeit der römischen Eroberung eindeutig Menschen eines
gewaltsamen Todes gestorben; ein
Angriff durch Vespasians Truppen
bleibt wahrscheinlich. Später wurde
Maiden Castle aufgegeben, vermut-

lich zugunsten der nahe gelegenen
neuen Römerstadt Durnovaria.
Aber immer noch beherrschen die
eindrucksvollen Erdarbeiten die
Landschaft, und ihre Bedeutung geriet nicht in Vergessenheit; in der
späteren Römerzeit wurde hier ein
kleiner Heidentempel erbaut.

aus, der Adminius nach Rom flüchten ließ. Auf
dem Kaiserthron war kurz zuvor auf Tiberius der
labile Gaius Caligula gefolgt, der nach militärischen Abenteuern gierte. Zu guter Letzt endete
die von ihm geplante Invasion als Farce an den
Stränden Galliens (die verworrenen Schilderungen lassen auf Verärgerung in den Legionen
schließen). Aber der fehlgeschlagene Versuch
zeigt doch, daß der lange herrschende Status quo
zwischen Britannien und Rom nun zu Ende
ging.

Die Invasion des Claudius

Im Sommer des Jahres 43 n. Chr. wurde auf Befehl
des neuen Kaisers Claudius ein gewaltiges Invasionsheer über den Kanal verfrachtet. Ihm gelang
die völlige taktische Überraschung: Die Britannier waren zwar vorgewarnt gewesen, hielten aber
aufgrund der Nachrichten über eine Meuterei im
Invasionsheer die Gefahr für gebannt und waren
wieder nach Hause gegangen.
　　In einer erbitterten zweitägigen Schlacht an
einem namentlich nicht bekannten Fluß griffen

CARATACUS

Den Widerstand gegen die Römer führten 43 n. Chr. die Katuvellaunerfürsten Caratacus und Togodumnus (beides Söhne des Cunobelinus) an. Togodumnus fiel im Kampf, aber sein Bruder setzte den Kampf noch neun Jahre als Kriegsherr der walisischen Stämme fort. 52 n. Chr. wurde er schließlich von Königin Cartimandua verraten und zu Claudius nach Rom geschickt. Er flehte um sein Leben: »Wenn meine Mäßigung im Glück ebenso groß gewesen wäre, wie mein Adel und mein Glück, so wäre ich wohl als Freund in diese Stadt gekommen, nicht als Gefangener. Und du [Cäsar] hättest es nicht unter deiner Würde gehalten, den Sproß berühmter Ahnen, den Herrscher über sehr zahlreiche Volksstämme, in ein Friedensbündnis aufzunehmen. [...] Besessen habe ich Rosse und Mannen, Waffen und Schätze. Ist es zu verwundern, daß ich all das ungern verlor? Wenn ihr über die ganze Welt herrschen wollt, folgt daraus etwa, daß sich alle diese Knechtschaft gefallen lassen?« (Tacitus, Annalen, 12,37). Entgegen seiner Gewohnheit schenkte ihm Claudius (in geschicktem Kalkül) das Leben; er wurde zum lebenden Denkmal des kaiserlichen Triumphes.

die römischen Streitkräfte eine hastig zusammengewürfelte Stammeskoalition an und brachen dann zur Themse durch. Hier warteten sie auf die Ankunft von Claudius, der die Legionen bei der Einnahme von Camulodunum (Colchester) nominell befehligte. Sodann reiste er wieder ab, hinterließ aber Weisung, weiter vorzurücken und eine neue Provinz zu errichten.

Der unmittelbare Invasionsgrund hatte mit Britannien nichts zu tun, obschon die Flucht des Atrebatenfürsten Verica nach Rom den zum

Überzeugen der dortigen öffentlichen Meinung nötigen Vorwand lieferte. Das Hauptmotiv war, daß Claudius dringendst das Prestige eines militärischen Sieges brauchte. Er war, insbesondere für den Senat, alles andere als erste Wahl auf dem Thron, und die Armee kannte ihn überhaupt nicht: Er war zwar Mitglied der Familie des Augustus, aber eine körperliche Behinderung hatte ihn von der Teilnahme am öffentlichen Leben ausgeschlossen. Claudius nahm die Chance wahr, die Unterstützung des Heeres zu gewinnen.

VON DER HÜGELFESTUNG ZUR FÜRSTENVILLA

In Bagendon (in den Cotswolds von Gloucestershire) bezeichnen gewaltige Erdarbeiten den Eingang zu einem Tal, in dem man früher ein »oppidum« der Dobunner vermutete, deren Gebiet sich von Wiltshire über das Severntal erstreckte. Inzwischen sind die Archäologen der Meinung, die Anlage könnte lediglich die Außenfassade des eigentlichen Kerns des talaufwärts bei der kleinen Hügelfeste »The Ditches« liegenden Komplexes gebildet haben. Diese rund 4 Hektar große Festung wurde im 1. Jahrhundert v. Chr. gegründet und im 1. Jahrhundert n.Chr mit einem zweiten Graben ausgebaut. Gallische Töpferwaren, römische Amphoren und Anzeichen, daß dort Goldmünzen geschlagen wurden, lassen vermuten, daß es sich um einen wichtigen Platz handelte, vor allem in der Eroberungszeit, als die nahe der unruhigen Grenze in Wales lebenden Dobunner Freunde der Römer waren.

Zwischen 45 und 55 n. Chr. wur-

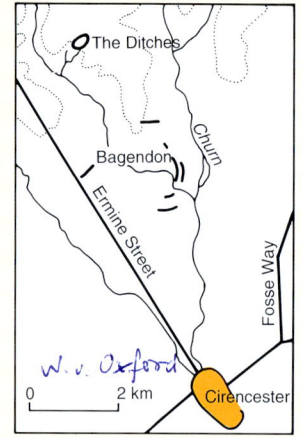

den die Wehren eingeebnet; kurz darauf wurde in der Mitte der Einfriedung eine schmucklose Römervilla erbaut. Dieses Bauwerk stammt aus bemerkenswert früher Zeit (die meisten Cotswold-»villae« wurden erst ein Jahrhundert später errichtet) und liegt nicht im Schutz des Tales, sondern völlig unrömisch auf einem zugigen Hügel. Am besten dürften sich diese Anomalien dadurch erklären, daß es sich hier

um den Wohnsitz eines britannischen Adligen, vielleicht eines Dobunnerfürsten, handelt, der mit der Einebnung der Erdwälle der Eisenzeit und dem Bau einer Villa die keltischen Kultursymbole gegen römische eintauschte. In Gallien ist die Romanisierung des Adels deutlich belegt; sie scheint auch in Britannien stattgefunden zu haben.

Doch wie steht es dann mit Bagendon? Möglicherweise sollte man

es nicht mit den urbanen »oppida« im Osten, sondern mit den Königsresidenzen in Irland vergleichen.

Demzufolge wäre also das Tal unterhalb der Hügelfestung ein wichtiges Zentrum der Dobunner, aber nur zeitweilig bewohnt gewesen – wenn man sich zu religiösen Festen, Märkten oder politischen Zusammenkünften versammelte.

Die Eroberungsstrategie

Nach anfänglichem Widerstand wurden die britannischen Volksstämme nacheinander von einem rund 40 000 Mann zählenden Heer überwältigt. 50 n. Chr. befanden sich die Stämme im Süden und in den Midlands in römischer Gewalt, wenngleich einige nominell als unabhängige Verbündete galten.

Zur Eroberung der hartnäckigeren Volksstämme im westlichen und nördlichen Hochland scheint Rom eine breit angelegte, aber wirkungsvolle Strategie angewandt zu haben. Indem es seine Streitkräfte schnell bei Gloucester zum Bristolkanal und im Raum Liverpool zum Meer durchstoßen ließ, zerteilte Rom das gegnerische Gebiet in drei Blöcke: den Norden, Wales und das westliche Land. In den vierziger und frühen fünfziger Jahren des 1. Jahrhunderts n. Chr. wurde der Südwesten schnell vereinnahmt; danach konzentrierten sich die Römer auf die Eroberung der Volksstämme in Wales. Als erstes aber neutralisierten sie auf diplomatischem Wege die gefährliche nördliche Macht der Briganten unter Königin Cartimandua und sicherten so ihre rechte Flanke.

Nach Jahren erbitterten Ringens in Wales durchkreuzten der schreckliche Boudicca-Aufstand von 60 oder 61 n. Chr. in Ostengland und danach der Bürgerkrieg unter den Briganten die

Pläne der Römer. Die Römer intervenierten mit mehreren Blitzangriffen (71–73 n. Chr.), aber noch wurde im Norden keine Garnison stationiert: Wales genoß weiterhin Vorrang und wurde schließlich durch den Statthalter Agricola unterworfen, der sich dann nach Norden wandte und bis weit nach Schottland vordrang. Sein Sieg über die Kaledonierstämme am Mons Graupius im Jahre 84 n. Chr. bildete den Höhepunkt der Eroberung. Es mangelte an Truppen, um das Gebiet vollständig zu besetzen, und so wurde ein langsamer Rückzug zum Vorspiel der Errichtung einer breiten Zone von Garnisonen, die sich von den Legionsstützpunkten in York und Chester bis nach Südschottland erstreckten. In den zwanziger Jahren des 2. Jahrhunderts n. Chr. wurde unter Hadrian entlang der Tyne- und Solwaytäler die berühmte Steinmauer erbaut, aber auch weiter nördlich verblieben römische Vorposten. Es gab weitere Versuche eines Vorrückens nach Schottland, vor allem unter Antoninus Pius, dessen Heerführer (grob zwischen den vierziger und sechziger Jahren des 2. Jahrhunderts) den kurzlebigen Antoninischen Wall an der Forth-Clyde-Linie erbauten, aber letztlich mißlang Rom die vollständige Eroberung Britanniens, so daß der Hadrianswall in etwa die Grenze des Reiches markierte.

WARUM NICHT SCHOTTLAND ODER IRLAND?

»In der Tat könnte Irland, auf halbem Wege zwischen Britannien und Spanien gelegen, für einen sehr mächtigen Teil des Reiches als Knotenpunkt beiderseitiger Verbindungen große Vorteile bieten. [...] Oft hörte ich von ihm [Agricola], mit einer einzigen Legion und geringen Hilfstruppen ließe sich Irland bezwingen und besetzen. Das werde für uns von Vorteil gegen Britannien sein, wenn man überall römische Waffen sähe und somit die Hoffnung auf Freiheit aus dem Blickfeld verschwände.«

Tacitus, »Agricola«, 24

IM 2. JAHRHUNDERT N. CHR. hatte sich Rom den größten Teil der keltischen Lande einverleibt, aber eben nicht alle. Kaledonien blieb außerhalb des Reiches, und nach Irland gelangten die römischen Legionen überhaupt nicht. Das ist erstaunlich, denn die Römer wußten mit Sicherheit, daß sich Britannien viel leichter halten ließe, wenn »die Hoffnung auf Freiheit aus ihrem Blickfeld verschwände«. Wäre die vollständige Eroberung Britanniens mit aller Kraft betrieben worden, so hätte der Befriedungs- und Romanisierungsprozeß Truppen zur Eroberung Irlands freigesetzt. Letzten Endes wären durch Absorbierung und erfolgreiche Romanisierung der gesamten Britischen Inseln riesige Kräfte für den Dienst auf dem Festland frei geworden; Mitte des 2. Jahrhunderts n. Chr. waren in Britannien über 50 000 Mann gebunden – ein Achtel der Gesamtstärke Roms. Selbst diese Kräfte reichten offenkundig nicht aus, um die Provinz zu halten und das Hochland zu unterjochen, und zur Eroberung Irlands wären, zumindest für ein paar Jahrzehnte, noch mehr nötig gewesen. Sie standen nie zur Verfügung, weil nunmehr der Druck an anderen Grenzen wuchs.

Die Voraussetzungen für die Eroberung

Rom steckte in der Falle. Es hatte die Grenzen seiner Expansionsfähigkeit erreicht. Leicht vereinnahmen konnte es nur Gesellschaften mit guter landwirtschaftlicher Basis und zentralisierten politischen Institutionen. Diese Gesellschaften waren verwundbarer für den Angriff, konnten Invasionsheere versorgen und ließen sich leichter romanisieren. Spärlich besiedelte und nur lose organisierte Ländereien – schon gar, wenn sie schwieriges Gelände aufwiesen – ließen sich viel schwerer schlucken. Diesen Unterschied sehen wir in Britannien, wo die fruchtbaren Länder und zentralisierten Staaten im Süden binnen zwei oder drei Jahren überrannt wurden, während es eine Generation dauerte, bis das gebirgige Wales und

Brigantia gemeistert war. Vielleicht auch war das westliche und nördliche Britannien sowie Irland damals als Kulturzone für eine Eroberung ungeeignet. Rom gingen die zur Eroberung geeigneten Gesellschaften aus, und seine menschlichen, wirtschaftlichen und militärischen Ressourcen versickerten im schottischen Hochland, in den afrikanischen Wüsten, der asiatischen Steppe und den Wäldern Germaniens. Es schaltete auf Dauer in die Defensive um, und danach waren seine Heere zu sehr mit der Verteidigung der wichtigsten Grenzen beschäftigt, als daß es die Eroberung der gesamten Keltenwelt hätte vollenden können.

Wäre Rom der militärische Dampf nicht ausgegangen, dann wären die keltischen Sprachen vielleicht völlig erloschen und die ethnische Identität ebenso gründlich untergegangen wie die der Etrusker.

Intarsienausschnitt einer in Volubilis, Marokko, gefundenen Bronzestatue. Er zeigt einen Trophäenständer (auf dem erbeutete Waffen zur Schau gestellt wurden), flankiert von zwei Gefangenen. Links vermutlich ein Kaledonier mit Umhang, nackter Brust und engen karierten Hosen – vielleicht eine Anspielung auf einen der zahlreichen römischen Feldzüge nach Schottland, die letztlich doch keine Eingliederung der Region in die römische Welt bewirken konnten.

DIE ROMANISIERUNG GALLIENS UND BRITANNIENS

Dies Liedlein wurde überall gesungen:

»Gallier führte Caesar im Triumph
Ins Rathaus gleich darauf
Hosen tragen sie nicht mehr
Dafür den Purpurstreif am Kleid*«

*die Senatorentoga
Sueton, »Leben der Caesaren«, 80,2

Der herrliche, dem Augustus und der Livia geweihte Tempel in Vienne, Frankreich. Er ist in korinthischem Stil erbaut. Der ursprünglich dem Rom- und Augustuskult dienende Tempel veranschaulicht die Romanisierung der »Gallia narbonensis«. Die spätere Kulterweiterung auf Augustus' Frau Livia geschah nach deren Vergöttlichung durch Kaiser Claudius im Jahre 41 n. Chr.

»Unter Mißachtung der althergebrachten Sitten sprach [Cäsar] Ämter [...] zu, [...] auch Leute, die er mit dem Bürgerrecht beschenkt hatte, und einige Halbbarbaren gallischer Abstammung nahm er in den Senat auf.«
Sueton, »Leben der Caesaren«, 76,3

ANFÄNGLICH ÜBERNAHM GALLIEN nur langsam römische Sitten und Gebräuche; das war zweifellos auf die Ablenkung durch die Bürgerkriege im Reich und darauf zurückzuführen, daß es einige Zeit dauerte, bis sich die Gallier von den Verheerungen der Eroberung erholt hatten – ganz zu schweigen von der Last der jährlichen Tributzahlung von 400 000 Goldstücken.

Unter Augustus (der 27 v. Chr. Kaiser wurde) beschleunigte sich jedoch die Romanisierung rapide, jedenfalls bei den herrschenden Schichten. Vor allem im Süden blühten die Städte auf, und die erste Welle einer wirklichen Assimilierung erfaßte die Gallia comata (das neueroberte »haarige« Gallien).

Die hergebrachte Art, Reichtum und Macht zu erringen und zur Schau zu tragen – durch Überfälle zum Beispiel und militärisches Gepränge –, war hinfällig geworden, denn die »pax Romana« untersagte den Privatkrieg. So mußte der keltische Adel seine Stellung auf neue Weise äußern. Schon kamen gewisse Aspekte der »Romanitas« (des römischen Lebensstils) in Mode; viele hartnäckige Verfechter der Tradition waren zudem vermutlich der Eroberung zum Opfer gefallen. Die römischen Behörden ermunterten die Kelten zur Übernahme der Sitten und Gebräuche der städtischen Adelsschichten des Mittelmeerraums. Damit hängt sich der gallische Adel ein neues Kulturkleid um: römische Bürgerschaft, klassische Bildung, Kunst und Zugang zu einer größeren imperialen Welt. Natürlich blieb der Prozeß nicht allein auf die Aristokratie beschränkt; zahlreiche archäologische Funde zeigen, daß auch das Alltagsleben zunehmend »romanisiert« wurde.

Die gallischen (und später die südbritannischen) Aristokraten machten sich also die Statussymbole ihrer Herren zu eigen, fanden Geschmack an schöner Architektur anstatt Waffen und Goldschmuck; die traditionellen Festlichkeiten wurden teilweise durch Vergnügungen nach Römerart verdrängt. Aber dieses äußerlich klassische Bild kann auch täuschen: In Gallien und Britannien finden sich unmittelbar neben den Amphitheatern Tempel, die den angestammten keltischen Kulten dienten. Vielleicht wurden die römisch angehauchten Baulichkeiten auch lediglich als Behausung für fortbestehende keltische Gesellschaftsversammlungen und religiöse Aktivitäten errichtet.

Die Gallier und das Haus des Augustus

Wahrscheinlich erblickten die Gallier in Julius Cäsar ihren durch Kriegsrecht eingesetzten obersten Herrn. Die Untertanentreue der führenden Aristokraten bevorzugter Staaten wie der Äduer, Arverner und Remer (und über deren Klientenverzahnungen auch der übrigen gallischen Staaten) zu Cäsar war vielleicht der früheste Gesellschaftsmechanismus, der die Vormacht des Römischen Reiches in Gallien gewährleistete. Diese persönliche Bindung ging offenbar auf Cäsars Adoptivsohn Augustus über, der sie sehr wohl begriff. Er weilte mehrfach in Gallien zu Besuch und sandte auch kaiserliche Prinzen dorthin, darunter seinen designierten Erben Marcus Agrippa, der sich praktisch wie ein Vizekönig benahm.

(Rechts) Augustus, der erste römische Kaiser, war ein gewiefter Politiker, der wußte, wie er mit den disparaten Völkerschaften eines Weltreiches, nicht zuletzt den Galliern, umgehen mußte. Diese Statue aus Prima Porta bei Rom ist ein Meisterwerk der Propaganda und zeigt ihn als militärisch starken, doch auch wohlgesinnten Weltbeherrscher. Er beanspruchte, göttlicher Abstammung zu sein, und wurde in den Provinzen als Gott verehrt.

(Unten) Der berühmte Pont du Gard trägt ein Aquädukt über die Gardonschlucht. Das großartige, 50 Meter hohe Bauwerk ist nur Teil einer 50 Kilometer langen Wasserleitung von der Quelle bei Uzès entlang der Cevennen und lieferte täglich über 20 000 Tonnen Wasser in die geschäftige gallo-römische Stadt Nemausus (Nîmes). Das ehrgeizige Vorhaben belegt das ausgeprägte Selbstvertrauen und den Reichtum des frühkaiserlichen Gallien.

AUFRUF ZU DEN WAFFEN: DIE GALLIER ERHEBEN SICH

Im Jahre 21 n. Chr. brach in Gallien der Aufstand aus. Ursache waren offenkundig eine korrupte Regierung, hohe Steuern und die Verschuldung des Adels – einige Adlige hatten wohl übermäßig in den neuen römischen Lebensstil investiert. Hauptanführer waren zwei sehr romanisierte Gallier: der Treverer Julius Florus und der Äduer Julius Sacrovir – beide römische Bürger und Befehlshaber gallischer Hilfsstreitkräfte. Jeder versuchte, in seinem eigenen Staat die Macht zu ergreifen. Florus lehnten die Treverer bald schon ab, und Sacrovir konnte zwar die neue Äduerhauptstadt Augustodunum einnehmen, aber auch er wurde binnen kurzem von den Legionen besiegt. Beide begingen Selbstmord.

Später im selben Jahrhundert wurde Julius Vindex Statthalter, vermutlich von Lugdunensis. Er rühmte sich der Abstammung von aquitanischen Königen, war aber der Sohn eines von Claudius ernannten galli-

schen Senators. 68 n. Chr. rebellierte er gegen Nero. Bezeichnenderweise verhielt er sich typisch römisch: Was er wollte, war ein besserer Kaiser und nicht etwa ein freies Gallien. Ebenso bezeichnend war, daß die Rheinlegionen auf ihn wie einen gallischen Rebellen reagierten und ihn niederwarfen. In den folgenden drei Jahren gaben die Bürgerkriege im Reich Anlaß zu weiteren Aufständen im Zusammenhang mit der Revolte des Bataverkönigs Civilis im heutigen Holland. Wieder versuchten gallische Adlige, ihre »civitates« für sich zu gewinnen, und Civilis rief ein »Gallierreich« aus, aber der größte Teil Galliens zeigte sich unbeeindruckt. Auch diese Revolte wurde 70 n. Chr. niedergeschlagen.

Der Verlauf dieser Aufstände zeigt, daß es keine starke Unabhängigkeitsbewegung gab: Florus und Sacrovir erhielten nur sehr begrenzte Unterstützung, und die meisten »civitates« erklärten sich weder für

Vindex noch für das »Imperium Galliarum« des Civilis. Schon der bloße Namen »Gallierreich« zeigt, daß die römischen Vorstellungen der politischen Organisation und Gestaltung allgemein akzeptiert waren. Gallien war zumindest gefügig, ein Großteil des Adels rombegeistert.

Dennoch zeigt das Schicksal des Vindex, wie sehr die Römer auch weiterhin, noch ein Jahrhundert nach der Eroberung, vor der gallischen Macht auf der Hut waren.

(Oben) Erbeutete gallische Waffen auf dem Triumphbogen in Orange, Frankreich.

Dieser Ausschnitt vom Altar des Friedens in Rom zeigt die kaiserliche Familie beim Opfer. Das Kind mit Halsreif könnte ein gallischer Fürstenpflegesohn sein.

Entmilitarisierung und zivile Entwicklung

Augustus, der auf die Eroberung Germaniens aus war, verlegte im ersten Jahrzehnt n. Chr. die in Gallien stationierten Streitkräfte an die Grenze zu Germanien und beendete damit die Jahre der Militärherrschaft über das Innere Galliens. Dies verhalf zur Entstehung einer gewissen einheimischen Regierung und legte begrenzte Vollmachten wieder in die Hände streng überwachter Adelsleute, die mit der Ausübung des Magistratenamtes das römische Bürgerrecht erlangten. Besiegelt wurde die neue Ordnung am 1. August des Jahres 12, als der kaiserliche Prinz Drusus in der neuen Hauptstadt Lugdunum (Lyon) Rom und dem Augustus einen Altar weihte.

Binnen einer Generation waren die gallischen Adligen nicht nur Bürger Roms, sondern auch Mitglieder des Ritterstandes (zweithöchster gesellschaftlicher Rang in Rom). Die Schnelligkeit dieser Assimilierung überrascht keineswegs; einige Adlige waren bei Erlangung des römischen Bürgerrechts schon so wohlhabend, daß sie sich für diesen Rang qualifizieren konnten (wozu man Eigentum im Werte von mindestens 400 000 Sesterzen nachweisen mußte). Cäsar ernannte sogar einige Gallier aus der Gallia transalpina zu Senatoren. Zwar führten starke tiefere Traditionen und die Anpassungsmühe zu gelegentlichen Revolten, aber doch bemerkenswert selten.

Die drei Galliae, die Germaniae und Britannien

Um 27 v. Chr. war die Gallia comata in drei Provinzen gegliedert. Die neue Provinz Gallia Belgica umfaßte einige aus Cäsars Gallia Belgica hinzugefügte »civitates« (Stammeseinheiten); auch Aquitania wurde erheblich erweitert und umschloß nun sämtliche Volksstämme südlich der Loire; das übrige Celtica wurde nach der neuen Hauptstadt Lugdunum in Gallia Lugdunensis umbenannt. (Das »vierte« Gallien, die alte Provinz Gallia transalpina, wurde nach seiner Hauptstadt Narbo nunmehr zur Gallia Narbonensis.)

Die drei neuen Provinzen waren flächenmäßig in etwa gleich groß, und es ist kein Zufall, daß drei besonders mächtige Gallierstaaten – die Arverner, die Äduer und die Sequaner – unterschiedlichen Provinzen zugehörten. Dennoch begünstigten die Römer im Reichskult in Lugdunum ein gewisses gallisches Einheitsgefühl.

Später wurden einige Anpassungen vorgenommen, vor allem am Rhein, wo in den achtziger Jahren des 1. Jahrhunderts n. Chr. die Militärzone in die zwei Provinzen Ober- und Untergermanien gegliedert wurde. Zur gleichen Zeit erreichte die römische Ausdehnung in Britannien ihren größten Umfang. Zunächst war das alte »oppidum« Camulodunum (Colchester) Hauptstadt; dort stand – wie in Lyon – ein großer Tempel des

Reichskults. Bald aber wurde die Verwaltung an den neuen Ort Londinium verlegt, wo sich die Fluß- und Seewege mit dem militärischen Straßennetz kreuzten.

Der Rahmen der Romanisierung

Ursprünglich stellte die Verwaltung der keltischen Länder für die Römer ein Problem dar, da sie nicht aus Stadtstaaten bestanden, auf die die römische Verwaltung eingestellt war. Augustus setzte in Gallien eine pragmatische Lösung durch: Die Stammeseinheiten wurden lateinisch bereits als »civitates« bezeichnet, was sowohl Stadt als auch Staat bedeuten kann (diese beiden Begriffe waren in römischen Augen ein und dasselbe), und so behandelt, als stelle jede von ihnen eine Stadt dar, obwohl sie im wesentlichen ländlicher Natur und umfangs- und bevölkerungsmäßig zumeist viel größer waren als die mittelmeerischen Stadtstaaten. Dasselbe Verfahren wurde dann auch in Britannien angewandt.

Der Romanisierung kam zweifellos zugute, daß sich viele Stämme bereits auf dem Weg zur Urbanisierung befanden und einige schon von gewählten Magistraten regiert wurden. Damit ließen sich bestehende Institutionen relativ einfach nach römischer Art etikettieren, die Stammesräte in

neue Stadträte umgestalten, während gleichzeitig (in vielen »civitates«) denen, die sich zum Magistratsdienst bereit fanden, das ersehnte römische Bürgerrecht mit dem damit verbundenen Status, den Steuerbefreiungen und politischen Entwicklungschancen angeboten wurde.

Der Wechsel von den gallischen zu den römischen Verwaltungsstrukturen ging schnell vonstatten, und mit Erlangung des Bürgerrechts

Karte der gallischen Provinzen

RÖMISCHE REGIERUNGSKUNST

Die Kunst, ein Reich zu regieren, erlernten die Römer nach der Eroberung Italiens und der Nachbargebiete. Der größte Teil des Mittelmeerraumes bestand aus großen und kleinen Stadtstaaten, die in den römischen Provinzen die Basiseinheit der Verwaltung blieben. Sie wurden in der Regel von einem Rat regiert, dessen Mitglieder der örtliche Landadel stellte; aus seiner Mitte wählten die männlichen Erwachsenen dann Exekutivbeamte, denen die Aufrechterhaltung von Recht und Ordnung, die Steuererhebung und andere Verwaltungsaufgaben oblagen. Das ebenfalls vom Adel regierte Rom bevorzugte dieses System und setzte radikaler strukturierte Regierungen ab. Der Stadtadel behielt sein Land und seine Privilegien und wurde aktiv zur Regierungsteilnahme ermuntert. Als Gegenleistung für die administrative Kärrnerarbeit wurde den Mitgliedern der neuen Magistrate das römische Bürgerrecht gewährt. Das verschaffte den Provinzadligen Zugang zur römischen Gesellschaft und die Chance auf eine Karriere im kaiserlichen Beamtenapparat – eine Politik der Einbeziehung unterworfener Völker, die sich beträchtlich von jener der meisten antiken und modernen Reiche unterscheidet. Allmählich integrierten sich die herrschenden Klassen vor Ort und wurden kulturell wie statusmäßig immer römischer, bis die Provinzler Ritter, selbst Senatoren wurden – zuletzt erstiegen einige sogar den Kaiserthron.

Unterdessen wurden die Städte dank des Handelsbooms in den beiden Jahrhunderten vor und nach Christus noch reicher, noch strahlender, noch bevölkerungsreicher. Der heftige Wettstreit innerhalb der und zwischen den Ortsaristokratien, deren jede ihre Rivalen durch Theater-, Tempel- und Bäderbauten an Freigebigkeit auszustechen trachtete, trug zweifellos ebenfalls zum wachsenden Glanz der Provinzstädte bei.

WIE RÖMISCH WAR »RÖMISCH«? DIE ENTWICKLUNG DER ÄSTHETIK

Oft mißt man Gallien und Britannien an der materiellen Kultur Italiens. Insbesondere Britannien scheint dabei weit unter den dort geltenden Normen zu liegen: Seine Städte waren klein und relativ arm, nur selten gibt es Inschriften, und im Vergleich zum hochkultivierten Rom nimmt die römisch-britannische Kunst oft ziemlich naiv aus.

Aber solche Vergleiche beruhen auf einer weitgehend falschen Vorstellung vom damaligen römischen Geschmack. Wir gehen zu sehr davon aus, alle Römer hätten die klassisch griechische Auffassung von Kunst und Proportion geteilt. In Wirklichkeit beschränkte sich das auf eine kleine Elite, die es sich dank ihrer Bildung und ihres Reichtums leisten konnte. Selbst im römischen Italien war ein Großteil der Kunst viel einfacher, »gröber« oder »primitiver« als die ausgesuchten Stücke, die die Wohnungen der Reichen zierten. Diese volkstümlichere Kunst ist aber genauso typisch römisch.

Gegen 300 n. Chr. entfernte sich sogar bei reichen Italern der Kunstgeschmack von dem der Griechen und bewegte sich schließlich auf jene stilisierte Ästhetik zu, die wir als mittelalterliche Romanik kennen.

Demzufolge erkennen wir in der römisch-britannischen Kunst eine Neuinterpretation einer ganzen Skala italischen und gallischen Kunstgeschmacks. Die Auftraggeber

waren damit vermutlich recht zufrieden; für sie war das römische Kunst. Tatsächlich wurde in der Endzeit des Römerreiches »römisch« mindestens ebensosehr von den Bürgern Britanniens, Galliens und anderer Provinzen definiert wie von denen Italiens.

(Unten) Wassernymphen aus der Festung High Rochester, Northumberland.

Teilansicht eines römisches Bades während der Ausgrabungen am Huggin Hill in der Londoner City im Jahre 1988. Der Bau wurde bereits in der Antike abgerissen, so daß nur die Fundamente der Wände und die Fußplatten der Ziegelaufbauten erhalten blieben, die den erhöhten Fußboden trugen. Zwischen ihnen zirkulierte die vom Feuer erhitzte Luft und wärmte den Fußboden und die darüberliegenden Wasserbehälter. Verglichen mit vielen gallischen Städten, war sogar die Provinzhauptstadt Britanniens hinsichtlich Größe und Monumentalbauten relativ unscheinbar. Immerhin besaß sie ein sehr großes Forum und einen geschäftigen Hafen.

Lugdunum (Lyon) war eine Nahtstelle zwischen der mittelmeerischen und der keltischen Welt. Auf der Anhöhe um den gallischen Lug-Tempel befanden sich ein kaiserlicher Palast, Tempel und Theater, während in Condate (der »Vorstadt« auf der rechten Bildseite) der Rom und dem Kaiser geweihte Bundestempel der Gallier stand, der einen riesigen Altar und ein ovales Amphitheater besaß. In der Niederung zwischen den Flußläufen entwickelte sich ein Hafen, der Kaufleute aus dem gesamten Reich anzog. Lyon wurde eine höchst kosmopolitische Stadt.

begannen die Adligen auch Namen nach Art der Römer anzunehmen. Dennoch vollzog sich der Wandel ungleich und stückhaft. Alte Institutionen – so der Vergobret (höchste Magistrat) der Äduer – hielten sich noch einige Zeit, während in einigen Gegenden der seltsame Posten des »magister pagi« (»Herr des ›pagus‹ – eines Unterstammes oder Gaues) auftauchte. Diese Funktion gab es ausschließlich in Gallien und war vermutlich eine Reaktion auf die dortige teilstaatliche Struktur; das römische System bedurfte eindeutig beträchtlicher Anpassung, bis es sich für die lokalen Verhältnisse eignete.

Die neuen Verwaltungsstrukturen in Gallien und Britannien waren zumindest anfangs mehr oder weniger Fassade und bestanden einfach aus neuen Bezeichnungen und Symbolen für vorhandene Institutionen. Die zugrundeliegenden Gesellschaftsstrukturen veränderten sich offenkundig über viele Generationen hinweg nur wenig. Besonders brüchig war die Fassade in Britannien, zum Teil auch, weil es ärmer war und die Romanisierung hier erst einige Generationen später einsetzte. Die in Britannien stationierte, riesige Garnison zwang den örtlichen Gegenden das Kriegsrecht auf, und dies dürfte die zivile Entwicklung behindert haben, ein Problem, das dem größten Teil Galliens erspart blieb.

Das Heranwachsen von Städten des klassischen Stils

Daß von der Eisenzeit-Vergangenheit bis in die neuen, romanisierten Gesellschaften Kontinuität herrschte, zeigt die Tatsache, daß viele der schönsten Städte in Gallien und Britannien unmittelbar aus den alten »oppida« hervorgegangen sind (Toulouse, Orleans, Paris, Bourges, Colchester, Silchester, Verulamium). An die Stelle von Bibracte trat ein neues Stadtgebiet auf einem Gelände, das sich besser für eine klassische Stadt

eignete. Man gab ihm den der römisch-keltischen Sprachmischung wegen interessanten Namen Augustodunum – »Festung des Augustus«.

In Britannien umgaben sich im 1. Jahrhundert n. Chr. einige frühe Römerstädte mit eindeutig unrömisch aussehenden Erdwall-»Wehren«; gegen Ende des 2. Jahrhunderts n. Chr. wiesen fast alle Städte solche Erdwälle auf. Spiegelt sich darin die alte britannische Tradition wider, ihre wichtigsten Liegenschaften mit Wällen zu umgeben?

Die Evolution vom »barbarischen« Volksstamm zum romanisierten Stadtstaat vollzog sich nicht überall zwangsläufig schnell und einfach. Die von den Kaisern sehr viel strenger als unter der Republik überwachte römische Verwaltung war oft immer noch korrupt und gewalttätig. Am schwersten dürfte es dem keltischen Adel gefallen sein, jetzt keine Waffen mehr tragen und in Privatfehden verwenden zu dürfen, was bislang das Merkmal freien Mannestums gewesen war.

Gallier im Heer

Der Soldatenbedarf des römischen Heeres, in dem die jungen gallischen Adligen freudig dienten, hat zweifelsohne beträchtlich zum Erfolg der Romanisierung beigetragen. In den Kriegen des Augustus und seiner Dynastie konnten unruhige Geister ihrer Abenteuerlust und Beutegier frönen; wahrscheinlich betrachteten die unterworfenen Gallier die römischen Kaiser als ihre Kriegsherrn, die folglich Anspruch auf Militärdienst hatten. Da der Söldnerdienst ohnehin eine alteingesessene keltische Tradition war, galt der Dienst für den Kaiser gegen Sold in gallischen Augen nicht als Verstoß gegen die Stammesehre. Die frühen Hilfsregimenter waren oft nichts anderes als das bewaffnete Gefolge von Gallierfürsten wie etwa des Treverers Julius Indus, dessen Schwadron sich zur regulären Kavallerieeinheit, der »ala Indiana«, entwickelte.

DER AUFSTAND DER BOUDICCA

»Boudicca, ihre Töchter auf dem Wagen vor sich, fuhr von Stamm zu Stamm und beteuerte, es sei zwar bei den Britanniern nichts Neues, von ihren Frauen in die Schlacht geführt zu werden; heute aber kämpfe sie, von so hohen Ahnen entsprossen, nicht um ihr Reich und ihre Schätze, sondern räche wie eine Frau aus dem Volke ihre verlorene Freiheit, ihren mißhandelten Leib und ihre geschändeten Töchter. [...] Doch die Götter übten eine gerechte Rache. [...] Wenn sie [die Icener] die Masse der Bewaffneten und dieses Krieges Ursachen bei sich erwögen, so könne es in diesem Kampf nur Sieg oder Tod geben. Das sei ihr, eines Weibes, Vorsatz: Die Männer mögen am Leben bleiben und Sklaven werden!«

Tacitus, »Annalen«, 14,15; imaginäre Rede der Boudicca

DER AUFSTAND der ostenglischen Icener im Jahre 60 oder (wahrscheinlicher) 61 n. Chr. gehörte zu den schwersten Erschütterungen des Römischen Reiches im 1. Jahrhundert. Der Icenerfürst Prasutagus hatte sich mit den Römern verbündet und blieb daher nominell unabhängiger Vasallenkönig. Als er starb, war nach zeitgenössischer römischer Praxis der Vertrag hinfällig, und die Icener gingen in der Provinz auf. Prasutagus setzte seine Gemahlin Boudicca und seine beiden Töchter gemeinsam mit Kaiser Nero als Erben ein, offenbar in der Hoffnung, daß ein Teil der Hinterlassenschaft bei der Familie verbleiben würde.

Der Weg in die Katastrophe

Der undisziplinierte Stab des römischen Statthalters führte die »Provinzialisierung« auf denkbar brutalste Weise durch, vergewaltigte die Prinzessinnen und peitschte Boudicca aus. Diese Greueltaten entfesselten die schwelende Wut der Icener sowie der Trinovanten (die ihrerseits in der neuen Kolonie Camulodunum, dem heutigen Colchester, unter den Übergriffen römischer Veteranen litten). Nach Rache dürstend, fiel eine gewaltige Streitmacht der Britannier über Camulodunum am neuen Hafen Londinium her und brandschatzte es, um die Römer zu vertreiben.

Der römische Statthalter C. Suetonius Paulinus befand sich auf einem Feldzug in Nordwales, und die Legionen lagen gefährlich zerstreut. Paulinus marschierte in größter Eile nach Südwesten und sammelte unterwegs seine Streitkräfte. Der amtierende Befehlshaber der Legion II Augusta in Exeter bekam es mit der Angst zu tun und weigerte sich aufzubrechen, wodurch die Gefahr noch größer wurde.

Die Niederschlagung des Aufstands

Die feindlichen Kräfte trafen an einem unbekannten Ort in den Midlands aufeinander. Wie so oft war der schiere Umfang der keltischen Streitmacht ihr Verderben: Als sie unter den entschlossenen Angriffen der Römer zurückwich, geriet sie mit ihren eigenen Wagen ins Gehege, auf denen die Frauen und Kinder standen, um die Schlacht mit anzusehen. Im anschließenden Gemetzel sollen zusätzlich zu den 70 000 Römern und prorömischen Britanniern, die die Rebellen niedergemacht hatten, 80 000 Britannier gefallen sein. Kurz darauf starb Boudicca, wahrscheinlich von eigener Hand.

Die Nachwirkungen

Da sich der Statthalter mit schrecklichen Strafexpeditionen rächte, folgte dem Blutbad der Hunger, dem weitere Tausende zum Opfer fielen. Schließlich jedoch wurde Paulinus abgelöst; die nachfolgenden Statthalter verfolgten eine Friedenspolitik und förderten die Romanisierung. Die militärische Expansion kam ein Jahrzehnt lang zum Stillstand.

Die Geschichte des Aufstands ist ein klassisches Beispiel für krasses Regierungsversagen und hemmungslose Auswüchse im Vorgehen von Amtspersonen. Sie unterstreicht jedoch den generellen Erfolg der römischen Verwaltung an anderen Orten, denn alles in allem waren derart umfangreiche Aufstände eher selten.

Boudicca und ihre Töchter auf einem Streitwagen: eine 1902 am Themseufer gegenüber dem Parlament in London errichtete romantisierte Statue.

Verlauf des Boudicca-Aufstandes. Der genaue Schlachtort ist nicht bekannt.

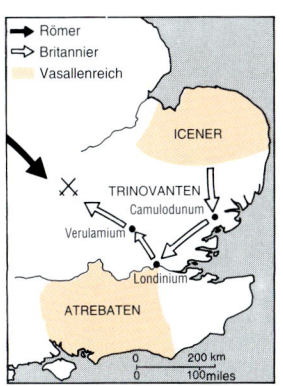

Römer
Britannier
Vasallenreich

ICENER
TRINOVANTEN
Camulodunum
Verulamium
Londinium
ATREBATEN

200 km
100 miles

GALLIER IN DER TOGA

AUS GALLISCHEN ADLIGEN WERDEN RÖMISCHE STAATSMÄNNER

Der Historiker Pompeius Trogus (1. Jahrhundert v. Chr.) rühmte sich seiner Abstammung von den gallischen Vokontiern (um das heutige Vaison-la-Romaine). Sein Großvater hatte von Pompeius dem Großen (daher der Vorname) für seine Verdienste als Befehlshaber der Reiterei im Feldzug des Pompeius gegen Mithridates von Pontus das römische Bürgerrecht erhalten. Schon sein Vater hatte Cäsar gedient. Diese Familiengeschichte veranschaulicht, wie gallische Adlige aufgrund ihrer Dienste für prominente Römer zu römischen Bürgern wurden.

Der ebenfalls in Vaison geborene Sextus Afranius Burrus (gest. 62 n. Chr.) erlangte den höchsten für Angehörige des Ritterstandes erreichbaren Posten: Befehlshaber der Prätorianergarde. Er und Seneca waren Lehrer Neros.

»›Gleichviel, wenn wir auch alle unsere Kriege durchgehen, keiner ist so schnell zu Ende gekommen, wie der gegen die Gallier. Seitdem leben wir in einem ununterbrochenen und zuverlässigen Frieden mit ihnen. Jetzt, wo sie durch Sitte, Kunst und Verwandtschaftsbande mit uns verbunden sind, sollen sie doch lieber ihr Gold und ihre Schätze zu uns bringen, als daß sie sie für sich allein behalten.‹ [...]*

Dieser Rede des Kaisers [Claudius] folgte der Senatsbeschluß, und die Äduer erhielten als die ersten das Recht zur Aufnahme in den Senat.«

Tacitus, »Annalen«, 11,24

CÄSAR UND AUGUSTUS boten dem gallischen Adel vermittels der Verleihung des Bürgerrechts, in begrenztem Umfang auch durch Mitgliedschaft im Ritterstand und sogar im römischen Senat Zugang zu den Machtstrukturen des Reiches. Das beschleunigte den Romanisierungsprozeß; um 70 n. Chr. war die gallische Gesellschaft bemerkenswert integriert.

Die Namen verrieten die neuerworbenen Rechte: die neuen Bürger Roms nahmen die Namen ihrer jeweiligen »Gönner« an, zum Beispiel Pompeius, Cornelius (nach dem römischen Diktator L. Cornelius Sulla), Domitius (nach dem Eroberer der Narbonensis), und viele hießen natürlich Julius (nach Cäsar und vielleicht Augustus).

Die ungemein gründlich romanisierte Gallia Narbonensis brachte viele berühmte Gestalten

(Links) Das durch und durch romanisierte Grabmal einer Familie von gallischen Rom-Bürgern, die sich den Namen Julius zulegten. Glanum, Frankreich, um 40 v. Chr.

(Unten) Grabmal des C. Julius Alpinus Classicianus aus London, eines reichen Angehörigen des römischen Ritterstandes, der fast sicher gallischer (wahrscheinlich treverischer) Abstammung war.

hervor, die, nach dem Namen zu urteilen, erst vor kurzem das Bürgerrecht erlangt hatten, aber wie keltisch waren sie? Einige Beispiele sind ziemlich eindeutig, so beispielsweise Pompeius Trogus (s. Kastentext). Andere mochten italischen Ursprungs sein und von Veteranen abstammen, die sich als Siedler in den Städten niedergelassen hatten. Der Senator Valerius Asiaticus, der im Jahre 35 n. Chr. Konsul wurde, stammte aus der Allobroger-Hauptstadt Vienne; Domitius Afer, Konsul im Jahre 39 n. Chr., kam aus Nîmes. Die Römerkolonie Forum Julii (Fréjus) brachte den Ritter Cornelius Gallus (69–26 v. Chr.) hervor, der Präfekt in Ägypten wurde, sowie Gnaeus Julius Agricola, Senator und Statthalter in Britannien, dessen Laufbahn sein Schwiegersohn, der Geschichtsschreiber Cornelius Tacitus, aufgeschrieben hat. Tacitus, ebenfalls Senator, stammte aus der Gallia Narbonensis oder der Gallia cisalpina. Diese gründlich romanisierten Südländer keltischen oder nichtkeltischen Ursprungs paßten nahtlos in die römische Gesellschaft. Die mit größerer Sicherheit als Kelten zu bezeichnenden Neuzugänge aus den drei Gallien hingegen verursachten einen gewissen Fremdenhaß.

Triumph des Claudius und Katastrophe des Nero

Nachdem unter Tiberius und Caligula die gallischen Angelegenheiten relativ vernachlässigt worden waren, kehrte Claudius (Regierungszeit 41–54 n. Chr.) zu einer stärker gallisch orientierten Politik zurück. Der in Lugdunum (Lyon) geborene Claudius hatte ein besonders gutes Verhältnis zur gallischen Aristokratie und setzte 48 n. Chr. gegen einigen Widerstand die Wahl bedeutender Äduer in den Senat durch.

Unter Nero (54–68) machten die Umstände diesem bemerkenswerten Integrationsversuch ein Ende. Die Vindex-Aufstände und der Versuch des Bataverkönigs Civilis, ein »Gallierreich« eigener Erfindung zu errichten, hatten die Angst der Römer vor neuentstehender gallischer Macht wieder aufflammen lassen.

Neros Selbstmord (mit dem das Haus der Julier und Claudier erlosch) löste die Bürgerkriege des Jahres 69 aus. Der Sieger Vespasian zerschlug den Civilis-Aufstand. Die neue Kaiserdynastie besaß keinerlei Patronatsbande mit den Galliern, und die Herrschenden in Rom begegneten ihnen wegen der jüngsten Aufstände in Gallien mit größtem Mißtrauen. Von nun an kamen aus Gallien außerhalb der Narbonensis nur noch wenige Senatoren. So dürfte es kaum überraschen, wenn aus dem erst vor kurzem eroberten Britannien nie eine bedeutendere Römergestalt hervorging, obgleich auch dort viele Menschen das Bürgerrecht besaßen. Später entwickelten die drei Gallien und Britannien ihre jeweils eigene »Romanitas«, die sich vom übrigen Reich beträchtlich unterschied.

Gallien: Kraftwerk des römischen Westens

Als das Römische Reich im 2. Jahrhundert n. Chr. seinen Zenit erreichte, triumphierten paradoxerweise die Provinzen, die nunmehr als Wirtschaftsstandorte Italien in den Schatten stellten; die neuen Wirtschaftszentren lagen in Ägypten, Syrien und Westanatolien, in Afrika, Spanien und Gallien. Dabei konnte Gallien den vielleicht aufsehenerregendsten Erfolg verbuchen, denn es war der strategische Angelpunkt des römischen Westens und sorgte für die Verbindung zwischen Spanien, Britannien, Italien und Donau.

Die Gallia Narbonensis gehörte zwar fest zur mittelmeerischen Welt und war praktisch eine Verlängerung Italiens, aber die drei Gallien waren Teil der Welt des Nordens und gingen zusammen mit den beiden Germanien und mit Britannien weitgehend ihre eigenen Wege, entwickelten eine regionaltypische »Romanitas« und wurden zu eigenen Wirtschafts- und Verwaltungsblöcken innerhalb des Reiches. Lugdunum war der Schnittpunkt dieser beiden Welten. Sein Name war zwar keltisch, aber es selbst war eine kosmopolitische Römerstadt. Auch das Rheinland mit

seinen kopfstarken Garnisonen war stark romanisiert, und Köln und Trier waren von Claudius gegründete Kolonien.

Gallien entwickelte eine beträchtliche Wirtschaftskraft, der der große zivile und militärische Markt am Rhein zugute kam. Der 2,5prozentige Steueraufschlag, mit dem Rom speziell den Handel mit Gallien belegte, könnte Ausdruck der Verlagerung der wirtschaftlichen Macht sein. Aufschlußreich für das Wachstum der Märkte im Norden ist sicherlich die Tatsache, daß die in Arezzo beheimateten Hersteller der modischen »samischen« Rotglanzgeschirre (ein auch als »terra sigillata« bekannter Keramiktyp) ums Jahr 10 v. Chr. in Lugdunum eine Zweigfabrik errichteten.

Das südgallische Graufesenque wurde danach bis etwa ins Jahr 100 zur Hauptfertigungsstätte; danach traten neue Brennöfen in Mittelgallien und im Rheinland an seine Stelle. Da die Transportkosten hoch waren, dürften diese Verlagerungen teilweise darauf zurückzuführen sein, daß die gewerbliche Fertigung näher an die Hauptmärkte im Rheinland rückte. Dennoch fand man Keramiken dieser Art im gesamten Westreich: Beim Vesuvausbruch des Jahres 79 wurde in Pompeji auch eine Kiste voller samischer Keramik unter der Asche begraben.

Die Produktion von »terra sigillata« war zwar nur ein winziger Teil der Wirtschaft der drei Gallien, ist aber archäologisch besonders gut nachzuweisen. Auch andere Gewerbe entwickelten sich in beträchtlichem Umfang, so die Glaserzeugung im Rheinland.

(Oben) Weinkauf am Ausschank. Man beachte die über der Theke hängenden Metallkannen. Ausschnitt aus einem Steinrelief in Dijon. Zahlreiche derartige, oft von Grabsteinen stammende Darstellungen vermitteln einen wichtigen Einblick in den gallischen Alltag.

(Links) Mit Armreifen, Halsketten und Tabletts voll kleinerer Gegenstände (vermutlich in der Römerzeit sehr modische Ringe) geschmückter Verkaufsstand eines Juweliers. Man beachte die typisch gallo-romanische Männerkleidung: lange Tunika und schwerer Überwurf. Grabrelief aus Metz.

DIE RÖMISCH-KELTISCHE RELIGION IN BRITANNIEN UND GALLIEN

»Unter den Göttern verehren sie [die Gallier] hauptsächlich den Merkur; von ihm gibt es häufige bildliche Darstellungen. Nach ihrer Meinung ist er der Erfinder der Künste, der Geleitmann auf den Wegen und Straßen, und ihm schreiben sie größten Einfluß auf Gewinn und Handel zu. Nach dem Merkur verehren sie Apollo, Mars, Iupiter und Minerva. Von allen diesen Gottheiten haben sie ungefähr dieselben Vorstellungen wie die anderen Völker: Apollo heile die Krankheiten, Minerva lehre die Anfangsgründe des Handwerks und der Künste, Iupiter sei der oberste Himmelsgott, Mars leite die Kriege.«

Cäsar, »Der Gallische Krieg«, 6,17

EIN WESENSMERKMAL des römischen Imperialismus war, daß die Eroberer auf die Religionen der Besiegten respektierten. Das geschah aus Aberglauben und war zugleich bewußte Politik: Die Römer hatten gelernt, daß sich ihre Untertanen am wirksamsten integrieren ließen, wenn man der bestehenden Gesellschaft die Chance bot, sich allmählich an die römische Herrschaft zu gewöhnen; so galt es als umsichtig, die Bevölkerung ebenso zu versöhnen wie ihre Götter. Und aus keltischer Sicht bot die Götterverehrung wahrscheinlich den traditionstreuen politischen und gesellschaftlichen Gruppen eine der wenigen Möglichkeiten, sich weiterhin Ausdruck zu verschaffen, ohne römisches Recht zu verletzen. Die Römer brachten nicht nur ihre eigenen Götter mit, sondern auch eine ganze Reihe exotischer Gottheiten, die sich entlang der Arterien des Rei-

(Oben) Die Überreste des riesigen römisch-keltischen »Janus-Tempels« in Augustodunum (Autun). Dieser hoch aufragende Ziegel-und-Zementbau bildete den zentralen, turmartigen Altarraum eines Gebäudes, dessen Form dem in Beaune rekonstruierten kleinen römisch-keltischen Tempel (rechts) ähnelte. Man beachte den offenen Rundgang – der manchmal wohl auch geschlossen war oder halbhohe Wände mit Zwergsäulen besaß – um den eigentlichen Schrein. Die meisten derartigen Tempel, die oft in ganzen Gruppen beieinanderstanden, hatten diese eher bescheidene Größe.

ches aus anderen Provinzen Eingang verschafft hatten. Der Prozeß der Identifizierung der römischen mit den lokalen Göttern (die sogenannte »interpretatio Romana«) ist in vielen Inschriften bezeugt. Ergebnis war ein unübersichtlicher Wirrwarr von Gottheiten, ein Polytheismus, der vielleicht in Gallien am ausgeprägtesten war.

Dennoch gab es von diesem Gesamtbild der Toleranz und des religiösen Zusammenwirkens auch Ausnahmen; an erster Stelle steht dabei die Bekämpfung des Druidentums.

Priesterschaften und die Unterdrückung des Druidentums

Augustus, Tiberius und Claudius unternahmen – leider nur wenig dokumentierte – Versuche, die Druiden auszurotten, offiziell wegen der Menschenopfer, in Wirklichkeit wohl aber eher aus Angst, diese stammesübergreifende Organisation könnte die Rebellion nähren. Dies und die ebenso abscheulichen Zusammenstöße mit dem Judentum und die Christenverfolgungen waren mindestens ebensosehr die Folge politischer Ängste als religiöser Skrupel. Wie wirksam die Unterdrückung war, ist unklar; auch später tauchten noch Leute auf, die sich Druiden oder Druidinnen nannten, aber das kann ganz einfach davon herrühren, daß sich selbsternannte Priester einen klangvollen Namen gaben.

Die zahlreichen Kulte der Römerzeit verlangten jedoch nach Priestern, von denen viele, die zum Großteil privilegierten Schichten der Einheimischen entstammten, nach Römerart auf Teilzeitbasis ihres Amtes walteten. Derlei Dienstleistungen waren zum einen gesellschaftliche Pflicht, zum anderen ein Statussymbol, und bildeten Teil einer Kultur des öffentlichen Dienstes,

(Oben) Der einheimische Wassertempel des Gottes Glan (in Glanum, Südfrankreich) wurde durch klassische Tempelbauten verschönert. Die Säulen sind Überreste eines kleinen, von Marcus Agrippa der Gesundheitsgöttin geweihten Tempels.

(Links) Die keltische Pferdegöttin Epona auf einem Relief aus Beaune.

(Rechts) Steinrelief eines dreigesichtigen Gottes aus Soissons (Frankreich): Die Bärte bestehen aus Weizenähren. Unten sind ein Widder und ein Hahn (beides dem Merkur geweihte Tiere) eingehauen, was darauf hindeutet, daß diese seltsame Gottheit dem römischen Gott gleichgestellt wurde.

(Links) Altar der »Matronae Aufaniae«, einer Dreiheit von Muttergottheiten, die ausschließlich im römischen Germanien verehrt wurde. Die hohe Qualität der im Auftrag des Kölner Ratsherrn Quettius Severus geschaffenen Steinmetzarbeit und der Rang des Stifters zeigen, welche Ehrfurcht selbst die Reichen den einheimischen Kulten entgegenbrachten.

Rom bescherte den keltischen Ländern auch orientalische Kulte, darunter das Christentum. (Rechts) Kopf des Erlösergottes Mithras aus einem in London ausgegrabenen Mithrastempel.

blieben weitgehend auf die höheren und städtischen Schichten beschränkt, die neben dem Heer den wichtigsten Schwerpunkt der Romanisierung bildeten.

Doch trotz des Eindringens so vieler fremder Kulte und der weitgehenden Übernahme römischer Götterverehrung dauerten die tieferen keltischen Strukturen fort. Auf die Identifizierung der keltischen Götter durch die einströmenden Römer mit ihren eigenen reagierten die Gallier und Britannier damit, daß sie auch weiterhin keltische Götter verehrten, aber auf gesellschaftlich und politisch modische – nämlich römisch angehauchte – Art und Weise. Die Gallier huldigten einer Unzahl von Gottheiten, von den rein römischen wie dem Rom- und Kaiserkult bis zu rein keltischen wie etwa dem hirschgeweihtragenden Cernunnus. Einige Götter wurden unter römisch-keltischen Doppelnamen verehrt (beispielsweise Mars Toutatis, Apollo Belenus, Sulis Minerva), für andere hingegen, etwa die Pferdegöttin Epona, gab es kein klassisches Gegenstück. Reliefs wie die Darstellung der Drei Mütter und die zahllosen »Venus«-Figurinen in Gallien und Britannien könnten bedeutsame Teile der Volksreligion darstellen, denen zwar nicht die verschwenderische Architektur anderer Kulte zuteil wurde, die aber dennoch großen Teilen der Bevölkerung, vornehmlich vielleicht Frauen, sehr wichtig waren.

Kultstätten
Die Eroberung Galliens und Britanniens verstärkte den vorhandenen Drang zum Tempelbau für die Götter und zur anthropomorphen Darstellung der Gottheiten. Schon der Bau von Backsteinhäusern für die Gottheiten läßt auf eine Übernahme klassischer Ideen, Kunst und Technik schließen. Die keltischen Künstler fertigten ihre Göttertempel und -statuen immer häufiger aus Stein statt aus Holz, desgleichen übernahmen

HIMMEL, HILF!
»Ersuchen an den Gott Merkur von Saturnina, einer Frau, ob des Linnens, das sie verlor. Möge der Dieb keine Ruhe finden, bis er das Genannte in den genannten Tempel zurückbringt, sei er Mann oder Frau, Sklave oder Freier.

Sie schenkt ein Dritteil dem genannten Gotte, wenn dieser, was ich geschrieben, durchsetzt. Ein Dritteil des Verlorenen wird dem Gotte Silvanus geopfert, wenn er gleiches durchsetzt, sei der Dieb Mann oder Frau, Sklave oder Freier.«
Aus dem Uley-Tempel, Gloucestershire.

der im Römischen Reich höchstes Ansehen genoß. (Einige Priesterämter waren sogar wohlhabenden ehemaligen Sklaven vorbehalten, die nicht auf eine Zulassung zum Magistratsdienst hoffen durften.)

Die römisch-keltische Religion und die »interpretatio Romana«
Rom brachte sämtliche Götter des griechisch-römischen Pantheon mit sich, angefangen bei den Staatsreligionen bis hin zur langen Prozession kleinerer Götter. Desgleichen hatten die keltischen Provinzen auch östliche »Mysterienkulte« aufgenommen, die dem Eingeweihten eine emotional befriedigendere religiöse Erfahrung verschafften als die traditionelle römische Religion. Auch das Christentum erreichte Gallien auf diese Weise. Diese Religionen – wie der indisch-persische Mithraskult oder der ägyptische Isiskult –

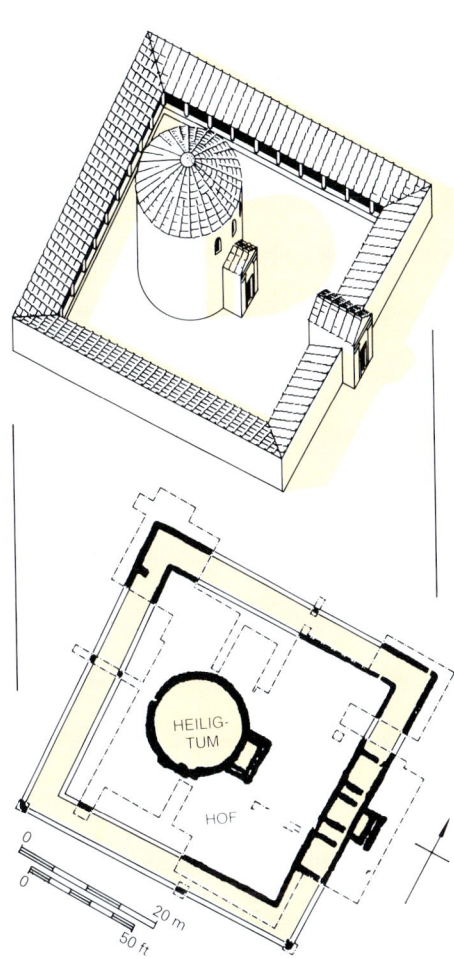

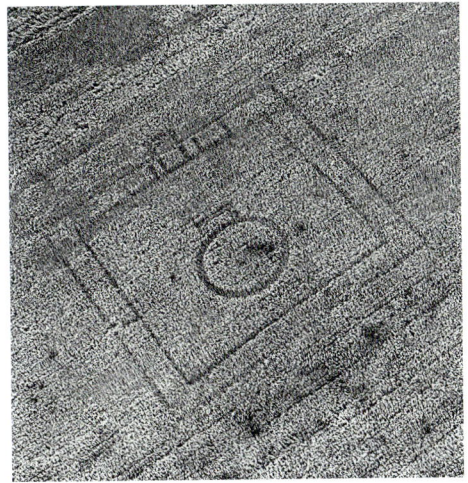

(Links) Der Aufwuchs auf einem Feld auf der Insel Hayling an der britischen Südküste macht die Umrisse eines versunkenen römisch-britischen Tempels erkennbar: Die Steinfundamente behindern das Wachstum entlang der Mauern. Die Ausgrabungen vor Ort (unten) lassen den Schluß zu, daß dieses ausgereifte Gebäude der frühen Römerzeit einen Einheimischentempel etwa derselben Formgebung aus der Eisenzeit überlagerte. (Ganz links) Plan und Rekonstruktion des Tempels aus der Römerzeit.

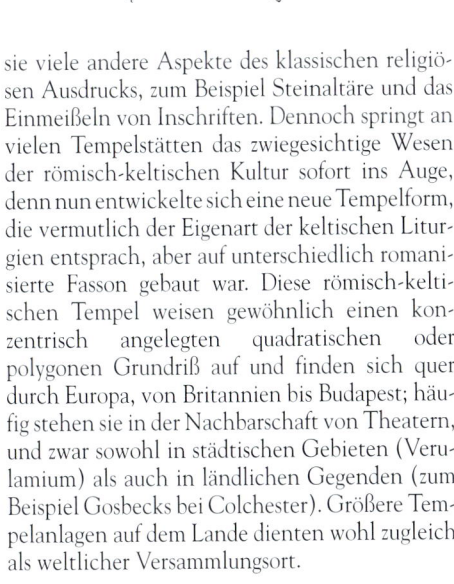

sie viele andere Aspekte des klassischen religiösen Ausdrucks, zum Beispiel Steinaltäre und das Einmeißeln von Inschriften. Dennoch springt an vielen Tempelstätten das zwiegesichtige Wesen der römisch-keltischen Kultur sofort ins Auge, denn nun entwickelte sich eine neue Tempelform, die vermutlich der Eigenart der keltischen Liturgien entsprach, aber auf unterschiedlich romanisierte Fasson gebaut war. Diese römisch-keltischen Tempel weisen gewöhnlich einen konzentrisch angelegten quadratischen oder polygonen Grundriß auf und finden sich quer durch Europa, von Britannien bis Budapest; häufig stehen sie in der Nachbarschaft von Theatern, und zwar sowohl in städtischen Gebieten (Verulamium) als auch in ländlichen Gegenden (zum Beispiel Gosbecks bei Colchester). Größere Tempelanlagen auf dem Lande dienten wohl zugleich als weltlicher Versammlungsort.

DAS FLACHE LAND:
KONTINUITÄT, WANDEL UND KONFLIKT

(Unten) Die Gallier waren die genialen Erfinder der »vallus« genannten Erntemaschine (hier auf einem Steinrelief). Sie scheint lange benutzt worden zu sein, allerdings nur in Gallia Belgica.

»Aus Feldfrüchten bereitet man auch Getränke: ›zythos‹ in Ägypten, ›caelia‹ und ›cerea‹ in Spanien, ›cervesia‹ und weitere Arten in Gallien und anderen Provinzen; der Schaum aller dieser [Getränke] dient als Pflegemittel für die Gesichtshaut der Frauen.«
Plinius, »Naturkunde«, XXII,LXXXII (164)

DAS VERÄNDERTE Landschaftsbild in einem Großteil Galliens und Britanniens – Straßen und Städte, »villae« mit Mosaiken und anderen Luxusmerkmalen des klassischen süßen Lebens – war Anlaß zu der weitverbreiteten Hypothese, Rom habe die Agrartechnik im Keltenlande revolutioniert. Die neuere Forschung zeigt aber, daß dies sehr übertrieben ist. Die Villae beispielsweise sind nicht etwa die Folge eines großen Zustroms aus Italien eingewanderter »Meliorations«-Grundbesitzer. Vielmehr belegen sie, daß die einheimischen Großbauern und Landadligen mehr und mehr einen klassischen Geschmack entwickelten und bereit – und in der Lage – waren, in Häuser nach römischem Stil zu investieren.

Die landwirtschaftlichen Gegebenheiten

Das heißt nun nicht, es habe überhaupt keine landwirtschaftlichen Innovationen gegeben. In Gallien entstanden in der Römerzeit in Burgund und Bordeaux, an Mosel und Rhein die ersten Weinberge. Der Weinrebenanbau fand auch Eingang in Britannien, desgleichen vielleicht der Gartenbau, möglicherweise aufgrund der Bedürfnisse neuer Stadtbevölkerungen. Ebenfalls jetzt wurde in Britannien offenbar erstmals Obst – darunter Kirschen, Pflaumen und einige Apfelsorten – und Gemüse von Erbsen und Saubohnen bis hin zu Kohl, Karotten, Rüben, Pastinaken und Rettichen angebaut.

Aber viele Teile der traditionellen klassischen Landwirtschaft des Mittelmeerraums eigneten sich nicht für gemäßigtes Klima; so wächst insbesondere der Olivenbaum im Norden nicht. Hingegen paßte die Eisenzeit-Landwirtschaft schon sehr gut zu den örtlichen Bedingungen, und die Erzeugung nahm bereits vor Ankunft der Römer zu. Ein im Grunde der Eisenzeit entstammendes Agrarsystem, das Zugang zu den römischen Märkten fand, genügte zur Erlangung eines Reichtums, der den Bau der Villae erlaubte, die nunmehr die Picardie und andere Gebiete Galliens reichlich zierten. Umgekehrt findet man in vielen anderen Gegenden – sowohl im armen Hochland als auch in den reichen Marschgebieten Ostenglands – kaum Spuren von Villae und überhaupt relativ wenige Anzeichen für römische Einflüsse.

KOMMANDOWIRTSCHAFT IM JAHRE 301 N. CHR.

Kaiser Diokletian versuchte der Inflation durch ein Edikt Einhalt zu gebieten, das Höchstpreise festsetzte. Von dem in Großstädten in Stein gehauenen Edikt sind zahlreiche Fragmente erhalten, die faszinierende Details der von den Keltenprovinzen her gehandelten Waren offenbaren. Hier eine Auswahl und zum Vergleich einige andere Gegenstände: Gallische Waren waren oft teuer, aber von guter Qualität. Aus den hohen Zahlen werden die Folgen langjähriger Inflation erkennbar; sie vermitteln aber auch einen interessanten Einblick in die relativen Werte.

(Italischer) Falernerwein, 1 italischer Schoppen	30 Denar
Gewöhnlicher Wein, 1 italischer Schoppen	8 Denar
Cervisia (keltisches Bier), 1 italischer Schoppen	4 Denar
Ägyptisches Bier, 1 italischer Schoppen	2 Denar
Paar gallische Männerschuhe für Landarbeiter, mit Doppelsohle	80 Denar
Birrus Nerbicus (von den Nerviern hergestellter Kapuzenmantel aus Zottelhaar [?], erste Qualität	15 000 Denar
Birrus Britannicus	6 000 Denar
Tapete Britannicum (eine Teppichart)	5 000 Denar
Tapete Britannicum, 2. Wahl	[?]4 000 Denar
Gallisches Hemd	1 250 Denar
Überwurf mit Brosche (»fibulatorium«) von den Treverern	8 000 Denar
Mantel (»sagum«), gallisch (das heißt von den Ambianern oder Biturigen)	8 000 Denar
Mantel, afrikanisch	500 Denar

Expandierende Gehöfte und Bevölkerungen

Die Landwirtschaft in Gallien und Britannien in der frühen Römerzeit weist ein gemischtes Muster auf: einige wichtige, aber regional begrenzte

Neuerungen im Verbund mit zunehmender Intensivierung – mehr Gehöfte (Villae oder die in Britannien häufiger anzutreffenden Einrichtungen einheimischer Art), mehr Entwässerung von Anrainerland, mehr Vieh, ertragreichere Ernten und mehr Menschen. Neuere Schätzungen gehen von einer Bevölkerung von drei bis vier Millionen Menschen in Britannien und etwa acht Millionen in Gallien zur Zeit der Eroberung aus, die in der späten Römerzeit vielleicht bis auf zwölf Millionen anwuchs.

Der zunehmende Intensivanbau und das Bevölkerungswachstum in Verlängerung der schon in der späten Eisenzeit vorhandenen Tendenz mag noch durch das Wachstum der städtischen Märkte und insbesondere die Notwendigkeit beschleunigt worden sein, Erntegut anzubauen, das sich gegen Bargeld tauschen ließ, um die Steuern entrichten und den Bedürfnissen des Heeres gerecht werden zu können (das allein in Gallien jährlich rund 25 000 Tonnen Getreide verbrauchte). Gefördert wurde die wirtschaftliche Expansion durch Verbesserungen der Verbindungswege – neue Straßen und, wichtiger noch, die Erschließung von Schiffahrtswegen für den Transport von Massengütern.

Als das 3. Jahrhundert n. Chr. anbrach, waren die nordwestlichen Provinzen volkreicher und wohlhabender als je zuvor, betrieben intensiven Getreideanbau und hochangesehene Wollindustrien. Wiederum kam es zu Innovationen; Funde in Britannien zeigen die Entstehung neuer Formen von schweren Pflügen und weisen darauf hin, daß in der Landbestellung beträchtliche Fortschritte erzielt wurden.

Das Leben auf dem Lande

Alles in allem dauerten, vor allem in Britannien, die alten Besiedlungsmuster fort. Fesseln auch die fast tausend neuen Villae ganz besonders die Aufmerksamkeit, so wird doch die Zahl der Gehöfte und Weiler im Einheimischenstil in der Provinz auf rund hunderttausend geschätzt. In Gallien sah es etwas anders aus, aber vermutlich harrt die Masse der windigen Behausungen der ärmlichen Dörfler noch der Entdeckung.

Nur rund 5 Prozent der Bevölkerung Britanniens dürften in Städten oder Villae gewohnt haben. In Gallien lag der Prozentsatz vielleicht etwas höher, aber auch dort handelte es sich im wesentlichen weiterhin um ländliche Gesellschaften keltisch sprechender Bauernfamilien, für die die römische Eroberung wenig Neues erbrachte, vom Zugang zu etwas mehr Fertigwaren einmal abgesehen.

Arm und Reich

Sickerte der Reichtum von oben bis zu den Armen durch? In Gallien treffen wir auf ein Gemisch aus massiven Luxuswohnungen und Mengen von Villae mittlerer Größe. War dies eine Gesellschaft einiger weniger Groß- und vieler kleinerer Grundbesitzer? Oder waren die kleineren Villae die Unterkünfte von Pächtern, die Klienten des Großadels waren? Nach den klassischen Texten ist die Kluft zwischen Arm und Reich größer geworden und hat schließlich zum Konflikt geführt. Schon in den achtziger Jahren des 2. Jahrhunderts hat ein gewisser Maternus ein Räuberheer quer durch Gallien geführt. Dies war der Anfang einer langen Reihe ländlicher Unruhen, die zeigen, daß hinter der glänzenden Fassade des romanisierten Wohllebens in den Villae im ländlichen Gallien großes Elend und ernstliche soziale Spannungen herrschten.

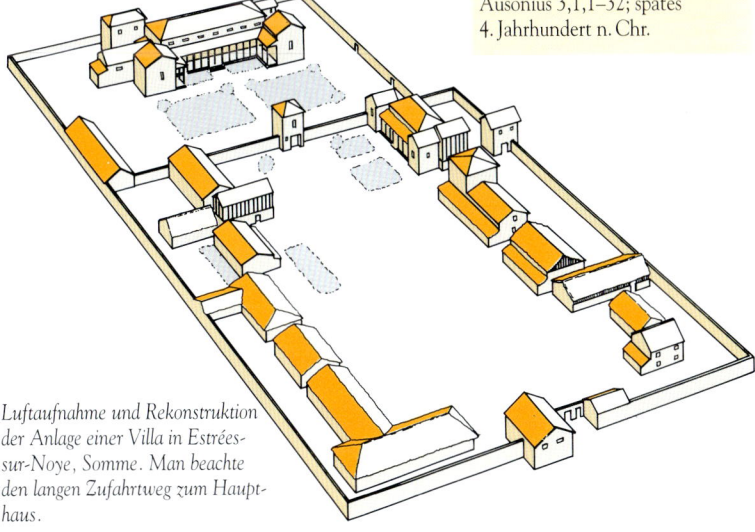

Luftaufnahme und Rekonstruktion der Anlage einer Villa in Estrées-sur-Noye, Somme. Man beachte den langen Zufahrtweg zum Haupthaus.

BÜRGERKRIEG UND REICHSKRISE

(Rechts) Dieses Grabrelief in Bourges stellt einen Tonwarenverkäufer dar.

(Unten) Grabmal eines Schmiedes, das ihn mit seinem Handwerkszeug zeigt: Hammer, Zange und rautenförmiger Amboß. Aus Sens, Frankreich.

GALLIEN geriet im Gefolge der Ermordung von Kaiser Commodus im Jahre 192 in den Strudel des römischen Bürgerkriegs und wurde zum Schlachtfeld der Thronprätendenten Clodius Albinus (Statthalter in Britannien) und Septimius Severus (Statthalter in Pannonien). Die Entscheidungsschlacht wurde bei Lyon geschlagen. Die Stadt und der führende gallische Adel litten schwer unter den Konfiskationen des siegreichen Severus, aber dieser Schrecken ging vorüber und gilt heute nicht mehr als der schwere Schlag für Gallien, als den man ihn früher betrachtete. Die Städte und die Wirtschaft wuchsen weiter, und selbst der Niedergang der samischen Keramikindustrie im 3. Jahrhundert n. Chr. könnte durchaus mehr auf einer Veränderung der Mode beruhen als von politischen oder wirtschaftlichen Krisen verursacht gewesen sein.

Einige Beobachter sehen in dieser Zeit sogar eine Art gallischer Rennaissance, in der die regionale Identität und das Selbstvertrauen Galliens mit seiner starken keltischen Tiefenströmung ihren Höhepunkt erreichten. Gallien hatte seine ganz besondere Eigenart (die auch in Britannien weithin erkennbar ist), seine charakteristischen

Tempelstile, seltsam hybride Theater und Amphitheater und eine regionale Kleidermode, nicht zuletzt Mäntel wie etwa den »caracallus«, den der ältere Sohn des Septimius Severus, unter dem Spitznamen Caracalla bekannt, mit besonderer Vorliebe trug.

Wieweit wurde noch gallisch gesprochen? Aus Gallien sind rund 10 000 Inschriften in lateinischer und nur etwa zwanzig in keltischer Sprache bekannt, aber das ist lediglich darauf zurückzuführen, daß Gallisch als Schriftsprache kein hohes Ansehen genoß – auf Stein wohlgemerkt. Der römische Rechtsgelehrte Ulpian aus dem 3. Jahrhundert erklärte jedoch, neben Lateinisch und Griechisch sei auch Gallisch eine gängige Testamentssprache gewesen – ein Beweis dafür, daß Gallisch immer noch verbreitet gesprochen wurde und auf Reichsebene sogar amtlich als Erstsprache zugelassen war. Das Lateinische trat nicht völlig an seine Stelle, nicht einmal bei den besitzenden Klassen.

Etwa zur selben Zeit genoß die gallische »leuga« (Meile) als offizielle Entfernungsmaßeinheit in den gallischen Provinzen Vorrang vor der römischen Meile. Wieder erkennen wir eine Kontinuität der vorrömischen Traditionen vor Ort und deren Duldung durch die römischen Reichsbehörden.

Doch sollten wir den Wiederaufschwung der Keltizität nicht überbewerten. Die meisten Institutionen der Gallier blieben der Form nach sehr römisch, wenngleich sie etwas uminterpretiert und verändert wurden, damit sie mit der keltischen Kultur zusammenpaßten. Dennoch dürfte, je weiter man in der Sozialleiter nach unten gelangt, die keltische Identität immer stärker geworden sein, denn die Armen hatten aus der Romanisierung einiges weniger zu gewinnen als die machthungrigen Adligen. Als das Römische Reich allmählich immer mehr in Schwierigkeiten geriet, stützte sich das Leben in Gallien weithin auf viele vorrömische Gesellschaftsmuster, und in Britannien war das noch ausgeprägter.

Die Krise des 3. Jahrhunderts und ihre Folgen

Das 3. Jahrhundert n. Chr. war eine Zeit voller Krisen, endloser Bürgerkriege sowie der Einfälle der Germanen und anderer »Barbaren« über Rhein und Donau.

In den fünfziger Jahren des 3. Jahrhunderts wurde Gallien von den Germanen verheert, und

SPRACHLICHE ANLEIHEN

Der geistige Austausch zweier Kulturen verläuft niemals ausschließlich in einer Richtung, und Gallien bildete da keine Ausnahme. So übernahm das Lateinische eine ganze Reihe gallischer Wörter, vor allem aus dem landwirtschaftlichen und technischen Bereich, von denen sich manche kaum verändert noch in modernen Sprachen wiederfinden. Hier einige Beispiele.

Alauda	*Lerche (frz.: »alouette«) – Die von Cäsar unter den Galliern ausgehobene Legion hieß – vielleicht wegen ihrer mit Federbüschen geschmückten Helme – »V Alaudae«*
Bracae	*Hosen, »Breeches«*
Caracallus	*Mantel mit Kapuze*
Cervisia/cervesia	*Bier (neuspanisch: »cerveza«)*
Leuga	*Meile (engl.: »league«) = eineinhalb römische Meilen*
Reda	*Vierrädriger Wagen*
Sagus (später **sagum**)	*Eine beliebte Mantelform*

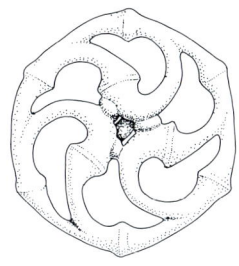

(Oben) Römischer Schwertgürtelbeschlag aus Dura-Europos, Syrien; etwa 250 n. Chr. Das Dekor ist britannisch und gehört damit zum keltischen Erbe des Römischen Reiches.

(Links) Gallische Schulszene. Ein Junge liest aus einer Schriftrolle vor; ein zu spät gekommener, der seine Wachstäfelchen bei sich hat, grüßt den Lehrer. Relief aus Neumagen.

bald danach gab Rom Gebietsteile auf der anderen Rheinseite auf. Die Katastrophe von 260, als Kaiser Valerian von den Persern gefangengenommen wurde, hatte Bürgerkrieg und weitere Germanenangriffe zur Folge. Gallien konzentrierte sich auf seine eigene Verteidigung und rief unter dem Gegenkaiser Postumus ein gallisches Sonderreich aus.

Im Jahre 274 wurde Gallien wieder durch Rom annektiert, aber die bislang katastrophalste Invasion der Germanen folgte bald darauf. Die Städte sanken in Schutt und Asche, und viele Villae verwaisten, was allerdings vielleicht ebensosehr die Folge wirtschaftlicher Zerrüttung wie der Zerstörung durch die Germanen war.

Bürgerrecht und Klassenunterschiede

Im Jahre 212 erließ Kaiser Caracalla ein Dekret, das alle freigeborenen Einwohner des Reiches zu römischen Bürgern machte – ein nicht zu übersehendes Integrationszeichen. Zur gleichen Zeit jedoch vertiefte sich die Kluft zwischen Reichen und Armen immer mehr, und die Rang- und Klassenunterschiede wurden starrer. Da sich der Grundbesitz dank der Klientenschaft und Schuldsklaverei mehr und mehr auf den Adel konzentrierte, wurden die gallischen Bauern praktisch zu Leibeigenen, sogenannten »coloni« – Landarbeitern, die sich nicht vom Grundbesitz entfernen durften. Damit erreichte ein schon in der Eisenzeit begonnener Prozeß seinen Höhepunkt.

Vor dem Hintergrund dieser auf dem Lande herrschenden Not kam es zu den Aufständen der »Bagauden« (vielleicht zusammengewürfelte Haufen enteigneter Bauern), die ab dem 3. Jahrhundert Lugdunensis in einem Maße terrorisierten, daß das Heer regelrechte Feldzüge gegen sie unternehmen mußte.

Zur Regierungszeit des Reformkaisers Diokletian (284–305) und des ersten christlichen Kaisers Konstantin (306–337) war der alte »terror Gallicus« völlig in Vergessenheit geraten, der gallische Adel vollständig romanisiert und ins Reichssystem integriert. Letztlich war die Aristokratie mehr auf die römischen Behörden als auf die Treue der Bauernschaft angewiesen. Danach durften – teils wegen der Nähe der kürzlich in Trier errichteten kaiserlichen Residenz – Männer wie der aus Bordeaux stammende Ausonius bis in höchste Regierungsämter vorstoßen; ihr gallisches Blut war kein Anlaß zu Mißtrauen mehr. Ausonius wurde Prätorianerpräfekt Galliens und Konsul. Aber diese Annäherung hatte praktisch den Zusammenbruch der gesellschaftlichen Bande zwischen Reich und Arm in Gallien zur Folge und versetzte den letzten Überresten der alten keltischen Sozialordnung den Todesstoß.

DIE SPÄTRÖMISCHE LANDSCHAFT

Das Spätreich war keineswegs nur verhängnisumwoben und düster; in vielen Gebieten herrschten noch generationenlang Friede und Überfluß. Ausonius (310–394 n. Chr.) schrieb um 370 ein berühmtes Gedicht über das Moseltal nahe der Kaiserstadt Trier. Bei aller Romantik liefert es doch einen lebhaften Eindruck:

»Gruß dir, mein Strom, den die Auen rühmen, lobpreisen die Siedler, dir, dem der Belger verdankt jene Mauern, der Kaiserstadt würdig. Strom zwischen Reben und an Hängen, wo duftende Weine gedeihen, Strom zwischen grasige Ufer gebettet, tiefgrünster der Ströme: Schiffbar gleich einem Meer, wie ein Fluß dich senkend [...]

Fröhlich betreibt das Volk sein Geschäft, und hurtige Winzer sputen sich, bald ganz oben am Scheitel, bald unten am Abhang, und wetteifern in närrischen Schreien. Der Wandrer indessen, unten auf Uferpfaden spazierend, und drüben der Schiffer singen dem säumigen Schaffer ein Necklied; als Echo kehrt's ihnen wieder vom Fels, vom erschauernden Wald, aus der Tiefe des Flusses. [...]

Soll ich die Hallen beschreiben am Rande grünwuchernder Wiesen, schildern die Dächer, die lastend sich stützen auf zahllose Säulen, zeichnen die dampfenden Bäder, auf Stromfundamente gegründet, wo Gott Vulcanus, heraufgezwungen aus kochender Tiefe, sausende Flammen empor durch die Stuckwände Höhlungen wirbelt, bei verströmender Hitze ballend die eingeschlossenen Dämpfe?«
Ausonius, »Mosella«, 10,23–27, 163–168, 318–320, 335–340

(Links) Die Porta Nigra in Trier. Im 4. Jahrhundert n. Chr. wurde Trier eine reiche Kaiserstadt.

DAS GOLDENE ZEITALTER DES RÖMISCHEN BRITANNIEN

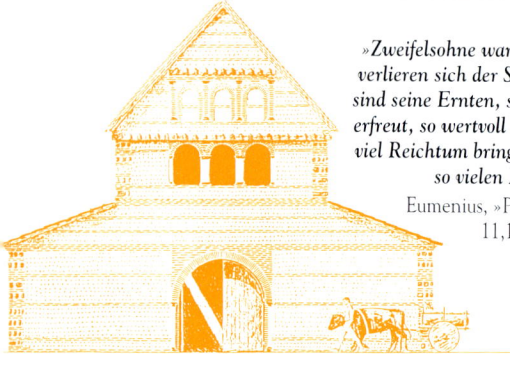

> »Zweifelsohne war Britannien [...] ein Land, das zu verlieren sich der Staat kaum leisten konnte, so reich sind seine Ernten, so zahllos die Weiden, deren es sich erfreut, so wertvoll die Metalle, die es durchziehen, so viel Reichtum bringen die erhobenen Steuern ein, von so vielen Häfen ist es gesäumt ...«
>
> Eumenius, »Panegyrikus auf Constantius«, 11,1 (etwa 300 n. Chr.)

Rekonstruktion der Fassade eines basilikaförmigen römischen Villagebäudes aus dem 4. Jahrhundert, das vor kurzem in Meonstoke, Südengland, ausgegraben wurde. Da das Oberteil beim Einsturz als Ganzes erhalten blieb, ergaben sich wichtige Rückschlüsse auf die Fenster- und Dachkonstruktion.

SÜD- UND OSTBRITANNIEN erlebte im 1. und 2. Jahrhundert n. Chr. die schnelle Entwicklung romanisierter Städte, in deren Umkreis auch andere, kleinere Siedlungen entstanden. Das läßt vermuten, daß der Urbanismus und andere Aspekte des römischen Lebens nun wirklich Wurzeln schlugen. Dieser Eindruck wird noch verstärkt durch das (zunächst langsame, im 3. und 4. Jahrhundert jedoch immer häufigere) Auftauchen von Villae.

Demgegenüber weist ein Großteil der weit im Westen und Norden gelegenen Landesteile nur geringfügige Anzeichen römischer Stilgebung auf, was zum Teil auf die Hemmwirkung der Präsenz der Armee, vielleicht aber auch darauf zurückzuführen ist, daß die Bewohner dieser Regionen wegen ihrer anderen Gesellschaftsstruktur weniger der Romanisierung zuneigten als die im Süden und Osten.

Dank seiner Insellage genoß Britannien während des 3. Jahrhunderts einen relativen Wohlstand. Zunächst Teil des bereits erwähnten gallischen Sonderreiches, verselbständigte sich Britannien wieder unter dem seltsamen »britannischen Reich« des Carausius (287–296). Dabei handelte es sich keineswegs um eine nationalistische Bewegung, denn Carausius bemühte sich um Anerkennung durch Diokletian, aber schließlich wurde die Insel wieder gewaltsam annektiert.

Das 4. Jahrhundert wird häufig als goldenes Zeitalter des römischen Britannien gepriesen. Zu dieser Zeit wurden einige sehr luxuriöse Villae erbaut, wobei es sich um den Ausfluß eines im gesamten Reich anzutreffenden Prozesses gehandelt haben dürfte, bei dem der Adel nicht mehr in der Stadt baute, sondern sich der Verschönerung seiner Landsitze zuwandte.

Der Grund für diesen ländlichen Wohlstand mag gewesen sein, daß die Aristokratie aus der Zerrüttung der Landwirtschaft in Gallien Nutzen zog. Britannien könnte als sichere und auf dem Wasserwege leicht erreichbare Versorgungsquelle zur Kornkammer der Städte und Soldaten am Rhein geworden sein. So wäre die Tragödie Galliens zur Chance Britanniens geworden.

Unruhige Küsten

Völlig ungeschoren kam Britannien indes nicht weg: Es litt unter den Küstenüberfällen der Sachsen (aus Germanien) auf der einen und der Iren auf der anderen Seite, und zusätzlichen Ärger verursachte ein neuer britannischer Bund im Norden: die Pikten. Im Jahre 367 fiel eine »Barbarenverschwörung« mehrerer Piktengruppen ein, mit chaotischen Folgen; es heißt, dieser Einfall habe den Niedergang der Provinz eingeläutet. Doch Umfang und Wirkung dieser Aggression sind erheblich übertrieben worden, denn schon ein kleines, wahrscheinlich kaum mehr als viertausend Mann zählendes Expeditionskorps vom Festland her genügte, um die Ordnung wiederherzustellen. Das Leben ging weiter. Gegen Ende des 4. Jahrhunderts gab es jedoch Anzeichen eines wirtschaftlichen Niedergangs.

Unterschiedliche Siedlungstypen im Britannien des späten 3. Jahrhunderts. Zumeist bewohnte die Bevölkerung noch bescheidene, den Traditionen der Eisenzeit nahe Behausungen, so zum Beispiel in Burradon, Northumberland (unten links); nur wenige besaßen aufwendige »villae« wie diese im südenglischen Gadebridge Park (unten rechts).

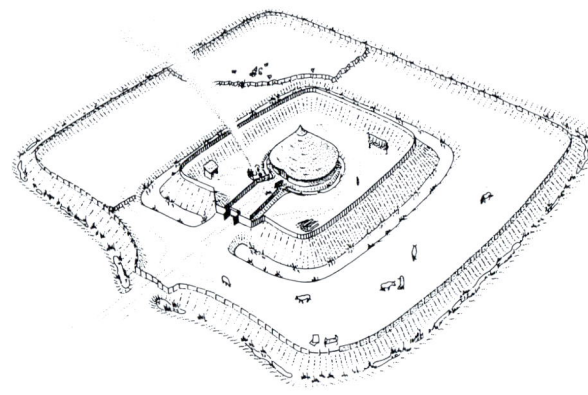

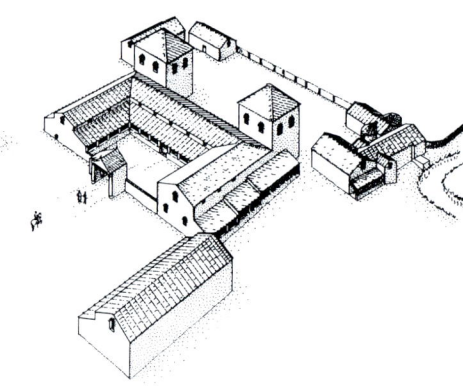

DER UNTERGANG DES RÖMISCHEN GALLIEN UND BRITANNIEN

IM SPÄTRÖMISCHEN GALLIEN ist immer weniger Keltisches auszumachen: Die letzten Überreste der alten Gesellschaftsstruktur verschwanden ums Jahr 300 n.Chr., und dem folgte wahrscheinlich um 500 das Erlöschen der gallischen Sprache. Der Adel sprach ausschließlich Latein. Warum aber ging die gallische Sprache auch in den einfachen Schichten unter? Eine Schlüsselrolle dürfte der Zustrom germanischer Siedler (vor allem Franken) nach dem Zusammenbruch der Grenze um 406/407 gespielt haben: In dem ethnisch gemischt bevölkerten Land entwickelte sich, im wörtlichen Sinn als »lingua Franca«, ein lateinischer Dialekt, aus dem später das Französische hervorging. Die Institutionen in Gallien hingegen blieben weithin erhalten, als im 5. Jahrhundert das Weströmische Reich zusammenbrach und an die Stelle der Herrschaft der christlichen Kaiser die der christlichen Germanen trat.

Britannien löst sich auf

Am bemerkenswertesten ist, wie schnell und vollständig das römische Britannien zusammenbrach. Die Kaiserherrschaft endete etwa 409, und binnen einer Generation waren fast alle Spuren des römischen Lebens – aber im Osten auch der keltischen Kultur – verschwunden. Wie kam es dazu?

Inzwischen steht fest, daß nicht germanische (angelsächsische) Schwerter der römisch-keltischen Gesellschaft in Britannien im 5. Jahrhundert n.Chr. den Garaus machten, denn zwischen dem römischen Zusammenbruch und der germa-

nischen Hauptbesiedlungszeit liegen ein paar Generationen. Eine mögliche Erklärung lautet, als der Kontakt mit Rom abbrach, sei die romanisierte und in hohem Maße auf die kaiserliche Macht angewiesene Aristokratie schnell dahingewelkt. Daraufhin zogen heidnische sächsische Kleinfürsten in das Machtvakuum ein. Wie sich ihre Vorfahren vordem romanisiert hatten, »germanisierten« sich jetzt wohl viele britannische Adlige, um in die neue Machtstruktur aufgenommen zu werden. Es gibt klare Anzeichen für eine umfangreiche britannische Komponente im frühen England: Die Britannier wurden nicht sämtlich getötet oder vertrieben.

Doch während im Osten das Britannische und Lateinische nunmehr dem Altenglischen Platz machten, lebten im nichtromanisierten Westen und Norden die alten keltischen Muster wieder auf.

Rückblick: Die Kelten unter Rom

In Gallien wurde auf den Ruinen der alten Verwaltung eine romanisierte germanische politische Struktur errichtet. Als das 10. Jahrhundert anbrach, gab es nicht einmal mehr den Namen Gallien, während sich ein Großteil Britanniens zum germanisch sprechenden England gewandelt hatte.

Betrachtet man aber die Jahrhunderte der römischen Herrschaft im keltischen Europa, so muß man sich die Frage stellen, wer eigentlich wen erobert hat. Die Gallier und Britannier hatten wie viele andere Völker im gesamten Reich die italische »Romanitas« übernommen und sie ihren eigenen Bedürfnissen angepaßt. Dabei verlor der größte Teil des keltischen Europa seine Identität, aber auch die römische Kultur veränderte sich im Kontakt mit den Kelten und anderen, und Roms alte Identität ging in einem Schmelztiegel machtvoller neuer Regionalformen unter.

(Links) Portchester Castle wurde im späten 3. Jahrhundert erbaut und war Teil einer wachsenden Kette befestigter Seestützpunkte, die die Süd- und Ostküste Britanniens gegen die vom Meer her eindringenden Sachsen verteidigen sollten.

(Unten links) Einfälle und Zuwanderungen in der spätrömischen Zeit.

(Unten rechts) Die große Schale aus Mildenhall. Dieses größte Stück eines in den vierziger Jahren in Suffolk entdeckten Horts hat einen Durchmesser von 60 Zentimetern und besteht aus rund 8,3 Kilogramm Silber. Mehrere derartige Funde sind in Südengland ausgegraben worden, darunter 1992 ein riesiger Hort in Hoxne, Suffolk, der etwa 200 Gold- und Silbergegenstände und über 15 000 Silber- und Goldmünzen enthielt. Diese Funde bezeugen den Reichtum und Kunstgeschmack der herrschenden Schichten im spätrömischen Britannien.

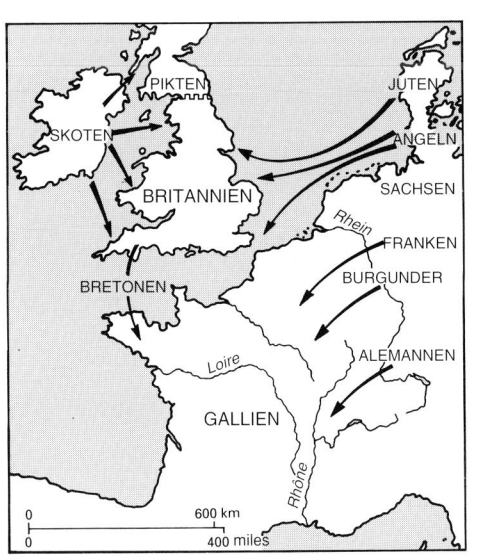

IX

DIE KELTEN IRLANDS

»Súaltaim kam nach Emain und rief den Männern von Ulster zu:
›Männer werden erschlagen, Weiber geraubt, Rinder
weggetrieben!‹«
Táin Bó Cúailnge 3423–3425

NEBEN DEM HOCHLAND und den Inseln Schottlands war Irland der einzige Teil der keltischen Welt, der der Eroberung durch Rom entging. Die älteste irische Geschichtschronik reicht kaum weiter zurück als bis zur Ankunft des heiligen Patrick im 5. Jahrhundert; aus der Zeit davor gibt es großartige, aber recht unscharfe Legenden und Erzählungen wie etwa die »Táin Bó Cúailnge« (»Der Rinderraub von Cooley«). Der eingangs abgedruckte Aufruf Súaltaims zu den Waffen ist typisch für das frühe Irland der heldenhaften Kriege und Raubzüge. Im 4. Jahrhundert galten die Iren in Britannien als gefürchtete Seeräuber, ihr Name war Inbegriff wilder Roheit. Aber die Irische See trennte nicht nur, sondern war auch ein Bindeglied, bedeutete nicht nur Krieg, sondern auch Handel, Verwandtschaft und Besiedelung. Diese Kontakte ermöglichten Irland eine Teilhabe an der Kultur des frühmittelalterlichen Europa in einem in der römischen oder vorrömischen Zeit niemals erreichten Ausmaß. Zudem hatte die Einführung des ausländischen Christentums ein entscheidendes Ergebnis: Die christlichen, aber auf ihr eigenes Kulturerbe stolzen frühirischen Priester schrieben viele überlieferte Geschichten, Epen und Gedichte nieder, darunter auch die »Táin«. Dabei handelt es sich um wertvolle Überbleibsel der keltischen Mythologie und Erzählliteratur, die andernorts weitgehend untergegangen sind.

Viele erblicken in der frühchristlichen Zeit die schönste Stunde Irlands. Um 800 war das von allen Seiten von den Wikingern bedrohte Land eine Hochburg der Schriftkultur und christlichen Religion Westeuropas und galt zu Recht als die Insel der Heiligen und Gelehrten.

Luftaufnahme der großartigen »Festung« Dun Aengus auf der Insel Inishmore,
Irland. Man wertet sie heute als Kultstätte, die bei Opferfeiern oder
Königskrönungen als eine Art Theater gedient haben dürfte (man beachte die
quadratische »Bühne« am Felsabhang).

IRLAND IN DER RÖMISCHEN EISENZEIT, 1–400 N. CHR.

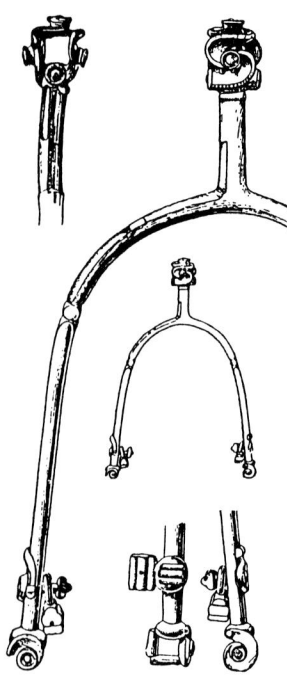

»Y-förmiger Bronzebeschlag«. Diese rätselhaften Gebilde gab es praktisch nur in Irland; vielleicht waren sie Teil eines Zaumzeugs.

»In der Bodenbeschaffenheit, im Klima und im Naturell und der Lebensweise seiner Bewohner ähnelt es Britannien. Aber seine Anlegeplätze und Häfen sind durch die Handelsbeziehungen und Kaufleute besser bekannt.«

Tacitus, »Agricola«, 24

NACH DEN LITERARISCHEN Quellen war Irland eine sehr vielschichtige Gesellschaft mit vielen Königen und Nebenkönigen der Stämme oder Völker (»tuatha«). Jedes »tuath« besaß seine Adligen und geschätzten »Männer der Kunst«; die Erzählungen berichten von legendären Gestalten wie Culann dem Schmied und Cathbad, dem Druiden des Königs Conchobar von Ulster.

Eifersüchtig über ihre Ehre wachende Krieger rächten sich für jede Beleidigung, nahmen jede Herausforderung an, wetteiferten miteinander um Ruhm und Ehre, fürchteten aber die spitzen Pfeile des Possenreißers. Wie in der übrigen Keltenwelt standen adlige Frauen in hohem Ansehen und waren von unbeugsamem Stolz.

Die Gesellschaft, die ab dem 5. Jahrhundert ins Licht der Geschichte tritt, befand sich zwar im Umbruch, wies aber immer noch viele Wesenszüge auf, die früher die Keltengesellschaften auf dem Festland ausgezeichnet hatten. Zusammengehalten wurde die irische Gesellschaft durch Bande gegenseitiger Verpflichtung und Abhängigkeit; das Klientelwesen spielte eine wichtige Rolle, ebenso die Sklaverei. Der Reichtum war weitgehend portabel und wurde in Maßeinheiten wie Stück Vieh oder Sklavinnen gemessen. Wir wissen nur wenig über die politische Gestalt Irlands vor dem 5. Jahrhundert. Es scheint aus vier »Pro-

vinzen« bestanden zu haben: Ulaid (Ulster), Connachta (Connaught), Laigin (Leinster) und Mamu (Munster). Vielleicht gab es noch eine fünfte, denn diese Provinzen waren unter dem Namen »Fünftel« (»coiced«) bekannt. Die Könige machten sich gegenseitig die Vorherrschaft über die vielen Unterkönigreiche oder Häuptlingschaften in jeder Provinz streitig. Wie oft sich ein Hochkönig über ganz Irland durchsetzen konnte und wie weit seine Macht tatsächlich reichte, ist unbekannt.

Kunst und archäologische Funde

Wie Britannien entwickelte auch Irland in den letzten Jahrhunderten v. Chr. seine eigene Spielart der La-Tène-Kultur, in der sich vorhandene Traditionen der Bronzezeit und importierte Ideen vermengten. Für Kelteneinfälle liegen kaum Anzeichen vor, obwohl in der späteren Eisenzeit höchstwahrscheinlich eine gewisse Einwanderung stattfand, und sei es auch nur aufgrund des Handels. Des weiteren mögen Flüchtlinge vor innerbritannischen oder -gallischen Konflikten und vor allem der römischen Eroberung den Weg nach Irland gefunden haben; solche Flüchtlinge überquerten den Ärmelkanal in beiden Richtungen. Am besten versteht man den größten Teil der materiellen La-Tène-Kultur jedoch, wenn man sie als örtliche Anpassung von außen eingeführter Ideen begreift. In den ersten Jahrhunderten n. Chr. stand die irische La-Tène-Kultur im Zenit und hatte nicht nur zu ihrem eigenen Stil gefunden, sondern auch neuartige Gegenstände entwickelt, darunter rätselhafte, Y-förmige Bronzebeschläge.

(Links) Der goldene Halsreif aus dem Hort von Broighter; (ganz links) Flachabbildung der Ornamentzeichnung. Zwar dürften solche röhrenförmige Spangen gallischer Herkunft sein, aber dieses Stück ist nach irischer Weise verziert. Gefunden wurde es 1896 zusammen mit einem Bootsmodell und anderen Gegenständen aus Gold in Ufernähe bei Lough Foyle in der Grafschaft Derry. Vermutlich 1. Jahrhundert v. Chr.

Unter den Metallartefakten zwischen 50 v. Chr. und 200 n. Chr. finden sich unter anderem Schalen, Scheiben, Halsspangen, Teile von Pferdegeschirren (insbesondere Trensen) und ein paar Broschen; diese Skala kontrastiert seltsam zu den Schwertscheiden und Speerspitzen der früheren irischen La-Tène-Zeit. Der bekannteste Fund aus dieser Zeit ist der Schatz von Broighter in der Grafschaft Londonderry; er enthält eine goldene Halsspange im lokalen Stil und vom Festland stammende Armreife, was auch Kontakte zum Ausland etwa gegen Ende des letzten Jahrhunderts v. Chr. verrät.

Es gibt Anzeichen für wachsende britannische und gallische Einflüsse in der späteren La-Tène-Zeit; Zaumzeugfragmente, Fibeln und andere eingeführte Formen tauchen etwa zur selben Zeit auf, in der vermutlich Flüchtlinge vor der römischen Eroberung ankamen. Im Schatz von Llyn Cerrig Bach auf der Insel Anglesey befinden sich Stücke, die möglicherweise in Irland selbst hergestellt worden sind, und dies deutet darauf hin, daß Güter und Waren über die Irische See hin und her gingen. Wie immer dies alles im einzelnen gewesen sein mag: Irland und Nordbritannien waren jedenfalls die Gebiete, in denen die La-Tène-Kunst die Römerzeit überdauert hat.

Berührungen mit den Römern, 1. bis 3. Jahrhundert n. Chr.

Abgesehen von dem, was Tacitus über die Kaufleute zu berichten hat (vgl. Eingangszitat), wußten die klassischen Schriftsteller über Irland nur wenig zu sagen, doch zeigen die archäologischen Funde, daß Nord- und Ostirland einer- und die Küstengebiete Britanniens andererseits in ständigem Kontakt standen. Dies mag durchaus der Flucht eines namenlosen, »aus seiner Heimat vertriebenen« irischen Fürsten zugrunde gelegen haben, den Agricola eine Zeitlang als Vorwand für

Die Provinzen Irlands in den ersten Jahrhunderten n. Chr.

eine Expedition nach Irland zu nutzen gedachte. Die Häufigkeit irischer Besucher in Britannien schlägt sich auch in den irischen Erzählungen nieder: So soll der Held Cú Chulainn einige Zeit in »Alba« (Nordbritannien) verbracht haben.

Unzweifelhafte Spuren römischen Handels oder britannischer Einwanderung gibt es in Irland kaum. Zwar wurden kleine Mengen römischer Münzen, Broschen und Keramik gefunden (desgleichen ein Urnengrab einer Frau bei Stonyford in der Grafschaft Kilkenny – vielleicht selbst Flüchtling oder Frau eines Kaufherrn – im römisch-britannischen Stil), aber besonders interessiert scheinen sich die Iren für die Kunst oder den Stil der Römer nicht zu haben.

GÄLEN UND GALLIER

»Gälisch« ist das Adjektiv für die Iren sowie die Hochland- und Inselschotten und bezeichnet auch ihre traditionelle Sprache. (Die Schotten sprechen es wie »gallic« aus.) Das Wort ist nicht etwa von »Gallien« abgeleitet, sondern von »Gael« (ursprünglich »Goidel«), das seinerseits wahrscheinlich von »Gwyddel« stammt – dem frühen walisischen Wort für die Iren!

KALENDER UND FEIERTAGE

Irische Quellen lassen vermuten, daß die Kelten jährlich vier Hauptfeiertage begingen, die offenbar alle mit Fruchtbarkeit und dem Wechsel der Jahreszeit zu tun hatten. In diesen Festtagen spiegelt sich aber nicht nur der Jahreszyklus der Bauern und Hirten, sondern auch das politische und religiöse Gemeinschaftsleben in Irland wider. So tagte zum Beispiel die Jahresversammlung von »Ulaid« (Ulster) an den Tagen vor und nach dem »Samhain«.

1. Februar

Imbolc
Soll mit der Stillzeit der Mutterschafe zusammenhängen. In Irland der Göttin Brigid (christlicher Namenstag der heiligen Brigid) geweiht, einer Muttergottheit und Patronin der Gebärerinnen.

1. Mai

Beltain
»Gutes Feuer«, gilt der Sonnenwärme, die fruchtbare Ernten und Herden hervorbringt. Ob das Fest auch außerhalb Irlands begangen wurde, wissen wir nicht mit Sicherheit, aber es stand möglicherweise in Zusammenhang mit dem in Gallien verehrten Sonnengott Belenos.

1. August

1. November

Lughnasa
Erntefest zu Ehren des Gottes Lugh. An diesem Tag wurde in Lugdunum (Lyon), der »Festung des Lug«, ein großes Fest gefeiert.

Samhain
Dieses wichtigste der vier Feste bezeichnete möglicherweise den Beginn des keltischen Jahres. Zu Samhain, das an der Wende vom Oktober zum November begangen wurde, fielen die Grenzen zum Jenseits – eine Vorstellung, die bis heute im amerikanischen Gruselkarneval »Halloween Eve« (31. Oktober) mitspukt.

FESTUNGEN, BAUERNGEHÖFTE UND KÖNIGSRESIDENZEN

(Unten) Die Rundfestung (»rath«) von <u>Deer Park Farms</u>, Glenarm, Grafschaft Antrim. Man beachte die Hauswände aus doppeltem Flechtwerk.

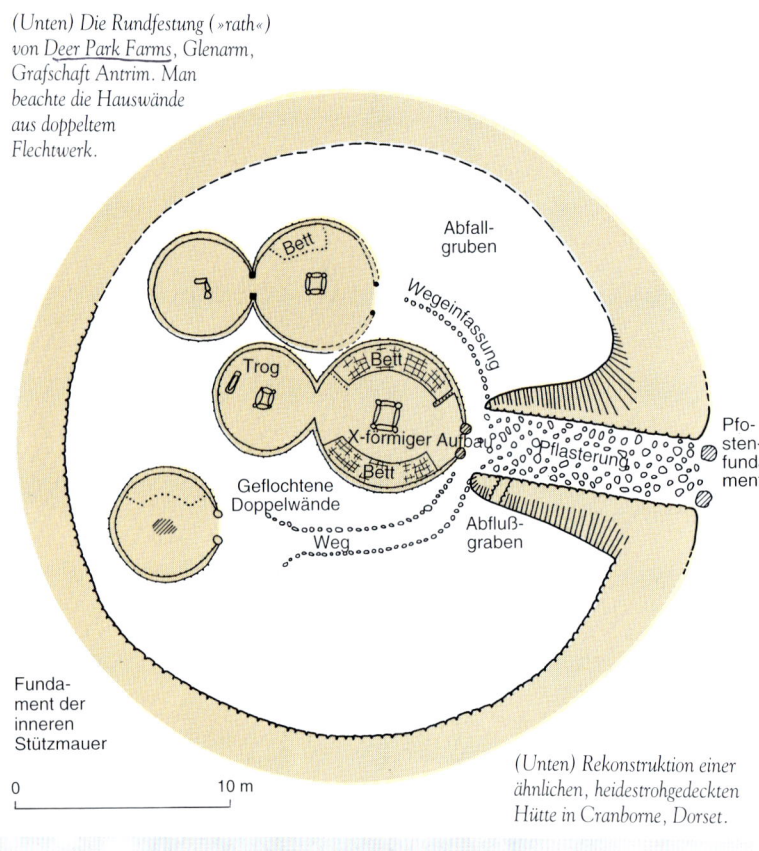

Abfall-gruben

Bett

Wegeinfassung

Trog

Bett

X-förmiger Aufbau

Pflasterung

Pfosten-fundamente

Geflochtene Doppelwände

Bett

Weg

Abfluß-graben

Funda-ment der inneren Stützmauer

0   10 m

(Unten) Rekonstruktion einer ähnlichen, heidestrohgedeckten Hütte in Cranborne, Dorset.

DIE IRISCHE LANDSCHAFT ist übersät mit Tausenden verlassener Ansiedlungen, deren Ursprung von der vorgeschichtlichen bis zur nachmittelalterlichen Zeit reicht. Einige Siedlungstypen, vor allem die von Ringwällen geschützten Anlagen, scheinen sich außerordentlich lange – von der Eisenzeit bis ins Frühmittelalter oder darüber hinaus – gehalten zu haben.

»Raths« und »Cashels«

Am häufigsten trifft man auf kleine befestigte Häuptlingssitze dieses Typs: größtenteils befestigte Gehöftanlagen, deren Zahl man zwischen der Eisenzeit und dem Nachmittelalter auf 30 000 bis 40 000 schätzt. Sie werden – je nach Typ – als »Raths« (aufgeschichtete Erdwälle), »Cashels« (aus Stein errichtete Anlagen) oder »Duns« (stärker befestigte Orte, vermutlich abgeleitet aus »dunum« = »Festung«) bezeichnet und enthielten zumeist einen zentralen Rundbau. Einige dieser Stätten waren über lange Zeiten bewohnt und entwickelten sich nach und nach zu Hügelfestungen, wie beispielsweise das aus frühchristlicher Zeit stammende »Rath« bei Deer Park Farms in der Grafschaft Antrim.

Pfahlbauten und unterirdische Anlagen

Pfahlbauten (»Crannogs«) sind in seichten Seen teils zu Verteidigungszwecken errichtete künstliche Inseln. Die Datierung anhand der Jahresringe läßt vermuten, daß diese Pfahlbauten erst relativ spät in Irland Eingang gefunden haben, denn die ältesten Funde stammen aus der frühchristlichen Zeit, also dem 6. und 7. Jahrhundert. Inzwischen sind die Gelehrten der Ansicht, das Pfahlbautensystem sei aus Schottland eingeführt worden, denn viele dortige Pfahlbauten sind über zweitausend Jahre alt. Ein weiterer möglicher Import aus Britannien waren die sogenannten Untergrundanlagen: aus Steinen errichtete, unterirdische Kammern seltsamer Formgebung und unsicherer Zweckbestimmung. In Irland beschränken sie sich auf die Provinz Ulster; einzige bekannte Parallelen dazu sind die ziemlich anders konstruierten unterirdischen Anlagen in Nordbritannien.

Hügelfesten und Promontorien

In Irland sind gut fünfzig Hügelfestungen bekannt, die mehrheitlich wohl aus der Eisenzeit stammen, wenngleich Chronologie und Funktion ziemlich im dunkeln liegen. Eine weitere Kategorie sind die

Vorsprungfestungen (Promontorien) wie zum Beispiel das spektakuläre Dun Aengus, das heute als Zeremonienplatz gilt. Hinsichtlich der Erdarbeiten sind vielleicht durch die Kontakte entlang der Atlantikküste auch Einflüsse aus Spanien oder Westfrankreich wirksam geworden. Andererseits können andere Details wie etwa die Steinhindernisse in Dun Aengus auch von den Holzkonstruktionen zeitgenössischer irischer Festungen in Gegenden inspiriert sein, in denen Holz das traditionelle Baumaterial lieferte.

Königssitze

Die frühirischen Erzählungen erwähnen mehrfach spezielle Plätze als Königssitze und Stammesversammlungsorte. Viele sind noch als Erdwälle sichtbar und verraten eine große Anlagenvielfalt. Einige sind von »Bollwerken« umgeben, die indes offenkundig nicht der Verteidigung dienten, denn der Graben liegt hinter ihnen.

Der berühmteste sogenannte Königsplatz war »Ráth na Ríogh« (Festung der Könige) in Tara in der Grafschaft Meath. Das traditionell als Sitz des irischen Hochkönigs geltende Tara kann auch Mittelpunkt der fünften Provinz »Mide« (Meath)

gewesen sein, wenngleich der Status dieser Provinz umstritten ist und sie vielleicht erst mit der Uí-Néill-Dynastie im 5. Jahrhundert entstand. Ein weiterer berühmter Königssitz war Navan (»Emain Macha«), die Hauptstadt von Ulster, deren frühe Entwicklung wir oben erwähnten. Dun Ailinne (Knockaulin, Grafschaft Kildare) war möglicherweise nur saisonal bewohnt, vielleicht anläßlich großer Feierlichkeiten. Desgleichen diente es als Begräbnisort. In Rathcroghan finden sich die erhalten gebliebenen Erdwälle des wichtigsten Zentrums der Könige von Connaught, ein rund vier Quadratmeilen umfassender Monumentenkomplex.

Die Königssitze waren vermutlich Mittelpunkt zahlreicher Aktivitäten: Machtgepränge und Regierungsgeschäfte mögen hier getätigt, Austausch und Handel getrieben, zeremonielle und religiöse Feiern vollzogen worden sein. Insoweit darf man sie mit den britannischen »oppida« vergleichen. In Rathcroghan fand jährlich ein großer Markt statt; zugleich wurde es als einer der Eingänge zur Unterwelt verehrt. Mehrere Königssitze enthalten auch viele frühere Bauwerke, was vermuten läßt, daß diese Orte schon seit langem Gegenstand der Verehrung gewesen waren.

Luftaufnahme des alten Königssitzes von Tara, Grafschaft Meath. Die weitgezogene Einfriedung »Ráth na Ríogh« (Festung der Könige) dürfte kaum der Verteidigung gedient haben, denn der Graben liegt im Innern. Sie umgibt den »Geiseltumulus« (in Wirklichkeit ein neolithisches Grab) und zwei zentrale Ringwerke; eines davon enthält eine Steinstruktur, den sogenannten »Schicksalsstein«, der vermutlich rituelle oder zeremonielle Bedeutung bei der Einführung ins Königsamt hatte. In Tara wurden römische Gegenstände aus den ersten drei Jahrhunderten n. Chr. gefunden; sie belegen, daß der Ort in dieser Zeit bewohnt war und Auslandskontakte pflegte.

IRISCHE MYTHEN UND LEGENDEN

DIE VISION DES DUBTHACH

»Ein herrlicher Morgen für eine Schlacht, eine herrliche Zeit, in der Heere sich schlagen, Könige stürzen, Männernacken brechen und der Sand sich blutrot färbt. […] Helden werden erschlagen. Bluthunde werden gezähmt. Pferde werden vernichtet …«
»Táin« 3527–40

SLIABH GCUA

»Sliabh gCua, Schlupfwinkel der Wölfe, schroff und düster, in seinen Schluchten jammert der Wind, um seine Felsspalten heulen die Wölfe; in den Triften röhrt der hitzige Braunhirsch, der Kranich schreit über den Klippen.«
Unbekannt; 9.(?) Jahrhundert

ÜBER MAEL MHURU DEN DICHTER

»Nie bedeckte das fruchtbare Erdreich, nie sahen die Türme von Tara, niemals umwogten die Äcker Irlands sanfteren Mann als den reinen Mael Mhuru.

Nie trank tapfer vom Trunk der Toten, nie gesellte den Hingeschiedenen sich zu, niemals kam unter die Erde ein weis'rer und herrlich'rer Irdischer als er.«
Unbekannt, 887 n. Chr.

DIE FRÜHIRISCHE KIRCHE war eine äußerst gelehrte und künstlerische Institution, zu deren zahlreichen Leistungen auch exquisite religiöse Handschriften gehörten. Ganz besonderen Dank jedoch schulden wir den Mönchen, weil sie so viele überlieferte irische Erzählungen festhielten – unsere einzigen Quellen für die Erzählliteratur eines von Rom nicht eroberten Keltenvolkes.

Heute konzentrieren sich die Gelehrten meist auf den sogenannten »Ulsterzyklus«. Dessen berühmteste Erzählung ist das lange Heldenepos »Táin Bó Cúailnge« oder »Der Rinderraub von Cúailnge« (Cooley). Wie die »Ilias« oder der »Beowulf« spielt sie in der Welt des Kriegeradels, in der Ehre, Ruhm und Kampfkraft mehr zählen als das Leben und wo Reichtum durch Raubkriege erlangt wird. Die Geschichten ranken sich im wesentlichen um den legendären Ulsterkönig Conchobar mac Nessa, der in Emain Macha (Navan) residierte. Wie König Artus, oder König Hrothgar im »Beowulf«, war auch Conchobar von einem Gefolge von Kriegsherren und Edelfrauen umgeben, und an seinem Hof wuchsen Jünglinge heran. Hauptfigur ist der jugendliche Kriegsheld Cú Chulainn (der »Bluthund des Culann«). Um diesen mythischen Hof und die alten Götter, die dann in christlicher Zeit zu Helden oder gar Heiligen wurden, entstanden viele Fabeln. Insbesondere wurden Geschichten über Cú Chulainn (wie die Artuslegenden) noch bis zum Ende des Mittelalters verfaßt.

Die »Táin«-Legende

König Ailill und die treulose Königin Medb (»die Betrunkenmachende«, ursprünglich eine Göttin) führten die Männer von Connaught – zu deren Verbündeten auch Exilanten aus Ulster unter Oberbefehl von Cú Chulainns Pflegevater Fergus gehörten – nach Ulster, um sich des göttlichen Braunen Stiers von Cúailnge zu bemächtigen. Eine geheimnisvolle Krankheit streckte alle Ulstermannen außer dem jungen Helden Cú Chulainn nieder, der darum, nur von seinem treuen Wagenlenker unterstützt, die Eindringlinge abwehren mußte. Das Epos besteht aus einer langen Reihe heldischer Episoden, in denen Cú Chulainn mit übermenschlichen Waffentaten die Eindringlinge so lange aufhält, bis sich die Ulstermannen wieder erholt haben. Das Ganze endet mit einer gewaltigen Schlacht und dem Endkampf zwischen dem Braunen Stier von Cúailnge und dem Weißen Stier von Connaught.

Ein Fenster zur Eisenzeit?

Niedergeschrieben wurde die Táin-Legende wohl erstmals im 9. Jahrhundert, doch spiegelt sich nach Meinung der Gelehrten in ihr die frühirische Gesellschaft etwa zur Römerzeit. Tatsächlich sind viele moderne Vorstellungen vom La-Tène-Europa teilweise aus der Táin und anderer irischer Literatur des Mittelalters abgeleitet. Die Parallelen sind oft höchst auffällig; so war der »Heldenbissen« als Ritual sowohl in Irland als auch in Gallien bekannt. Dennoch sollte man diese Vergleiche nicht zu weit treiben. Irland erlebte im 5. Jahrhundert – lange vor Niederschrift der Táin-Legende – einen gewaltigen Wandel, und ein Großteil der Einzelheiten des Epos stammt nicht aus der Eisenzeit, sondern ist mittelalterlichen Ursprungs. Heidnische religiöse Themen fielen möglicherweise der Zensur zum Opfer. Dennoch kommen wir der alten Keltenwelt mit den überlieferten irischen Sagen noch am nächsten.

Auszüge aus der »Táin«

Die wichtigsten Episoden der Táin
Der erbitterte Kampf des Cethern mac Fintain
Fintains Zahnkampf
Menns rote Schande
Rochads Weibskampf
Der Heiterkeitskampf von Iliach
Das Speerewerfen der Wagenkämpfer
Aimirgins Traum
Súaltaims lange Warnung

Das Aufgebot der Männer von Ulster
Das Traumgesicht des Dubthach
Das Traumgesicht des Cormac Con Longes
Der Aufmarsch der Scharen
Die Entscheidung in der Schlacht
Der Kampf der Stiere
Die Abenteuer des Dub Cúailnge auf dem Beutezug
(»Táin« c. 3155–3160)

Fergus beschreibt seinen Pflegesohn, den Ulsterhelden Cú Chulainn

»Niemals wirst finden du einen Krieger, der schwerer zu bekämpfen, noch eine Speerspitze, die schärfer oder kühner oder schneller, noch einen Helden, der grimmer, noch einen Geier, der gefräßiger, noch einen Mann seines Alters, der ein Drittel seiner Tapferkeit brächte, noch einen Löwen, der wilder […] noch verderblichere Kriegerschar oder jemals einen, der ein großes Heer mehr denn er in Schach zu halten vermöchte. Niemals wirst finden du einen Mann seines Alters, der Cú Chulainn an Wuchs, Kleidung, Furchtbarkeit, Redegewalt, Glanz, Stimm' und Erscheinung, an Macht und Härte, an Ruhmestat, an Kühnheit, an Schlagkraft, an Wut und Zorn, an Siegeskraft und Verhängnisverheißung und Gewalt, an ehernem Schritte, an Zielsicherheit und Wildtöten, an Schnelligkeit und Mut oder Wildheit überböte.«
(»Táin Bó Cúailnge« 381–392)

Wie der »Bluthund von Culann« zu seinem Namen kam

Als Culann der Schmied dem Ulsterkönig Conchobar ein Fest ausrichtete, bat er den König, nur wenige Gefolgsleute mitzubringen, denn er verdiene seinen Lebensunterhalt nur mit seiner Schmiede und habe kein Besitztum, das ihm erlaube, eine große Menge zu verköstigen. Darum brachte Conchobar nur fünfzig seiner tapfersten Edlen mit.

Als Conchobar aufbrach, sah er einen Knaben (einen der vielen Pflegesöhne an seinem Hof), der auf den Spielfeldern gegen dreimal fünfzig andere Knaben Großtaten an Geschick und Mut vollbrachte. Er schlug sie alle im Ballspiel und im Ringen. Conchobar bewunderte die Kraft und Geschicklichkeit des Knaben und lud ihn zum Festmahl ein.

Der Knabe erwiderte: »Noch habe ich nicht genug gespielt, Meister Conchobar, darum werd' ich euch später folgen.«

Als Conchobar zum Festmahl eintraf, fragte ihn sein Gastgeber Culann, ob noch jemand komme. Conchobar, der den Knaben vergessen hatte, sagte nein, und darum ließ Culann seinen riesigen Bluthund frei, damit er Hof und Vieh bewache.

In diesem Augenblick sahen sie den Knaben herannahen, und zum Entsetzen Culanns und seiner Gäste stürzte der Bluthund auf ihn zu, um ihn anzufallen. Der Knabe indes warf unbekümmert Ball und Treibstock beiseite, packte den mächtigen Bluthund mit bloßen Händen und zerschmetterte ihn an einem Steinpfeiler in tausend Stücke.

Die Ulstermannen stürmten zu dem Knaben und brachten ihn zu Conchobar, der sehr erleichtert war, denn der Knabe war Sédanta mac Sualtamh, der Sohn seiner Schwester. Culann der Schmied hieß ihn in aller Form willkommen, trauerte aber ob des Verlustes seines großen Hundes, denn dieser war der kraftvolle Verteidiger seiner Heimstatt und seiner Tiere.

Der Knabe aber sagte: »Ich will ein Hündchen derselben Rasse für euch aufziehn, und bis er euch zu Diensten sein kann, will ich selber euch und euer Vieh behüten.«

»So sollst du Bluthund des Culann [Cú Chulainn] heißen«, sagte Cathbad der Druide.
(Gekürzte Nacherzählung von »Táin Bó Cúailnge« 540–605)

Cú Chulainn gewährt dem Fergus Gastfreundschaft

Hier handelt es sich um ein rituelles Angebot der Gastfreundschaft und des freien Geleits, das allerdings etwas spartanisch ausfällt, da sich Cú Chulainn auf einem Feldzug befindet.

»Willkommen, Meister Fergus«, sagte Cú Chulainn. »Wenn Fische in der Mündung schwimmen, sollt ihr einen Lachs und einen halben bekommen; oder wenn eine Vogelschar über die Ebene fliegt, sollt ihr eine Wildente und die Hälfte von noch einer erhalten; oder ihr erhaltet eine Handvoll Kresse oder Seetang, eine Handvoll Rotalgen und einen Trunk aus der Quelle. Wenn euch ein Gegner herausfordert, begebe ich mich zum Treffen mit ihm zur Furt, und ihr werdet wohlbehütet sein, bis ihr geschlafen habt.«
(»Táin« c. 1312–1316)

Empfindlicher Kriegerstolz

»Maine Aithremail [Bote des Königs von Connaught] … begab sich als erstes zu Láeg [Cú Chulainns Wagenlenker].

›Wes Vasalle seid ihr?‹

Láeg würdigte ihn keines Wortes. Maine wiederholte dreimal die Frage.

›Ich bin Cú Chulainns Vasalle‹, sagte da Láeg, ›und plagt mich nicht weiter, sonst könnt' ich Euch den Kopf abschlagen.‹

›Was seid Ihr ein übelgelaunter Kerl!‹ sagte Maine … So begab sich denn Maine zu Cú

Chulainn, um mit ihm zu reden … Maine fragte ihn dreimal, … wessen Vasalle er sei.

›Vasalle des Conchobar, und plagt mich nicht weiter. Wenn Ihr mich weiter ärgert, schneid' ich Euch den Kopf ab, wie man ihn einer Amsel abschneidet.‹

›Mit den zweien ist schlecht reden‹, sagte Maine.«
(»Táin« c. 1572–1584)

Der Wutausbruch des Cú Chulainn

»Cú Chulainn nahm Aufstellung an der Feste in Lerga … und sein Wagenlenker Láeg mac Rángabra entzündete am Abend jener Nacht ein Feuer für ihn. Cú Chulainn sah fern in der Weite über den Köpfen der vier Provinzen von Irland das wilde Leuchten der glänzenden goldenen Waffen beim Untergang der Sonne in den Wolken des Abends. Wut und Zorn erfaßten ihn, als er der Heerschar ansichtig wurde, ob der Menge seiner Gegner und der großen Zahl seiner Feinde. Er ergriff seine beiden Speere und seinen Schild und sein Schwert. Er schüttelte den Schild und drohte mit seinen Speeren und schwang sein Schwert und schrie aus tiefer Kehle den Heldenruf. Und die Kobolde und Elfen und Geister der Schlucht und die Dämonen der Lüfte erschraken unter dem Schrei, den er ausgestoßen. Und Némain, die Kriegsgöttin, fiel über die Heersäule her, und die vier Provinzen von Irland verursachten solchen Waffenlärm um ihre eigenen Speere und Waffen,

daß einhundert Krieger vor Angst und Schrecken inmitten ihres Lagers in jener Nacht tot umfielen.«
(»Táin« c. 2076–2088)

Die erschreckende Verwandlung des Cú Chulainn

»Dann erfaßte den Cú Chulainn eine solch schreckliche Verwandlung, daß er bedrohlich, vielgestaltig, seltsam und nicht wiederzuerkennen ward. Alles Fleisch seines Körpers erbebte … In seiner Haut verrenkte er seinen Körper aufs wildeste. Seine Füße und Schienbeine und Knie wandten sich rücklings; seine Fersen und Waden und Schinken kehrten sich nach vorn … Dann wurde sein Gesicht zu einer roten Höhle. Er sog das eine Auge in seinen Schädel … Das andere Auge sprang ihm auf die Wange … Er riß seine Wange vom Kiefer, bis dessen Inneres sichtbar ward. Lunge und Leber flatterten ihm in Mund und Rachen … Auf seiner Stirn entbrannte das Licht des Helden … So hoch, so dick, so stark, so mächtig und so lang wie der Mast eines großen Schiffes ward der breite Strom dunklen Blutes, das ihm oben aus dem Haupte hervordrang und sich in dunklen, magischen Nebel auflöste.«
(»Táin« 2245–2278)

Andere Gedichte und Sagen

Maienzeit

»Maienzeit, schöne Zeit, alles in Vollkommenheit; Amseln singen helle Lieder, fällt des Tages erster Strahl … Der Sommer senkt den kleinen Fluß, die geschäftige Herde zieht zum Wasser, das Langhaar der Heide breitet sich aus, das schwachweiße Baumwollgras blüht … Bienen, denen nur wenig Kraft geschenkt, tragen mit ihren Füßen die von den Blumen gesammelte Last; der Berg sättigt die Rinder, die Ameise schwelgt in reichlichem Mahl. Die Harfe des Waldes spielt Melodeien, ihr Klang kündet vollkommenen Frieden; farbfroh erstrahlt ein jeglicher Hügel, über dem randvollen Teiche hängt sanfter Dunst … Ein furchtsam zerbrechlich Geschöpf singt aus voller Brust, die Lerche trällert ihr helles Geläut – strahlende, ruhsame Maienzeit!«
(Unbekannter Autor, 9. bis 10. Jahrhundert)

Der Traum des Oenghus

Eines Nachts träumte Oenghus [Angus], Sohn des Dagda und der Boann, Göttin des Flusses Boyne, vom Nahen des schönsten Mädchens, das je er gesehn. Er ging ihr entgegen, da war sie verschwunden. Gleiches geschah in der folgenden Nacht und wieder der nächsten, ein ganzes Jahr lang, so daß Oenghus ob seiner Liebe zu ihr erkrankte und hinzuwelken begann.

Von allen Ärzten Irlands vermochte einzig Fíngin, Arzt des Königs Conchobar, die Ursache zu ergründen: die Liebe zu einem abwesenden Mädchen. Er riet Oenghus, seine Mutter auszuschicken, sie solle ganz Irland nach einem Mädchen absuchen, das seiner Vision entspräche, doch die jahrelange Suche blieb vergeblich. Sie befragten des Oenghus Vater, den Dagda, ob er als König der Feenhügel [der Erdtumuli, in denen die

Götter und Feen wohnten] vielleicht etwas wisse. Doch er wußte nichts; also begaben sie sich zu Bodhbh, dem König der Feenhügel von Munster, und baten, er möge sie suchen. Er suchte ein ganzes Jahr und fand sie schließlich zusammen mit dreimal fünfzig Jungfrauen an Loch Bél Dragon in Connaught; ihr Name war Caer Ibhormheith.

Oenghus ging zu seinen Eltern in der Feste Newgrange und brachte ihnen die Nachricht, und der Dagda versprach, König Ailill und Königin Mebd von Connaught aufzusuchen und die Hand des Mädchens für den Sohn zu erbitten; aber sie besaßen nicht die Macht, seiner Bitte zu entsprechen. Sie riefen des Mädchens Vater Ethal Anbhuail herbei, doch er weigerte sich zu kommen; darum erstürmten sie den Feenhügel und brachten ihn als Gefangenen her. Aber selbst er konnte seine Tochter dem Oenghus nicht geben, denn ihre magische Kraft war größer als die seine; jedoch ließ er verlauten, beim bevorstehenden Samhain werde sie am See sitzen in Gestalt eines Vogels, von dreimal fünfzig Schwänen umgeben.

Beim Samhain begab sich Oenghus zum See, rief ihr zu, und sie kam. Er legte seine Arme um sie, und sie schliefen im Schatten zweier Schwäne ein. Sie wanderten dreimal um den See und flogen dann nach Newgrange, wo sie ein Lied sangen, das die Menschen drei Tage und drei Nächte in Schlaf sinken ließ. Danach blieb sie bei ihm bis ans Ende ihrer Tage.
(Nacherzählung einer Legende aus dem 8.(?) Jahrhundert)

Des Bricrius übler Scherz mit den Frauen von Ulster

Bricriu, der üble Späße zu treiben beliebte, gab ein großes Festmahl. Nachdem er es fertig gebracht hatte, daß die wichtigsten Männer einander an die Gurgel gingen, überlegte er, wie er Gleiches den Frauen antun könnte. Als er schon tüchtig gezecht hatte, trat Fedhelm von der jugendlichen Gestalt mit ihren fünfzig Frauen aus dem Haus. Er grüßte sie und sagte: »Fedhelm von der jugendlichen Gestalt, Ihr tragt zu Recht diesen Namen wegen der Vollkommenheit Eurer Formen, Eures Witzes und Eurer Herkunft als Tochter des Conchobar und Weib von Loeghaire dem Siegreichen. Wenn Ihr als erste heut abend in die Festhalle kommt, werdet Ihr die höchste Königin vor allen Frauen von Ulster sein.« Geschmeichelt schlen-

derte sie mit ihren Frauen über die Felder davon.

Als nächste erschien Lennabhair, die Gattin von Conall dem Triumphierenden, mit fünfzig Frauen. Bricriu begrüßte sie mit dem Wortspiel: »Wohl heißet Ihr Lennabhair, seid Ihr doch die ›ban-lennán‹ [Liebholde] aller Männer ob Eurer Schönheit und Eures Rufs. Wie der Mut Eures Gatten den aller anderen Krieger übersteigt, stecht auch Ihr alle Frauen von Ulster aus.« Auch ihr versprach er Vorrang vor allen, wenn sie als erste die Festhalle betrete. Und so begab sie sich mit ihren Frauen über die Felder. Sodann kam Eimher vorbei, Gattin des Cú Chulainn und Tochter von Forghall dem Behenden, mit ihren fünfzig Frauen. Bricrius pries sie mit den Worten: »Zu Recht heißt Ihr Eimher vom Schönen Haar, die Herrscher von Irland bewundern Euch. Wie die Sonne die Sterne überstrahlt, überstrahlt auch Ihr alle Frauen von Irland.« Und ihr versprach er ebenfalls den Vorrang vor allen, worauf sie sich mit ihren Frauen zum Gehen wandte.

In drei Feldern Abstand von der Festhalle begaben sich die drei Frauen, nicht wissend, daß Bricriu eine jede von ihnen angesprochen hatte, in hehrem Gefolge zum Festmahl. Zunächst schritten sie würdig einher, doch im zweiten Feld beschleunigten sie ihren Schritt, und schließlich rannten sie mit hochgerafften Röcken. Bald klang das Getöse ihres Wettlaufs lauter als das Herandonnern von fünfzig Streitwagen. Drinnen schlossen die Männer, die einen Angriff befürchteten, die Tore zur Halle. Eimher erreichte als erste die Tür und rief, man solle ihr öffnen. Die drei Gatten sprangen auf, und jeder wollte, daß seine Frau als erste durchs Tor käme und damit die höchste Königin von Ulster werde.

Conall und Loeghaire brachen je einen mannshohen Balken aus der Wand des Hauses, damit sich ihre Frauen durchquetschen konnten, aber Cú Chulainn hob eine ganze Palastseite hoch, um Eimher einzulassen, die nun aber nicht nur von ihren eigenen Frauen, sondern auch von denen Conalls und Loeghaires begleitet war, so daß es zwischen ihr und den anderen Frauen keinen Vergleich gab, wie auch kein Mann sich mit Cú Chulainn vergleichen konnte. Dann ließ er den Palast fallen, und dabei kamen Bricriu und seine Königin auf den Misthaufen im Hof zwischen die Hunde zu liegen.
(Nacherzählung eines Auszugs aus »Bricrius Gastmahl«, 8. Jahrhundert)

DIE HEIDNISCHEN GÖTTER IRLANDS

»Es herrschte einst über Irland ein berühmter König des ›Tuatha Dé Danann‹ [Volk der Göttin Danu], und sein Name war Echu Ollathir. Sein anderer Name war der Dagda, denn er wirkte Wunder und sah nach Wetter und Ernte, darum ward er der Dagda [der Gute Gott] genannt.«
»Die Werbung der Étain«, 8. Jahrhundert

Die irische Literatur enthält viele Details über die heidnischen Götter. Wir treffen hier auf ein Universum, bevölkert von Göttern, die die Sterblichen in die Irre führen und beliebige Gestalten (als Menschen oder Tiere) annehmen können; zum andern können Sterbliche auch das Jenseits besuchen. Die Götter waren allgegenwärtig. Der Dagda oder Gute Gott beispielsweise war König des Tuatha Dé Danaan (Volk der Göttin Danu). Man glaubte, die Götter hätten einst Irland bewohnt, sich aber bei Ankunft der Gälen unter die Erde begeben, insbesondere in Grabhügel (Tumuli). Der Dagda, zu dessen Insignien eine gewaltige Keule und ein magischer Kessel gehörten, hat in Gallien ein Gegenstück namens Sucellos, der seinerseits mit Hammer und Tonkrug ausgestattet ist. Unter den Gemahlinnen des Dagda war die Geisterkönigin Morrigan, eine der drei Kriegsgöttinnen, die auf Schlachtfeldern gemeinsam als Krähen oder Raben auftauchten. Morrigan wurde auch als Fruchtbarkeitsgöttin verehrt; vom Dagda hatte sie eine Tochter: die Göttin Brigid.

Obwohl in den Legenden von Göttern und Druiden (als Hauptakteuren der Erzählungen) die Rede ist, findet sich in den Quellen äußerst wenig über heidnische Kultübungen. Eine Erklärung dafür könnte lauten, daß der christliche irische Klerus die Legenden bei der Niederschrift »gesäubert« hat. Immerhin vermitteln die Erzählungen eine gewisse Vorstellung, wie die keltische Gesellschaft das Universum sah.

Von St. Patrick zu den Wikingern

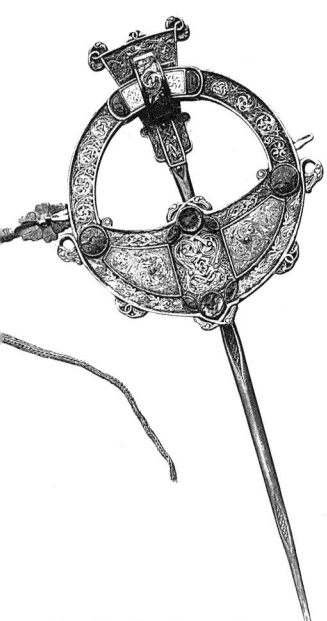

Die »Tara-Brosche« aus Bettys-town, Grafschaft Meath, 8. Jahrhundert. Diese künstlerische Glanzleistung besteht aus Gold, Silber, Kupfer, Glas, Emaille und Bernstein.

EINE ENGLISCHE SCHULD GEGENÜBER IRLAND

»In Irland waren zu dieser Zeit [um 664 n. Chr.] viele Edle und auch gemeine Freie aus dem Volk der Engländer, die sich [...] nach Verlassen der Inselheimat des göttlichen Studiums oder des enthaltsameren Lebens wegen dorthin zurückgezogen hatten. Und einige gaben sich ja zugleich dem Mönchsleben gläubig hin; andere fanden mehr Freude daran, sich beim Herumreisen in den Zellen der Lehrer um das Studium zu bemühen. Sie alle nahmen die Iren bereitwilligst auf, waren darauf bedacht, ihnen kostenlos den täglichen Lebensunterhalt, auch Bücher zum Lesen und unentgeltlichen Unterricht zu geben.«
Beda der Ehrwürdige, »Kirchengeschichte des englischen Volkes«, 3,27; 8. Jahrhundert

»Taras mächtige Feste ging beim Tode ihrer Fürsten zugrunde; mit vielen verehrungswürdigen Kämpfern verharret die große Höhe von Armagh.
Rathcrogan verging mit Ailill, dem Sohn des Sieges; zu Recht herrscht über Prinzen das Kloster von Clonmacnois ...
Emains Burg ist entschwunden, und es bleibet nur Stein; der Friedhof des Westens der Welt ist das wimmelnde Glendalough.«
Aenghus, um 800 n. Chr.

DIE RÖMISCHEN QUELLEN des 4. Jahrhunderts n. Chr. erwähnen unter den Barbaren, die Britannien angriffen, ein Volk namens »Scotti«. Diese Skoten gaben schließlich Schottland den Namen, aber ursprünglich stammten sie aus Irland; das Wort ist aus einem irischen Verbum abgeleitet, das soviel wie »rauben« bedeutet. Wie später »Wikinger« und davor schon »Gäsaten« bezeichnete »Scotti« keinen bestimmten Volksstamm. Die Skoten unternahmen Raubzüge an der ganzen britischen Westküste; einer von ihnen – Niall Noígiallach (Niall mit den neun Geiseln), der vermutlich in Tara herrschte und zu den frühesten unbezweifelten historischen Gestalten Irlands zählt – drang sogar bis zur Isle of Wight vor.

Herrscher und Missionare, Zuwanderer und Sklaven

Nialls Nachfahren, die Uí Néill, fielen erfolgreich in Ulster ein und errichteten eine mächtige Dynastie (genauer gesagt zwei Dynastien, eine nördliche und eine südliche), die schließlich einen Großteil Irlands beherrschte. Im Auftreten so mächtiger Dynastien spiegelt sich ein gesellschaftlicher Wandel in Richtung auf eine stärke-re Machtkonzentration. Mittlerweile hatten sich Einfuhren und Einfluß der Römer beträchtlich erweitert; dazu gehörte auch die Erd- anstelle der Feuerbestattung der Toten sowie eine rudimentä-re Alphabetisierung, wie die Oghamschrift zeigt. Das weitaus bedeutendste Einfuhrgut war jedoch das Christentum.

Vermutlich um 400 n. Chr. hatten Missionare aus Britannien oder Gallien nach Irland übergesetzt, um die Heiden zu bekehren. Geholfen hat ihnen dabei wohl auch, daß es in Irland schon viele Britannier gab, darunter auch Christen: Nialls Mutter trug einen britannischen Namen. Desgleichen hatten die Skoten römisch-britannische Sklaven zu Tausenden als Beutegut heimgebracht. Darunter befand sich ein sechzehnjähriger junger Mann, der vielleicht die britannischen Namen Magonus oder Succetus trug, aber auch den römischen Namen »Patricius« annahm. Heute wird dieser Mann als St. Patrick verehrt, dem es beschieden war, Irland zu evangelisieren.

Als Patrick ankam, traf er auf eine Welt im Umbruch, und das mag ein Hauptgrund für seinen Erfolg gewesen sein. Begünstigt, wenn nicht gar verursacht wurde diese Zeit des schnellen Wandels paradoxerweise durch die Chancen, die sich aus dem Zusammenbruch Roms ergaben, ganz im Gegensatz zu den früheren Veränderungen in Gebieten wie dem La-Tène-Gallien, wo die Ankunft Roms als Katalysator gewirkt hatte.

Eine neue Macht im Lande – die Kirche

Nach der Legende soll Patrick seinen Bischofssitz im Jahre 444 in der nur rund zwei Meilen von Navan entfernten Festung Armagh errichtet haben (in Wirklichkeit dürfte es einige Jahrzehn-

ST. PATRICK

»Ich bitt' euch: Gelangte ich anders nach Irland als durch Gott? [...] Befohlen hat mir der Heilige Geist, daß ich keinen der Meinigen mehr sehe. Ich bitt' euch: Liegt es an mir, daß ich diese ganze Gnade eben dem Volke bringe, das einst mich gefangengesetzt und unter den Knechten und Mägden auf meines Vaters Besitz so schreckliches Unheil gestiftet?«
Brief des Patrick, 10; um 470(?)

Patrick wurde etwa 415 n. Chr. in der Gegend von Carlisle in eine wohlhabende Familie hineingeboren. Er war der Sohn eines Kirchendiakons und Dekurio (Ratsherrn), beschrieb sich selbst aber als Römer und Britannier; seine Muttersprache war vermutlich das Britannische. Mit sechzehn Jahren wurde er von einer Räuberbande nach Irland entführt und sechs Jahre lang als Sklave gehalten, bis ihm schließlich die Flucht auf ein nach Gallien segeln-des Schiff gelang. Möglicherweise hat er vor seiner Heimkehr die Bretagne bereist. Hier empfing er die Priesterweihe und wurde Bischof, aber seine eigentliche Pflicht lag für ihn in Irland, wohin er um 455 zurückkehrte und sich der Bekehrung der heidnischen Iren zum Christentum widmete.

te später gewesen sein). Binnen ein, zwei Jahrhunderten wurden die neuen Klöster zu Machtzentren; einige übten sogar mehr Macht aus als weltliche Herrscher, denn die Könige mußten sich mit empfindlichen Untertanen abplagen, die auf ihre alten Privilegien pochten.

Die Entwicklung der irisch-keltischen Kirche verlief nach einem einmaligen Muster und rankte sich mehr um Klöster als um Bistümer; sie praktizierte unter anderem eine eigene Form der Tonsur und eine spezielle Berechnung des Osterdatums. Desgleichen verrät sie eine starke, wenngleich versteckte Kontinuität mit dem heidnischen Irland, denn zur Erleichterung der Bekehrung wurden Aspekte der alten Religion in die christliche Doktrin und Praxis übernommen. Die heilige Brigid zum Beispiel geht wahrscheinlich auf die gleichnamige Göttin und St Ann wohl auf die Göttin Anu zurück. Doch trotz ihrer besonderen Eigenart erblühte die irische Kirche zum führenden Pol des Gelehrtenwissens in Nordwesteuropa, wobei Stätten von internationalem Ruf beispielsweise in Clonmacnois und Glendalough angesiedelt wurden. Die Lernbegierigen strömten in Scharen in die irischen Klöster, und irische Missionare zogen durch die ganzen Britischen Inseln und Europa.

Das goldene Zeitalter der irischen Kunst

Die Beutezüge der Skoten in Britannien und später die Pastoralkontakte zwischen der irischen Kirche und ihren Niederlassungen auf den Britischen Inseln trieben nicht nur die Religion, sondern auch die Kunst zu bemerkenswerter Blüte. Aus den Beiträgen der Iren, Angelsachsen und Pikten entstand eine neue, eigene Kunstkreuzung. Wie die herrliche Tarabrosche bezeugt, dieser irisch-sächsische Stil aus der Verschmelzung der abstrakten Muster der späten La-Tène-Zeit mit der damals in weiten Teilen Europas gängigen »Tier«-Kunst. (Dieser Tierstil hatte sich in den weströmischen Provinzen herausgebildet und von dort aus die Germanen, die Iren, die Britannier und die Pikten inspiriert.) Zur damals vorherrschenden künstlerischen Technik gehörten auch die römisch-keltische Emaillierung, das vor allem für Prunkgefäße verwendete römische »Millefiore«-Glas und die Imitation der römischen Metallornamentierung.

Zudem entstand in dieser Zeit eine neue Klasse von Kunsthandwerkern: die Mönche. Sie zeichnen für die herrlich illuminierten Manuskripte verantwortlich, die damals entstanden.

Die Ankunft der Nordmänner

Die Wikinger griffen erstmals im Jahre 789 n. Chr. die Ostküste Britanniens an. Vier Jahre später

Turm der großen Klosteranlage in Glendalough, Grafschaft Wicklow.

plünderten sie das weitgehend irische Kloster von Lindisfarne, und 795 landeten sie bei Dublin. Mit dem Eintreffen der heidnischen Normannen ging die Blüte Irlands zu Ende und begann die lange und tragische Geschichte der Fremdinterventionen.

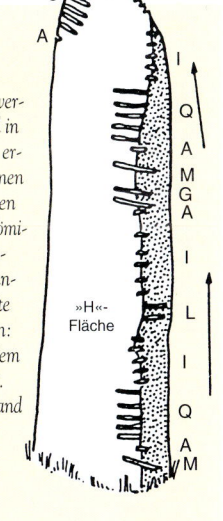

OGHAM: DIE ERSTE IRISCHE SCHRIFT

»Etarcomols Grab wurde errichtet und sein Grabstein aufgestellt, sein Name ward in Ogham eingeschrieben, und sie trauerten um ihn …«
»Táin« 1385–1390

Die rein irische »Ogham«-(auch: Ogam-)Schrift wurde wahrscheinlich durch den Kontakt mit der lateinischen Schrift, vor allem den römischen Zahlzeichen, inspiriert. Die aus einfachen Strichen bestehenden Zeichen konnten entlang einer Mittellinie (meist einer Kante) problem-

los in Stein oder Holz eingeritzt werden. In der »Táin«-Legende sind in Holz eingeschnittene Mitteilungen erwähnt, aber die erhalten gebliebenen Texte bestehen zumeist aus Namen auf Grabsteinen (auch dies ein römischer Import). Wann die Oghamschrift genau entstand, *ist noch ungeklärt, aber wahrscheinlich dürfte es im 4. Jahrhundert gewesen sein: Oghamsteine wurden zwischen dem 5. und 7. Jahrhundert aufgestellt. Die meisten finden sich in Südirland und irisch besiedelten Westteilen Großbritanniens.*
>300 in Irland

»H«-Fläche
»B«-Fläche

H T D C Q
B L F S N   M G Ng Z R   A O U E I

X

DIE KELTISCHE RENAISSANCE

»Zu dieser Zeit aber hatte Britannien eine solche Blüte erreicht, daß es in seinem allgemeinen Wohlstand, dem Reichtum seiner Ornamente und dem höflichen Betragen seiner Einwohner alle anderen Königreiche überbot.«

Geoffrey of Monmouth über die Regierungszeit von König Artus

DIE GESCHICHTE Nordeuropas war in der spätrömischen Zeit und den ersten Jahrhunderten des Mittelalters von massiven Völkerwanderungen, dem Eindringen der Germanen in die ehemals römischen Provinzen, dem Schrecken der Hunnen und später den Raubzügen der Wikinger beherrscht. Was diese gewaltigen Erschütterungen hervorrief, weiß niemand, aber aus dem Strudel, in den sie auch die Überbleibsel der keltischen Welt rissen, ging in groben Umrissen das neuzeitliche Europa hervor.

In Britannien ist diese Zeit des keltischen Widerstandes gegen die Germaneneinfälle von der Gestalt des König Artus beherrscht. Im frühmittelalterlichen Britannien lebte nach dem Zusammenbruch der Macht der Römer die heldische Keltengesellschaft wieder auf. Im Norden hatte sie sich ohnehin gehalten, vielleicht auch im relativ wenig romanisierten Westen; nun etablierte sie sich erneut. Es war eine höchst gefährliche und unsichere Zeit; die – wenngleich bruchstückhaften und dunklen – Berichte aus jenen Jahrhunderten schildern eine Welt der Kriege. Doch die Archäologie zeigt, daß in diesen sogenannten »finsteren Zeiten« bemerkenswerte Entwicklungen stattfanden, neue Kontakte geknüpft wurden und neue Ideen sich ausbreiteten. Bei den überlebenden Kelten der Inseln, aus denen sich in diesen Jahrhunderten die Nationen herausschälten, die wir heute kennen, schuf dieser gegenseitige Austausch eine blühende Literatur und die letzten und zugleich größten Schätze der von La Tène inspirierten Kunst: Metallarbeiten und die fabelhaft illuminierten Manuskripte, die die neue siegreiche irische Kirche hervorbrachte.

Anfangsseite des Markusevangeliums im »Book of Kells«.

DIE WALISER UND DIE ENGLÄNDER

FREMDE UND LANDSLEUTE

»Walisisch« kommt vom (bei den einheimischen Britanniern benutzten) altenglischen *»wealas«* und bedeutet *»Fremde«*.

Die Britannier selbst nannten sich *»Cymry«* (*»Landsleute«*); dazu zählten ursprünglich sämtliche britannisch oder frühwalisisch sprechenden Gebiete (ein Teil Nordwestenglands heißt heute noch Cumbria). Als die britannischen Staaten zerbrachen oder absorbiert wurden, beschränkten sich die *»Cymry«* auf das Gebiet des heutigen Wales oder *»Cymru«*.

Emaillewappen einer Bronzeschale aus einem in Sutton Hoo, Suffolk, gefundenen Königsgrab des frühen 7. Jahrhunderts. Der Herstellungsort ist ungewiß, doch Muster und Emaillierung geben einheimische britannische Traditionen wieder.

»Mit dem Schlachtruf auf den Lippen zogen die Männer als Heeressäule nach Catraeth [Catterick?], eine Streitmacht mit feurigen Schlachtrossen und blauem Harnisch und Schild, ragenden Wurfspießen und Lanzen, blitzenden Kettenhemden und Schwertern. [...] Siebenmal mehr Engländer erschlugen sie; im Kampf machten sie Weiber zu Witwen, und nicht wenige Mütter hatten Tränen im Auge. [...] Bitter beklag' Mynyddawg ich, denn zu viele meines Blutes hab' ich verloren; von dreihundert Streitern, die gen Catraeth zogen, kam nur ein einziger Mann mehr zurück ...«

Die Männer von Manaw Gododdin im erfolglosen Krieg gegen die nordumbrischen Engländer, aus *»The Gododdin«*, dem Aneirin zugeschrieben, um 600 n. Chr.

ES HAT JAHRHUNDERTE gedauert, bis sich die mittelalterlichen Nationen Wales, Schottland und England herausschälten. Rückblickend scheinen zwischen dem 5. und 10. Jahrhundert die keltischen britannischen Gebiete unter immer neuen Invasionswellen zerbröckelt zu sein. Der Zusammenbruch der römischen Provinz hinterließ in Ostbritannien ein politisches Vakuum, in dem jeder nach der Macht griff, der die Mittel dazu besaß. Die Überlieferung konzentriert sich auf die Gestalt des Vortigern im 5. Jahrhundert (der Name bedeutet so etwas wie *»Oberherr«*). Nach der Legende hat er sächsische Söldner unter den Häuptlingen Hengist und Horsa zur Verteidigung des Landes gegen andere, vor allem germanische Eindringlinge zu Hilfe gerufen. Aber die Sachsen hatten andere Pläne: Als sie in Ostbritannien an Land kamen, hintergingen sie ihre Gastgeber und ergriffen die Macht und das Land. Diese sächsische Rebellion wurde zum Inbegriff für die germanische Einvernahme dessen, woraus das Land der Angeln und Sachsen werden sollte: England.

Im weniger romanisierten Westen Britanniens und im freien Norden verliefen die Dinge anders. Hier entstand ein Gewirr aus einheimischen Königreichen, die von ganz großen wie dem der Pikten zu ganz kleinen wie Elmet in West-Yorkshire reichten. Aber auch die Küsten dieser Landstriche wurden zunehmend bedroht: im Westen durch die irischen Skoten, im Osten durch die germanischen Angeln und Sachsen (aus denen die Engländer wurden) und später durch die skandinavischen Wikinger.

Gegen die militärische Expansion der Angelsachsen erbaten die Britannier Hilfe aus Gallien: *»Die Barbaren treiben uns ins Meer, das Meer treibt uns wieder zu den Barbaren zurück ...«* Üblicherweise gilt dieses *»finstere Zeitalter«* als eine von Tod, Zerstörung und Enteignung der Britannier und von der Flucht vieler übers Wasser nach Armorica (nunmehr als Bretagne bekannt) gekennzeichnete Zeit. Tatsächlich aber waren die britannischen Kelten keineswegs nur Opfer: Soweit ihre Macht es zuließ, beteiligten sich viele begeistert am gesellschaftlichen und militärischen Chaos. Sie fielen sich gegenseitig an, wobei sich einige Britannier sogar mit angelsächsischen Herrschern verbündeten. Die Iren gingen in Britannien auf Beutejagd, aber Coroticus (vermutlich König von Strathclyde) brach im 5. Jahrhundert zum Gegenzug nach Irland auf, wie in einer der wenigen erhalten gebliebenen Schriften St. Patricks erzählt wird. Im Grunde darf man die irischen Ansiedlungen in Britannien und die britannische Eroberung von Armorica als letzte Phase des keltischen Expansionismus betrachten.

Vom Britannischen zum Walisischen

Zwischen Clyde und Cornwall entstanden zahlreiche britannisch sprechende Königreiche, von

denen sich ein paar recht lange hielten: Strath-clyde wurde erst im 11. Jahrhundert Schottland einverleibt. Andere zerfielen schneller. Strath-clydes östlicher Nachbar Manaw Gododdin (früher als Königreich der Votadini bekannt) fiel den Engländern anheim, desgleichen Elmet im 7. Jahrhundert. Im langen Kampf gegen die wachsende angelsächsische Macht schrumpfte das von britannisch sprechenden Monarchen regierte Gebiet (dessen Sprache sich zum Altwalisischen wandelte) nach und nach zusammen, bis schließlich nur noch das heutige Wales übrigblieb. Die Einzelheiten des britannischen Widerstandes gegen den englischen Expansionsdrang sind weitestgehend verlorengegangen, aber eine überragende Gestalt ist geblieben: der halblegendäre Artus.

Selbst das Gebiet, aus dem Wales werden sollte, war teilweise noch von Skoten aus Irland bewohnt. Der von einer irischen Dynastie beherrschte Landstrich Dyfed besitzt zahlreiche Oghamsteine mit zusätzlichen lateinischen Inschriften. Auch »Gwynedd« in Nordwestwales ist die britannische Form eines irischen Dynastienamens, der »Féni«, die von den Gododdin aus Nordwestwales verjagt worden waren, von denen wiederum einige etwa gegen Ende der Römerzeit (auf Ersuchen der Römer oder weil sich gerade sonst irgendeine Chance ergab) nach Wales zogen. Die meisten walisischen Königshäuser des Mittelalters führten ihre Abstammung auf die Féni zurück.

Entwickelte sich nun ein einheitliches englisches Königreich, so fanden sich auch die walisischen Königreiche unter den sogenannten Hochkönigen zusammen. Besonders prominent war König Hywel Dda, der das walisische Recht kodifizierte und dessen Macht um 950 fast das gesamte Wales umfaßte. Aber der von den Normannen bedrohte Hywel mußte sich schließlich der englischen Oberherrschaft unterstellen – Vorgeschmack auf die künftige englische Beherrschung.

(Farblich abgesetzt) Die noch keltisch sprechenden Regionen der nachrömischen Jahrhunderte

Die Bretagne

Die Umwandlung des gallischen Armorica zur Bretagne wird allzuoft einzig als Ergebnis der Ankunft von Britanniern auf der Flucht vor den Engländern angesehen. Tatsächlich aber wurde Armorica in der ersten Hälfte des 5. Jahrhunderts von britannischen Söldnern und Kleinfürsten systematisch kolonisiert, die sich das Chaos in Gallien zunutze machten. Sie errichteten von Galliern ebenso wie von zugewanderten oder hierher geflüchteten Britanniern bewohnte Kleinstkönigreiche, die zwar vielfach untereinander zerstritten waren, es aber dennoch schafften, die fränkischen (französischen) Könige ebenso abzuwehren wie die marodierenden Dänen. Um 450 n. Chr. befand sich ein Großteil des Landes nördlich der Loire in britannischer (bald darauf »bretonisch« genannter) Hand.

WIE ENGLISCH SIND DIE ENGLÄNDER?

Viele heutige Engländer haben insoweit walisisches Blut in den Adern, als ihre Vorfahren keine germanischen Einwanderer, sondern überlebende Britannier waren. Besonders deutlich wird das in Westengland, insbesondere Cornwall, das bis ins Nachmittelalter einen keltischen Sprachteil bewahrt hat. Doch selbst im Osten gibt es Hinweise, daß viele Britannier die germanische Eroberung, Kriege, Nöte und die West-

flucht vieler ihrer Landsleute überdauert haben. Heute leben britannische Enklaven in Ortsnamen wie Walton (»Britanniersiedlung«) fort.

Einige frühe angelsächsische Königreich könnten keltische Wurzeln gehabt haben; in jedem Fall waren sie weitgehend von Kelten bewohnt. Northumbria – eines der mächtigsten germanischen Reiche – besaß wahrscheinlich eine größtenteils einheimische Bevölkerung. Es

heißt sogar, Cerdic, der Gründer des Königshauses von Wessex, könnte ein gebürtiger Britannier namens Coraticus gewesen sein. Diese Britannier wurden nach und nach von den Angelsachsen um einiges wirksamer und vollständiger absorbiert und »germanisiert«, als ihre Vorfahren romanisiert worden waren.

KÖNIG ARTUS: FAKTEN UND FIKTION

»Dann kämpfte Artus in jenen Tagen gegen sie mit den Königen der Britannier, doch er selbst war der Schlachtführer [›dux … bellorum‹]. Die erste Schlacht fand an der Mündung des Flusses namens ›Glein‹ statt. Die zweite, dritte, vierte und fünfte waren an einem anderen Flusse mit Namen ›Dubglas‹ im Bezirk ›Linnius‹. Die sechste war am Flusse ›Bassas‹. Die siebente Schlacht fand in den kaledonischen Wäldern, also ›Cat Coit Celidon‹, statt. Die achte in der Festung ›Guinnon‹ [...]. Die neunte Schlacht lieferte er in der Stadt der Legion, die zehnte am Ufer des Flusses ›Tribruit‹, die elfte auf dem Berg namens ›Agned‹. Die zwölfte Schlacht geschah auf dem Berge Badon; in ihr fielen neunhundertundsechzig Männer an einem einzigen Tag unter seinem Ansturm, und keiner warf sie nieder als nur er allein. Und aus all diesen Schlachten trat er als Sieger hervor ...«
Nennius, »Historia Britonum«, § 56, frühes 9. Jahrhundert

Mittelalterliche Darstellung der Schlacht zwischen Artus und Mordred; aus einem flämischen Manuskript des frühen 14. Jahrhunderts.

GEMEINHIN geht man davon aus, daß König Artus wohl wirklich existiert hat, aber davon abgesehen besteht wenig Einvernehmen, wer er war, was er tat oder auch, wo und wann er gelebt hat. Keine der frühen Quellen bezeichnet ihn als König. Er wird lediglich als »dux bellorum« (»Kampfherzog«) bezeichnet und war vielleicht ein erfolgreicher, stammesübergreifender Heerführer nach Art des Vercingetorix oder Caratacus, der die vereinigten Streitkräfte mehrerer britannischer Königreiche gegen die einfallenden Sachsen befehligte. Artus, im dem man einmal einen keltischen Kriegsherrn, dann wieder einen romanisierten Reitereibefehlshaber sieht, kann aber auch ein unabhängiger Kleinkönig gewesen sein.

Traditionell wird Artus mit dem britannischen Sieg in den Jahrzehnten um 500 n. Chr. auf einem namentlich nicht bekannten Schlachtfeld am Mons Badonicus (Mount Badon) in Verbindung gebracht; damit war dem germanischen Vordringen auf Jahre hin Einhalt geboten, aber ob Artus dabei auch tatsächlich den Oberbefehl hatte,

steht alles andere als fest. Man denke zum Beispiel an die sarkastischen Schriften des Mönches Gildas der Weise, dessen »De excidio et conquistu Britanniae« (Über den Zerfall und die Eroberung Britanniens) eine der wenigen dokumentarischen Quellen über diese Zeit darstellt. Gildas erwähnt, die Schlacht am Mount Badon habe im Jahr seiner Geburt stattgefunden, und so müßte er auf jeden Fall etwas von Artus gewußt haben – aber er erwähnt ihn nicht. »De excidio« ist keine Chronik, sondern enthält inmitten von Bibelzitaten und Warnungen, die den Zorn Gottes auf den sündigen Klerus und die lasterhaften britischen Fürsten herabrufen, nur gelegentlich etwas historisches Material von oft zweifelhaftem Wert.

Das große altwalisische Gedicht »The Gododdin« enthält auch die Zeilen: »gochone brein du ar uur/caer ceni bei ef Arthur« (»er verschlang schwarze Raben auf den Bollwerken der Festung [sprich: auf den Leichen seiner erschlagenen Feinde], wiewohl er nicht Artus war«, was darauf hindeutet, daß Artus schon anno 600 ein berühmtes Vorbild für kriegerischen Mut darstellte (natürlich vorausgesetzt, daß das Gedicht wirklich so alt ist und diese Zeilen dem Original entsprechen). Auf jeden Fall taucht etwa um 600 n. Chr. unter den Königshäusern Britanniens unvermittelt der Name Arthur auf (oder Variationen davon, im Deutschen »Artus«).

Eine weitere wichtige Quelle ist die »Geschichte der Britannier«, die einem gewissen Nennius zugeschrieben wird. Dieses aus älteren Quellen zusammengestellte kunterbunte Material enthält auch eine Liste der Schlachten des Artus und einige sehr frühe Annalen, die Artus als Sieger von Badon erwähnen. Doch wenngleich sich uns die Einzelheiten seines Lebens und Wirkens entziehen, kann über seine bedeutsame Rolle in der nachfolgenden volkstümlichen und literarischen Überlieferung kein Zweifel bestehen.

Artus in frühmittelalterlichen Keltensagen

Artus tritt in mehreren walisischen Legenden auf, die zwar erst im 13. und 14. Jahrhundert niedergeschrieben wurden, aber wahrscheinlich viel älter sind; darin erscheint er weit mehr als keltischer Häuptling denn als der Ausbund mittelalterlicher Ritterlichkeit, zu dem er in England und Frankreich bereits hochstilisiert wurde. Zu den Sagen gehört auch ein Ausflug ins Jenseits bei dem Versuch, sich eines Zauberkessels zu bemächtigen – ein Thema, das bretonische Poeten und französische Autoren in die Suche nach dem Heiligen Gral verwandelt haben. Artus wurde zum Gattungsbegriff eines keltischen Helden, dessen Name mit Abenteuern in Verbindung gebracht wurde, die andernorts anderen zugeschrieben wur-

den; so begab sich beispielsweise Cú Chulainn auf eine sehr ähnliche Reise.

Keltisches Echo in mittelalterlichen Romanzen

Artus wurde im westlichsten Europa von der Bretagne bis nach Schottland zum Volkshelden, und Mythos und Zauber ranken sich um seine Gestalt. Über bretonische Minnesänger an normannischen Höfen gelangte sein Ruhm ums 12. Jahrhundert nach Italien; Eltern benannten ihre Kinder nach ihm, und im Jahre 1165 wurde er in dem sehr weit südlich gelegenen Otranto auf einem Mosaik abgebildet.

Der eigentliche Schöpfer des mittelalterlichen Königs Artus (und Verwandler des bislang nicht mit Artus in Zusammenhang stehenden Propheten Myrddin in Merlin, den Zauberer des Königs) war Geoffrey of Monmouth, dessen um 1136/1138 veröffentlichte »History of the Kings of Britain« viel frei erfundenes Material enthält. Sie war an den Höfen Feudaleuropas ungemein populär.

Doch so verzerrt, umgedeutet und mit mittelalterlichem christlichem Gefühl überlagert die Artuslegenden auch sind, so hallen in ihnen doch uralte, sogar vorgeschichtliche Themen und Motive wider. Am eindrucksvollsten ist die Geschichte der Rückgabe des Schwertes Excalibur durch den sterbenden König an die Herrin des Sees – ganz bestimmt ein Rückerinnern an die eisenzeitliche Praxis, kunstvolle Metallarbeiten (darunter Schwerter) in Flüssen und Teichen zu opfern.

Der sterbende Artus weist Bedivere an, sein Zauberschwert Excalibur der Dame vom See zurückzugeben. Aus einem französischen Manuskript des frühen 14. Jahrhunderts.

OSTERANNALEN
IN NENNIUS

Jahr 72 [518 n. Chr.]: »Die Schlacht am Berg Badon, in der Artus drei Tage und drei Nächte lang das Kreuz Unseres Herrn Jesus Christus auf den Schultern trug, und die Britannier siegten ...«

Jahr 93 [539 n. Chr.]: »Der Kampf von Camlann, in dem Artus und Mordred ihr Leben ließen.«

DIE PIKTEN UND DIE SKOTEN

(Oben) Zeichnung einer kürzlich entdeckten piktischen Felsgravur, die einen grimmig dreinblickenden Mann mit Axt darstellt. Aus Rhynie, Grampian.

DAS NACHRÖMISCHE Britannien war ein Flickenteppich kleinerer Staaten, deren Grenzen sich fast unablässig veränderten. Während sich im Süden allmählich die Königreiche England und Wales herausbildeten, machten sich im Norden Pikten und Skoten gegenseitig das Land streitig, das schließlich zum Königreich Schottland werden sollte.

Die Pikten

Die Pikten (aus lat. »Picti«, »die Bemalten«, was auf den Fortbestand der britannischen Tradition der Tätowierung schließen läßt) werden erstmals in einer römischen Quelle des Jahres 297 n. Chr. erwähnt. Sie bildeten einen neuen Stammesverband nördlich der Forth-Clyde-Linie, zu dem sich die früheren Kaledonier und andere zusammengeschlossen hatten. Die Pikten sind ein rätselhaftes Volk; von allen Kulturen der Britischen Inseln im frühen Mittelalter weiß man über die ihrige am wenigsten. Der Hauptgrund dafür liegt im fast völligen Untergang ihrer Kultur, die – nach den wenigen Überresten von Metallarbeiten zu schließen – künstlerisch weit gediehen gewesen sein muß. Ihre Steinskulpturen gehören zum Hervorragendsten, was die Britischen Inseln damals zu bieten hatten. Sie sprachen offenbar zwei Sprachen: einen britannisch-keltischen Dialekt sowie eine zweite, nicht indoeuropäische, unbekannter Zugehörigkeit, die bis heute nicht entziffert werden konnte.

Im 6. Jahrhundert hatten sie ein mächtiges Königreich errichtet (manchmal auch zwei Königreiche, ein nördliches und ein südliches), wurden aber unablässig im Westen von den Skoten und im Süden von den Engländern bedrängt. In der Schlacht von Nechtanesmere im Jahre 685 n. Chr. konnte König Bridei die Engländer zurückschlagen, doch letzten Endes unterlagen die Pikten den Skoten. Die Ankunft der Wikinger im späten 8. Jahrhundert gab ihnen vermutlich den Rest.

Die heidnischen Skoten und die christlichen Iren in Britannien

Die Oghaminschriften und die irischen Dynastien in den westlichen Küstengebieten liefern den

(Links) Eine Auswahl piktischer Tiersymbole auf diversen Gedenksteinen.

(Rechts) Symbolstein mit Gans und Fisch aus Easterton of Roseisle, Elgin. Über die Bedeutung der Symbole und den Zweck solcher Steine überhaupt wird viel gerätselt.

klaren Beweis für die Errichtung umfangreicher Siedlungen auf britannischem Boden durch die Skoten; am bedeutsamsten wurde schließlich das Königreich Dalriada. Noch in der sehr weit westlich gelegenen römisch-britannischen Stadt Calleva Atrebatum (Silchester) ist ein Oghamstein gefunden worden.

Später folgte dem Schwert die Bibel: An die Stelle der irischen Beutejäger traten irische Priester, die die Geschichte der frühmittelalterlichen Kelten, ja sogar der Engländer und Festlandeuropas tiefgreifend veränderten.

Die Skoten von Dalriada

Mit »Scotia« (»Skotenland«) war ursprünglich Irland gemeint; erst ab dem 11. Jahrhundert bezog sich die Bezeichnung auf Nordbritannien.

Historischer Vorläufer des heutigen Schottland war das Königreich Dalriada in Argyll. Errichtet wurde es (vielleicht als Reaktion auf den Druck der Uí Néill) auf ursprünglich von den Pikten bewohntem Land durch Kolonisatoren, die aus dem irischen Königreich Dál Riada in der Grafschaft Antrim stammten. Dalriada war wahrscheinlich schon vor dem Ende der römischen Besetzung besiedelt und soll nach herkömmlicher Meinung von drei Söhnen des Erc gegründet worden sein. Die Nachfahren eines dieser Söhne (Fergus) wurden Könige von Schottland.

In der langen anschließenden Auseinandersetzung mit den Pikten gab es nicht nur Kriege, sondern auch Mischehen; so mögen einige Piktenkönige durchaus skotischen (das heißt zugewanderten irischen) Blutes gewesen sein, während hin und wieder auch Pikten über Dalriada geherrscht haben können. Im Jahre 843 gelangte ein König der Skoten, Kenneth mac Alpin, durch Heirat auf den Piktenthron (eine Niederlage gegen die Normannen hatte damals die Pikten in den Grundfesten erschüttert) und vereinigte damit die beiden Staaten zu einem einzigen Königreich.

Der Triumph der Skoten von Dalriada hatte zur Folge, daß das irische Gälisch die vorherigen Sprachen Nordschottlands verdrängte, während sich in Südschottland schließlich ein Dialekt des Englischen (der verwirrenderweise Schottisch heißt) durchsetzte. Möglicherweise haben die Dalriadaner die piktische Geschichte gezielt unterdrückt; dennoch lebten im mittelalterlichen Schottland viele Aspekte der Piktenkultur fort (so zum Beispiel gewisse staatliche Titel wie »mormaer« = »königlicher Verwalter«); dasselbe gilt für viele piktische und von den Iren eingeführte Traditionen. Eine der interessantesten ist die Proklamation rechtmäßiger Monarchen auf speziellen Weihesteinen. Die Skotenkönige wurden auf dem

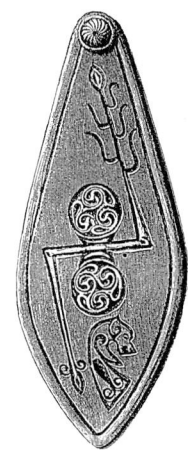

(Oben) Eine von zwei kleinen Silberplatten unbekannter Funktion aus Norrie's Law, Fife.

(Links) Der Hilton-of-Cadboll-Stein (8. Jahrhundert) zeigt eine lebhafte Jagdszene. Der ungewöhnliche Randstreifen – Rebenranken mit Vögeln – läßt vermuten, daß der Künstler mit letztlich klassisch inspirierten Metallarbeiten oder Manuskripten vertraut war.

»Stein des Schicksals« ausgerufen, der traditionell im altpiktischen Scone aufbewahrt wurde. Die Engländer stahlen ihn im Jahre 1296, und so werden die heutigen britischen Monarchen immer noch auf diesem Stein gekrönt, denn er liegt unter dem Krönungsthron in der Westminsterabtei.

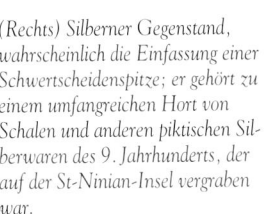

(Rechts) Silberner Gegenstand, wahrscheinlich die Einfassung einer Schwertscheidenspitze; er gehört zu einem umfangreichen Hort von Schalen und anderen piktischen Silberwaren des 9. Jahrhunderts, der auf der St-Ninian-Insel vergraben war.

GELEHRTE UND HEILIGE, MISSIONARE UND MANUSKRIPTE

»Schaust du ganz genau hin und dringst mit den Augen in die Geheimnisse der Kunstfertigkeit ein, dann entdeckst du Feinheiten so zierlich und zart, so eng beisammen und ineinander verwoben, so verschlungen und zusammengerankt und so frisch noch in der Färbung, daß du nicht zögerst zu erklären, daß all diese Dinge nicht das Werk von Menschen, sondern nur von Engeln sein können.«
Giraldus Cambrensis über ein illuminiertes Evangelienbuch in Kildare, Irland, 12. Jahrhundert

DAS WIRKEN St. Patricks und anderer christlicher Missionare wurde binnen weniger Generationen durch ein Ausschwärmen des irischen religiösen Eifers belohnt. Hoch auf abgelegenen Felsen rund um die Küsten Irlands und Britanniens suchten irische Einsiedlermönche ihr Seelenheil, während andere durch die Lande zogen und den Britanniern (das heißt den keltischen Ureinwohnern im Süden), den Pikten im Norden und den Engländern (sprich: germanischen, angelsächsischen Siedlern) das Evangelium predigten.

Colum Cille, Prinz aus dem königlichen Hause der Uí Néill, begab sich nach Dalriada – nach der Legende auf der Flucht vor einer großen Schlacht oder zur Sühne für die Teilnahme an ihr. Der häufiger unter dem Namen St. Columba bekannte Prinz ließ sich 563 auf Iona nieder und gründete das berühmte Kloster, das zu einem Schwerpunkt der irisch-keltischen Kirche wurde. Seine Frömmigkeit stand keineswegs seinem früheren Interesse an weltlichen Angelegenheiten im Wege: Auf Iona salbte er Aidan zum König von Dalriada, desgleichen gewährte er dem exilierten Oswald, König des englischen Staates Northumbria, Asyl. Als dieser 634 seinen Thron wiederge-

(Oben) Symbol des heiligen Matthäus im »Book of Durrow«, spätes 7. Jahrhundert.

(Rechts) Ausschnitt einer Zierseite des »Book of Durrow«.

wann, bat er Irland um einen Bischof, woraufhin wiederum ein Mann namens Aidan entsandt wurde, der die bekannte Abtei Lindisfarne gründete.

Die hohe Blüte der in Irland beheimateten keltischen Kirche im späten 7. und im 8. Jahrhundert wob enge Kulturbande zwischen den Iren/Skoten, den Pikten und den Engländern. Am deutlichsten schlug sich dieser Austausch in den herrlich illuminierten irisch-sächsischen Manuskripten nieder, von denen nur noch eine Handvoll erhalten ist. Nun führte zwar Irland die neue Kultursynthese an, aber Menschen und Ideen überquerten die Irische See in beiden Richtungen, wobei sich auch einige Engländer in Irland niederließen. So brachte zum Beispiel Egbert den irischen Mönchsklöstern die römische Berechnungsweise des Osterdatums bei und schickte 690 den Engländer Willibrord zu den Friesen, um sie zu bekehren. Auf der anderen Seite ließen sich englische heilige Männer wie etwa St. Cuthbert (gest. 698) durch die irische Mönchstradition tief beeindrucken.

Viele irische Geistliche (aber auch nach irischer Weise Ausgebildete anderer Abstammung wie Willibrord) begaben sich als Missionare auf den Kontinent oder suchten dort die Einsamkeit, wie der heilige Gallus, der 612 in den Alpen starb. Das an seinem Grab im Jahre 720 erbaute Kloster Sankt Gallen wurde zu einer der berühmtesten Stätten der Gelehrsamkeit in ganz Europa. Andere legten im Lauf langer Jahre auf ihrer Wanderschaft große Strecken zurück. Der heilige Columbanus landete 590 mit zwölf Jüngern in Gallien, gründete in Luxeuil ein Kloster, wurde jedoch vertrieben und wanderte schließlich bis nach Italien, wo er 614 in Bobbio eine weitere Abtei begründete. Diese Abteien wurden zu Stätten der Gelehrsamkeit und Zielen für Pilger, dienten aber auch als Zwischenstationen und Herbergen für die Pilger (darunter viele Iren), die quer durch Europa nach Rom wanderten. Die irischen Mönche waren in ganz Europa ob ihrer Frömmigkeit, ihres Missionseifers und ihres künstlerischen Könnens berühmt.

Das Werk von Engeln – illuminierte Manuskripte

Die von Giraldus Cambrensis im 12. Jahrhundert als »Werk von Engeln« bezeichnete Manuskriptkunst war ein Gemisch germanischer, britannisch-piktischer und vor allem irischer Einflüsse. Geschaffen wurden diese exquisiten Werke im späten 7. und im 8. Jahrhundert von irischen (oder anderen, im irischen Stil arbeitenden) Künstlern in den Scriptorien der Klöster der meist irisch beherrschten keltischen Kirche, oft jedoch unter der Patronage reicher angelsächsischer Könige.

Reich illuminierte Seite aus dem Lukasevangelium, »Book of Kells«, etwa 800 n. Chr.

Der irisch inspirierte Manuskriptstil entstand dabei alles andere als schlagartig. Die Datierung der Manuskripte ist oft äußerst fragwürdig, doch könnten die kunstvoll gestalteten Initialen des »Cathach of St Columba« (das möglicherweise der Heilige höchstpersönlich geschrieben hat) ein erstes Beispiel dafür liefern, und dieses Manuskript dürfte kaum später als 600 n. Chr. entstanden sein. Etwa gegen 680 war die Kunstfertigkeit der »Kopisten« und »Illuminatoren« voll entwickelt; auf diese Zeit wird das »Book of Durrow« datiert, das durchaus das früheste der erhalten gebliebenen Meisterwerke darstellen könnte.

Die »Evangelienhandschrift von Lindisfarne« soll zu Ehren des heiligen Cuthbert geschaffen worden sein. Die offenbar in Lindisfarne (Holy Island) unter Abt Eadfrith hergestellte »Evange-

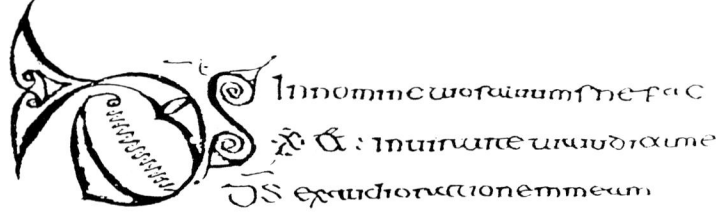

Iin nomine woruiam ine fac

Γ. α. : in inirure uimidiaine

Is exaudionationem meam

uimuur pencipenenba aunmei

Quomam alien insinnexenint aduensunne

Et porves quaesivenint animam meam

lienhandschrift« wurde wahrscheinlich von einem anglischen Mönch in irischem Stil illuminiert (nach der Überlieferung soll es Eadfrith selbst gewesen sein, von dem es heißt, er habe sechs Jahre in Irland verbracht, bevor er 698 Bischof wurde). Beda der Ehrwürdige (673–735), Mönch und angesehener Historiker der frühen Engländer und ihrer Evangelisierung, hat sicherlich die Entstehung vergleichbarer Manuskripte im nordumbrischen Doppelkloster von Monkwearmouth und Jarrow miterlebt. Dieses anglische Zentrum stand Rom näher als der keltischen Kirche, aber der irisch-sächsische Stil war damals vor Ort allgemein im Schwange. Sogar in den kel-

(Oben) Ausschnitt vom »Cathach of Columba«, um 600 n. Chr.; Frühstadium der Initialverzierung.

(Rechts) Hier ist das Initial voll entwickelt und erstreckt sich über die gesamte Seite. Einleitung zum Lukasevangelium in der »Evangelienhandschrift von Lindisfarne«, etwa 698 n. Chr.

EINE RANDNOTIZ
»Wie angenehm heute die Sonne auf diesen Rändern glänzt; sie funkelt so.«
Irische Randnotiz eines ungenannten Schreibers in einem Manuskript des 9. Jahrhunderts.

WUNDERTÄTIGE BÜCHER
»Fast alles, was von dieser Insel kommt, wirkt gegen Gift. Ja wir haben sogar bei Leuten, die von einer Schlange gebissen wurden, gesehen, daß ein Trunk Wassers, in dem von irischen Büchern abgeschabtes Pergament aufgelöst wurde, sofort die ganze Kraft des wirkenden Giftes, die ganze Geschwulst des aufgeblähten Körpers wegnahm und dämpfte.«
Beda der Ehrwürdige, »Kirchengeschichte des englischen Volkes«, 1,1; 8. Jahrhundert.

+ lucas uraulus 7
on gynned   god þpeil
incipit euangelium   secundum lucan...

QUO
NIAM
QUIDE
MULTO
LISUICORDINA
RENARRATIONEM

tischen und angelsächsischen Klöstern auf dem Festland, wie etwa der Gründung des heiligen Willibrord in Echternach, setzte sich der insulare Stil durch.

Das herrliche »Book of Kells« wurde vermutlich in Iona selbst hergestellt und gehört vielleicht zu den letzten großen Beispielen; es entstand kurz vor dem abschließenden Angriff der Wikinger im Jahre 807, der die Mönche nach Irland vertrieb. Wenn diese Daten stimmen, dann hat das goldene Zeitalter der irisch-sächsischen Manuskriptillumination nur ein knappes Jahrhundert gedauert.

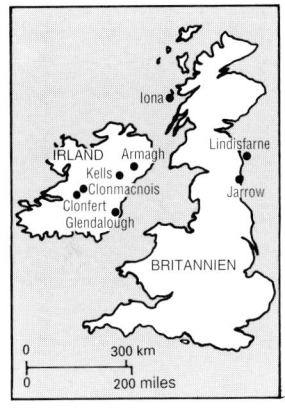

(Links) Kalligraphisches Detail und kleine Zierskizze aus dem »Book of Kells«.

Die Künstler und ihre Kunst

Die Ausdauer und liebevolle Hingabe, die in die Manuskripte flossen, können sich durchaus mit der Mühe messen, die damals auf das Gepränge der keltischen Könige verwendet wurde. Die Tarabrosche ist das vielleicht strahlendste Beispiel eines persönlichen Schmuckstücks und weist viele Stilelemente auf, die sich auch in der »Evangelienhandschrift von Lindisfarne« wiederfinden. Bei den keltischen Kunsthandwerkern flossen gewöhnlich Reichtum und Geschmack in die Herstellung von Gegenständen, die die irdische und religiöse Macht ihrer Könige symbolisieren sollten. Diese Tradition führten die christlichen Mönche, die zum Teil aus den Reihen der irischen Kunsthandwerker stammten, auf vielerlei Weise fort, indem sie ihr Talent dazu nutzten, zur Ehre Gottes Evangeliare und Psalter zu verschönern, statt irgendwelchen Sterblichen zu dienen.

Die Künstler erzielten mit einfachsten Hilfsmitteln Unglaubliches. Die Manuskriptseiten waren aus Velin – einem feinen, aus Kalbs- oder Schafshaut gewonnenen Pergament; für ein großes Evangeliar waren wohl Dutzende von Tieren nötig. Die behandelten Häute boten eine Oberfläche wie feinstes Velours, die sich vorzüglich für die Tinte und Farbpigmente eignete. Das Layout der mit einer Vielzahl von Federn und Pinseln gezeichneten, beschrifteten und bemalten Blätter wurde mit Linealen, Zirkeln und mit sicherer, aber freier Hand gezogenen Linien angelegt. Die Blätter wurden einzeln bearbeitet, danach gebunden und mit kunstvollen Einbänden versehen.

Der Manuskriptstil entwickelte sich im Laufe der Zeit weiter, wobei schließlich die riesigen, aufs feinste gearbeiteten Initialen die gesamte Seite beherrschten. Die Initialen waren mit La-Tène-Mustern entliehenen Schnörkeln, ausladenden Buchstabenschleifen und trompetenförmigen Mustern oder auch mit ineinander verschlungenen Gestalten verziert (die aus verknoteten Bändern gestalteten Ungeheuer waren in der zeitgenössischen Germanenwelt besonders beliebt)

und führten in die runden Lettern des Textes ein. In Weiterentwicklung der spätlateinischen Halbunzialschrift schuf die keltische Kirche eine eindrucksvolle »scriptura Scottica«, die auch die Engländer und die auf dem Festland lebenden Iren übernahmen.

Viele Seiten sind von stets hochstilisierten Tier- und Menschengestalten (Evangelistensymbolen und Heiligenfiguren) beherrscht, wobei einige Tiere stilistisch den »heraldischen« Tieren der piktischen Symbolsteine verwandt sind. Und schließlich gibt es noch »Zierseiten«, in deren Ornamentik zwar ein Kreuz verborgen sein mochte, die aber letztlich aus schierer abstrakter Verzierung bestanden – ein großes, lebhaftes Ineinander, und das alles in leuchtendsten Farben.

Das Ende der Tradition

Die plündernden Normannen zerstörten fast den ganzen reichen Manuskriptbestand und zwangen zu Beginn des 9. Jahrhunderts das von Columba auf Iona gegründete Kloster zur Abwanderung nach Kells in Irland. Die Raubzüge der Wikinger, die Einfälle der Normannen, die Absorbierung der irischen Kirche durch Rom und das Aufkommen der europäischen Mönchsorden – all dies trug zum Untergang dieser Kunst im 12. Jahrhundert bei. Die letzten Überreste der langen La-Tène-Tradition gingen letztlich in den romanischen Stil ein.

Karte der wichtigsten Kirchenzentren und anderer geographischer Schwerpunkte.

(Unten) Verschlungene Tierleiber; Ausschnitt einer Zierseite des »Book of Durrow«. Sehr ähnliche Muster gibt es in der germanischen Kunst, beispielsweise auf dem königlichen Schmuck aus dem Schiffsgrab von Sutton Hoo in Ost-Anglia.

XI

INS HEUTE

»Ihr wackren Iren, wo immer ihr seid
Bleibet stehn und schenkt mir ein bißchen Zeit
Eure Söhn' und Töchter mit dem rotblonden Haar
Segeln zu Tausenden gen Amerika«

Irische Auswandererballade aus der Mitte des 19. Jahrhunderts

IM VERLAUFE DES MITTELALTERS fiel ein keltisches Königreich nach dem andern dem mächtigeren Nachbarn anheim – England also, beziehungsweise die Bretonen Frankreich. Das führte zur weitgehenden Zerstörung der keltisch sprechenden Gesellschaften und brachte die Keltensprachen an den Rand der Auslöschung. Infolge der Annektierung von Cornwall in der Sachsenzeit durch England beispielsweise erlosch im 18. Jahrhundert das Kornische völlig.

Die Zerschlagung der Gesellschaften in Wales, Irland und insbesondere im schottischen Hochland ähnelte in vielerlei Hinsicht dem Zusammenbruch der gallischen Gesellschaft durch die Romanisierung und wirkte sich auf die gleiche Weise aus: Die alten Lehensbande erschlafften, und so zerfiel die wirtschaftliche und soziale Ordnung. Zwischen England und Rom sind deutliche Parallelen zu erkennen: Der alte Adel, der sich der englischen Herrschaft widersetzte, wurde ausgeschaltet, die Entgegenkommenderen wurden assimiliert. England ahmte die Strategie Roms gegenüber den Galliern nach, indem es die Hochlandbewohner und ihre gefährliche militärische Energie in den Dienst des britischen Imperialheeres stellte und an fernen Grenzen in ausländischen Kriegen einsetzte.

Dieser fundamentale soziale und wirtschaftliche Wandel im Verein mit dem generellen Umbruch der Industrierevolution trieb die verbleibenden keltischen Völker in der größten und letzten keltischen Völkerwanderung zur Massenflucht in die neuen Fabrikstädte Großbritanniens oder über die Ozeane, vor allem nach Amerika.

Aber das Exil so vieler Kelten verursachte auch ein Wiedererwachen der keltischen Vergangenheit und ein wachsendes Identitätsempfinden, das schließlich im Ruf nach einer keltischen Nation mündete.

Auswanderer auf dem Weg zu einem neuen Leben in den
Vereinigten Staaten, 1906.

DIE KELTEN IM EUROPA DES MITTELALTERS UND DER FRÜHEN NEUZEIT

BLICK AUF DIE WALISER

»Diese Menschen sind flink und aktiv, eher zäh als stark und bestens im Waffenhandwerk geübt, denn nicht nur die Adligen, sondern alle sind für den Krieg ausgebildet, und wenn die Trompete erschallt, läßt der Bauer flugs seinen Pflug stehen und enteilt der Höfling dem Hofe. Sie ernähren sich mehr von Fleisch, Milch und Käse als von Brot, achten kaum auf Handel, Schiffahrt oder Gewerbe, und ihre Muße verbringen sie mit Jagen und kriegerischen Übungen. Sehr ernsthaft widmen sie sich dem Studium der Verteidigung ihres Landes und ihrer Freiheit. Für sie kämpfen sie, nehmen sie jede Härte auf sich, für sie opfern sie bereitwillig ihr Leben. Im Bett zu sterben ist ihnen schändlich, auf dem Schlachtfeld zu fallen ist ihnen Ehre.«
Giraldus Cambrensis, 12. Jahrhundert

Das Muiredach-Kreuz, Monasterboice in der irischen Grafschaft Louth: ein Meisterwerk aus dem 10. Jahrhundert.

»Die schottischen Hochländer schwelgen in buntscheckigen, vor allem gestreiften Kleidern, und ihre Lieblingsfarben sind Purpur und Blau. Ihre Vorfahren trugen Plaids in vielen verschiedenen Farben, und viele praktizieren auch jetzt noch diese Sitte, aber die meisten [...] bevorzugen ein Dunkelbraun, das fast die Blätter der Heide nachahmt, damit [...] sie unentdeckt bleiben. [...] Ihre Bewaffnung besteht zum größten Teil aus einem Bogen, [...] aber einige tragen auch Schwerter oder Lochaber-Äxte. Anstelle der Trompete blasen sie den Dudelsack. Sie sind ungemein musikalisch. [...] Ihre Lieder sind nicht unelegant und preisen im allgemeinen tapfere Männer; nur sehr selten wählen ihre Barden ein anderes Thema.«
George Buchanan, spätes 16. Jahrhundert

SO SCHRECKLICH die Wikinger waren – sie bedrohten die irische Gesellschaft doch nicht mehr als zuvor schon das Christentum: Trotz des Evangelisierungseifers der Missionare behielt Irland mit seinen gälisch sprechenden Herrschern, Kriegern, Barden und Gelehrten weitgehend sein altes Gesicht. Die Normannen ließen sich als Kaufleute nieder und erbauten die ersten irischen Städte, darunter Dublin. Die irischen Könige, so etwa Brian Boru, der die Wikinger im Jahre 1014 in Clontarf schlug, bemühten sich, sie unter ihre Kontrolle zu bringen. Ab dem 12. Jahrhundert nisteten sich die normannisch-französischen Adligen, die vor kurzem England erobert hatten, auch in Irland ein und bauten dort ihre Schlösser, verursachten jedoch wie schon die Normannen kaum größere Veränderungen; viele Normannen wurden gälisiert und sprachen sogar irisch. Die englischen Könige, die ihren unternehmungslustigen Baronen über die Irische See nachfolgten, versuchten sich gegen die gälischen Häuptlinge und normannischen Lords gleichermaßen zu behaupten, aber ihre Macht blieb doch auf ein nie ganz gesichertes Gebiet um Dublin beschränkt.

Die Wende kam im 16. Jahrhundert, als Heinrich IV. und Elisabeth I. die königliche Autorität erfolgreich durchsetzten. Nun besaßen die irischen Häuptlinge ihr Land nicht mehr aus eigenem Recht, sondern als Lehen des englischen Monarchen. Die Auseinandersetzung wurde noch verschärft durch die Reformation, so daß nunmehr ein katholisches Irland von einem protestantischen England beherrscht wurde. Der Autonomieverlust führte zu mehreren, freilich erfolglosen, Aufständen. Den im Grunde letzten

Anlauf zur Erhaltung der alten Freiheiten unternahm Hugh O'Neill, Graf von Tyrone, der behauptete, ein Nachfahre der Uí Néill zu sein. Als er 1607 nach Frankreich floh, wurden seine Ländereien in Ulster konfisziert und mit protestantischen Schotten und Engländern besiedelt. Dies war Teil einer allgemeineren, langfristigen Strategie der Enteignung vor allem katholischer (und damit weitgehend gälisch sprechender) Grundbesitzer.

Bei einem ernstzunehmenden Aufstand gälisch und englisch sprechender enteigneter Iren im Jahre 1641 kam es zu Greueltaten gegen die Protestanten, auf die Cromwell in seinem Feldzug mit Gegengreueln antwortete, womit sich der Haß der Iren auf die englische Herrschaft nur noch steigerte. Der Grundstein zum heutigen Zustand der zwei Staaten in Irland – ein keltisch-katholischer und ein protestantisch britischer – wurde gelegt, als der abgesetzte katholische König Jakob II. Londonderry belagerte und 1690 in der Schlacht am Boyne vom neuen protestantischen König William III. besiegt wurde. Die Enteignung und die gegen die Religion der katholischen Bevölkerung Irlands erlassenen Strafgesetze hatten zur Folge, daß die keltische Sprache in den herrschenden Schichten mehr und mehr an Boden verlor. Im Jahre 1714 befanden sich nur noch 7 Prozent irischen Bodens in katholischem Besitz. Nach einer katastrophal gescheiterten Erhebung im Jahre 1798 wurde Irland 1801 zwangsweise mit Großbritannien vereint.

Wales

Nachdem die Normannen im Jahre 1066 England erobert hatten, wandten sie sich Wales zu; seinen Höhepunkt erreichte der Kampf mit der Zerstörung des Fürstentums Gwynedd in den siebziger Jahren des 13. Jahrhunderts durch Edward I. Der letzte Vorkämpfer der walisischen Unabhängigkeit, Owain Glyn Dŵr (Owen Glendower), führte über ein Jahrzehnt hinweg einen Aufstand an, der dann 1410 schließlich niedergeschlagen wurde. Danach löst sich seine Gestalt in Luft auf, doch lebte er später in der Legende wieder auf als einer, der wie König Artus wiederkehren wird, wenn Wales in Not ist.

1485 wurde der Anglo-Waliser Heinrich Tudor König von England. Heinrich VII. hatte seine walisischen Wurzeln nicht vergessen und nannte seinen ältesten Sohn Arthur. Aber König Arthur war keine Regierungszeit vergönnt: Der Prinz

(Links) Die Mauern der Kathedrale von Glonfert in der irischen Grafschaft Galway spiegeln die heidnische Vergangenheit. Die stilisierten Gesichter auf diesem Giebel (12. Jahrhundert) sind ein Nachhall der abgeschlagenen Köpfe des frühirischen Mythos.

(Rechts) Auf dem Festland dienende irische Soldaten; Dürer-Zeichnung von 1521. Die Kriege der Renaissance und frühen Neuzeit boten irischen und schottischen Verbannten und Glücksrittern reiche Chancen.

starb noch in jugendlichem Alter, und nun trat sein jüngerer Bruder die Nachfolge an, der durch und durch englische Heinrich VIII. Unter der Tudordynastie wurde Wales zwischen 1536 und 1543 durch Parlamentsbeschlüsse politisch mit England vereinigt.

Ein Großteil der walisischen Kultur ging mit der Abschaffung des walisischen Rechts im 16. Jahrhundert unter, und an die Stelle der walisischen Sprache trat allmählich, aber längst nicht völlig, das Englische.

Die Highlanders

Tausend Jahre lang waren die Clans des schottischen Hochlands und seiner Inseln nur ihrem eigenen Gesetz unterworfen und unterschieden sich von den Lowlanders durch ihre keltische Sprache und Lebensweise. Bis zum Sturz des königlichen Hauses der Stuart durch die Verbannung von Jakob II. im Jahre 1688 versuchten die Schottenkönige vergeblich, sie in den Griff zu bekommen. Viele Hochländer hielten dem Exilkönigshaus entschieden die Treue, und dieses Engagement für die jakobitische Sache bedeutete schließlich für sie das Aus.

Der Union mit England im Jahre 1707 folgten Aufstände, die 1745 im berühmten Aufruhr unter Bonnie Prince Charlie kulminierten mit der Folge, daß nunmehr das Hochland endgültig militärisch besetzt und die Clanherrschaft zerschlagen wurde. Nach dem »Fünfundvierziger-Aufstand« kam es zu blutigen Repressalien, aber noch zerstörerischer wirkte etwas anderes: das Verbot der traditionellen Lebensweise – darunter nicht zuletzt der Privatfehden und Raubzüge. Im

Verein mit der Absetzung einiger Clanherren und der Anglisierung anderer zerbrach darunter die alte Gesellschaftsordnung: Die autokratisch gesinnten Häuptlinge empfanden keine Verantwortlichkeit mehr für ihren Clan. Die Kampfkraft der gälisch sprechenden Clans wurde dadurch gebrochen, daß die Männer zu Tausenden in die Highlandregimenter der britischen Armee eingezogen wurden. Binnen eines Jahrhunderts war die alte Kultur tot.

Der Archetypus des wilden Highlanders. Alistar Mhor Grant in Castle Grant, 1714.

IRISCHE KONKUBINEN

»Die Erstfrau darf in den ersten drei Nächten [nach Ankunft der Konkubine im Haus] ungestraft tun, was sie will, nur nicht töten. [...] Die Konkubine besitzt [lediglich] das Recht, mit den Fingernägeln zu kratzen, Beleidigungen auszustoßen, zu beißen, an den Haaren zu zerren und dergleichen ...«
D. Binchy, »Studies in early Irish law«, 1936, S. 87

Diese wunderliche Regelung besagt viel über das Verhältnis der Geschlechter und das von der mittelalterlichen feinen Gesellschaft in Irland tolerierte Ausmaß zwischenmenschlicher Gewalt. Die Konkubinage war zwar erlaubt, aber die Ehefrau brauchte sich nicht kampflos darein zu schicken! Im Mittelalter hatten die Keltenfrauen oft mehr Rechte als ihre englischen oder französischen Geschlechtsgenossinnen, wie schon ihre »Vormütter« mehr Rechte besaßen als die griechisch-römischen Frauen.

BIS ANS ENDE DER WELT:
DIE NEUE VÖLKERWANDERUNG

(Rechts) Zustände in den New Yorker Slums im 19. Jahrhundert: Mullen's Alley, 1888/89. Auf die irischen Einwanderer warteten in ihrer neuen Heimat fast so schlimme Entbehrungen wie in der alten.

»Lebt wohl, Haine Shillelaghs, ihr Felder voll Klee
Lebt wohl, all' ihr Maiden der Insel so grün
Mög' euer Herz schlagen fröhlich auf immer
Doch mich treibt's fern auf den Ozean dahin.
Ach, mein Vater ist alt und die Mutter gebrechlich
Ihr Land zu verlassen, bricht ihnen das Herz
Sie weinen und schluchzen und raufen das Haar sich
In der Fremde zu sterben, welch schrecklicher Schmerz.«

Auszüge aus einem irischen Auswandererlied,
19. Jahrhundert

(Unten) Das Ende eines althergebrachten Lebensstils. Verlassenes Haus am Ufer von Loch Hourn; in der Ferne der Hauptteil von Knoydart, dem als letztem gerodeten Teil des schottischen Hochlands.

DAS 19. JAHRHUNDERT war eine Zeit gewaltiger sozialer und wirtschaftlicher Umbrüche, die die verbleibenden keltischen Länder ebenso erschütterten wie das übrige Europa. Aus diesen Gebieten ergoß sich nun ein großer Auswandererstrom in die Neue Welt.

Schon im 17. und 18. Jahrhundert hatte man schottische Rebellen als Sträflinge nach Amerika verfrachtet, und walisische Quäker und Baptisten überquerten den Ozean auf der Suche nach Freiheit und einem reineren Leben. Jetzt aber wurde dieses bloße Tröpfeln unter dem Druck der Umstände zu einem wahren Wanderungsstrom.

Schottland: Die Entvölkerung des Hochlands

Ein verheerendes Symptom für den Zusammenbruch der alten Hochlandgesellschaft nach 1745 war, daß die Stammeshäuptlinge die große Bevölkerung in den Schluchten nicht mehr als Quelle bewaffneter Stärke und des Ansehens, sondern nur noch als finanzielle Last empfanden. Zwischen 1800 und 1850 enteigneten und vertrieben die einheimischen Lairds und die einströmenden englischen Großgrundbesitzer systematisch den größten Teil der Hochlandbewohner und überließen das Land gewinnträchtigen Schafherden. Wer nicht per Schiff in die Kolonien aufbrach, wanderte in die wuchernden Industrieslums.

Irland: Hunger und Emigration

Die Zerschlagung der alten Gesellschaftsordnung trieb die Masse der gemeinen, gälisch sprechenden irischen Bevölkerung in immer schlimmere Not, denn in Irland waren die herrschenden Schichten noch gefühlloser und inkompetenter als ihre englischen Vettern. Verschärft wurde das Elend im Lande Anfang des 19. Jahrhunderts noch durch die riesige Bevölkerungszunahme von fünf Millionen im Jahre 1801 auf acht Millionen

im Jahre 1840 – zumeist bettelarme Familien, die sich weitgehend von Kartoffeln ernährten. Von 1845 bis 1847 kam es dann zur Katastrophe: Die Kartoffelfäule, eine Pflanzenkrankheit, verursachte eine massenhafte Hungersnot. Das Problem war eher wirtschaftlicher als landwirtschaftlicher Natur, denn die Mißernten betrafen allein die Kartoffel; Irland exportierte auch weiterhin zahlreiche andere Lebensmittel, doch wer zu arm war, sie sich leisten zu können, verhungerte elendiglich. Man schätzt die Zahl der Opfer auf eine Million; eine weitere Million wanderte aus.

Bis 1940 waren rund fünf Millionen Iren allein nach Amerika emigriert. Andere – daneben auch Waliser und Schotten – begaben sich nach Kanada, Asien und Australien oder wandten sich den entstehenden Industriezentren Großbritanniens zu; der heutige Liverpoolakzent ähnelt erkennbar dem von Dublin.

DIE KELTEN HEUTE

SEIT 1921 GIBT ES WIEDER einen unabhängigen keltischen Staat, die Republik Irland, in der die Benutzung des Keltischen eine ungeheure kulturelle und politische Bedeutung hat; dies gilt übrigens auch heute noch für viele Schotten, Waliser und Bretonen, wenngleich sie heutzutage meist die Sprache ihrer mächtigeren Nachbarn sprechen. Rundfunk- und Fernsehsendungen in Walisisch und Gälisch und die Beliebtheit etwa der pankeltischen Festspiele bieten neue Hoffnung auf ein Überleben dieser Sprachen.

Heute berufen sich mehr Menschen als je zuvor in der neueren Geschichte auf eine Art keltische Identität; zumeist handelt es sich dabei um Nachfahren der Auswanderer in alle vier Himmelsrichtungen. In einigen dieser Gruppen leben altkeltische Traditionen genauso fort wie in der einstigen Heimat. So halten walisisch Sprechende in Patagonien immer noch ihr »eisteddfodau« ab, während in Kanada – zum Beispiel in Glencoe, Inverness County, Nova Scotia (Neuschottland) – gälisch sprechende Minderheiten der Taten ihrer im schottischen Hochland geborenen Vorfahren gedenken.

Zwar geht die mündliche Benutzung des Keltischen vielleicht immer noch leicht zurück, aber der Beitrag der keltisch sprechenden Völker zur europäischen und Weltgeschichte findet immer mehr Anklang – und fest steht auch, daß die meisten Völker Europas keltisch Sprechende zu ihren Ahnen zählen dürften. Das Erbe der Kelten umgibt uns nicht nur, sondern steckt vielen von uns buchstäblich im Blut.

Ein keltisches »Hätte-sein-Können«

Rückblickend erscheint die Zerstörung des größten Teils der Keltenwelt durch die Römer unvermeidlich – aber war sie das wirklich? Es gab einen einzigen Augenblick, an dem – wären die Dinge nur ein wenig anders gelaufen – die Geschichte der Kelten und letztlich der ganzen Welt einen gänzlich anderen Verlauf hätte nehmen können.

390 v. Chr. war dem »barbarischen« Keltenvolk der Senonen die junge Stadt Rom auf Gedeih und Verderb ausgeliefert. Nehmen wir einmal an, anstatt Lösegeld zu nehmen und sich zurückzuziehen, hätten sie die Stadt zerstört und ihre Bevölkerung (wie die »zivilisierten« Römer kurz zuvor die etruskischen Vejer) getötet oder versklavt. Ohne Rom – das bald darauf seine einmalige Kriegs- und Beherrschungskunst entfaltete – könnte das Keltentum noch heute in Festlandeu-

ropa eine Großmacht sein. Ohne Rom dürfen wir uns vorstellen, daß nördlich der Alpen eine gallische Stadtkultur herangewachsen und anstelle Frankreichs im Mittelalter ein großer keltisch sprechender Staat herangewachsen wäre. Wie wäre dann die Geschichte Europas, der beiden Amerikas oder der übrigen Welt verlaufen? Ohne Rom sähe dieses Buch vielleicht ganz anders aus – und wäre nicht auf englisch, sondern auf keltisch geschrieben worden.

Statue des sterbenden Cú Chulainn; das Denkmal im Dubliner Postamt erinnert an den Osteraufstand von 1916 gegen die britische Herrschaft. Daß ein erzkatholischer Staat wie Irland für ein großes Nationaldenkmal ein heidnisches Symbol aussuchte, beweist die Zählebigkeit der keltischen Wurzeln.

TIPS FÜR BILDUNGSREISENDE

Keltenfunde sind in unzähligen Museen in ganz Europa und Übersee zu sehen. Die nachstehende Liste nennt neben den wichtigsten Sammlungen auch einige weniger bekannte Ausgrabungsorte und Museen. Man beachte indes, daß nicht alles Material auch immer ausgestellt ist.

BELGIEN In den Musées Royaux d'Art et d'Histoire in **Brüssel** wird Material aus der Eisenzeit gezeigt, darunter auch der goldene Trinkhornbeschlag von Eigenbilzen sowie Fahrzeugbeschläge. Der Goldhort von Frasnez-les-Buissenal steht allerdings im Metropolitan Museum of Art in **New York**. Sehenswert auch das Provinciaal Gallo-Romeins Museum in **Tongres**.

BOSNIEN Der Zustand des wichtigen Museums in **Sarajevo** ist derzeit ungewiß.

BULGARIEN Fahrzeugbeschläge aus dem Wagengrab in Mezek sind im Narodnija Archeologičeski Muzeji in **Sofia** ausgestellt. Bemerkenswert auch das archäologische Museum in **Plovdiv**.

DÄNEMARK Der Silber- und Goldkessel von Gundestrup und der Bronzekessel von Rynkeby stehen im Dänischen Nationalmuseum in **Kopenhagen**, desgleichen die in einem Moor in Jütland gefundenen Wagen von Dejbjerg, die jedoch mutmaßlich keltischer Herkunft sind. Der Kessel von Brå ist im Forhistorisk Museum in **Moesgaard**.

DEUTSCHLAND Die Schwarzenbach-Schale und die dazugehörigen Grabfunde befinden sich im Antikenmuseum der Staatlichen Museen Preußischer Kulturbesitz in **Berlin**, desgleichen der Canossa-Helm aus Italien. **Köln** enthält viele Monumente aus römischer Zeit; dort auch das bedeutende Römisch-Germanische Museum. Die Grabsammlung aus Waldalgesheim, der Goldhort von Niederzier und der verzierte Steinpfeiler aus Pfalzfeld stehen im Rheinischen Landesmuseum in **Bonn**. Die Kaiserstadt **Trier**, einst Hauptstadt der belgischen Treverer, beherbergt ebenfalls ein Rheinisches Landesmuseum mit frühem La-Tène-Material aus dem Fürstengrab von Weißkirchen und anderen Funden. Im Moselgebiet gibt es zahlreiche Römerfunde, so zum Beispiel die »villa« in **Nennig**. Die Sammlung des Mittelrheinischen Landesmuseums in **Mainz** enthält unter anderem La-Tène-Schmuck, desgleichen das im ehemaligen Kurfürstlichen Schloß beheimatete Römisch-Germanische Zentralmuseum, dessen Schwerpunkt indes die militärische und zivile Präsenz der Römer in Germanien bildet. Der Schmuck und weitere Gegenstände aus dem Grab von Reinheim befinden sich im Landesmuseum für Frühgeschichte in **Saarbrücken**. In **Stuttgart** zeigt das Württembergische Landesmuseum Sammlungen aus dem Aspergebiet, darunter auch die Grabfunde von Hochdorf und Kleinaspergle, Goldarbeiten aus Bad Cannstatt, die Kriegerstatue von Hirschlanden und Gold aus Hügelgräbern im Umkreis der Heuneburg; desgleichen Holzfiguren aus dem Heiligtum von Fellbach-Schmiden. In **Asperg** selbst sind die Anlage der Hallstattfestung und natürlich der Kleinaspergle-Tumulus zu besichtigen. Die Gegenstände aus dem »Chirurgengrab« von München-Obermenzing und Material aus dem »oppidum« Manching befinden sich in der Prähistorischen Staatssammlung in **München**.

FRANKREICH Das Musée des Antiquités Nationales in Saint-Germain-en-Laye bei **Paris** enthält bedeutende Sammlungen, unter anderem Funde aus Alesia, mehrere Halsreife (zum Beispiel aus Mailly-le-Camp), Gegenstände aus dem Grab von La Gorge Meillet, den Amfreville-Helm, die Euffigneix- und Bouray-Statuetten, gallo-griechische

Inschriften und Material aus Bibracte. Vor allem Familien werden gerne den »Parc Astérix« nördlich von Paris besuchen.

Das Musée de Bretagne in **Rennes** besitzt eine schöne Eisenzeitsammlung. Im Nouveau Musée von **Saint-Breuc** steht eine kleine Steinfigur mit Lyra (vielleicht ein Barde) aus Paule. Material aus dem reichen Grab der späten La-Tène-Zeit in Châtillon-sur-Indre findet man im Museum von **Nantes**.

Der Agris-Helm befindet sich im Musée des Beaux-Arts in **Angoulême**. Die Sammlung des Museums von **Rouen** umfaßt Material aus Wagengräbern und schöne eiserne Feuerböcke. Neben einer reichen Eisenzeitsammlung gehört zum Musée Départemental de l'Oise in **Beauvais** auch die Kriegerstatuette von Saint-Maur-en-Chaussée. Das Musée Municipal in **Epernay** enthält umfangreiche Grabfunde, Waffen, Schmuckstücke und Tonwaren ab dem 5. Jahrhundert v. Chr. Im Musée Saint Léger in **Soissons** ist das dreigesichtige Merkur-Relief zu sehen. Das Museum von **Châlons-sur-Marne** zeigt eine umfangreiche Fundsammlung vor allem aus La-Tène-Gräbern; das Material aus Gournay-sur-Aronde liegt im Musée Vivenel in **Compiègne**. In **Alesia** stehen die Spuren der vorrömischen Stadtanlage im Schatten interessanter gallo-römischer Überreste (von Cäsars Schanzwerken ist freilich nichts mehr sichtbar). **Troyes** bietet gute Sammlungen. Ein Besuch bei der »Prinzessin« von Vix im Musée Archéologique in **Châtillon-sur-Seine** läßt sich mit einer Fahrt zum eindrucksvollen Hügel **Mont Lassois** verbinden (die Überreste der Hallstatthügelfestung sind allerdings nicht ohne weiteres erkennbar).

Mehrere Städte, so zum Beispiel **Bourges** und **Metz**, zeigen Reliefs des gallo-römischen Lebens. Im Museum von **Dijon** stehen frührömische Holzfiguren aus dem Quellgebiet der Seine. In **Mont Beuvray** (ehemals: Bibracte) sind die Verteidigungsanlagen aus der Eisenzeit zu sehen. Die älteren Grabungsfunde befinden sich in Paris und **Autun** (Musée Rolin); letzteres bietet auch den eindrucksvollen römisch-keltischen Janus-Tempel. Im Archéodrôme in **Beaune** kann man mehrere Rekonstruktionen von Monumenten besichtigen, darunter einen Hallstatt-Tumulus, einen Abschnitt der Schanzwerke Cäsars vor Alesia und einen römisch-keltischen Tempel. Das neugestaltete Museum in **Chalon-sur-Saône** zeigt Eisenzeit-Metallarbeiten und importierte römische Amphoren. Das Musée Déchelette in **Roanne** enthält La-Tène-Keramik sowie metallene Tierfiguren und anderes. Das Museum von **Clermont-Ferrand** besitzt frühe gallo-römische Holzstatuen und eine bleierne, auf gallisch beschriftete Fluchtafel aus Chamalières. Im Musée de la Civilisation Gallo-Romaine in **Lyon** befinden sich der Coligny-Kalender und bemerkenswerte Sammlungen über das kosmopolitische Leben in der Römerstadt.

Die Salluvierhauptstadt **Entremont** ist sehenswert; sie liegt nahe **Aix-en-Provence**, dessen kürzlich renoviertes Musée Granet die Skulpturen und andere Funde von Entremont zeigt. In **Marseille** enthält das Musée Historique beim alten Hafen eine Darstellung des Salluvierheiligtums von Roquepertuse, dessen Hauptsammlung jedoch im Musée de la Vieille Charité (ebenfalls Marseille) steht. In **Avignon** zeigt das Musée Calvet in Stein gehauene Weihesprüche an die Götter, während im Musée Lapidaire neben anderen gallischen Stücken auch die Kriegerstatuen von Mondragon und Vachères zu sehen sind. Das alte religiöse Zentrum **Glanum** bei Saint-Rémy-de-Provence ist sehr pittoresk und zeigt griechisch-römische Tempel und öffentliche Bauten, die sich um den alten Quellteich scharen. Das neue Museum vor Ort ist sehenswert. In **Nîmes** läßt sich im Jardin de la Fontaine der Teich des Gottes Nemausus in seiner eisenzeitlichen und römischen Gestalt in Augenschein nehmen. Auf dem Hügel darüber steht die Tour Magne, vermutlich aus vorrömischer Zeit. Ein Abstecher nach **Ambrussum** (ein »oppidum« nahe der Autobahn Nîmes–Montpellier) lohnt sich; der Weg ist gut ausgeschildert. In **Enserune** ergänzt ein Museum mit Friedhofs- und Siedlungsfunden die Anlage der Protostadt. Das Museum in **Millau** hält ausgezeichnete samische Töpferwaren aus den (ebenfalls gezeigten) Tonöfen von Graufesenque bereit. Bedeutende Sammlungen (zum Beispiel Goldschmuck) enthält das Musée Saint-Raymond von **Toulouse**.

GROSSBRITANNIEN *England*. In Nordengland sind viele Teile des Hadrianswalls noch intakt; weniger offenkundige Spuren gibt es allerdings von der uransässigen Bevölkerung. In **Newcastle upon Tyne** besitzen das University Museum of Antiquities und die Society of Antiquaries einiges Eisenzeitmaterial und bedeutende Sammlungen über die römische Militärbesatzung. In der großen Brigantenanlage von **Stanwick** ist ein Stück der Erdwälle rekonstruiert worden. Das Museum von **Liverpool** enthält bemerkenswerte La-Tène-Metallarbeiten. Das Museum von **Hull** zeigt neuere Ergebnisse der Eisenzeit- und römisch-britischen Archäologie, darunter rekonstruierte Wagengräber und Dioramen. Im Castle Museum in **Norwich** sind wichtige prähistorische Sammlungen zu sehen, darunter ein Teil der Goldarbeiten von Snettisham, während in **Cambridge** das University Museum of Archaeology and Ethnology La-Tène-Metallarbeiten bereithält. Im Castle Museum in **Colchester** finden sich Funde aus dem Eisenzeit-»oppidum« und der Römerstadt, darunter auch Spuren des Boudicca-Aufstands. Das Schloß steht auf dem Sockel des Claudius-Tempels. Sehenswert auch das Museum von **Chelmsford**. In Verulamium (**St Albans**) sind umfangreiche römisch-britannische Überreste zu besichtigen; das neugestaltete Verulamium Museum erzählt die Stadtgeschichte aus der Eisen- und römisch-britannischen Zeit.

Im British Museum in **London** ist eine der weltweit schönsten Sammlungen britannischer Meisterwerke zu bewundern, unter anderem der Waterloo-Helm, die Battersea-, Chertsea- und Witham-Schilde, das Kirkburn-Schwert, die Snettisham-Horte (Teile davon auch im Norwich Castle Museum), die Holcomb- und Desborough-Spiegel, eine umfangreiche Ausstellung von Waffen, Keramik, Münzen und Grabmaterialien aus Britannien und Gallien (sowohl vom Hallstatt- wie vom La-Tène-Typ); des weiteren die Kannen von Basse-Yutz, Funde aus dem Wagengrab von Somme-Bionne und klassische Importwaren aus dem 5. bis 1. Jahrhundert v. Chr. (einschließlich römischer Amphoren in rekonstruierten Späteisenzeitgrab von Welwyn Garden City). Ebenfalls ausgestellt ist umfangreiches Material aus dem römischen Britannien und Gallien, darunter das Grab des Classicianus und neben anderen Horten auch der von Mildenhall. Die British Library zeigt das Evangelienbuch von Lindisfarne, während das Museum of London bedeutsame eisenzeitliche Metallarbeiten und schöne Stücke aus der Römerstadt darbietet.

In **Silchester** liegt das Eisenzeit-»oppidum« unter den deutlich sichtbaren römischen Stadtmauern. Sehenswert auch das Museum in **Reading**. In Hampshire ist das nachgebaute Gehöft von **Butser** bei Petersfield fast ganzjährig geöffnet; hier sind Landbestellungstechniken, Ernte- und Viehhaltungsverfahren der Eisenzeit sowie eindrucksvolle Rundhausrekonstruktionen zu bewundern. Der Römerpalast in **Fishbourne** (vielleicht die Residenz von König Cogidubnus) liegt am Rand der Eisenzeitsiedlung und Römerstadt **Chichester**. Nahebei liegt **Portchester Castle**.

Die Hügelfestung **Danebury**, Hampshire, ist ein erfreuliches Besuchsziel, vor allem in Verbindung mit einer Fahrt zum Museum of the Iron Age im nahen **Andover** mit seinen schönen Danebury-Ausgrabungen. Eindrucksvoll die Eisenzeitfestungen auf **Hambledon Hill** und **Hod Hill**; letztere vervollständigt in der Ecke ein Römerlager aus der Invasionszeit. **Maiden Castle** gehört zu den spektakulärsten vorgeschichtlichen Anlagen in Britannien. Die Ausgrabungsfunde befinden sich im Museum im nahe gelegenen **Dorchester**.

Das Ashmolean Museum in **Oxford** hält Eisenzeitsammlungen bereit, darunter das Schwert von Little Wittenham. Die **Bagendon Dykes** befinden sich in der Nähe der Römerstadt Corinium (**Cirencester**) mit seinem Corinium Museum. Nicht zu vergessen das City Museum in **Gloucester**. Die Pfahlbaudörfer von **Glastonbury** sind neuerdings in

den Somerset Levels rekonstruiert worden. In **Tintagel** (mit seinen Pseudoverbindungen zu König Artus) findet sich ein britannisches Kloster aus dem 5. bis 8. Jahrhundert n. Chr.
Schottland. Die National Museums of Scotland in **Edinburgh** enthalten die Ponykappe von Torrs, das »carnyx« von Deskford, den spätrömischen Schatzfund von Traprain Law, den Hort von St Ninian's Isle, die Gehänge von Norrie's Law und andere Piktenschätze.

Sehenswert ist die Skotenhügelfeste **The Chesters** in Haddington. Auf Shetland gibt es guterhaltene Broschen in **Clickhimin** und **Broch of Mousa**, desgleichen auf der Hauptinsel in **Dún Trodden** und **Dún Telve** in Gleann Beag bei Glenelg. Letzteres erreicht man, indem man an der Bernerakaserne am Sound of Sleat vorbeifährt, einem 1723 zur Beherrschung der Highlandclans erbauten britischen Vorposten. Teile des **Antoninischen Walls** sind noch als Erdaufwürfe erhalten, am besten im Umkreis der Festung Rough Castle. Weitere sehenswerte Römerforts gibt es zum Beispiel in **Ardoch** im Perthshire.
Wales. Das National Museum of Wales in **Cardiff** beherbergt die Funde von Llyn Cerrig Bach in Anglesey sowie weitere umfangreiche Sammlungen aus prähistorischer Zeit bis ins Nachmittelalter, darunter den Feuerbock von Capel Garmon und viele frühchristliche Steinmonumente. Unter den walisischen Hügelfestungen lohnen **Breiddin** in Powys, Moel-y-Gaer, **Rhosesmor** in Clwyd oder auch **Dinas Emrys** einen Besuch, desgleichen Gwynnedd – eine noch in der »Artuszeit« bewohnte Eisenzeitfestung. Des weiteren gibt es das rekonstruierte Eisenzeitdorf in **Castell Henllys**.

IRLAND (**Eire und Nordirland**) Das National Museum of Ireland in **Dublin** rühmt sich einer reichen Kollektion antiker Stücke von der vorgeschichtlichen bis zur nachmittelalterlichen Zeit, unter anderem des Horts von Broighter, der Clonmacnois-Halsspange, der Trompeten von Loughnashade und vieler weiterer Metallarbeiten. Ebenso zu sehen sind Holzgegenstände wie der Clonoura-Schild. Hinzu kommen Oghamsteine und frühchristliche Schätze wie der Ardagh-Kelch (8. Jahrhundert n. Chr.). Das Trinity College in Dublin beherbergt das »Book of Kells« und das »Book of Durrow«.

Ein Besuch im eindrucksvollen Königssitz **Tara** in der Grafschaft Meath lohnt sich immer.

Die Festung von **Narvan** liegt nahe **Armagh** in Nordirland. Die St.-Patrick-Kathedrale in der historischen Stadt Armagh ist sehenswert, ebenso die Bibliothek mit dem Tanderagee-»Idol«. Die archäologische Abteilung des Ulster Museum in **Belfast** zeigt Schwerter, Schwertscheiden, Zaumzeug und anderes, darunter den Holz-und-Bronze-Trinkbecher aus Carrickfergus.

Glendalough liefert gute Beispiele frühkirchlicher Architektur, so »St Kevin's kitchen« und einen schönen Rundturm. Das Public Museum von **Cork** zählt die bronzenen »Cork horns« (vielleicht eine religiöse Kopfbedeckung) zu seinen Schätzen. Den Felsen von **Cashel** in Tipperary – dem alten Königszentrum von Munster – krönt die Ruine einer mittelalterlichen Kathedrale. Rekonstruktionen einer Rundfestung, einer Pfahlbautenanlage sowie frühirischer Bauten findet man im Craggaunowen Project bei **Quin** in der Grafschaft Limerick. Ebenfalls zum Project gehört das Hunt Museum der Universität **Limerick**.

Keinesfalls zu versäumen ist **Dún Aengus** in Inishmore auf den Arani-Inseln, Grafschaft Galway; es gehört zu den eindrucksvollsten Anlagen der gesamten Keltenwelt. Wichtige Keltenkreuze finden sich unter anderem in **Clonmacnois**, **Durrow** und **Monasterboice**. Desgleichen gibt es in Irland eine Reihe vorchristlicher Steinmale mit La-Tène-Verzierung; das bedeutendste steht in **Turoe**, Grafschaft Galway. Im British Museum in **London** sind einige Gegenstände irischen Ursprungs ausgestellt, darunter eine Schwertscheide aus dem Fluß Bann, ein Oghamstein, der Coleraine-Schatz (Beutesilber aus dem spätrömischen Britannien) und keltisches und wikingisches Material aus dem Mittelalter.

ITALIEN In **Ancona** findet man im Museo Nazionale delle Marche umfangreiche Sammlungen, vor allem aus den Gräberfeldern von Montefortino und Filottrano. Sehenswert sind in **Bologna** das Museo Civico Archeologico und das Museo Civico L. Fantini (mit dem Civitalba-Relief und bedeutsamen Grabfunden, zum Beispiel vom Monte Bibele). Weiter nennenswert sind **Como** (mit dem Bormio-Relief und anderen umfangreichen Sammlungen, darunter einem Wagen und anderen Funden aus dem Friedhof von Ca' Morta; **Brescia** (Silberphaleren [Schmuckscheiben an Zaumzeug und Karosserien] von Manerbio), **Bergamo, Mailand, Modena** und **Padua** (Streitwagenrelief). Das Museum von **Turin** beherbergt keltische Metallarbeiten und weitere Schätze.

KROATIEN   Das Arheološki Muzej in **Zagreb** enthält Schmuck und Waffen.

LUXEMBURG   Das Musée National d'Histoire et d'Art präsentiert Trevererergrabgruppen der frührömischen Zeit aus Göblingen-Nospelt, desgleichen Material aus der **Titelburg**, die ebenfalls einen Besuch lohnt. Das Musée Luxembourgeois in **Arlon** zeigt ein gallo-römisches Relief mit Markt- und Landszenen.

NIEDERLANDE   Obgleich weitgehend nicht zur Keltenwelt gehörig, wurde auch hier La-Tène-Material gefunden, zum Beispiel der emaillierte Bronzespiegel, der im Provinciaal Museum von **Nijmegen** zu besichtigen ist. Das jetzt in **Alphen aan den Rijn** im Bau befindliche »Archeon« wird rekonstruierte »Keltenfelder«, vorgeschichtliche Bauten im Regionalstil und eine Römerfestung zu seinen Sehenswürdigkeiten zählen.

ÖSTERREICH   **Hallstatt** selbst ist wegen der rekonstruierten Gräber und des Zugangs zu einigen Salzbergwerken sehenswert. Der größte Teil des dort gefundenen Materials liegt im Naturhistorischen Museum in **Wien** (zum Beispiel die Schwertscheide mit den Soldatenfiguren und Stoffe aus den Salzbergwerken); einiges befindet sich auch im Museum Carolino Augusteum in **Salzburg**, das zudem die Kanne vom Dürrnberg und Schmiedewerkzeuge enthält. (Weitere Hallstattfunde sind im British Museum in **London**.) Desgleichen sind im Wiener Naturhistorischen Museum Gegenstände aus dem ehemaligen Jugoslawien (der Mihovo-Helm) und Stradonice in Böhmen zu besichtigen. Das Keltenmuseum in **Hallein** bietet Material aus der Salzmine Dürrnberg und dem dortigen Gräberfeld an. In **Asparn** bei Wien stehen rekonstruierte vorgeschichtliche Bauten aus Asparn; dort befindet sich auch das Museum für Urgeschichte des Landes Niederösterreich. Das antike Handelszentrum **Magdalenenberg** ist öffentlich zugänglich. Die dortigen Funde stehen im Landesmuseum für Kärnten in **Klagenfurt**, dessen Manndersdorf Museum umfangreiche Grabfunde aus dem 4. und 3. Jahrhundert v. Chr. enthält.

POLEN   Das Muzeum Archeologyczne in **Warschau** präsentiert Funde der mittleren La-Tène-Zeit aus Iwanowice bei Krakau.

PORTUGAL   Das Museu Nacional de Arqueologia in **Lissabon** besitzt Horte, Gefäße, Armreife und Broschen sowie Halsspangen (zum Beispiel aus Vilas Boas und Paradela do Rio).

RUMÄNIEN   In **Bukarest** sind im Muzeul National de Istorie das Kriegergrab und Grabfunde aus Ciumeşti zu bewundern. Sehenswert auch die Museen in **Cluj, Secuieni** und **Sibiu**.

SCHWEIZ   Material aus **La Tène** zeigen mehrere Museen, darunter das Musée Schwab in **Biel**, das Schweizerische Landesmuseum in **Zürich** (das auch den Goldhort von Erstfeld besitzt), das Musée d'Art et d'Histoire in **Genf** (zum Beispiel die Werkzeugtasche eines Sattlers) und das Musée Cantonal d'Archéologie in **Neuchâtel** (zum Beispiel einige Schwerter, Toilettenartikel und einen Kessel).
   In **Basel** beherbergt das Historische Museum umfangreiches Material der Ausgrabungen der »Glasfabrik« und des »oppidum« von Münster-

hügel. In **Bern** besitzt das Bernische Historische Museum umfangreiche Sammlungen von Waffen und Votivgaben, Grabfunde (vor allem aus dem wichtigen Gräberfeld Münsingen-Rain), Material vom »oppidum« Bern-Engehalbinsel (dessen Wehrmauern noch zu sehen sind) und die Votivstücke von Port-Nidau (Waffen usw.).
   Das Musée Cantonal d'Archéologie von **Lausanne** enthält Gräbergruppen, Waffen, Schmuck und anderes aus Saint-Sulpice.

SERBIEN   Keramik und Schmuck im Muzej Grada Beograda in **Belgrad**. Desgleichen keltische Münzen im dortigen Narodni Muzej. Das Museum von **Novi Sad** bietet Material aus Gomolava, einer Siedlung der keltischen Skordisken.

SLOWAKEI   Das Slovenské Národné Muzeum in **Bratislava** enthält Funde aus dem auch seinerseits sehenswerten »oppidum« **Bratislava-Devín**. Weiteres La-Tène-Material in den Museen von **Komárno, Košice** und **Michalovce**.

SLOWENIEN   Im Narodni Muzej von **Ljubljana** sind La-Tène-Münzen, -Schwerter und ein Helm zu besichtigen.

SPANIEN   Die großartige Stadt **Numantia** sollte man keinesfalls auslassen. Im ausgezeichneten neuen Museo Numantino in **Soria** sind viele dortige Funde zu bewundern, desgleichen im Museo Arqueológico Nacional in **Madrid**, das nicht nur die Wolfskopftrompete, sondern überhaupt die umfangreichste Metallarbeitensammlung Spaniens (darunter Münzen, Halsspangen und anderen Schmuck) sowie Skulpturen und Keramiken bietet. Das Museo di **Avila** enthält Metallarbeiten und Grabfunde. Die besten figürlichen Werke stehen im Museo Provincial in **Jaén** und im Museo in **Burgos**. Einige weitere spanische Museen zeigen mutmaßlich keltisches Material, so etwa **Salamanca, Saragossa** und **Asturias**. Das Museo Provincial in **Lugo** beherbergt goldene Armreife, das Museo Arqueológico von **Barcelona** Schwerter.

TSCHECHISCHE REPUBLIK   Im Národní Múzeum in **Prag** sind unter anderem zu sehen: der Schädel von Mšecké Žehrovice, der Hort aus der einstigen Thermalquelle von Duchcov, Material (darunter chirurgische Instrumente) aus Stradonice, desgleichen Glasarmbänder und Bronzegürtel sowie Gegenstände aus den »Fürstengräbern« von Chlum. Die Kannenbeschläge von Maloměřice liegen im Moravské Zemské Múzeum in **Brno** (Mähren), das auch Keramik- und Schmucksammlungen feilhält. Weitere Museen mit La-Tène-Material sind unter anderem das Muzeum husitského revolučního hnutí in **Tábor**, das Hradní Muzeum in **Křivoklát** und das **Boskovice** Museum mit Funden aus dem »oppidum« Staré Hradisko. Ein Besuch des »oppidum« von **Závist** lohnt sich ebenso wie ein Abstecher nach **Trisov** im Süden und **Staré Hradisko** in Mähren.

TÜRKEI   In der Türkei selbst ist von den Galatern bislang nichts zu sehen. Die berühmten Pergamonreliefs mit der Darstellung erbeuteter galatischer Waffen befinden sich in **Berlin** (Pergamon-Museum), desgleichen die bekannten galatischen La-Tène-Broschen aus der Türkei (zwei im Museum für Vor- und Frühgeschichte, die dritte im Antikmuseum der Staatlichen Museen Preußischer Kulturbesitz). Der berühmte »Sterbende Gallier« ist im Kapitolinischen Museum in **Rom** zu bewundern, die Statue des neben seiner toten Frau Selbstmord begehenden Galliers im römischen Museo Nazionale. Kopien von Galaterstatuen des ursprünglichen Siegesdenkmals von Pergamon stehen in **Neapel, Paris** und **Venedig**.

UNGARN   Das Magyar Nemzety Múzeum in **Budapest** zeigt Schwerter, Speere, Schmuck (einschließlich goldener Halsspangen) und Keramik aus ganz Ungarn. Gräbermaterial ist im Damjanich János Múzeum in **Szolnok** zu besichtigen. Weitere Sammlungen finden sich in vielen Museen, darunter in **Esztergom, Keszthely, Pécs, Sopron, Székesfehérvár** und **Szombathely**.

Klassische Quellen und weiterführende Literatur

Klassische Quellen

Für die Zitate klassischer Autoren wurden folgende deutsche Übersetzungen benutzt:

Ammianus Marcellinus, »Römische Geschichte«, Übers. Wolfgang Seyfarth, Berlin 1978.

Appian von Alexandria, »Römische Geschichte«, Übers. Otto Veh, Stuttgart 1987.

Ausonius, »Mosella«, Übers. Bertold K. Weis, Darmstadt 1989.

Beda der Ehrwürdige, »Kirchengeschichte des englischen Volkes«, Übers. Günter Spitzbart, Darmstadt 1982.

C. Julius Caesar, »Der Gallische Krieg«, nach der Übers. von Ph.L. Haus neugefaßt von Walter Hess, Reinbek bei Hamburg 1965.

Cassius Dio, »Römische Geschichte«, Übers. Otto Veh, Zürich/München 1987.

Catull, »Sämtliche Gedichte«, Übers. Otto Weinreich, München 1974.

Marcus Tullius Cicero, »Sämtliche Reden«, Übers. Manfred Fuhrmann, Zürich/Stuttgart 1970.

»Diodor's von Sicilien historische Bibliothek«, Übers. Julius Friedrich Wurm, Stuttgart 1827.

Herodot, »Historien«, Übers. Eberhard Richtsteig, München 1961.

Livius, »Römische Geschichte seit Gründung der Stadt«, Übers. Heinrich Dittrich, Berlin und Weimar 1978.

Jürgen Malitz, »Die Historien des Poseidonios«, ZETEMATA, Monographien zur klassischen Altertumswissenschaft, Heft 79, München 1983.

Pausanias, »Reisen in Griechenland«, Übers. Ernst Meyer, bearb. v. Felix Eckstein und Peter C. Bol, Darmstadt 1986–1989.

C. Plinius Secundus d.Ä., »Naturkunde«, Übers. Roderich König in Zusammenarbeit mit Gerhard Winkler, Darmstadt 1985.

Strabo, »Erdbeschreibung«, Übers. Christoph Gottlieb Groskurd, Hildesheim 1988.

Sueton, »Leben der Caesaren«, Übers. André Lambert, München 1972.

Tacitus, »Agricola«, Übers. Georg Dorminger, München o.J.

Tacitus, »Annalen«, ed. Carl Hoffmann, Wiesbaden o.J.

Die übrigen klassischen Zitate, zu denen eine deutsche Übersetzung nicht auffindbar war, wurden aus dem Englischen übersetzt.

Die deutsche Wiedergabe der irischen Sagen und Legenden (Kapitel IX) orientiert sich an Rudolf Thurneysen, »Die irische Helden- und Königssage bis zum siebzehnten Jahrhundert«, Halle 1921.

Weiterführende Literatur

Aufgeführt sind nur deutschsprachige und zum Zeitpunkt der Drucklegung lieferbare Werke.

Allgemein

Cunliffe, Barry, »Die Kelten und ihre Geschichte«, Bergisch Gladbach 1988.

Dannheimer, Hermann, und Gebhard, R., »Das keltische Jahrtausend«, Mainz 1993.

Eluère, Christiane, »Die Kelten«, Übers. Christoph Roden, Reihe Abenteuer Geschichte, Ravensburg 1994.

Greulich, Else, »Die Kelten und Skythen. Im Urlicht der Vergangenheit«, Frankfurt 1991.

Kolb, Peter, »Wer waren die Kelten?«, München 1993.

Schlinke, Diether, »Wer sind die Kelten?«, Wien 1988.

Sills-Fuchs, Martha, »Wiederkehr der Kelten«, Neuaufl., München 1992.

Tristram, Hildegard L. (Hrsg.), »Deutsche, Kelten und Iren. 150 Jahre deutsche Keltologie«, Hamburg 1992.

Wernicke, Ingolf, »Die Kelten in Italien«, Stuttgart 1990.

Archäologie

»Archaeologica Mosellana«, hrsg. v. Staatlichen Konservatoramt des Saarlandes, Saarbrücken 1992.

Biel, Jörg, »Der Keltenfürst von Hochdorf«, Stuttgart 1995.

Bittel, Kurt, et al. (Hrsg.), »Die Kelten in Baden-Württemberg«, Stuttgart 1981.

Bittel, Kurt, et al. (Hrsg.), »Die keltischen Viereckschanzen«, Stuttgart 1991.

Fischer, Franz (Hrsg.), »Der Heidengraben bei Grabenstetten. Ein keltisches Oppidum auf der Schwäbischen Alb bei Urach«, Stuttgart 1982.

Gebhard, Rupert, und Lorenzen, Andrea, »Die Kelten in Bayern«, Augsburg 1993.

Habel, Joachim, »Von den Megalithkulturen über die Kelten zu König Artus. Kultstätten, Gräber, Ringwallburgen in der Bretagne, Irland und Deutschland«, Hagenberg 1987.

Haffner, Alfred, »Das keltisch-römische Gräberfeld von Wederath-Belginum«, 4 Bde., Stuttgart 1991.

Kimmig, Wolfgang, »Das Kleinaspergle«, Stuttgart 1988.

Kimmig, Wolfgang, »Die Heuneburg an der oberen Donau«, Stuttgart 1983.

Koch, Hubert, »Die keltischen Siedlungen vom Frauenberg über Kloster Weltenburg, Stadt Kelheim, und von Harting (Neubaugebiet Süd), Stadt Regensburg«, Espelkamp 1991.

Landesdenkmalamt Baden-Württemberg (Hrsg.), »Der Keltenfürst von Hochdorf. Methoden und Ergebnisse der Landesarchäologie«, Stuttgart 1985.

Lenzen, Arnulf, »Bei den Kelten in Bayern. Zu Objekten der Prähistorischen Staatssammlung, Abteilung Vorgeschichte«, München 1991.

Muenzer, Paul J., »Die Viereckschanzen in Baden-Württemberg und Bayern«, Hamburg 1982.

Neugebauer, Joh. W., »Die Kelten im Osten Österreichs«, St. Pölten 1992.

Pescheck, Christian, und Uenze, Hans. P., »Die Kelten im Landkreis Schweinfurt«, Kallmünz 1992.

Reiser, Rudolf, »Die Kelten in Bayern und Österreich«, Rosenheim 1992.

Rickenbach, Judith, »Auf den Spuren der Kelten und Römer. 20 Wanderungen in der römischen Schweiz«, Thun 1992.

Schmid, Karl, »Kelten und Alemannen im Dreisamtal. Beiträge zur Geschichte des Zartener Beckens«, Bühl 1983.

Spindler, Konrad, »Der Magdalenenberg bei Villingen«, Stuttgart 1976.

Vogt, Uwe, »Die Kelten in Wetterau und Vogelsberg«, Stuttgart 1993.

Ziegaus, Bernward, »Der Münzfund von Sontheim«, München 1993.

Zürn, Hartwig, und Fischer, Franz, »Die keltische Viereckschanze von Tomerdingen (Gemeinde Dornstadt, Alb-Donau-Kreis)«, Stuttgart 1991.

Geschichte

»Atlas der spätkeltischen Viereckschanzen Bayerns«, bearb. v. Klaus Schwarz, München 1959.

Castelin, Karel, »Keltische Münzen«, Stäfa 1985.

Contzen, Leopold, »Die Wanderungen der Kelten«, Neudruck d. Ausgabe von 1861, Vaduz 1968.

Freitag, Barbara, »Keltische Identität als Fiktion«, Heidelberg 1979.

Kremer, Bernhard, »Das Bild der Kelten bis in augusteische Zeit. Studien zur Instrumentalisierung eines antiken Feindbildes bei griechischen und römischen Autoren« (Diss.), Historia Einzelschriften, Bd. 88, Wiesbaden/Stuttgart 1994.

Resch-Rauter, Ingeborg, »Unser keltisches Erbe. Flurnamen, Sagen, Märchen und Brauchtum als Brücken in die Vergangenheit«, Wien 1992.

Schussmann, Markus, »Die Kelten in Bayern«, Treuchtlingen 1993.

Spindler, Konrad, »Die frühen Kelten«, Stuttgart 1991.

Ziegaus, Bernward, »Das Geld der Kelten und ihrer Nachbarn«, München 1994.

Kunst, Literatur, Musik

Corthals, Johan, »Táin Bó Regamna. Eine Vorerzählung zu Táin Bó Cuailnge«, Wien 1987.

Duval, Paul M., »Die Kelten«, »Universum der Kunst«, Bd. 25, München 1978.

»Keltische Erzählungen vom König Arthur«, hrsg. v. Helmut Birkhan, Essen 1989.

Künzl, Ernst, »Die Kelten des Epigonos von Pergamon«, Würzburg 1971.

Meid, Wolfgang, »Formen dichterischer Sprache im Keltischen und Germanischen«, Innsbruck 1990.

Rheinisches Landesmuseum Trier, »Hundert Meisterwerke keltischer Kunst«, Trier 1992.

»Studien zur Táin Bó Cuailnge«, hrsg. v. Hildegard L. Tristram, Hamburg 1993.

Vogt, Hermann, »Kulturen der Einsamkeit«, Darmstadt 1994.

Religion

Artmann, Hans C., »Schlüssel zum Paradies. Religiöse Dichtungen der Kelten«, Salzburg 1993.

Ashe, Geoffrey, »Kelten, Druiden und König Arthur. Mythologie der Britischen Inseln«, Düsseldorf 1993.

Benning, Maria Ch., »Alt-irische Mysterien und ihre Spiegelung in der Keltischen Mythologie«, Stuttgart 1993.

Clarus, Ingeborg, »Keltische Mythen. Der Mensch und seine Anderswelt«, Düsseldorf 1991.

»Der keltische Kessel. Wandlung und Wiedergeburt in der Mythologie der Kelten«, Irische, walisische und arthurianische Texte ausgew. und übers. v. Fritz Lautenbach, Stuttgart 1991.

»Feenschrei. Ein Wegweiser in die Elbenwelt«, hrsg. v. Lotte Ingrisch und Manfred A. Schmid, Wien 1991.

Green, Miranda J., »Keltische Mythen«, Übers. Michael Müller, Ditzingen 1994.

»Herder Lexikon Germanische und keltische Mythologie«, Freiburg 1993.

Hope, Murry, »Magie und Mythologie der Kelten. Das rätselhafte Erbe einer Kultur«, München 1990.

Krause, Wolfgang, »Die Kelten«, Tübingen 1929.

Macleod, Fiona, »Das Ferne Land des Glanzes und des Schreckens«, Übers. Sylvia Luetjohann, St. Goar 1986.

Markole, Jean, »Die Druiden«, Übers. Béatrice Bludan und Wieland Grommes, Gütersloh 1987.

Meid, Wolfgang, »Aspekte der germanischen und keltischen Religion im Zeugnis der Sprache«, Dietikon 1991.

Pauli, Ludwig, »Keltischer Volksglaube. Amulette und Sonderbestattungen am Dürrnberg bei Hallein und im eisenzeitlichen Mitteleuropa«, München 1976.

Poeplau, Wolfgang, »Der Gott der Iren und Kelten«, Augsburg 1995.

Streit, Jakob, »Sonne und Kreuz. Irland zwischen Megalithkultur und frühem Christentum«, 2. neub. u. erw. Auflage, Stuttgart 1986.

Young, Ella, »Keltische Mythologie«, Übers. Maria Ch. Benning, 3. Aufl., Stuttgart 1985.

Sprache

Hitz, Hans R., »Als man noch protokeltisch sprach. Versuch einer Entzifferung der Inschriften von Glazel«, 2. Aufl., Dietikon 1986.

Meid, Wolfgang, »Formen dichterischer Sprache im Keltischen und Germanischen«, Innsbruck 1990.

Obermüller, Wilhelm, »Deutsch-Keltisches, geschichtlich-geographisches Wörterbuch zur Erklärung der Fluß-, Berg-, Orts-, Gau-, Völker- und Personennamen Europas, Westasiens und Nordafrikas … nebst den sich daraus ergebenden Folgerungen für die Urgeschichte der Menschheit«, 2 Bde., Neudruck d. Ausg. v. 1868–1872, Vaduz 1967.

Pedersen, Holger, »Vergleichende Grammatik der keltischen Sprachen«, 2 Bde., Göttingen 1976.

Stokes, Whitley, und Bezzenberger, Adalbert, »Wortschatz der keltischen Spracheinheit«, Neudruck d. Ausg. v. 1894, Göttingen 1979.

BILDNACHWEIS

go=ganz oben, o=oben, u=unten, m=Mitte, l=links, r=rechts

Fotos und Skizzen auf folgenden Seiten von Simon James: 8l, 9o, 9u, 10om, 10m, 15u, 22or, 25o, 25u, 26go, 26o, 26mr, 27m, 28o, 28ul, 40, 41u, 45u, 47ul, 47um, 50–51, 53, 54r, 55o, 55m, 55ul, 56u, 57l, 57m, 57r, 58o, 58ul, 58ur, 60o, 60u, 61l, 62o, 62u, 63u, 64u, 64r, 66, 68o, 70o, 75l, 75r, 76r, 77u, 78, 79ol, 79om, 79ul, 81, 82r, 83o, 89r, 92r, 100ul, 101ul, 101ur, 103r, 106r, 107ul, 110lm, 111o, 111u, 112l, 115ur, 116–117, 124, 125o, 126o, 127o, 129om, 129ur, 130l, 131, 134, 135l, 135r, 137u, 138o, 138u, 139o, 140l, 142o, 142u, 143o, 145ol, 145ur, 149or, 149u, 150ul, 150ur, 151o, 156u, 163o, 180l, 181

Skizzen auf folgenden Seiten von Annick Petersen: 16u–17u, 21, 22m, 23r, 24, 29, 35, 36u, 39, 43u, 44o, 44u, 48, 56o, 59o, 59u, 61r, 69m, 79or, 83u, 85o, 93, 100o, 102o, 102u, 106ul, 107or, 119, 121o, 123o, 125u, 126u, 127u, 128, 129ol, 129ul, 132l, 137o, 139u, 147u, 151ul, 155, 156o, 158(Zierleiste), 167, 175m

Weitere Nachweise:

Titelseite Musée des Antiquités Nationales, St. Germain-en-Laye. 6–7 Museo Nazionale Archeologico delle Marche, Ancona; Foto Piero Baguzzi. 8r Aus: Goscinny and Uderzo, »Asterix ac Anrheg Cesar («Cäsars Geschenk«), 1981, ® 1993 Les Editions Albert René/Goscinny-Uderzo. 10ol, 10or, 11 British Museum. 13 Nach V. Kruta et al. (Hrsg.), »The Celts«, Thames and Hudson 1991. 14l, 14r Society of Antiquaries, London; Foto Simon James. 15o Aus Vouga, »La Tène«, 1923; Foto Simon James. 16o–17o Zeilenskizzen von Simon James, Geoff Penna. 18–19 Society of Antiquaries, London; Foto Simon James.

20r Württembergisches Landesmuseum Stuttgart. 22ol Editions Errance; Gemälde Mark Taraskoff. 22u Musée Archéologique, Châtillon-sur-Seine. 23l Musée Archéologique, Châtillon-sur-Seine; Foto Piero Baguzzi. 26u, 27o, 27u, 28ur Aus J. Biel, »Der Keltenfürst von Hochdorf, Theiss 1985. 30o Württembergisches Landesmuseum Stuttgart. 30u Peter A. Clayton. 31l British Museum; Foto Erich Lessing. 31r Musée des Antiquités Nationales, St. Germain-en-Laye. 32–33 Bologna Museum; Foto Leonard von Matt. 34 Staatliche Museen, Berlin. 36ol Aus M.-R. Sauter, »Switzerland«, Thames and Hudson 1976, Abb. 58. 36or Landesmuseum Zürich. 37 British Museum. 38 Rosemarie Pierer. 41o Staatliche Museen, Berlin. 42, 43o British Museum. 45o Jean Roubier. 46 Musée des Antiquités Nationales, St. Germain-en-Laye; Foto RMN. 47o, 47ur British Museum. 49o Skizze Stephen Conlin, aus: Mallory, »Navan Fort«, 1985. 49u Crown copyright. 54l Nach J.L. Brunaux. 55ur Musée Historique d'Orléanais, Orléans. 64l Mšecké Žebrovice Nationalmuseum, Prag. 65 Gemälde Peter Connolly. 67 Cardiff City Council. 68u Society of Antiquaries, London; Foto Simon James. 69gol, 69ol, 69or L'Univers des Formes – La Photothèque, Paris. 70u Skizze Mrs Margaret Scott. 72–73 British Museum. 74 G. Loeffel. 76ol Aus Vouga, »La Tène«, 1923; Foto Simon James. 76ul Gemälde Peter Connolly. 76ur Ralph Jackson. 77o Gemälde Peter Connolly. 79ur British Museum. 80 Gemälde Peter Connolly. 82l Centre Camille Julian, CNRS Clichés Chéné. 84 Gemälde Peter Connolly. 84u–85u Skizze Ian Bott. 86–87 Institut Pédagogique National, Paris. 88l Musée des Antiquités Nationales, St. Germain-en-Laye; Foto Giraudon. 88r Württembergisches Landesmuseum, Stuttgart. 89l Musée des

Antiquités Nationales, St. Germain-en-Laye; Foto Giraudon. 90 Peter Horne. 91 Aus William Stukeley, 1740. 92l Musée Borély, Marseille. 94, 95o Aus C. Eluère, »Die Kelten«, Ravensburg 1994. 95u Nationalmuseum Kopenhagen; Foto Niels Elswing. 96, 97o, 97u British Museum. 98 British Library. 99o Danebury Trust. 99u Musée des Antiquités Nationales, St. Germain-en-Laye; Foto Giraudon. 100ur British Museum; Skizze Steve Crummy. 101o Gemälde Peter Connolly. 103l Werner Forman. 104–105 Musée de la Société Archéologique et Historique de la Charente, Angoulême. 106ol British Museum. 107ol Staatliche Museen, Berlin. 107ur Römisch-Germanisches Zentralmuseum, Mainz. 108 British Museum. 109ol, 109om, Buch d.19.Jhdts.; Foto Simon James. 109or British Museum. 109ul Rheinisches Landesmuseum; Foto L'Univers des Formes – La Photothèque, Paris. 109ur Werner Forman. 110ol Skizze Simon Driver. 110lu National Museum of Wales, Cardiff. 110m Mährisches Museum, Brno. 110r Nach V. Kruta et al. (Hrsg.), »The Celts«, Thames and Hudson 1991, S. 377. 112r, 113o British Museum; Skizzen Steve Crummy. 113u British Museum. 114o Aus Vouga, »La Tène«, 1923; Foto Simon James. 114u, 115o British Museum. 115m, 115ul Hull City Museum. 121u Nach V. Kruta et al. (Hrsg.), »The Celts«, Thames and Hudson 1991, S. 421. 122 Musée du Louvre, Paris; Foto Giraudon. 123u Museo Nazionale, Ludovisi-Sammlung; Foto Leonard von Matt. 129or Bibliothèque Nationale, Paris. 130r Royal Commission for Historic Monuments (England). 132r Simon James/Steve Trow. 133 Aus Stuart Piggott, »An Ancient Briton in North Africa«, Antiquity XLII, 1968. 136o Jean Roubier. 136u Anderson. 140r British Museum. 141l, 141r, 143ul, 143ur

Peter Horne. 144l Rheinisches Landesmuseum, Bonn. 144r Thames and Hudson. 145or Royal Commission for Historic Monuments (England). 146 A.C.L., Brüssel. 147o R. Agache, Service des Fouilles. 148o, 148u Peter Horne. 149ol Provinzialmuseum, Trier. 150o British Museum; Skizze Steve Crummy. 151ur British Museum. 152–153 Irish Tourist Board. 154o British Museum. 154ul Nach Paul-Marie Duval, »Die Kelten«, 1978. 154ur National Museum of Ireland, Dublin. 157 Cambridge University Collection of Air Photographs. 162 National Museum of Ireland, Dublin. 163u Skizzen Charles Thomas. 164–165 The Board of Trinity College, Dublin. 166 British Museum. 168, 169 Koninklijke Bibliotheek, Den Haag. 170o Skizze Geoff Penna. 170ul Skizzen Charles Thomas. 170ur Aus Nora K. Chadwick, »Celtic Britain«, Thames and Hudson 1963, Abb. 26. 171ol Crown copyright. 171or British Museum. 171l Senatus Academicus, Universität Aberdeen. 172l, 172r, 173 The Board of Trinity College, Dublin. 174o Royal Irish Academy, Dublin. 174u British Library, London. 175o, 175u Skizzen Peter Bridgewater. 176–177 Library of Congress, Washington, D.C.; Foto Edwin Levick. 178 Commissioners of Public Works in Ireland. 179ol Belzeaux-Zodiaque. 179or Bildarchiv Preußischer Kulturbesitz. 179u Privatsammlung. 180r Museum of the City of New York.

REGISTER

Tumulus 21, 26, 28, 68, 98, 100, 102, 106

Uí Néill 162, 172, 178
Ulpian 148
Ulsterzyklus 158
Urbanisierung 61, 150
Urnengrab 103, 155

Vaccäer 99
Vachères, Statue aus *125*
Valerian, röm. Kaiser 149
Vasio (G) 89
Veneter 47f.
Venta Belgarum 48
Vercingetorix 8, 74, 80, 83, 126f., 168

Vergobret 138
Verica, Fürst 131
Verulamium 103, 129
Vespasian, röm. Kaiser 130, 140
Viehzucht 56
Vienne, Tempel in 134
Viereckschanze 94
Vierknopfsattel 79
Villeneuve-Saint-Germain, Gal-lierhaus in 58
Vindex, Julius 136
Viromanduer 93
Vix, Grabstätten in 23
Völkerwanderung 21, 31, 80, 177
Volksversammlung 53, 120
Vorsprungfestung s. Promontorium
Vouga, Paul 15

Waldalgesheim-Kannen *13*
Waldalgesheim Eimer 45, *109*
Wales 13, 132
Waliser 64
Walisisch 181
Wasser, heilige 94
Wasserkult 89
Wasseropfergaben 95
Waterloo-Helm 77
Wehrturm 60
Weinrebenanbau 146
Welwyn Garden City, Grab in 103
Wetwang Slack, Wagengrab in 68, *101*
Westkaledonien 13
Wheeler, Sir Mortimer 130

Wikinger 13, 153, 162f., 165, 170, 175, 178
William III., engl. König 178
Willibrord 173
Winchester s. Venta Belgarum
Witham-Schild *115*
Wollindustrie 147
-mantel 65, 146

Yorkshire, Gräberfelder in 98

Závist 25, 36
Zeittafel 16f.
Zentralstaat der Kelten 118
Zinn 47, 111
Zufluchtsort 60